马克思主义理论研究
和建设工程重点教材

社会政策概论

《社会政策概论》编写组

主　编　关信平

副主编　彭华民　徐月宾

主要成员

（以姓氏笔画为序）

丁建定　李迎生　林　卡

林闽钢　郑飞北　顾东辉

徐道稳　程胜利

高等教育出版社·北京

二维码资源访问

使用微信扫描本书内的二维码，输入封底防伪二维码下的20位数字，进行微信绑定，即可免费访问相关资源。注意：微信绑定只可操作一次，为避免不必要的损失，请您刮开防伪码后立即进行绑定操作！

图书在版编目（CIP）数据

社会政策概论／《社会政策概论》编写组编． -- 北京：高等教育出版社，2021.8（2024.12重印）
马克思主义理论研究和建设工程重点教材
ISBN 978-7-04-056619-2

Ⅰ．①社… Ⅱ．①社… Ⅲ．①社会政策-高等学校-教材 Ⅳ．①C916

中国版本图书馆CIP数据核字（2021）第154185号

| 责任编辑 | 张婧涵 | 封面设计 | 王 鹏 | 版式设计 | 童 丹 | 插图绘制 | 李沛蓉 |
| 责任校对 | 刁丽丽 | 责任印制 | 高 峰 | | | | |

出版发行	高等教育出版社	网　　址	http://www.hep.edu.cn
社　　址	北京市西城区德外大街4号		http://www.hep.com.cn
邮政编码	100120	网上订购	http://www.hepmall.com.cn
印　　刷	北京汇林印务有限公司		http://www.hepmall.com
开　　本	787mm×1092mm 1/16		http://www.hepmall.cn
印　　张	25		
字　　数	440千字	版　　次	2021年8月第1版
购书热线	010-58581118	印　　次	2024年12月第9次印刷
咨询电话	400-810-0598	定　　价	50.00元

本书如有缺页、倒页、脱页等质量问题，请到所购图书销售部门联系调换
版权所有 侵权必究
物 料 号 56619-00

目 录

绪 论 ··· 1

第一节 社会政策的基本概念和内容 ·· 2
 一、政策与公共政策 ··· 2
 二、社会政策及相关的概念 ··· 4
 三、社会政策的主要内容、过程和基本要素 ···························· 8

第二节 社会政策的目标与功能 ·· 10
 一、社会政策的目标 ··· 10
 二、社会政策的主要功能 ·· 13
 三、社会政策在社会建设中的作用 ·· 15

第三节 社会政策的学科特点与研究方法 ······································· 16
 一、社会政策的学科特点、基本问题和主要领域 ······················ 16
 二、社会政策研究方法 ··· 20

第四节 社会政策的实践与学科发展概况 ······································· 24
 一、西方社会政策实践的发展情况 ·· 24
 二、我国社会政策实践的发展概要 ·· 28
 三、当代社会政策理论和学科发展概要 ·································· 30

第五节 马克思主义对社会政策理论与实践的指导意义 ····················· 36
 一、马克思主义经典作家关于社会政策的基本看法及其认识发展 ······ 36
 二、马克思主义对当代中国社会政策理论与实践的指导意义 ········ 40

第一章 社会政策的基本要素 ··· 46

第一节 社会政策的行动主体 ··· 46
 一、社会政策主体的界定及其作用 ·· 46
 二、社会政策主体在推进社会政策进程中的角色和作用 ············· 49

第二节 社会政策的对象 ··· 50
 一、社会政策对象的含义 ·· 50
 二、社会政策的受益者和受损者分析 ····································· 51

第三节 社会政策资源 ·· 52

　　　　一、社会政策资源及其类型 …………………………………………… 52
　　　　二、社会政策资源的调配及其福利供给形式 …………………………… 54
　　　　三、福利资源供给的原则 ………………………………………………… 55
　　第四节　社会政策体制和运行机制 …………………………………………… 57
　　　　一、社会政策体制的基本内容 …………………………………………… 57
　　　　二、社会政策体系的制度模式 …………………………………………… 59
　　　　三、社会政策体系的运行机制 …………………………………………… 60

第二章　社会政策的价值基础 …………………………………………………… 65
　　第一节　民生需要 …………………………………………………………… 65
　　　　一、民生需要的含义与意义 ……………………………………………… 65
　　　　二、民生需要的分类与评估 ……………………………………………… 66
　　　　三、保障和改善民生的重要性及其对社会政策的要求 ………………… 68
　　第二节　社会公平 …………………………………………………………… 70
　　　　一、社会公平的含义和意义 ……………………………………………… 70
　　　　二、社会公平的主要内容及其制度保障 ………………………………… 71
　　　　三、社会公平的价值理念对社会政策的要求 …………………………… 73
　　第三节　社会权利 …………………………………………………………… 74
　　　　一、经济与社会权利的含义和意义 ……………………………………… 74
　　　　二、经济与社会权利的国际发展与中国探索 …………………………… 75
　　　　三、社会政策在维护经济与社会权利中的作用 ………………………… 77
　　第四节　社会和谐 …………………………………………………………… 78
　　　　一、社会和谐的基本内涵 ………………………………………………… 78
　　　　二、构建社会主义和谐社会的核心价值理念 …………………………… 79
　　　　三、社会政策在促进社会和谐中的作用 ………………………………… 80
　　第五节　经济与社会发展 ……………………………………………………… 81
　　　　一、经济与社会发展的重要性及其与社会政策的关系 ………………… 82
　　　　二、经济与社会协调发展的理论与实践 ………………………………… 82
　　　　三、社会政策在促进经济社会协调发展中的作用 ……………………… 84

第三章　社会政策的环境 ………………………………………………………… 86
　　第一节　社会政策的经济环境 ………………………………………………… 86

　　　　一、社会政策与经济运行的微观环境 …………………………… 86
　　　　二、社会政策与经济发展的宏观环境 …………………………… 89
　　　　三、社会政策与经济政策的关系 ………………………………… 90
　　第二节　社会政策的政治环境 ……………………………………………… 94
　　　　一、社会政策与政治制度 ………………………………………… 94
　　　　二、社会政策与民主参与 ………………………………………… 99
　　　　三、社会政策与政治稳定和社会稳定 ………………………… 103
　　第三节　社会政策的社会环境 …………………………………………… 106
　　　　一、社会政策与家庭和社区 …………………………………… 106
　　　　二、社会政策与社会体制 ……………………………………… 107
　　　　三、社会政策的舆论和社会心理环境 ………………………… 110
　　　　四、社会政策与社会不平等和社会结构 ……………………… 112

第四章　社会政策的过程 ……………………………………………………… 115
　　第一节　社会政策的制定 ………………………………………………… 115
　　　　一、社会问题与社会政策议程 ………………………………… 115
　　　　二、社会政策制定的基本程序 ………………………………… 118
　　第二节　社会政策的实施 ………………………………………………… 123
　　　　一、社会政策实施中的计划制定 ……………………………… 123
　　　　二、社会政策实施中的组织体系 ……………………………… 127
　　　　三、社会政策实施中的管理 …………………………………… 128
　　　　四、社会政策实施中的监测 …………………………………… 129
　　第三节　社会政策的评估、调整与终止 ………………………………… 130
　　　　一、社会政策评估 ……………………………………………… 130
　　　　二、社会政策调整 ……………………………………………… 132
　　　　三、社会政策的终止 …………………………………………… 133

第五章　中国特色社会主义社会政策实践与理论发展 …………………… 135
　　第一节　我国社会政策实践探索道路 …………………………………… 135
　　　　一、计划经济体制下我国的社会政策实践 …………………… 135
　　　　二、改革开放以来我国社会政策的改革与发展 ……………… 139
　　　　三、当前我国社会政策实践的基本特点 ……………………… 149

第二节 我国社会政策理论发展脉络 ……………………………… 152
- 一、计划经济体制下我国对社会政策的理论认识 ……………… 152
- 二、改革开放以来我国社会政策的理论在实践中不断完善与发展 …… 154

第三节 当前我国社会政策的实践与理论特点 ………………… 161
- 一、当前我国的社会建设和社会政策的作用 …………………… 161
- 二、当前我国社会政策的制度体系 ……………………………… 164
- 三、当前中国特色社会主义社会政策理论的主要特点 ………… 170

第六章 劳动就业政策 ……………………………………………… 175

第一节 劳动就业政策概述 ………………………………………… 175
- 一、劳动就业政策的内容和意义 ………………………………… 175
- 二、劳动就业政策的国际比较 …………………………………… 178
- 三、我国劳动就业政策的主要特点 ……………………………… 179

第二节 公共就业服务政策 ………………………………………… 180
- 一、公共就业服务政策的原则和目标 …………………………… 180
- 二、我国公共就业服务体系的建立和发展 ……………………… 182
- 三、我国公共就业服务体系的改革和完善 ……………………… 184

第三节 职业培训政策 ……………………………………………… 186
- 一、职业培训的含义和意义 ……………………………………… 186
- 二、我国职业培训政策法规体系的形成和发展 ………………… 187
- 三、我国职业培训政策法规体系的改革和完善 ………………… 188

第四节 劳动保护政策 ……………………………………………… 190
- 一、劳动保护政策的原则与目标 ………………………………… 190
- 二、劳动保护政策的内容 ………………………………………… 192
- 三、劳动保护政策的特点与发展趋势 …………………………… 194

第五节 针对特定人群的就业政策 ………………………………… 196
- 一、城镇就业困难家庭和就业困难人员的就业促进政策 ……… 196
- 二、女性、残疾人和农民工就业权利保护政策 ………………… 197
- 三、促进高校毕业生就业的政策 ………………………………… 201
- 四、退役士兵安置就业政策体系 ………………………………… 202

第七章 社会保险政策 ……………………………………………… 205

第一节　社会保险政策概述 ··· 205
　　一、社会保险政策的内容和意义 ··· 205
　　二、社会保险政策的国际比较 ··· 206
　　三、中国社会保险政策发展概况及主要特点 ··························· 207
第二节　中国养老保险政策 ··· 211
　　一、养老保险政策的基本原理 ··· 211
　　二、职工基本养老保险政策 ·· 212
　　三、城乡居民养老保险政策 ·· 213
　　四、机关事业单位养老保险制度改革 ····································· 214
　　五、补充养老保险制度 ·· 215
　　六、中国养老保险政策发展趋势 ·· 216
第三节　中国医疗保险政策 ··· 217
　　一、医疗保险政策基本原理 ·· 217
　　二、城镇职工基本医疗保险政策 ·· 218
　　三、城乡居民基本医疗保险政策 ·· 219
　　四、城乡居民大病医疗保险政策 ·· 220
　　五、中国基本医疗保险政策发展趋势 ······································ 221
第四节　失业保险政策 ··· 222
　　一、失业保险政策基本原理 ·· 222
　　二、中国失业保险政策 ·· 223
　　三、中国失业保险政策的完善 ··· 224
第五节　工伤保险政策 ··· 225
　　一、工伤保险政策基本原理 ·· 225
　　二、中国工伤保险政策 ·· 226
　　三、中国工伤保险政策的调整 ··· 227
第六节　生育保险政策 ··· 228
　　一、生育保险政策基本原理 ·· 228
　　二、中国生育保险政策 ·· 229
　　三、中国生育保险政策的完善 ··· 229

第八章　社会救助政策与扶贫开发战略 ································· 231
　第一节　贫困问题与贫困理论概述 ·· 231

  一、贫困的概念与类型 ···················· 232
  二、当代主要贫困理论 ···················· 235
  三、反贫困政策的基本原则和政策体系 ············ 238
 第二节 社会救助政策 ······················ 240
  一、我国城市贫困问题与反贫困行动体系 ··········· 240
  二、我国最低生活保障制度 ·················· 243
  三、我国社会救助政策体系 ·················· 244
 第三节 我国农村扶贫开发战略 ·················· 249
  一、我国农村贫困标准和特点 ················· 249
  二、我国农村扶贫开发战略的发展与成就 ··········· 250
 第四节 我国的脱贫攻坚政策及其历史性贡献 ············ 252
  一、脱贫攻坚的政策体系 ··················· 252
  二、脱贫攻坚的中国模式 ··················· 253

第九章 国民健康政策 ························ 255
 第一节 国民健康政策概述 ···················· 255
  一、概念、分类、特点和发展趋势 ··············· 255
  二、我国国民健康政策的发展过程 ··············· 257
 第二节 我国国民健康政策的改革 ················· 263
  一、我国公共卫生政策改革 ·················· 263
  二、我国医疗服务政策改革 ·················· 266
 第三节 我国国民健康政策的发展 ················· 269
  一、"健康中国"提出的背景 ················· 269
  二、《"健康中国 2030"规划纲要》的主要内容 ········ 271
  三、"健康中国战略"行动与政策的最新发展 ········· 274

第十章 教育社会政策 ························ 277
 第一节 教育社会政策概述 ···················· 277
  一、教育社会政策的界定 ··················· 277
  二、教育社会政策的特征、功能与地位 ············ 279
 第二节 我国教育社会政策的发展与现状 ·············· 282
  一、我国教育社会政策的历史变迁 ··············· 282

二、当前我国教育社会政策的主要类型和特点 ················ 288
　　　三、我国教育社会政策的发展趋势 ·························· 291
　第三节　当前我国教育社会政策的主要领域 ···················· 294
　　　一、学前教育阶段的社会政策 ······························ 294
　　　二、义务教育阶段的社会政策 ······························ 296
　　　三、高中教育与职业教育方面的社会政策 ···················· 297
　　　四、高等教育阶段的社会政策 ······························ 300
　　　五、继续教育方面的社会政策 ······························ 301
　　　六、民族教育社会政策 ···································· 302

第十一章　住房社会政策 ·· 304
　第一节　住房社会政策概述 ···································· 304
　　　一、住房社会政策的概念和基本原理 ························ 304
　　　二、住房政策的国际和地区间比较 ·························· 306
　　　三、我国住房社会政策的发展历程 ·························· 310
　　　四、当前中国的住房政策体系 ······························ 316
　第二节　我国的住房公积金政策 ································ 319
　　　一、住房公积金政策概述 ·································· 319
　　　二、住房公积金的运行方式 ································ 320
　　　三、住房公积金政策的运行绩效与发展趋势 ·················· 322
　第三节　当前我国的城镇住房保障政策 ·························· 325
　　　一、我国城镇保障性住房建设 ······························ 326
　　　二、我国公共租赁房政策 ·································· 328
　　　三、我国住房租赁补贴与棚户区和危房改造政策 ·············· 331

第十二章　社会福利服务政策 ·· 334
　第一节　社会福利服务政策概述 ································ 334
　　　一、社会福利服务政策的基本原理和主要内容 ················ 334
　　　二、社会福利服务的输送 ·································· 337
　　　三、我国社会福利服务政策的历史发展和现状 ················ 340
　第二节　社会福利机构 ·· 343
　　　一、我国社会福利机构及相关社会政策的演变 ················ 343

二、当前我国社会福利服务机构的特点、类型与管理模式……344
　　三、我国社会福利机构的改革与发展……345
第三节　社区服务……348
　　一、福利服务回归社区……348
　　二、我国城乡社区建设与社区服务的历史发展……349
　　三、当前我国社区服务的内容与存在的问题……351
第四节　特定人群的权益保护及社会服务……353
　　一、妇女权益保护和社会服务……353
　　二、儿童权益保护和社会服务……355
　　三、老年人权益保护和社会服务……357
　　四、残疾人权益保护和社会服务……358
　　五、流动人口权益保护和社会服务……359
　　六、军人抚恤优待政策……361

第十三章　我国社会政策发展的趋势……364

第一节　我国社会政策发展新的背景……364
　　一、中国特色社会主义新时代对社会政策的新要求……364
　　二、经济全球化进程中的社会政策国际发展趋势……367
　　三、我国经济与社会环境的新特点……368
　　四、我国社会政策面临的新机遇和新挑战……370
第二节　我国社会政策新的发展方向……371
　　一、加强社会政策行动，积极应对各种挑战……371
　　二、坚持以民生为基础、公平为导向，积极解决社会问题，促进社会治理现代化，维护社会长治久安……373
　　三、坚持积极的社会政策，促进经济与社会协调发展……375
第三节　我国社会政策发展的主要任务……377
　　一、加强社会政策体系建构，完善项目体系……377
　　二、加强政府责任，积极推动广泛的社会参与……378
　　三、优化社会服务提供方式，合理配置公共资源……379
　　四、加强法制建设，优化社会政策体制机制……380
　　五、坚持新时代中国特色社会主义，积极推动本土社会政策研究和学科发展……382

阅读文献·· 384
人名译名对照表··· 386

后　记·· 387

绪　　论

人类社会自古以来都在通过劳动而不断创造财富，以满足人们不断提高的生活需要；同时也通过各种方式向不能劳动的人和其他困难者提供各种基本保障和服务，以满足所有人的基本需要，维系个人的生存与发展，并维系家庭和社会的稳定。古代社会主要靠部落、家庭等去向个人提供民生保障，但国家等组织和群体也在不同程度上发挥着作用。进入工业化社会以后，经济发展和经济活动日趋复杂化，民众的民生需要增大，生活风险增多，社会问题更加复杂，传统民生保障主体效能下滑。这些新情况促使国家走向民生保障的前台，通过制定和实施各项社会政策而保障和改善民生。

在我国，国家在民生保障方面的行动有悠久的历史，历史上许多时期都有国家提供的救荒、济困等方面的保障服务，成为中华文化传统的内容之一。新中国成立后，我国实行社会主义制度，从根本上奠定了我国民生保障的制度和理念基础。在中国共产党的领导下，各级政府广泛制定和实施社会政策，在保障和改善民生方面发挥了重要的作用，并且积累了丰富的实践经验。当前，随着改革开放和国家建设的发展，党和政府越来越重视在发展中保障和改善民生，通过制定和实施各项社会政策去满足人民群众的基本需要，推动各项社会事业的建设，并取得了重大的成就。

社会政策实践的发展在全世界带动了社会政策研究和学科体系的快速发展，目前已经形成较为成熟的社会政策学科体系。在我国，尽管社会政策的概念、理论和学科体系的发展相对较晚，但近年来为了回应社会政策实践的需要，也加快了发展，正在形成中国特色的社会政策理论知识和学科体系。从实践上看，社会政策包含着复杂的规则体系和行动体系；从学科发展上看，社会政策学科从各个方面全面反映着当代社会政策实践的发展，既对社会政策实践的发展做出深入的理论研究，也对社会政策实践的发展做出总结。本教材的主要目的是帮助学生全面地了解当代社会政策发展的基本理论和我国社会政策发展的基本情况和主要问题。为达到这一目标，本教材的绪论首先介绍和分析社会政策的基本知识，包括社会政策的基本概念和内容、社会政策的目标和功能、社会政策学科的特点和方法、社会政策实践与学科的发展和马克思主义对社会政策理论与实践的指导意义。

第一节 社会政策的基本概念和内容

学习社会政策的理论与实践，首先要清楚地把握什么是社会政策。本节主要介绍和分析社会政策的概念以及与社会政策相关的其他一些概念，并且结合我国实际情况介绍当代社会政策的主要内容。

一、政策与公共政策

（一）政策的概念

从实践上看，社会政策属于公共政策体系的一个分支。因此，要理解社会政策的含义，首先要理解什么是公共政策，而理解什么是公共政策，要从分析政策的含义入手。

1. 政策的含义

所谓"政策"，从狭义上看，是指政府或政党为了达到其目标、完成其任务而制定的各种规则的总和，包含了政府或政党行动的总体方针、行动准则和具体行动方案。从广义上看，政策既包括政府和政党有关行动的规则体系，也包括为了促进各项社会事业发展而制定各种规划和方案、投入公共资源、设立和实施各种项目等方面的具体行动。

2. 政策行动与政策过程

政策是由特定主体制定和实施的。政策主体在制定和实施政策等环节中的行动被称为"政策行动"。政策行动既包括各类政策主体在政策制定中的主导、参与及干预的作用，也包括各类组织、群体和个人在政策实施、评估和修订中的主导与参与作用。政策行动的概念体现了政策的主体性，并强调了各类政策主体在政策过程中的能动作用。

从另一角度看，政策的运行也具有其客观规律。政策行动往往是一个有始有终的过程，一套政策从制定到终止的整个过程被称为"政策过程"。一般来说，政策过程包括政策制定、政策实施、政策评估、政策调整、政策终止等环节。

3. 政策与法律法规

法律法规是国家立法机构和政府行政机关为规范个人和组织的行为、维持社会各方面的运行秩序和对社会各个方面实施有效的管理而制定的各种规范性文件的总称。在我国，"法律"是指国家立法机构制定的规范性文件，"法规"是政府行政部门和地方立法机构依法制定的规范性文件，如中央政府颁布的行政法规、省级人民代表大会依照法定职权和程序制定的地方性法规。按照《中华人民共和国立法法》（以下简称《立法法》）等法律法规的规定，我国的法律法规系统包括国家法律、国务院行政法规、地方法规，以及国务院部门、地方政府制定的规章等各种规范性文件等。此外，各级政府还有其他一些规范性的文件，包括国务院部门以及省、自治区、直辖市和较大市的人民政府及其主管部门对具体应用法律、法规或规章做出的解释；县级以上人民政府及其主管部门制定发布的具有普遍约束力的决定、命令或其他规范性文件。

从广义上看，政策和法规有很大的交叉关系。政府和政党的政策中绝大多数都以法规的形式制定、发布和实施。相应地，绝大多数的法规都体现了政府的各项政策。但目前我国政府部门对这两个概念的实际使用有所不同。法规一般是按照《立法法》《行政法规制定程序条例》等法律法规而规范化制定的文件，而政策是指法规之外的，由相关政府部门制定的规范性文件。在本教材中，除特殊说明之外，都是从广义上理解"政策""公共政策"和"社会政策"等概念与相关法规的关系，即法规是政策的制定和表达方式之一，不再专门强调这两个概念之间的差异。

拓展资源

《中华人民共和国立法法》

（二）公共政策的概念及特点

1. 公共政策的概念

所谓"公共政策"，是指政府面向社会公众所制定和实施的各项政策的总和，是政府或社会公共权威机构为有效管理社会、处理公共事务和解决社会问题而制定的行动方案和行为准则。当代社会经济与生活日趋复杂，需要政府通过大量的政策手段去管理和调节经济与社会活动。在当今世界上，政府不仅在政治、军事、外交等方面发挥主要的作用，而且在经济活动、文化发展、社会事务、环境治理等方面也发挥着越来越重要的作用。为此，政府的公共政策在大到全球性问题，小到基层社区居民的社会生活的各个领域中都不可或缺。

2. 公共政策的特点

当代社会，政府的公共政策具有若干特点。

首先，公共政策具有公共性。公共政策要面向公众，反映公众的需要，解决公共问题，而不能只是为了政府部门或官员的自身利益。公共政策的公共性具体体现在以下几个方面：一是政策主体的公共性，即公共政策是由代表社会中公共权威的组织（一般是政府）来制定和组织实施的；二是政策对象的公共性，即公共政策是关涉公众的；三是政策目标的公共性，即政府制定公共政策的基本目标是为了社会的公共利益；四是政策过程的公共性，即政策的制定、实施和资源调动都需要有公众广泛的参与，并且政策相关的信息一般都应该公开化。

其次，公共政策具有权威性。权威性具体体现在以下两个方面：一是政策制定具有权威性，即公共政策要由政府等具有公共权威的组织来制定；二是政策实施中的权威性，即公共政策一旦做出，就必须得到有效的执行，或者说在法律规定的范围内，所有有关的个人、群体和组织都应该遵循公共政策行事。政府和其他依法负有制定和实施公共政策的机构及其工作人员在公共政策执行过程中具有处置相关公共事务的权力，这种权力通常被称为"公权力"。

最后，公共政策是科学性和价值性的结合。公共政策的制定和实施要建立在科学的基础上，要依据客观需要，立足客观条件，通过科学的方法制定和实施各项公共政策。同时，公共政策也要反映政府的价值目标，要体现社会公平、效率与发展、社会关照等价值目标。有时候各个价值目标之间会发生一些矛盾，因此公共政策的制定和实施应该在各种价值目标之间做出平衡。此外，政府面对众多需要解决的问题，而资源条件又比较有限，因而往往要对各种政策行动的价值优先性做出判断，然后以此为基础来决定公共政策的走向。

（三）当代公共政策体系

在当代各国，随着政府负责的公共事务不断增多，公共政策已成为一个内容相当广泛的公共行动体系。从内容上看，公共政策包括了外交、国防、经济、文化、社会、环境等重要大类的各种政策，以及人口、民族、宗教、城乡建设、公共安全等方面的公共政策。从层次上看，一个国家内部几乎所有的行政层级都参与公共政策的制定和实施过程，建构了从基层的社区一直到最高的国家层次的公共政策体系。并且随着经济全球化的发展，原本局限于国境内的公共政策体系逐步跨出国门，逐渐形成区域性或全球性的公共政策体系。

二、社会政策及相关的概念

（一）社会政策的概念

在当代各国，社会政策是政府公共政策体系的重要方面之一，是政府直接向民众提供各种社会服务，满足民众基本民生需要的政策体系。各国政府在不同程度上承担着民生保障的职责，为民众提供各个方面的基本生活保障，并且大力发展教育、卫生、社会保障等社会事业，以满足民众在各方面的基本需要。政府在这些领域的政策总称为社会政策。

社会政策有以下基本特点：首先，社会政策的基本目标是保障和改善民生，维护社会公平，解决社会问题。其次，社会政策是为了直接满足民众的基本需要而向其提供各项社会服务的政策体系。政府公共政策体系中有许多行动是为了促进经济发展、改善宏观环境、建设基础设施，虽然其最终目标也是为了提高人们的生活水平，但其直接的行动对象并不指向具体的个人和家庭。相比之下，社会政策则是直接面向个人和家庭提供具体物质帮助和社会服务的。再次，社会政策是在一定的价值目标的引领下制定和实施的，其中最重要的价值理念包括社会公平、保障人权、促进经济与社会发展等。最后，社会政策是依据福利性原则，即按照人们的实际需要来提供社会服务的。根据上述特点，可以将社会政策定义为：政府或其他组织在社会公平等价值目标的指导下，为了满足民众基本需要、解决社会问题、维护社会稳定和提高社会生活质量等社会目标而向民众提供各种福利性社会服务的政策体系。

（二）其他相关概念及其与社会政策的关系

在我国公共事务领域还有一些与社会政策相关的概念，包括民生事业、社会建设、社会福利、社会治理、公共服务与社会服务等。为了更好地理解社会政策概念，还应该对这些概念及其与社会政策的关系加以分析和梳理。

1. 民生事业

民生在我国公共话语体系中具有"民众生活"的含义。早年孙中山提出的"三民主义"中就有"民生主义"，意为通过发展经济和提供社会福利而保障和改善民众的生活。进入21世纪以来，党和政府逐渐重视通过公共服务的方式为民众提供基本生活保障，并重视改善民众生活。因此这一概念重新进入我国公共话语体系中。

在中共十八大报告、十八届三中全会通过的《中共中央关于全面深化改革若干重大问题的决定》（以下简称"十八届三中全会《决定》"）和中共十九大报告中都强调了要保障和改善民生。从广义上看，保障和改善民生涉及包括发展经济和提供公共服务等各个方面的行动，因此涉及经济政策和社会政策等众多领域。但从党和政府使用这一概念的真实含义上看，民生事业主要是指向为保障民众基本需要而提供各项必要的公共服务。因此，保障和改善民生的行动主要涉及社会政策领域的事务。换言之，社会政策是保障和改善民生的政策体系，政府主要通过制定和实施社会保障政策、教育政策、健康政策、住房保障政策、促进就业政策，以及针对老年人、残疾人、儿童、流动人口等专门人群的公共服务来满足人们基本需要，提高人们的生活水平。

2. 社会建设

社会建设是出自我国本土的概念，其基本含义是在党的领导和政府的组织下，调动各种资源，动员各类组织和民众广泛、有目的、有计划地构建社会服务和社会治理的制度体系及运行机制。社会建设的概念在内涵上与国际上通用的"社会发展"概念基本相同，所不同的是我国的社会建设概念更加强调政府和社会各方推动社会发展的目的性和主动性，即社会建设是政府和社会各方有目的、有计划、有组织地推动社会发展的主动行动。

中共中央在 2006 年十六届六中全会上审议通过的《中共中央关于构建社会主义和谐社会若干重大问题的决定》中首次提出了"社会建设"的概念。中共十八大报告中将"社会建设"列为当前我国现代化建设"五位一体"格局中重要的方面之一。中共十九大报告中继续强调要统筹推进包括社会建设在内的"五大建设"。当前我国社会建设的主要任务是要通过制度建构、机制创新和必要的资源投入而建立起能够切实保障和改善民生的社会服务体系，能够有效地维护社会公平和维持良好社会秩序的社会治理体制机制。加强社会建设的最终目标是要使经济发展的成果最大限度地转化为老百姓的福祉。从最终目标和两大主要任务看，社会建设都与社会政策密切相关。因此可以说，社会政策是政府推动社会建设的主要行动体系。政府正是通过制定和实施相关的社会政策而保障和改善民生，并且通过各项社会政策去营造有利的社会治理环境。

3. 社会治理

"治理"的基本含义是多元化、综合性的管理格局，而"社会治理"是指相关主体在社会领域中实施有效治理的各种制度、政策、组织、机制和具体行动的总和。十八届三中全会《决定》提出，我国社会治理的总体目标是确保社会既充满活力又和谐有序；社会治理的主要方向是以人民利益为基础，维护社会和谐、社会发展活力、平安中国、国家安全、社会安定有序。十九大报告中进一步提出要打造共建共治共享的社会治理格局，加强社会治理制度建设。要完善党委领导、政府负责、社会协同、公众参与、法制保障的社会治理体制，发挥社会组织的作用，实现政府治理和社会调节、居民自治良性互动。

十九届四中全会通过的《中共中央关于坚持和完善中国特色社会主义制度推进国家治理体系和治理能力现代化若干重大问题的决定》中进一步强调"社会治理是国家治理的重要方面。必须加强和创新社会治理，完善党委领导、政府负责、民主协商、社会协同、公众参与、法治保障、科技支撑的社会治理体系，建设人人有责、人人尽责、人人享有的社会治理共同体，确保人民安居乐业、社会安定有序，建设更高水平的平安中国"，并具体指出了"完善正确处理新形势下人民内部矛盾有效机制""完善社会治安防控体系""健全公共安全体制机制""构建基层社会治理新格局""完善国家安全体系"几个方面的要求。①

当代社会治理模式有两个重要特点：一是多元化的治理主体；二是多方位的治理目标。从主体方面看，我国社会治理的主体包括了各级党委、政府、社会（社区和社会组织等）以及广大的居民群众。从其目标特点看，社会治理既要维护社会秩序与安全，也要维护民众的利益和提升民众的幸福感，还要提升经济与社会运行的活力。因此社会治理不能仅靠简单直接的社会控制手段，而要广泛地采用改善民生、促进社会公平、有利民众参与、激发社会活力的政策手段。因此，通过制定和实施各项社会政策是提高社会治理水平，更加有效地达到社会治理的目标的最佳途径。

4. 社会福利

社会福利是在全世界广泛使用的概念，但各国使用这个概念的含义并不完全一样。在我国不同的话语体系中，"社会福利"的概念也有不同的含义。作为一种社会制度，社会福利概念有三个层次的含义和用法。社会福利概念的第一层含义是指与按劳分配、按资分配的市场分配原则并列的，按照人们的实际需要而分配产品和提供社会服务的原则，以及按照这种原则分配社会产品和提供社会服务的制度体系。福利分配原则和制度体系一般用于公共产品的分配，具体分配形式包括平均分配和按照某些对象的实际需要而进行分配。社会福利概念的第二层含义是泛指具有普惠性特点的社会服务项目，其特点是在公共资金的支持下以无偿或低偿的方式向所有社会成员或某些社会群体中的所有成员提供社会服务。社会福利概念的第三层含义是指某些针对特殊困难群体的专门社会服务项目，如针对贫困者的社会福利，针对特殊困难老年人或特殊困境儿童的"老年福利"或"儿童福利"。

由于社会福利概念存在多义性，因此这一概念与社会政策的关系不能一概而论，而应该根据社会福利概念使用者对它的操作性定义来分析它与社会政策的关系。在上述第一个层面上使用的"社会福利"概念，其外延基本上与"社会政策"相等。在这个层面上，社会福利与社会政策的概念有时可以互换使用。欧洲国家与其他大多数国家的学术界和政府部门都主要是在这个层面上使用社会福利概念。我国学术界将这一层面上的社会福利概念称为"大福利"概念。相比之下，第二和第三层面上的"社会福利"概念外延都要小于"社会政策"概念。在第二个层面上使用的"社会福利"概念基本上相当于由政府财政支持的"普惠型"类别的

---

① 《中共中央关于坚持和完善中国特色社会主义制度 推进国家治理体系和治理能力现代化若干重大问题的决定》，人民出版社2019年版。

社会政策体系；而在第三个层面上使用的"社会福利"相当于我国社会保障体系中的"社会救助"类别，即由政府财政支持的，针对贫困者的社会救助项目体系。

5. 公共服务与社会服务

公共服务和社会服务是经常使用的两个既相关又有所不同的概念。"公共服务"一般泛指政府使用公共资源向公众提供各种服务的总和。公共服务一般与商业化服务相对应，后者是指通过营利机制向民众提供的商业化服务。在当代社会中，公共服务和市场服务是服务业体系中的两大类。在我国，公共服务一般称为"事业"，而商业化服务一般称为"产业"。从服务对象角度看，商业化服务遵从等价交换原则，获得服务要按商业化原则付费；而公共服务则按福利性原则，在公共资金的支持下，可以提供免费和低费的服务。在当代各国，公共服务并不完全排斥市场机制，即在公共服务中也可以引入一定的市场机制，以提高其效率或控制其需求膨胀，或者在商业化服务中投入一定的公共资源以促进其发展或降低其价格以利于低收入者的使用。

社会服务也是既常用，又具有多义性的概念。在其他许多国家中，社会服务是指政府直接面向民众的各项服务的总称，其外延相当于广义的社会福利或社会政策。在我国，社会服务概念有四类主要的用法：一是与国外的主流用法一致，指政府或社会力量直接面向民众的各项服务的总称；二是与公共服务概念等同；三是特指政府之外的社会力量所提供的公益性服务；四是指与货币和实物保障不同的服务类保障。本教材对社会服务概念主要采用第一种用法，即社会服务是指政府或社会力量为了满足民众各个方面的基本需要而直接向民众提供的各项服务的总和。因此，社会服务的外延与社会政策基本相同，它与社会政策概念所不同的只是视角的差异："社会政策"更加全面地反映政府或政党在相关领域制定和实施的政策，而"社会服务"则更多地关注在相关领域中具体的服务内容及其效果。同时，在一些地方也使用其第四种用法，特指服务类项目。

三、社会政策的主要内容、过程和基本要素

（一）社会政策的主要内容

社会政策的内容是指社会政策针对具体的社会问题和民众的需要而提供的各种具体服务事项。在当代各国，政府对社会福利的干预和提供的社会服务相当广泛，社会政策在许多国家都已成为一个宏大的行动体系，其中包括了多个领域和众多的项目。在我国，社会政策的主要领域包括社会保障政策（含社会保险、社会救助和社会福利）、医疗卫生政策、劳动就业政策、公共教育政策、住房保障政

策，针对老年人、残疾人、儿童、流动人口等专门对象的权利保护和社会服务政策，以及促进公益慈善事业发展、激发社会组织活力的相关政策。社会政策的每个方面都是由众多的具体服务事项构成的行动体系，而众多的社会政策领域共同构成了一个社会政策的体系。本教材在后面的若干章节里将分门别类地介绍我国社会政策各个领域的具体内容。

（二）社会政策的过程

如前所述，当代社会中制定、实施和调整社会政策是一个制度化的行动体系。围绕着社会政策的行动体系一般都会遵循政策制定、政策实施、政策评估、政策调整、政策终止的过程。社会政策过程的每个环节分别有不同的任务和具体行动，各个环节的任务和行动共同构成了整个社会政策过程。在社会政策过程的各个环节上都有相应的制度安排，保障着社会政策稳步推行并取得预期的收效。但在各个环节上也都有一些复杂因素在影响着社会政策行动的实施和任务的完成。社会政策研究者的任务是要发现这些影响因素并分析其对社会政策的影响情况，而社会政策的实践部门则应该更加注意调动各种积极因素，避免各种不利因素的负面影响。本教材中有专章介绍分析社会政策过程的相关知识。

（三）社会政策的基本要素

所谓社会政策的基本要素，是指制定、实施和调整社会政策的行动或过程中最重要的影响因素，它们既是在实践上构成一个社会政策行动不可或缺的因素，也是在社会政策研究中最受重视的关键性问题。一般说来，当代社会政策的基本要素包括社会政策的主体、对象、资源和运行机制。首先，任何一个社会政策都首先要有明确的责任主体，即制定和实施社会政策的责任人和参与者（组织、群体或个人）。其次，社会政策还应该有明确的对象，即社会政策的直接受益者或间接受影响者。再次，制定和实施社会政策必须要有足够的资源保障，如何调动必要的资源和如何分配这些资源，是社会政策制定和实施中的又一关键性问题。最后，社会政策还需要解决运行机制的问题，即社会政策资源如何分配和使用，以使得其效益和效率最大化，也就是说，社会政策的主体应该采用何种方式将社会政策的资源传递到社会政策的对象。本教材有专章分析介绍社会政策基本要素各个方面的知识。

（四）社会政策的法制建设

社会政策以制度化的方式向民众提供民生保障和相关社会服务。在法治社会中，政府的各项社会政策应该尽可能纳入国家法制体系中，以进一步提高社会政策的权威性、普遍性和稳定性。我国的法制体系包括国家法律、国务院行政法规、国务院部门规章和地方法规，从广义上看还包括政府规划、标准等规范性文件。

目前，我国在教育、健康、社会保障以及针对老年人、妇女、残疾人和未成年人权利保护方面已经有了一批基础性的国家法律，并且在各个方面都通过一定的行政法规和部门规章对社会政策的制度建构和运行作出规范。同时，各地也积极通过制定地方法规来更好地落实国家的各项社会政策，并且在国家法律法规的框架下，根据本地的实际情况加以发展。面向未来发展的需要，我国还应该进一步加强社会政策的法制建设。一是进一步完善法制体系，重点是弥补现有法律法规上的空白，并及时修订已经过时的法律法规条款。二是更好地做好"有法必依"，让社会政策的法律法规体系充分发挥作用。法制建设可以进一步加强社会政策运行的稳定性和有效性，从而更好地实现依法治国的目标。

第二节 社会政策的目标与功能

制定和实施社会政策是有目的的行动体系，政府和政党制定和实施各项社会政策总是为了达到某种经济、政治与社会目标。同时，社会政策的运行会对社会各个方面产生直接或间接的影响。社会政策对各个方面的影响能力被称为社会政策的功能，意即社会政策能够在若干方面发挥作用。对于社会政策实践者来说，在社会政策制定和实施过程中应该准确把握其目标，并且充分认识和正确利用社会政策的各种功能；而在学习和研究社会政策中则应该清楚地认识和分析社会政策的目标和功能。

一、社会政策的目标

作为一类主动的公共行动，制定和实施社会政策总是要指向特定的目标。所谓社会政策的目标，是指社会政策的主体制定和实施社会政策所想要解决的问题。当代社会政策是一个复杂的行动体系，政府制定和实施社会政策一般是基于多重目标。为了分析的方便，可以将社会政策的目标分为直接目标和间接目标。

（一）社会政策的直接目标

社会政策的直接目标是指社会政策主体制定和实施社会政策最直接的目标。任何社会政策都有其最直接要解决的问题。例如，社会救助最直接要解决的是满足困难家庭最基本的需要；医疗保险最直接要解决的是为人们提供全部或部分的医疗费用；促进就业的政策是要保障劳动者基本的就业权利，等等。概括起来看，当代社会政策的直接目标可以有以下方面。

1. 满足人的基本需要的目标

满足人的基本需要是社会政策最原初的、也是最重要的目标。所谓"基本需要",是指在特定社会中每个人为了维持其生存而必须达到的基本生活条件。所有生活在社会中的人都有一些基本的需要应该得到满足,例如基本的衣食住行以及基本的教育、医疗等方面的需要。任何人如果无法满足这些基本需要就无法在社会中生存。从社会的角度看,基本需要也是社会应该保障每个人都达到的基本生存条件。任何人不论因何种原因而无法达到该社会所界定的基本生存标准,政府或社会就应该给予帮助。

为了使社会政策更加有效地满足人的基本需要,应该基于各种社会的条件对基本需要的内容、水平和满足方式进行科学的界定。基本需要所反映的生存条件不只是生物性或生理性生存条件,而且包含社会生存条件。社会性生存条件包括两个方面:一方面,社会生存条件不仅包括满足基本的温饱,而且包括在教育、健康、居住等方面获得基本的资源;另一方面,每个人在满足基本需要的各个方面都应该达到与社会发展相适应的水平。简单说来,一个社会中社会成员普遍都能达到的生活水平就是该社会所应该界定的基本需要水平。一个人只有满足了各个方面的基本需要,并达到应有的水平,才能获得"社会性生存",即达到被当时当地的大多数人所认可的消费和生活方式,并因此而具有一个"社会人"应该具有的基本尊严和社会参与及交往的能力。如果一个社会中还有人因各种客观原因而无法达到"社会人"的基本需要标准,政府和社会就有责任通过社会政策而向他提供帮助。

社会政策是满足人们各种基本需要的重要途径。人的基本需要可以通过多种方式得以满足。在当代社会中,市场经济和家庭是满足人们基本需要的重要途径,但是总会有一些人无法参与市场经济活动,或者虽然参与了,但因为能力、表现等方面的原因导致其无法获得足以维持其社会性生存的收入。同样,也总有一些人也难以通过家庭来满足其基本需要。因此,任何一个社会都需要市场和家庭以外的支持和帮助。政府制定和实施各项社会政策正是为了帮助人们满足各个方面的基本需要。

2. 保障人权的目标

生活在社会中的每个人都具有基本的人权是当代社会的广泛共识。人权的内涵相当广泛,首先是人的生存权利。由人的生存权利派生出了获得维持生存必需物质生活条件的权利。当一个人或家庭因各种原因而无法获得基本维生条件时,社会应当给予帮助。而政府的社会政策正是基于人权保护的目标,代表社会来实施这种帮助。在当代社会中,人权和人权保护已在《联合国宪章》下形成了全球性的共识,但其具体内容仍是由各国的宪法和法律规定,并且由各国的法制加以保障,由各国政府的各项政策及各类民间行动加以落实的。目前许多国家都将获得基本的就业和收入、社会保障、教育、健康以及基本的居住条件等规定为人的基本权利,并将其纳入人权保障体系中的"社会权利"的范畴。社会政策的目标是要保障人们的社会权利,重点通过在就业、社会保障、教育、医疗卫生、住房等方面提供必要的社会服务,以及对老年人、残疾人、儿童、移民与流动人口等特殊困难群体提供专门的帮助而保障每个公民的基本社会权利。

从社会政策的基本原理上看,满足民众的基本需要和保障公民基本的社会权利是政府制定和实施各项社会政策最原初、最基本,也是最重要的目标。任何社会政策的制定和实施都不应偏离满足民众基本需要的直接目标。

(二) 社会政策的间接目标

除了满足基本需要和保障人权的直接目标之外,当代各国的社会政策还有一些间接的目标。所谓社会政策的间接目标,是指社会政策主体在制定和实施社会政策时所具有的较高层次的和间接达到的目标。社会政策的间接目标可分为社会目标、政治目标和经济目标。

1. 社会目标

在当代社会中,政府通过施行保障和改善民生的社会政策,不仅要满足民众的基本需要,还要力图达到维护社会公平、解决社会问题、维持社会秩序、促进社会进步和保障国家长治久安等更高层次的社会目标。也就是说,政府制定和实施社会政策不仅要在个人和家庭层面上满足人们的基本需要和维护人权,而且要在社会层面上去构建一个更加公平、和谐、有序的社会。

2. 政治目标

从各国社会政策的实践上看,政府或执政党制定和实施各项社会政策常常带有一定的政治目标。由于各国政治制度和意识形态存在差异,因此各国政府社会政策政治目标的具体内涵不完全一样,但总体上看都包含了维护政治体制稳定、为执政党争取民众支持、夯实执政党执政基础等方面的目标。

3. 经济目标

尽管社会政策的直接目标不是为了促进经济发展,但事实上各国政府制定和实施社会政策往往还带有一定的经济目标,即通过社会政策去促进经济健康发展。从一般意义上看,制定和实施社会政策有利于免除劳动者对各种风险的后顾之忧,这有利于调动其劳动积极性。社会政策还有利于增大全社会的人力资本,这在知识经济时代对促进经济发展具有重要的作用。当然,社会政策也可能有妨碍经济发展的一面，尤其是当社会政策的制度和水平不合理的时候，它有可能引发福利依赖，挫伤劳动者的积极性，并有可能给政府带来很大的财政压力，进而拖累经济发展。因此，各国政府在制定和实施社会政策时都力图通过更加精心的制度—水平设计而防止其负面影响，使社会政策能够更好地达成促进经济发展的目标。

鉴于社会政策有各种不同层级和不同方向上的目标，因此在社会政策的制定和实施中应该注意协调各种目标，防止各种目标之间发生严重冲突，尤其是要防止因重视经济、政治等方面的间接目标而影响社会政策达成其直接目标。

二、社会政策的主要功能

作为一类公共行动体系，社会政策在其运行中会在各个方面产生功能作用，并因而常被用来调节社会结构、社会生活和经济社会运行。

（一）政府公共服务的功能

当代各国的政府都负有向民众提供公共服务的任务。政府的公共服务涉及面很广，方式方法也很多。保障和改善民生方面的公共服务是政府公共服务体系中最主要的部分之一，而政府是通过制定和实施社会政策来完成这方面的任务。因此，社会政策具有重要的公共服务功能，政府每年都通过制定和实施各项社会政策来调动大量的资源，向民众提供相关的公共服务，在保障民众基本生活和满足民众基本需要方面发挥重要的作用。一个国家或地区的执政党和政府对社会政策的重视程度及其制定、实施社会政策水平的高低，在很大程度上代表着执政党和政府公共服务的水平，对执政党和政府政治目标的达成及民众对执政党和政府的支持都产生重要的影响。因此，当代各国的执政党和政府出于其完成公共服务任务和相关政治目标考虑，都非常重视制定和实施各项社会政策。

（二）再分配功能

社会政策首先具有再分配功能。在社会化大生产的制度下，产品分配制度是经济与社会的重大制度之一。在正常情况下，各种产品首先通过市场机制加以分配，在市场机制下可以实现对产品按生产要素的分配。但是市场机制的不完善往往会导致产品分配出现较大的不平等，因此需要通过政府的再分配加以弥补，而制定和实施社会政策正好可以在这方面发挥作用。

社会政策调节收入分配主要是通过其再分配功能，即政府通过税收或缴费等方式从人们初次分配的所得中收取一部分，然后以现金转移制度或提供社会服务等方式在有需要的人中进行再次分配。从理想的目标上看，通过社会政策再分配调节后，全社会收入分配应该更加平等一些。但如果社会政策本身的力度不够或资源筹集、分配使用不合理，也可能导致其收入调节的作用发挥不出来，甚至产生负面的影响。

（三）社会治理功能

人们的工作、生活各个方面都需要秩序，但常常无法自动达到理想的秩序，因而需要一定的社会治理方式去维系社会秩序，制定和实施社会政策对社会治理具有积极的作用。社会治理的目标是使社会充满活力又和谐有序，其前提是要让民众感受到社会中充满了公平正义，使人民具有获得感、幸福感和安全感，而这一切都需要通过更多更好的社会政策来保障。让老百姓更好地满足了基本需要后才能达到这种境界。古人曰"仓廪实而知礼节，衣食足而知荣辱"① 讲的就是这个道理。因此，当代社会中，政府通过制定和实施各项社会政策，在很大程度上满足了老百姓的基本需要，降低其对社会的不满，增强了公平感，提高其生活获得感、幸福感和安全感，为加强社会治理提供了社会基础。

（四）调节经济运行功能

社会政策具有一定的调节经济运行的功能，是指制定和实施社会政策能够在一定程度上对经济运行产生影响，起到一定的调节作用。社会政策对经济运行的调节作用主要体现在几个方面：一是在微观层面上社会政策可以对劳动者的表现产生影响。社会政策对劳动积极性的影响机理较为复杂，具体的影响结果不仅与社会政策的水平有关，而且更多地与社会政策具体的制度安排有关。如果政策设计合理，可以起到激励劳动积极性的作用；但如果政策不合理，也可能对劳动积极性起到负面的影响。二是社会政策可以对人们的消费行为产生影响，尤其是当社会政策水平较低时，社会保护水平会降低，人们往往会通过增大个人储蓄以应对生活风险，从而压低消费。因此，政府可以通过调整社会政策而起到调节市场供需的作用。三是在社会政策可以作为政府的财政政策和再分配政策而对调节宏观经济产生作用，当年凯恩斯主义经济学就论证了这种作用及其机理，第二次世界大战（以下简称"二战"）以后半个多世纪以来，许多国家政府制定和实施社会政策和干预经济的实践不断地验证着社会政策这一功能的存在。四是在全球化时代，一个国家的社会政策会通过其对资本和产品价格的影响而带来对投资和国际贸易的影响，并进而对国家经济竞争力产生明显的影响。但在不同的国家里这种影响的方向和程度有明显的不同。一般说来，在劳动密集型产业为主的国家里，如果社会政策水平过高会对经济竞争力产生一定的负面影响；而在技术密集型产

---

① 司马迁：《史记》卷六二《管晏列传》，中华书局1959年版，第2132页。

业为主的国家里，社会政策水平对经济竞争力的负面影响大大降低，而通过提高人力资本而带来的正面影响大大增强。

三、社会政策在社会建设中的作用

按照中共十八大报告、十八届三中全会《决定》和中共十九大报告，社会建设是我国社会主义建设事业的五大方面之一。社会建设主要包括保障和改善民生与创新社会治理两大任务，这两大任务都与社会政策有密切的关联。

（一）当前我国社会建设的基本思路和要求

按照十八届三中全会《决定》，当前我国社会建设领域改革的总体思路是要以确保社会既充满活力又和谐有序为基本目标，以公平正义和共同富裕为基本导向，以保障和改善民生、改革收入分配制度、深化社会体制改革和创新为主要任务。同时，十八届三中全会《决定》在社会建设的各个领域中提出了许多改革的新要求。其中，一方面是保障和改善民生方面的改革要求：要大力促进教育公平，消除一切影响平等就业的制度障碍和就业歧视，完善城乡均等的公共就业创业服务体系，建立更加公平可持续的社会保障制度。另一方面是在收入分配政策方面的要求：要形成合理有序的收入分配格局并着重保护劳动所得，要规范收入分配秩序，完善收入分配调控体制机制和政策体系，努力缩小城乡、区域、行业收入分配差距，逐步形成橄榄型分配格局。再一方面是要围绕着确保社会既充满活力又和谐有序的基本目标和以人民利益为基础，以维护社会和谐、社会发展活力、平安中国、国家安全、社会安定有序的基本方向，加快社会治理体系和能力现代化。十九大报告进一步强调了要提高保障和改善民生水平，加强和创新社会治理；要求完善党委领导、政府负责、社会协同、公众参与、法制保障的社会治理体制，实现政府治理和社会自我调节、居民自治良性互动。十九届四中全会又提出了民主协商和科技支撑的政策措施，并进一步强调了建设人人有责、人人尽责、人人享有的社会治理共同体，以及完善正确处理新形势下人民内部矛盾有效机制、完善社会治安防控体系、健全公共安全体制机制、构建基层社会治理新格局、完善国家安全体系几个方面的要求。

（二）社会政策在当前我国社会建设中的作用

社会政策在社会建设中具有重要的作用。从社会建设的特点上就能看出，我国的社会建设强调政府主导下的主动行动，而制定和实施社会政策正是体现政府在社会建设过程中的主动行动。首先，社会政策本身就是保障和改善民生的政策体系，社会政策的外延和民生事业基本上是一致的，中央和地方各级政府保障和改善民生的各项重大举措都属于社会政策的范畴。换言之，保障和改善民生是社会政策的主战场，政府保障和改善民生主要通过制定和实施各项社会政策来加以推进。各级政府社会政策制定和实施是否合理、有效，在很大程度上决定着保障和改善民生的重大目标是否能够实现。

其次，社会政策在社会治理中也具有重要作用。一方面，民生是治理之本，要创新社会治理体系和提升社会治理能力，首先要将加强和改善民生作为重要的基础。因此，要加强社会政策的托底作用，充分发挥社会保障、就业服务、教育、医疗卫生和社会福利制度在社会安全网方面的作用，预防发生个人和家庭的生活风险，提高人的安全，进而提高社会安全和国家安全。另一方面是要通过社会政策来防止社会排斥，促进社会融入和社会和谐。再一方面是通过更好的社会政策来实现基本公共服务均等化，进而营造更加公平和平等的社会，为减少社会矛盾，降低社会冲突，实现社会长治久安创造条件。

第三节　社会政策的学科特点与研究方法

一、社会政策的学科特点、基本问题和主要领域

（一）社会政策的学科特点

社会政策不仅是一套公共行动体系，而且也是一套知识体系。经过多年的发展，社会政策在国际上已经成为一门较为成熟的社会科学学科，有以下一些主要特点：

1. 应用性

从学科分类上看，社会政策学科属于应用性社会科学学科，其首要特点是应用性，即这一学科的基本目标是要为政府制定各项社会政策提供依据，并且帮助政府和社会各界更好地认识和分析政府的社会政策。当然，社会政策学也进行相关的理论研究，有自己的理论体系，但其理论研究主要是直接服务于社会政策领域的实践发展，有应用的目的，而不像其他一些基础理论性学科那样主要为探索某方面运行的一般规律。

2. 综合性

社会政策学科以社会政策的实践及其发展规律为研究对象，而社会政策的制定、实施、评估、修订等环节都涉及众多的内部和外部影响因素，需要用到社会学、经济学、政治学、公共管理、心理学，乃至哲学、历史学等领域的知识和方法，因此具有综合性的特点。

3. 科学性与价值性结合

当代社会政策学科首先是一门科学，是当代政策科学的一个分支，它强调依据实证资料，运用科学的研究方法对社会政策进行多维度的研究，其研究结论及建立在结论之上的政策建议，包括各种方案、规划、计划等都要求具有科学性。另一方面，社会政策学科又具有很强的价值性。它以社会公平、以人为本、社会权利、社会关照、集体主义等价值观为导向，并且常常表现出很强的价值立场。当然，社会政策的研究者和实践者并不总是持同样的价值立场，有时他们的价值立场甚至还尖锐地对立，价值立场的不同常常是导致社会政策领域各种理论争论的根本问题。因此，学习社会政策不仅要了解其科学原理和方法，也要深入理解围绕着社会政策而产生的各种价值争论。

4. 社会政策的学科定位

从理论基础和知识体系看，社会政策学科较多地运用社会学、经济学、政治学、公共管理（公共政策）以及法学等社会科学学科的相关理论。在社会政策学科比较发达的国家，社会政策是社会科学体系中一个独立的学科。在我国，社会政策学科仍处于发展过程中。目前，社会政策学科是在社会学一级学科下面的二级学科（研究方向）。有多所重点高校已经设立了社会政策的二级学科或研究方向，每年培养硕士和博士人才。

此外，在我国的教学和人才培养体系中，"社会政策概论"是社会工作本科专业的主干课程，在社会学等相关专业中有的也开设了这一课程。"社会政策分析"（或"社会政策研究"）是社会工作硕士专业的主干课程，其他一些相关专业的硕士博士阶段有的也开设了这一课程。

（二）社会政策理论研究的基本内容

社会政策学科研究的内容相当丰富，可以从理论研究和应用研究两个方面概括社会政策学科研究的主要问题。当代各国社会政策的理论研究主要关注以下一些内容和问题。

1. 社会政策的社会价值基础

社会价值是人们对某种制度、政策、方案重要性和合理性的主观判断。社会政策的制定和实施都是基于一定的社会价值基础的。所谓社会政策的社会价值基础，是指政府和社会在制定和实施社会政策时所依据的社会价值标准，如人权保护、社会公平、社会平等、社会关照、经济与社会发展、经济效率等。由于社会价值具有主观性和多样性，因此围绕着社会政策的价值基础有许多不同的观点。有些比较重视社会平等、社会保护、集体主义和社会关照的价值，而另外一些则更加重视个人自由选择、个人责任、经济发展与效率的价值。不同的价值倾向并没有绝对的对错之分，但它们会对社会政策的发展产生深远的影响。社会政策理论研究非常重视公众、政府和政党的价值倾向对社会政策发展的影响。当代社会政策学科也以不同的价值倾向将社会政策理论观点和其相应的学者分为不同的理论流派。

2. 社会政策的基本要素

如前所述，社会政策的基本要素是在社会政策研究中最受重视的关键性问题之一。从实践上看，在当代社会政策行动体系中对主体、对象、资源和运作机制各种要素的制度安排不尽相同，各国社会政策的差异在很大程度上就是其各种基本要素制度安排上的差异，并且这些差异会使各国社会政策运行的效果和影响有很大的不同。由于各种要素的制度安排对社会政策的制定和实施及其效果有很大的影响，它们自然会成为社会政策理论研究的焦点问题。当代社会政策的理论研究在很大程度上集中在对社会政策的主体责任、对象选择、资源调动和运行机制等基本要素制度安排的合理性、有效性等方面，并且通过这些研究对各国社会政策的改革与发展提供理论支撑。

3. 社会政策的社会环境

社会政策的制定和实施除了要基于一定的价值基础之外，还会受到特定社会中的经济、政治、社会、文化、人口等方面因素的影响，这些因素就共同构成了"社会政策的社会环境"。当代各国的社会政策都是在特定的社会环境中制定和实施的，社会政策与其社会环境之间会产生相当复杂的相互影响。当代各国的社会政策发展在很大程度上是其社会环境的产物。为此，对社会环境的研究自然也是社会政策理论研究的重点领域之一。有大量的社会政策研究项目和文献集中在社会政策与经济发展、政治体制、社会条件、文化背景、人口因素等方面的关系研究。

4. 社会政策的历史研究和比较研究

与其他学科一样，社会政策学科也重视历史研究和比较研究。在历史研究领域，虽然当代社会政策学科的历史不长，但作为其前身的社会福利思想却具有久远的历史发展。分析、总结从古到今的社会福利制度和社会福利思想发展对于当今社会政策理论与实践的发展具有重要的借鉴意义。同时，当代社会政策诞生已有一百多年的历史，其间经历了曲折发展的过程，并且在不同的阶段产生了不同的社会政策理论。分析和总结当代社会政策实践与理论发展对于当前和未来社会政策的发展也具有重要的指导意义。

从比较研究的角度看,在过去一百多年中,各国在不同的价值理念基础上,基于不同的国情,制定和实施了不同的社会政策方面的制度和具体的政策措施,并且提出了不同的社会政策理论。用比较研究的方法去研究各国社会政策的理论和实践,对于本国社会政策的发展具有重要的借鉴意义。尤其是在经济全球化不断深化的当今,各国的社会政策也越来越多地受到全球化的影响,在一些国家和地区甚至已经出现了社会政策区域一体化的情况。在这种情况下,深入研究各国的社会政策越来越成为社会政策学科领域的一门不可或缺的"必修课"。

(三)社会政策应用研究的主要领域

作为一门应用性的社会科学学科,社会政策研究的"主战场"在其应用研究。社会政策的应用研究领域相当广泛,既包括社会政策总体制度建构的研究、社会政策行动全过程的政策实践研究,也包括社会政策各个实践领域的应用性研究及与社会政策相关领域的研究。

1. 社会政策总体制度体系建构的研究

在社会政策比较发达的国家,社会政策是一个有机整合的制度体系,具有总体的制度构架,包括完整的法规和具体的规则体系、组织体系和运行机制。这套制度体系的建构须通过顶层设计来完成。针对社会政策顶层设计的需要,要进行社会政策总体制度体系建构的研究。在此方面经典的例子是20世纪40年代英国的《贝弗里奇报告》,它成为"二战"后英国社会政策制度建构的蓝图,并对其他许多国家的社会政策体制建构做出了重大的贡献。社会政策的总体制度体系建构并不是一劳永逸的,而是要随着社会的发展而不断地修改,并且这种修改既可能是对总体构架的大的改变,也可能是在其某些方面的局部改革。因此,对社会政策的总体制度构架的研究要根据情况的需要,既关注对其总体制度构架的研究,也关注对其局部制度改革的研究。

2. 社会政策行动过程研究

从实践上看,社会政策是一个复杂的行动过程,除了基本制度建构之外,还包括政策制定、政策实施、政策评估等基本的行动过程。在社会政策行动全过程的各个环节上都有大量的应用性研究,为社会政策的制定、实施、评估、修改等方面的行动提供指导原则和具体的行动方案。

3. 社会政策各个领域的研究

从内容上看,社会政策包括了许多领域的政策实践,因此对社会政策的研究也自然会延伸到各个实践领域。在当今各国,在社会保障政策、医疗卫生政策、教育社会政策、住房保障政策、就业政策,以及在老年人社会服务、残疾人保障和服务、儿童保护和儿童福利等领域中都有大量的应用性研究。

4. 与社会政策相关领域的研究

除了其自身的主要领域之外，社会政策学科还关注与社会政策相关的一些问题，其中包括经济转型对社会政策的挑战与机遇、政府职能转变对社会政策的影响、社会组织发展与社会政策的关系、贫困问题及相关社会政策议题、人口结构转变对社会政策的挑战等。

总而言之，社会政策学科的研究领域相当广泛，有大量的问题要从理论和应用等不同的层次加以研究。社会政策学科是一个开放的体系，随着社会的发展和社会政策实践的发展，社会政策学科体系及社会政策研究的领域也会不断变化其内容和边界。

二、社会政策研究方法

与其他社会科学学科一样，社会政策研究也要遵循一定的研究方法。首先，社会政策研究要以辩证唯物主义和历史唯物主义的方法论为根本指导；其次，由于社会政策研究的领域很多、内容丰富，其研究方法也是多种多样的。概括起来看，社会政策研究中常用的方法有以下几类。

（一）社会调查研究方法

社会政策的制定和实施要全面和深入了解各个方面的社会实际，常常需要通过科学的调查方法进行调查研究，因此要采用科学的社会调查研究方法。

1. 社会调查研究方法的主要内容

当代社会调查研究方法已经形成较为完整的方法体系，其中包括社会研究的方法论、理论研究的方法、实证资料收集的方法和资料分析的方法等。社会研究的方法论主要研究社会研究方法的认识论和方法论基础；社会研究中的理论研究方法主要针对理论建构与验证的方法；社会研究中的实证资料收集方法包括测量、抽样、访谈、观察、实验等具体的方法；而社会研究中资料分析方法则包括对调查中获得资料的整理、分类、内容分析、统计分析等。

2. 社会调查研究方法在社会政策研究中的运用

社会政策研究中运用社会调查研究方法通常包括以下几个方面：首先，社会调查研究方法被广泛地运用到社会政策的需求调查。如前所述，社会政策的直接目标是为了满足人的需要，因此制定和实施社会政策必须要准确把握服务对象的实际需要。正如市场经济中厂家推出一项产品前要进行市场调查一样，政府在出台一项社会政策前也应该对相关的需要进行调查。而且，由于政府社会政策涉及的服务对象数量和调动的资源总量往往较大,因此在决策阶段和实施阶段都须全面而准确地把握现实的需要。采用科学的调查研究方法有助于获得更加准确的需要数据,能够帮助社会政策的决策者和实施者做出更准确的判断。其次,社会调查研究方法还经常用于对各类社会问题的测量。社会政策的制定须掌握各种社会问题存在的情况,如收入分配差距拉大的情况、贫困问题存在的情况和特点等。采用科学的社会研究方法有助于更加准确地掌握各类社会问题存在的程度和特点。再次,社会调查研究方法被广泛运用于舆情和民意调查。社会政策的制定和实施要了解民众的意愿和态度,而科学的社会调查研究方法是准确了解民意的有效方法。最后,采用科学的调查研究方法还有助于更好地评估社会政策实施的效果。社会政策评估是一个复杂的过程,其中要通过社会调查的方法了解各类相关人员的受益情况和主观评价等。随着科学技术的发展,互联网、大数据等方法逐渐应用到社会调查之中,成为收集数据的新方法。社会政策的研究者和决策者越来越多地采用互联网调查的方法,并运用大数据方法对民众服务需求、福利意愿和对各项社会政策的态度进行调查和分析,对社会政策运行情况进行推演,从而使对社会政策的研究更加方便、更加快捷。

(二) 社会政策分析及其方法

社会政策研究中广泛运用政策分析方法。政策分析方法是指在社会政策分析中采用的各种科学和有效的方法。在社会政策制定、实施和评估中广泛采用的各种政策分析方法,主要包括价值分析方法、受益者和受损者分析法、目标—手段分析法和可行性分析方法。

1. 社会政策的价值分析

社会政策的价值分析方法是指采用科学的方法对社会政策的议题、决策、实施及其后果进行价值分析。社会政策决策和实施中进行价值分析首先是为了澄清某项社会政策行动背后的价值倾向。如前所述,社会政策的制定和实施是建立在一定社会价值的基础上,并且会受到来自各种社会价值理念的影响。因此,社会政策的决策者和实施者应该清楚地了解各项社会政策的社会价值意义。其次,在社会政策的决策和实施中进行价值分析也是为了分析和比较各项社会政策的价值的重要性,以及在此基础上确定公共资源分配方案。在社会政策的决策过程中,决策者往往会面临不同群体的不同需要,也会面临多种需要解决的社会问题。在资源有限的情况下,决策者往往不得不在多种问题中选择最急需解决的问题,并且社会政策的资源也不是绝对平均地分配,而是依据其不同的实际需要和不同需要的重要性程度而在不同的群体和不同项目之间进行有差别的分配。而在评判什么是最急需解决的问题，以确定社会政策资源的最优分配方案时须进行价值分析，从而提升社会政策符合社会公共利益的程度。

2. 社会政策的受益者和受损者分析

由于各项社会政策都涉及广大民众的切身利益，并且民众中不同的群体在特定的社会政策项目中获得的好处并不完全一样，有些群体的利益还可能相对受到损害。因此，任何一项社会政策在其制定和实施过程中都应该清楚地把握其受益者和利益受损者，以便更好地达到社会政策的价值目标，更好地避免其社会风险，并且在必要时对利益受损者做出补偿。同时，由于社会政策的受益者和利益受损者往往比较复杂，既有直接的受益（或受损）者，也有间接的受益（或受损）者，因此应该采用多种科学方法对此问题加以深入的调查和分析。

3. 社会政策的目标—手段分析

社会政策的目标—手段分析法是指在社会政策决策和实施中首先要明确特定社会政策的真实目标和实际手段（政策工具），以及所用手段能否有效地达到其目标。如前所述，社会政策具有直接目标和间接目标，并且社会政策还具有多方面的功能。由于目标和功能的复杂化，在社会政策的决策和实施过程中往往会出现目标不明确、多个目标并存、各个目标之间相互矛盾等问题。因此，社会政策决策者和实施者首先应该清楚地把握政策的目标，在此基础上才能去寻找最佳政策工具（具体政策方案），并且还应该深入分析政策工具是否能够有效地达到预定的政策目标。由于政策目标和政策手段往往在社会政策的全过程中处在动态变化中，因此社会政策的目标—手段分析也不能只局限在决策阶段，而应该贯穿在整个政策过程之中。

4. 社会政策可行性分析

社会政策的可行性是指一项社会政策能够有效实施并取得预期效果的可能性、存在的风险及可能产生的负面影响等。可行性的具体内容包括了以下若干方面：一是政策的可能性，即财务、技术、人员和组织方面在多大程度上具备实施此项政策的条件；二是政策的合理性，即从政治、经济、文化等方面看，此项政策是不是最合理的方式；三是政策的有效性，即此项政策在多大程度上能够达到预期的社会目标；四是政策风险及其后果的可接受性，即实施此项政策有哪些方面的风险，会带来哪些新的问题，其结果对社会各方面的负面影响有多大，这些负面影响在多大程度上可以被公众、领导人和相关组织所接受或容忍。此外，社会政策的科学性分析还可以从政治、经济和技术等方面加以区分，分别是政治可行性、经济可行性、技术可行性。对社会政策进行可行性分析的主要目的是为了更好地优化社会政策的目标和手段，设计出更好的社会政策具体方案，优化社会政策实施过程，并提高社会政策的实际效果和效率。

5. 社会政策分析的方法

如上所述，社会政策分析是一个复杂的过程，所涉及的因素非常多，因此要应用多种科学的方法，包括社会调查研究方法、财务分析方法、风险分析方法、政策效果预测方法，以及来自社会学、政治学、管理学、经济学、数学、心理学等学科的其他相关分析方法和技术手段。此外，社会政策分析的方法体系包括实证性方法和规范性方法。实证性方法是通过收集和分析社会政策的需求与供给、客观条件、运行状况、社会评价等方面的经验数据，而对社会政策的各个方面做出客观的结论。规范性方法主要是基于实证研究所提供的客观数据，采用价值分析的方法，从政策主体的角度对社会政策的价值合理性、重要性、社会风险性等方面进行分析和评估。

（三）社会政策评估及其方法

社会政策评估是社会政策过程的重要环节，是保证社会政策有效实施的重要手段。在本部分先简要介绍社会政策评估的主要内容及其方法，相关章节将对社会政策评估及其方法进行更加细致的分析介绍。

1. 社会政策评估的主要内容

社会政策评估包括对社会政策实施行动的评估、社会政策的效果评估和社会政策的效率评估等方面的内容。第一，社会政策实施行动的评估主要是看社会政策的实施主体（负责实施特定社会政策的组织机构或部门）是否按照社会政策方案的要求完成了相关的行动，包括实施社会政策的经费是否到位、相关的项目建设任务是否完成、相关的社会服务是否按规定提供等。社会政策实施行动的评估是社会政策评估中最基本的内容，是社会政策后续评估的基础。第二，社会政策的效果评估是指对社会政策实施实际达到预期目标的程度的评估，即对特定社会政策是否取得了预期社会效益的评估。所有的社会政策在制定时都确定了特定的社会目标，这种预期的社会目标一般称为社会政策的预期社会效益。社会政策的预期社会效益包括实施一项社会政策所能够产生的直接效益和间接效益，以及在政策实施过程之中所产生的眼前效益和在未来一段时期中的长期效益。社会政策的实际实施在多大程度上取得了预期社会效益，往往并不是一目了然的，而是要通过一定的方法加以测量和分析的。第三，社会政策的效率评估是指对社会政策行动及其效益的投入产出分析，即不仅要看其产出的社会效益，而且要看在特定资源投入水平下的社会效益。一般说来，一项社会政策行动的资源投入越少、产出的社会效益越大，该项社会政策行动的效率就越高。目前，各国对社会政策效率的重视程度都大幅度提高，社会政策效率评估的重要性程度也相应提高。

2. 社会政策评估的主要方法

社会政策评估是一个复杂的过程。一方面，社会政策的行动涉及主体、对象、资源、机制等多方面的要素，对各方面要素的综合测量比较复杂；另一方面，对社会政策社会效益的测量缺乏统一的测量指标和确定的评估标准，难免受到各种主观因素的影响，很难做到纯客观的测量，因此对社会政策的评估难度很大。多年来，相关学科的研究者们一直在探索建立对社会政策的科学评估方法，尤其是对其效益和效率的科学评估方法。在我国社会政策评估的实践发展中也逐步超越过去采用一般性的"工作总结""领导肯定"等非科学的方法，越来越多地采用各种科学的评估方法。

当今的社会政策评估往往采用多种科学的方法。首先，社会政策评估中越来越多地采用科学的社会调查方法，即通过科学的社会调查去收集有关社会政策项目的运行及其收效的各种经验数据，并根据这些数据对社会政策项目的实施过程、效益和效率做出分析和评价。其次，在社会政策的评估中既采用客观的事实数据，也采用主观的评价数据，前者主要用来评估社会政策行动的进展情况及取得的客观收效，后者主要用来评估社会政策行动给其对象和其他利益相关者带来的实际影响。最后，社会政策评估中还经常用到德尔菲法、比较评估法、收益—成本分析法、机会成本分析法等具体的方法，以从各个方面对社会政策的行动及其社会效益和运行效率做出评估。

第四节 社会政策的实践与学科发展概况

当今世界，尽管各国的社会政策体系发展水平有所不同，但绝大多数国家都制定和实施了社会政策。在有些国家（尤其是许多发达国家），社会政策已经成为一套体系较为完整、内容丰富、水平较高、制度整合度高的社会政策体系。并且，各国政府都有专门的社会政策决策和管理机构，学术界也形成了较为完整的社会政策学科。我国经过多年的发展已形成社会政策的体系，尤其是近年来各级党和政府对社会政策发展越来越重视，社会政策学科教学和研究也在逐渐发展中。

一、西方社会政策实践的发展情况

（一）西方国家社会政策的开端

从全世界范围看，社会政策的实践是在西方国家工业化以后才开始的。早在工业化以前的社会中，西方各国政府和各类民间组织就有一些帮助困难者的行动，有些行动还达到了一定的制度化程度，并持续了相当长的时间。例如，中世纪后期在一些欧洲国家广泛流行基督教会对贫困者提供救助的做法。17世纪初，英国伊丽莎白女王颁布了《济贫法》，要求各地方教区对辖区内的贫困者施以救助。这被西方学术界广泛认为是第一个以国家法令的形式发布的社会救助制度，是西方国家社会政策的早期实践模式。

尽管在工业化时代之前就有一些社会救助的行动，但西方各国是在工业化开始以后才大规模实施社会政策的。社会政策最初的产生是西方国家政府应对工业化和市场经济带来的社会问题而出台的。工业革命以后，大量的劳动者从农村进入城市，他们失去了过去传统的生产资料，成为产业无产者。在工业化的生产方式下，劳动者不仅遭遇资本家的剥削而陷入贫困化，而且面临着失业、年老、疾病、工伤等方面的风险。而过去传统的家庭、社区等方式不再能够有效地为劳动者提供保障；已有的《济贫法》在救助贫困者方面的功能有限，而且还带有很强的歧视性和惩罚性；在工业革命前后产生的一些民间慈善互助形式也难以应对大规模的社会风险。遭受剥削和贫困促使了工人阶级的反抗，导致了19世纪此起彼伏的工人运动。在这种情况下，资产阶级国家被迫采取行动，解决劳动者所面临的各种困难，化解他们的各种生活风险。西方国家工业化发展和海外殖民掠夺也为其获得了超额利润，为其建立社会保障制度打下了经济基础。其中，在1883年德国俾斯麦政府率先出台了社会保险法案，在德国建立了由国家主导的社会保险制度。此后，英国等欧洲国家也陆续在19世纪末和20世纪初建立了类似的社会保险制度。同期，一些欧洲国家还在医疗卫生、教育、住房等方面出台了相关的社会政策，帮助有需要的人缓解其困难。欧洲国家的这些由国家来组织的社会保险及其他社会服务项目被认为是当代社会政策的开端。

（二）西方社会政策的早期发展及《贝弗里奇报告》的提出

欧洲国家建立了国家主导的社会保险和其他一些社会服务项目后，其早期的发展并不顺利。在20世纪上半叶，欧洲国家经历了两次世界大战，中间还经历了一次严重的经济危机，战争和经济危机给其社会政策体系带来了很大的冲击。尽管新生的社会保险制度经受住了冲击，没有完全解体，但其运行也受到严重影响，没有达到预期的目标。其原因当然有外部条件不适的影响，但同时也是由于制度体系本身的不健全。

为了建构更好的战后社会政策体系，在"二战"期间受英国政府委托，由贝弗里奇领导的一个研究组在1942年提出了构建战后社会政策体系的《社会保险及相关服务》的研究报告，史称《贝弗里奇报告》。该报告全面分析了英国社会面临的各种社会问题，提出了以社会保险和社会救助为基础，包括健康服务、公共教育、充分就业、儿童福利等政策在内的综合性社会政策体系。

（三）"二战"后西方社会政策体系的形成与成就

"二战"结束后，以英国为代表的西欧国家很快就以《贝弗里奇报告》为蓝图，建构了战后社会政策体系。西欧战后社会政策体系的基本特点是：（1）以国家（政府）为社会政策的主体责任者，国家承担建构社会政策制度体系和支付各项社会服务费用的责任。为此，这一制度体系被称为"福利国家"社会政策体系。（2）国家通过制定和实施全面的社会政策而建构起普惠性、全面性、高水平和整合性的社会服务体系，保证全体民众都能获得充分的社会保障、就业、教育、医疗卫生、儿童福利等方面的服务，以及满足民众基本的住房等方面的需要。在战后头三十年左右的时间里，西方"福利国家"的社会政策体系运行基本良好。得益于当时优越的国内外经济环境和政治条件，西方"福利国家"的社会政策体系总体上实现了与宏观经济和充分就业的协调发展，在为民众提供社会保护、维护社会稳定和促进经济发展方面都取得了显著的成就。

（四）20世纪80—90年代西方社会政策的改革

但是，随着经济与社会条件的变化，进入20世纪70年代后，西方"福利国家"的社会政策体系逐渐出现较为严重的问题。一方面，人口老龄化的发展使政府在社会保障、医疗卫生服务和其他各项社会服务方面的财政负担逐渐加重；另一方面，随着经济全球化的发展，西方工业化国家的劳动密集型制造业更加容易往其他低成本地区转移，导致国际经济竞争加剧，许多西方工业化国家高福利所带来的经济运行相对高成本对"福利国家"的经济竞争力产生了负面影响，进一步导致了资本外流，引发国内失业率的上升，进而又进一步加大政府在社会支出方面的财政负担，形成了"高福利→劳动力成本增大→资本外流→失业率提高→政府财政支出加大→资本进一步外流"的恶性循环，导致许多西方高福利国家中出现关于"福利国家危机"的讨论。

面对"福利国家危机"及其所带来的各种社会问题，西方国家从80年代开始先后对其"福利国家"的社会政策加以改革。改革的基本方向一是尽力约束社会福利支出的上升，鼓励民众更多地参与就业，积极承担个人和家庭的经济保障责任。二是改革社会政策的制度体系，调整社会政策的方向，采用"积极的社会政策"，尽量减少社会政策对经济运行的负面影响，通过加强教育培训、医疗卫生服务等方式增大全社会的人力资本、刺激劳动者的积极性，为经济发展方式的转型创造更好的条件，从而在新的高度上实现社会公平、社会保护与促进经济发展的新的协调。

三是社会政策在体制上不再坚持单纯由政府来负担各项社会服务的责任，而是鼓励个人、家庭、社区、企业、社会组织等各类主体积极参与社会服务，分担政府的责任，形成政府主导下全社会共同负责的社会政策格局。四是在社会服务机制方面不再坚持"纯福利"的做法，而是积极探索在社会服务项目中引入市场机制，形成市场机制与福利目标的结合，利用市场机制提高社会服务项目的运行效率。

（五）当前西方国家社会政策面临的新挑战

经过二十多年的经济与社会政策改革，西方国家基本上实现了技术密集型为主的经济发展模式以及与之协调的积极的社会政策体系，促进了社会政策与经济发展的协调。在 21 世纪的头几年里，西方国家的经济与社会政策的运行和发展基本平稳。但在 2008 年，国际金融危机导致西方国家经济运行发生严重困难，在一定程度上拖累了其社会政策的发展和社会福利水平的提高。尤其是经济发展迟缓、税收不足和其他一些不利因素，在一些欧洲国家发生了债务危机，对这些国家的社会政策带来严重的负面影响。在欧洲货币一体化的制度下，一个国家的政府无力采用金融政策去化解债务危机，因而迫使这些国家不得不降低包括社会支出在内的公共支出水平，而这又引发了国内许多民众的反对，在一定程度上导致了社会混乱。

欧洲部分国家债务危机及其对社会政策的影响再次提醒人们，社会政策要建立在坚实的经济发展基础上，经济发展的不稳定会对社会政策带来很大的影响。一个国家努力的方向应该是加快经济体制改革，提升技术水平和人力资本，促进经济快速发展，从而为社会政策的发展和全民福利水平的提高提供更好的经济保障，实现经济发展与福利水平提高的双赢，而不应该反过来只强调通过压缩社会支出而降低对经济发展的压力。压缩社会支出在短期内确实可以缓解社会政策与经济发展的矛盾，但一个国家或地区却要为此付出很大的社会代价。而且从长期看，低水平的社会支出会导致人力资本增长缓慢，在技术密集型的经济模式下，会导致一个国家的经济竞争力相对下降，从而使国家经济的长期发展处于不利境地。

当前，西方发达国家面临经济全球化和人口老龄化的严峻挑战，经济全球化使西方国家的经济发展面临来自广大发展中国家的挑战，尤其是中国等"新兴国家"的挑战，而人口老龄化则使国家面临劳动力减少和抚养比例增大的难题。面对这些挑战和难题，西方国家正在

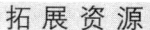

拓展资源

《西方社会福利制度的演变与启示》①

---

① 杨敏、郑杭生：《西方社会福利制度的演变与启示》，《华中师范大学学报（人文社会科学版）》2013 年第 6 期，第 25—35 页。

探寻依靠科学技术发展、经济体制改革以激发经济发展活力，并在此基础上保持和优化社会政策体系的发展路径。

二、我国社会政策实践的发展概要

（一）改革开放前我国的社会政策实践

作为一个文明古国，我国历史上许多时期都有政府和社会为老百姓提供各种保障和社会服务的制度实践和具体行动。早在春秋战国时期，我国就有对社会福利制度的记载，其中包括了当时的养老、慈幼、恤孤等方面的服务，并且在后来很多朝代中都有较大规模的赈济灾民行动。近代以来，西方的社会福利制度和行动模式传入中国，促进了中国社会福利制度体系的发生和发展。在民国时期，国民政府曾经按照孙中山"民生主义"的主张，提出过一些社会政策的规划纲领，但由于各种原因而没有全面实施。20 世纪 30 年代，中国共产党领导下的中央苏区曾经制定和实施过一些特殊的社会政策。

中华人民共和国成立以后，我国政府很快就开始着手建立新中国的社会政策体系。1951 年，政务院颁布了《中华人民共和国劳动保险条例》，这是新中国第一部全国性的社会政策法规。同时，在各个城市中针对当时的贫困和失业问题而建立了社会救济制度。此后，随着城市社会主义改造和农村集体化的发展，我国逐步建立起社会主义公有制和计划经济体制下的社会政策制度体系。当时的这套社会政策体系有多方面的特征。一是制度的完整性，涵盖了基本生活用品的计划定量供应、充分就业和稳定就业保障、社会保险（劳动保险）、社会救助（社会救济）、公共教育、医疗卫生、福利性住房等方面的制度安排。二是高水平的福利供应，相对于当时我国经济发展水平而言，当时的社会总体福利水平是很高的。三是"政府—企业"和"政府—集体"负责制，当时的社会政策是由政府建构的，其规则体系也是由政府制定的，并且由政府担当最后财政责任人，但具体是由城市的企业和机关事业单位，以及农村集体经济组织实施和管理的。四是当时的社会政策体制与社会主义公有制和计划经济体制相适应，一方面，针对不同所有制下的劳动者建立了不同的社会政策体制，其福利水平也有较大差异，公有制程度越高的群体所享受到的福利待遇也越高；另一方面，当时的社会政策是嵌入计划经济体制之中，与计划经济体制融为一体的。五是全国统一和城乡之间巨大差异并存的制度体系，当时的社会政策制度体系是由国家统一制定的，因此全国各地基本上都是一样的，但城乡之间由于经济体制和经济发展水平存在差异，因此在社会政策的制度建构和福利水平方面也存在明显的差距。

（二）改革开放后我国社会政策的转型

开始于20世纪70年代末的改革开放给我国经济和社会各个方面都带来了巨大的变化，也使我国的社会政策发生了转变。改革开放后我国社会政策的改革和转型可分为几个阶段。

第一阶段是在20世纪70年代末和80年代进行的社会政策改革。当时主要有两个方面的改革。一是针对因大量"知青"回城而导致的就业难和住房难问题，对城镇就业制度和住房制度进行了改革；二是针对城市全民所有制企业的改革所带来的新问题，对劳动保险等制度进行了改革。当时的改革主要是应急性的、具体操作方式上的改革，而不是政策方向的重大变化。

第二阶段是20世纪90年代进行的社会政策改革。当时在建立社会主义市场经济的大背景下，对我国的社会政策进行了重大的改革，建立了新型的社会保险和社会救助制度，并且对医疗卫生、住房、教育和社会福利等许多方面的制度体系都做出了重大的改革。改革以后，我国的社会政策体系从过去适应计划经济体制转到了适应社会主义市场经济体系；从过去严重依赖国家和单位转到了更加社会化的制度模式；从过去的"高福利"转到了"适度福利"，总体福利水平有所下降。

第三阶段是21世纪初到目前我国社会政策的改革与发展。尽管20世纪90年代我国初步建立了适应社会主义市场经济的新的社会政策体系，但这套新的体系制度仍然很不健全，其项目不健全、覆盖面不完整、福利水平太低，很难满足民众的需要。从实践上看，由于社会政策的不健全导致了看病难、看病贵、住房困难、上学困难等民生保障不健全的问题，以及由此而带来的许多其他社会问题。针对这些问题，进入21世纪以后，党和政府提出了"构建社会主义和谐社会"的目标，强调以保障和改善民生为中心的社会建设，并且更加重视通过完善社会政策体系而保障和改善民生。在新的指导思想引领下，在21世纪初至今我国社会政策有了重大的发展。一方面，我国社会政策制度体系更加完善，基本上涵盖了包括社会保障、就业、教育、医疗卫生、住房，以及针对各类专门群体的社会服务在内的所有的民生保障事项。另一方面，我国的社会政策覆盖面大幅度扩展，在养老保险和医疗保险等重要的项目上基本上实现了制度全覆盖，在公共教育、住房保障等方面的覆盖面也有所提高。再一方面，我国社会政策的总体福利水平有明显的提升，其重要的标志是各级政府在社会政策事项上的财政支出水平的增速连续十多年超过国内生产总值和公共财政支出的总体增长速度。

经过长期努力，中国特色社会主义进入了新时代，我国社会主要矛盾已经转化为人民日益增长的美好生活需要和不平衡不充分的发展之间的矛盾。在全面建成小康社会之后,人民美好生活需要仍将日益广泛,不仅对物质文化生活提出更高要求,而且在民主、法治、公平、正义、安全、环境等方面的要求日益增长。当前我国更加突出的问题是发展不平衡不充分,这已经成为满足人民日益增长的美好生活需要的主要制约因素。我国社会主要矛盾的变化是关系全局的历史性变化,对党和国家工作提出了许多新要求,同时也对社会政策的发展提出了新要求。未来的社会政策发展要对解决好发展不平衡不充分问题做出更加积极的贡献。

更具体来看,目前我国进入了一个新的经济和社会发展新的转型时期。首先,在经历长达40年的高速经济增长以后,过去所依赖的经济发展方式不再能够有效地支撑中国经济的持续发展,目前经济发展速度已开始放缓,进入了一种"经济新常态"。为了将来经济的持续发展,我国必须要加快转变经济发展方式。其次,目前我国进入了快速人口老龄化阶段,高龄化社会正在快速到来。同时,我国目前正处在快速的城镇化阶段,城镇人口在总量上已经超过了农村人口,并且还在快速增加。再次,我国和世界各国一样,正在进入互联网时代,互联网的普及及其所带来的信息膨胀和快速传递正在深刻地改变着我们的经济发展、社会生活及民众的价值观念等。最后,随着经济和社会的发展,中国人的价值观念也发生了深刻的变化,从政府到民众都比过去更加重视社会公平、公民权利和社会参与。所有这些变化都意味着中国社会在不断地进步,但同时这些进步性的变化也给社会政策带来新的挑战,推动着政府的社会政策不断做出积极的调整。

三、当代社会政策理论和学科发展概要

社会政策既是一套制度和行动体系,同时也是一套理论和学科体系。作为后者,社会政策包含了较为完整的理论体系和人才培养体系。

(一)社会福利思想及社会政策理论的发展

1. 社会福利思想的历史发展

保障民生是任何一个国家都要认真面对的问题,因此从古到今的各国政府和社会都在不同程度上在保障民生上有所行动。在有些国家和有些时期还形成了较为成型的制度体系。围绕着这些行动,在很早就有不同的思想反映,我们将这些关于社会福利制度和行为的观点和思想统称为社会福利思想。

历史研究证明,早在几千年前就出现了对社会福利问题的思想观点。各个历史时期的不同思想家们从不同的角度提出了不同的社会福利思想。对民生保障和社会福利的态度涉及人们对人与人之间关系、社会公平与社会平等、导致贫困问

题的根源等基本社会现象的认识。由于历代的思想家们对这些社会现象的认识不尽一致，因此他们的社会福利思想也有很大的不同。概括起来看历代社会福利思想家们的观点可以大致分为两大派：有一些社会福利思想同情穷人、反对社会不平等、主张社会福利；而另外一些思想却不同情穷人，为社会不平等辩护，并反对社会福利。前面一类被称为"平等主义—福利主义思想"，而后一类被称为"精英主义思想"。前一类的代表有早期犹太教的平等主义社会思想、早期基督教的平等主义、中世纪后期基督教的平等主义教义、近代以来从空想社会主义到社会民主主义者主张社会平等和社会福利的思想。而另外一派的代表则有古希腊的精英主义、近代新教伦理思想，从重商主义到古典经济学的竞争与市场理论等。

在我国历史上也有众多的思想家对社会福利问题提出了很多的思想观点。春秋战国时期起，包括孔子、孟子、管子、韩非子在内的许多重要的思想家都对社会福利问题发表了观点，形成了较为丰富的中国古代社会福利思想。到了近代则有太平天国的平等主义理念、洪仁玕和郑观应介绍和推崇西方社会福利制度等新的发展、孙中山提出的民生主义社会福利思想等。

2. 当代社会政策理论体系的形成和发展

工业革命以后，西欧经济与社会的变化和社会化问题的增多等方面因素促进了社会科学学者对社会政策理论的早期探索。工业革命在给西欧国家带来财富快速增加的同时，也带来了越来越多的贫困和生活风险。但是在19世纪中叶以前，西欧国家的政治家和学者的主流观点仍然认为贫困是由个人原因导致的，因而反对通过国家干预来缓解工人阶级的贫困。但是，面对严酷的现实问题，在19世纪中叶以后，西欧国家越来越多的学者开始从不同的角度反思资本主义制度存在的问题，并提出革命或改良的方案。

首先，马克思、恩格斯基于社会公平的价值理念和科学的理论与方法，深入分析了资本主义制度的内在矛盾，认为工人阶级的贫困是由资本主义制度导致的，提出了要通过无产阶级革命推翻资本主义制度，建立社会主义制度，从而从根本上解决工人阶级贫困和社会不平等的问题。

其次，19世纪后半叶，德国最初形成了社会政策的概念和理念。1872年，一批学者在德国成立了"德国社会政策协会"，他们深入分析资本主义制度存在的问题，积极探索通过国家和社会干预去解决问题的方式。为此，他们提出了"社会政策"的概念，并积极探索了社会政策的理念。1891年，德国学者瓦格纳在他发表的一篇论文中对这一概念做出了定义，认为社会政策是运用立法和行政手段，调节财产所得和劳动所得之间的分配不均的方式。他们对社会政策的研究和倡导对 19 世纪 80 年代俾斯麦社会保险立法和此后德国社会政策学科与实践的发展都产生了较大的影响。其中值得一提的是，德国社会学家马克斯·韦伯对早期社会政策理念的探索和发展起到了重要的作用。韦伯将学术与政治相结合，广泛关注社会政策问题，通过实际调查揭示了工业化发展对传统社会带来的冲击，以及由此产生的许多经济与社会问题。在此基础上，韦伯对俾斯麦时期和后俾斯麦时期德国政府的社会政策提出了很多批评和建议，积极促进社会政策理念的形成和发展以及德国社会政策的改善。在其学术生涯的后期，韦伯主编《社会科学与社会政策文库》，不仅使其成为德国乃至欧洲学术界的重要学术阵地，而且通过这一阵地积极推动了社会政策研究和社会政策实践的发展。在学术研究方面，韦伯对社会政策的含义、性质、目标等方面都作出了分析，强调了社会政策的客观性和实践性，对社会政策理论的早期发展起到了重要的开拓作用。

最后，以英国"费边社"为代表的左翼学者和社会活动家也批判了当时资本主义的弊病，提出了通过社会改良来解决贫困等社会化问题的倡议。同时随着经验社会科学的发展，一些学者开始通过实际调查探究贫困问题和分析导致贫困的原因。其中最具代表性的是查尔斯布思和本杰明·西伯姆·朗特里在英国对贫困问题所做的实地调查。这些实际调查都证明了贫困主要是由不合理的社会因素所导致的，因此应该采取社会行动去解决贫困问题。

19 世纪后半叶到 20 世纪初的社会革命和社会改良思想主要从社会公平的角度催生了社会政策的理念，并推动了社会政策实践的发展，但仍未从经济学的角度解决社会政策的经济合理性问题。传统的自由主义经济学一直坚持认为市场机制是万能的，认为通过市场机制这只"看不见的手"可以达到最优资源配置，解决贫困和不平等问题，而任何政府干预最终都是无效的。然而，20 世纪 30 年代凯恩斯主义经济学的兴起从根本上否定了这一观点。凯恩斯主义论证了在市场经济条件下，适度的国家干预可以更好地优化资源配置，起到防止经济危机和实现充分就业的目标，并且凯恩斯提出的国家干预方式中就包含了通过社会政策进行的再分配干预，从而为社会政策理念与实践的发展提供了坚实的经济学基础。

"二战"以后，随着西欧"福利国家"社会政策体系的建立和发展，西方各国的社会政策有了长足的发展。社会政策的体制不断完善，项目不断增多，覆盖面不断扩大，管理不断完善，政府对社会政策的财政投入不断增大。社会政策实践的发展极大地带动了社会政策理论和学术研究的发展，从 20 世纪 40 年代后期起，社会政策理论研究逐渐超越过去的学科体系，形成了相对独立的社会政策理论和学术研究体系。

新中国成立后,我国有关社会福利问题的研究也逐渐增多。在计划经济体制下,我国依据马克思主义的政治经济学理论,从国民收入分配的角度论证了社会福利的必要性,对公有制下社会福利的性质做出了探讨,并对公有制下政府举办社会福利提供了理论支撑。改革开放以来,我国的社会政策理论有了很大的发展。一方面,我国政府和学术界对计划经济时期社会政策体系进行了反思,重点研究了社会政策与社会主义市场经济协调发展的理论与实践,提出并论证了"社会福利社会化""适度福利理论"等理论观点。另一方面,政府和学术界更加深入地研究了中国特色社会主义下的社会政策理念、理论基础和制度体系,为我国社会政策的改革与发展提供了理论支撑。

(二)当代社会政策学科的形成

尽管与社会政策相关的实践和研究起步很早,但在过去较长时期里一直没有较为成形的社会政策学科。"二战"后社会政策实践和理论的发展催生了这一学科的形成和发展。

一门应用性学科的形成和发展需要三个方面的条件:一是有相对稳定的实践领域;二是有相对独立的理论和知识体系;三是有相对独立的人才培养体系。如前所述,"二战"后社会政策实践和理论都有很大的发展。社会政策实践的大发展需要大量的管理和专业服务人员,因此要求高等学校设立相应的人才培养机构。为回应这一现实的社会需求,20世纪50年代初期,伦敦政治经济学院成立了社会行政学系,后来改名为社会政策系。这是全世界第一个专门的社会政策高级人才培养机构,它的成立后来被公认为是社会政策学科形成的标志。此后,在欧洲各国的大学里纷纷建立了社会政策系等教学科研机构。这些机构一方面从事社会政策方面的理论研究和应用性研究,另一方面培养本科、硕士、博士等不同层次的社会政策高级应用型人才和学术型人才。社会政策学科的发展目前几乎遍及世界各国,包括众多的发展中国家在内的世界绝大多数国家中都建立了社会政策学科及相应的教学科研机构。由于其特殊的制度和文化背景,美国在社会政策实践和社会政策学科方面的发展与欧洲国家有所不同。由于美国没有发展起"二战"后欧洲式的"福利国家"社会政策体系,政府在社会政策方面的投入水平也相对偏低,因此美国最初并没有建立社会政策的学科体系。美国的学术界将社会政策议题纳入"公共政策"学术领域,在"公共管理"的学科目录下进行相关的研究和人才培养。但后来美国学术界也受到欧洲的影响,一些高校和学术机构也建立了社会政策学科和相应的教学科研机构。

当代社会政策学科具有丰富的具体政策研究内容。社会政策学科不仅研究社会政策过程的一般原理和普遍性问题,而且深入研究各个政策领域的具体内容,包括社会保障政策、医疗卫生政策、劳动就业政策、公共教育政策、住房政策,以及对儿童、老年人、残疾人、移民等专门群体的社会保护政策。并且,当代社会政策学科体系还延伸到相关的经济与社会领域中,包括促进和谐劳动关系、激发社会组织活力等方面的政策。

当代社会政策学科已发展起多层次的人才培养体系。在许多国家的高校里的社会政策学科都建立起从本科、硕士到博士的人才培养体系,每年培养大量的专业人才。其中,社会政策的本科毕业生可直接从事与社会政策有关的工作,包括到政府相关部门、各类社会服务机构以及各类公司企业中从事与社会政策相关的工作。其他学科本科毕业的学生也可以通过攻读社会政策的硕士学位而进入社会政策的专业领域,将来从事与社会政策有关的工作。通过硕士阶段的学习后还可以再升到博士研究生阶段,将来获得社会政策的博士学位后从事社会政策或相关领域的学术研究和教学工作。

(三) 社会政策学科在我国的发展概况

社会政策研究和学科发展是从西方国家率先起步的。这一学科进入我国时间不短,但在我国的发展历程比较坎坷。早在20世纪早期,发源于西方国家的社会政策学术研究就进入我国。1920年华星印书社出版了何海鸣著的《中国社会政策》;1930年,商务印书馆曾出版郑斌撰写的《世界各国新社会政策》;1934年,商务印书馆又出版了朱亦松著的《社会政策》;同年,中华书局出版了周宪文著的《社会问题与社会政策》。除了在学术研究方面的引进和发展以外,民国时期在部分高校中还开设了社会政策相关的课程。早在1910年,当时的京师法政学堂就开设了社会政策课程。1923年,上海大学社会学系课程设置中也包括"社会政策与经济政策""劳动问题""农民问题""社会运动史"等社会政策方面的课程。据许仕廉1927年对国内60所大学社会学课程调查,社会调查、社会立法与社会服务行政等方面的课程有38门。后来,由于抗日战争爆发,以及国民党政府认为社会学和社会政策就是在推行社会主义,在20世纪30年代,社会政策教学和学科发展一度受阻,但进入40年代后各大高校社会学系重新活跃起来。

新中国成立以后,我国停止了社会政策的研究和教学。从意识形态的角度看,当时将发源于西方国家的社会政策学科及其理论体系看成是"资产阶级"或"修正主义"的学术而加以摒弃。从实践上看,在计划经济体制下,当时国家对社会事务的管理是与经济事务的管理合为一体的,因此客观上很难将社会政策与经济管理区分开来。并且当时对社会和经济的管理相对比较简单,国家没有强调在经济与社会管理中提高专业化和科学化水平。因此，与社会学、政治学、经济管理等学科一样，社会政策研究和学科发展的必要性也被忽视了。

改革开放以后，我国的经济与社会发展发生了很大的变化。各级政府的社会政策也发生了很大的变化。随着经济体制的改革，政府的社会政策逐渐从经济政策体系中剥离出来，成为一个相对独立的行动领域。与之相适应，我国本应大力发展社会政策研究和学科体系，但是我国的社会政策研究和学科体系建设在改革开放后的最初20年里并没有很大的发展，其原因一是在20世纪90年代末以前我国各级政府对社会政策的重视程度不够，社会政策实践发展相对缓慢，对社会政策研究和学科建设的要求也不够急迫。二是尽管改革开放以后我们已不再将社会政策学科贴上"资产阶级"的标签，但在一些人的头脑里它仍是西方的学术体系，仍对其抱有很大的疑虑。三是在20世纪90年代国际上新自由主义经济与社会思潮流行，将社会政策等同于西方福利国家的高福利政策而加以拒斥。这种观念对我国产生了一定的影响。四是改革开放后我国的社会政策的改革与发展在较大程度上带有"碎片化"的特点：一方面是分门别类地改革和发展，缺乏总体的制度建构和政策发展战略；另一方面是一步步地探索前进，缺乏前瞻性的战略设计，这种情况在较大程度上影响了社会政策学科的发展。其结果是我国社会政策的一些子领域发展起了相应的研究和学科（如社会保障学），但作为总体的社会政策学科却发展缓慢。

进入21世纪以后，这种局面有了较大的变化。一方面，随着国家构建社会主义和谐社会指导思想的确立，政府和全社会都更加重视以保障和改善民生为中心的社会建设，社会政策实践快速发展，各级政府对社会政策的投入也明显加大。在这种情况下，社会政策受到党和国家及全社会的关注。客观上要加强对社会政策的研究和人才培养。因此，社会政策学科的发展被注入了活力，"社会政策的春天"来到中国。从21世纪初至今，我国社会政策学术界承担的科研项目、出版的著作和发表论文的数量都有很大的提升。"社会政策"的课程在大学里越来越普及，"社会政策"被列入了国家的研究生专业目录中，在一些重点大学中还设立了社会政策学科和教学科研单位，开始培养社会政策的专门人才。这些发展都意味着社会政策学科体系的构建在我国已经开始起步。但是目前社会政策学科体系在我国的发展还不成熟。从学术界看，社会政策学界的学术力量还比较薄弱。从全社会看，社会政策知识的普及程度还不够高，包括很多领导干部在内，人们对社会政策理论的了解还太少。这说明我国社会政策学科发展还面临艰巨的任务。

随着我国进入中国特色社会主义建设的新阶段，党中央高度强调以人民为中心的发展理念，要求不断保障和改善民生、增进人民福祉，走共同富裕道路，强调社会公平和实现共享发展，不断增强人民群众的获得感、幸福感、安全感，实现人民群众对美好生活的向往。这些发展理念和发展目标要求社会政策在社会主义现代化国家建设中发挥更加重要的作用。这些新的发展理念和目标需要通过具体的社会政策来实现。为此，需要进一步加强社会政策的理论研究和学科建设，推动社会政策实践的不断发展。近年来，中央在社会建设和社会政策发展方面还提出了许多具体要求，包括社会政策要托底，健全幼有所育、学有所教、劳有所得、病有所医、老有所养、住有所居、弱有所扶等方面的国家基本公共服务制度体系，坚持尽力而为、量力而行，注重加强普惠性、基础性、兜底性民生建设，保障群众基本生活等要求。这些新的发展理念、指导原则和具体要求都为我国社会政策理论、实践和学科发展指明了方向。此外，近年来，在中央已开始从社会政策的总体思路思考社会政策改革与发展问题，社会政策的概念已进入政府相关文件，并进入最高层级的中央文件。这既给社会政策学科的发展注入了新的动力，同时又提出了很大的挑战，要求社会政策学术界在学术研究和人才培养方面做出更大的努力，推动社会政策学科的发展，为满足我国社会政策实践发展对知识和人才的需求做出更大的贡献。

第五节　马克思主义对社会政策理论与实践的指导意义

作为中国共产党领导下的社会主义建设事业的一个重要组成部分，当代我国的社会政策实践和理论的发展离不开马克思主义的指导。因此，在学习和研究当代中国社会政策理论时，应该深入认识和分析马克思主义对当代中国社会政策理论与实践的指导意义。其中首先是要了解马克思主义者对社会政策的认识发展，其次要结合中国的实际，科学地认识马克思主义对当代中国社会政策理论与实践的指导意义。

一、马克思主义经典作家关于社会政策的基本看法及其认识发展

（一）马克思主义经典作家对西方国家社会政策产生和发展的作用

马克思主义诞生于工业革命后的19世纪，与西欧国家社会政策酝酿发展基本上处于同一时期。在那一时期，马克思和恩格斯看到了许多工人阶级和劳动群众所遭受的剥削和贫困，他们从社会公平和平等的价值理念出发，通过科学的分析，

深刻地揭示了当时资本主义社会制度的不合理，以及这套不合理的制度给工人阶级和劳动大众带来的苦难。在此基础上，马克思、恩格斯提出了要通过暴力革命推翻资产阶级的统治，建立无产阶级专政的国家和社会主义制度，并最终实现共产主义。马克思、恩格斯虽然没有提到要在资本主义制度下通过国家制定和实施社会政策来解决当时的社会问题，但从社会背景、意识形态、理论贡献和革命运动等角度看，马克思主义经典作家的理论对后来社会政策的建立和发展起到了关键性作用。

第一，从社会背景上看，马克思主义与社会政策产生有相同的背景。马克思主义与现代社会政策的早期推动者们生活在同一时代，他们都处于早期工业化所带来的社会条件下，面临着由工业化和资本主义制度所带来的社会问题。他们都试图探寻当时各种尖锐的社会问题的根源，都在寻找从根本上解决当时社会问题的制度途径与方法。

第二，从理论贡献上看，马克思主义经典作家对资本主义制度的弊端和贫困根源的科学分析对社会政策的产生有关键性的影响。19世纪后期，西欧社会对资本主义制度缺陷的认识和对贫困根源认识的转变是促使社会政策起源和发展的重要因素。在此之前，在西欧学术界和主流社会中，很多人认为资本主义制度（私有制）+市场经济是一种完美的模式，而对工人阶级和劳动大众所遇到失业、贫困持"个人责任说"，认为这是由贫困者自己懒惰、愚昧等原因所导致的，甚至还有许多人不怎么了解工人阶级所遭受的贫困和苦难。如果这种流行的社会理念不纠正，根本就无法促使政府采取社会政策去解决各种社会问题。虽然在马克思之前也有一些学者激烈地批判过私有制（如卢梭等人），但马克思、恩格斯才真正系统地、科学地和深刻地分析了资本主义剥削的本质和奥秘，以及导致工人阶级陷入贫困的真正原因。并且恩格斯还通过实地调查，在其《英国工人阶级状况》一书中真实地描述了当时工人阶级的现实生活，给人们展示了工人阶级贫困和苦难的事实。马克思、恩格斯以其理论分析和事实描述极大地改变了当时社会各界对资本主义制度和工人阶级贫困的认识，为后来社会政策的起源起到了重要的理论和事实支撑作用。马克思主义者对社会政策起源的这种贡献是西方社会政策学术界都普遍承认的。直到现在，西方国家一些大学里社会政策的教学中仍将《英国工人阶级状况》列为学生必读的参考书。

第三，从革命运动的角度看，在马克思主义指导和影响下的工人阶级运动是迫使资产阶级政府建立社会政策的重要力量。在19世纪中后叶，在马克思主义的指导和影响下，欧洲国家出现了大规模的工人阶级运动，给资产阶级统治者以极大的冲击，迫使他们要去缓和社会矛盾。正如马克思所说："批判的武器当然不能代替武器的批判，物质力量只能用物质力量来摧毁。"① 如果没有马克思主义经典作家所提出的无产阶级革命理论以及在此理论指导下的现实革命运动，很难相信当时的资产阶级政府能够主动地去关心工人阶级和劳苦群众。在马克思主义指导下的19世纪西欧无产阶级革命运动虽然最终没有完全摧毁资产阶级的统治，却极大地改变了这种统治。

（二）马克思主义经典作家对社会主义时期社会政策的理论贡献

马克思主义经典作家不仅通过批判资本主义和分析无产阶级贫困的根源而支持了在资本主义条件下社会政策的起源和发展，而且马克思、恩格斯还对在社会主义制度下的社会政策做出了理论贡献。马克思、恩格斯曾经对拟议中的社会主义制度做出过制度设计，其中就有关于社会政策制度建构的设想。首先，马克思恩格斯在《共产党宣言》中曾这样强调："最先进的国家几乎都可以采取下面的措施：

1. 剥夺地产，把地租用于国家支出。
2. 征收高额累进税。
3. 废除继承权。
4. 没收一切流亡分子和叛乱分子的财产。
5. 通过拥有国家资本和独享垄断权的国家银行，把信贷集中在国家手里。
6. 把全部运输业集中在国家手里。
7. 按照共同的计划增加国家工厂和生产工具，开垦荒地和改良土壤。
8. 实行普遍劳动义务制，成立产业军，特别是在农业方面。
9. 把农业和工业结合起来，促使城乡对立逐步消灭。
10. 对所有儿童实行公共的和免费的教育。取消现在这种形式的儿童的工厂劳动。把教育同物质生产结合起来，等等。"② 其次，马克思在其名著《哥达纲领批判》中批评了德国社会民主党人主张不折不扣地按劳分配的观点，提出在社会主义制度下，在实行按劳分配之前，先要做出必要的扣除，即要从国民收入中扣除用作生产和风险补偿的费用和公共消费的部分。马克思在《哥达纲领批判》中写道："如果我们把'劳动所得'这个用语首先理解为劳动的产品，那么集体的劳动所得就是社会总产品。

---

① 《马克思恩格斯文集》第1卷，人民出版社2009年版，第11页。
② 《马克思恩格斯文集》第2卷，人民出版社2009年版，第52—53页。

现在从它里面应当扣除：

第一，用来补偿消耗掉的生产资料的部分。

第二，用来扩大生产的追加部分。

第三，用来应付不幸事故、自然灾害等的后备基金或保险基金。

……

剩下的总产品中的另一部分是用来作为消费资料的。

在把这部分进行个人分配之前，还得从里面扣除：

第一，同生产没有直接关系的一般管理费用。

同现代社会比起来，这一部分一开始就会极为显著地缩减，并随着新社会的发展而日益减少。

第二，用来满足共同需要的部分，如学校、保健设施等。

同现代社会比起来，这一部分一开始就会显著地增加，并随着新社会的发展而日益增长。

第三，为丧失劳动能力的人等等设立的基金，总之，就是现在属于所谓官办济贫事业的部分。"①

恩格斯也很关注社会政策问题。恩格斯积极参与了关于英国济贫法改革问题的讨论。他认为旧济贫法存在很多不合理的地方，但同时也坚决反对以马尔萨斯为代表的自由主义者将贫困看成犯罪的态度，并批评新济贫法对穷人的严苛，认为新济贫法是英国资产阶级对付无产阶级的手段。恩格斯所著的《共产主义原理》和后来与马克思合著的《共产党宣言》中都包含了他在工人阶级就业、教育、儿童关怀、住房与公共卫生等诸多方面的福利主张。恩格斯认为，无产阶级进行革命斗争和废除私有制的重要目的之一是建立真正为全社会所享的福利。此外，恩格斯当年曾针对有人提出工人们的住宅应该是其私人消费品的观点，在其《论住宅问题》的文章中提出，住宅因其昂贵的性质，应该当成生产资料，以共有财产的方式进行分配和管理。

"二战"以后长达几十年里，在包括我国在内的许多社会主义国家中，马克思和恩格斯的这些理论都对当时的分配制度和社会政策起到了很大的指导作用。在某种程度上，当时各个社会主义国家是按照马克思、恩格斯当年的这些理论观点去设计其相关制度体系的。从实践上看，当年的社会主义国家的社会政策制度体系是镶嵌在公有制和计划经济体制中的，为公有制和计划经济的正常运行发挥了

---

① 《马克思恩格斯文集》第 3 卷，人民出版社 2009 年版，第 432—433 页。

应有的作用，也为当时条件下保障民生做出了贡献。20世纪八九十年代以后，多个社会主义国家的公有制和计划经济制度发生了根本性的变化。在这种情况下，原来镶嵌在其中的社会政策制度体系也不得不随之改革和转型。而社会政策的这种改革和转型又促使了新时期马克思主义者对社会政策理论做出创新和发展。

二、马克思主义对当代中国社会政策理论与实践的指导意义

如上所述，社会政策理论与实践发展的历史证明，在中国社会主义制度实践中，马克思主义一直是社会政策发展的理论基础和指导思想，在社会政策的形成和发展中发挥了重要的作用。在当今我国改革开放新形势和社会主义市场经济的条件下，继续坚持马克思主义的理论指导，对于我们把握社会政策发展方向，推动社会政策健康发展仍然具有重要意义。对于这一问题，应该从两个方面加以深入的认识：一是深入认识马克思主义对当代中国社会政策发展的指导意义，二是认真思考如何以马克思主义指导社会政策的发展。

（一）新形势下马克思主义对社会政策发展的指导意义

当今世界与一百多年前的世界相比已发生了巨大的变化，在政治、经济、社会、文化等方面都远远超出了马克思所处时代的情况。而在这一百多年间，中国更是发生了翻天覆地的变化。当今的中国既不像马克思当年所处的工业化早期时代，也尚未实现马克思所期望要达到的共产主义社会，而是处在社会主义的初级阶段，在共产党的领导下努力建设社会主义市场经济体制，并努力全面建成小康社会和建设社会主义现代化强国。在新的形势下，马克思主义的基本原理，尤其是中国化的马克思主义对当代我国社会政策具有重要的指导意义。

首先，马克思主义的辩证唯物主义和历史唯物主义基本原理对当代中国社会政策发展具有重要的指导意义。一方面，按照马克思主义的人民观，"无产阶级的运动是绝大多数人的，为绝大多数人谋利益的独立的运动"①。这要求国家从总体上把握这一基本目标，通过制定和实施社会政策来维护广大人民群众的根本利益。另一方面，按照马克思主义经济基础与上层建筑关系的理论，社会主义市场经济是我国社会主义初级阶段中重要的经济基础。而市场经济在推动现阶段生产力发展的同时，也会带来收入分配差距拉大，民生保障不平衡、不充分等方面的问题，这就需要国家通过制定和实施社会政策加以干预，以满足民众的基本需要，保障社会主义市场经济健康发展和全社会的和谐稳定。因此，社会政策是作为上层建

---

① 《马克思恩格斯文集》第2卷，人民出版社2009年版，第42页。

筑的国家为适应经济基础的需要而采取的重要行动。社会政策必须要根据社会主义市场经济的需要而制定和实施，并且根据社会主义市场经济的变化而调整。

其次，社会公平的价值理念是马克思主义重要的思想基础和动力，重视社会公平是马克思主义者社会责任心的重要体现。按照马克思主义的基本思想，人类社会发展既要有效率，更要有公平。必须要通过一定的制度和政策去达成公平和效率的有机结合，否则社会发展就会受阻，就会失衡。因此，在现实的市场经济条件下我们应该本着社会公平的原则，一方面大力加强社会政策，通过社会政策去促进社会公平与效率的统一；另一方面也应该进一步优化社会政策，使各项社会政策能够更好地体现社会公平的价值目标。

再次，重视社会关照是马克思主义者社会责任心的又一重要体现，也是马克思主义社会理论产生和发展的重要动力。当今社会仍然要重视对社会中弱者的社会关照。要关心每一个社会群体，尤其是弱势群体，以及每一个因各种原因而遭遇困难的社会成员。政府和社会要了解这些群体和个人的生活状况，分析导致他们陷入困难的社会原因，并承担起帮助他们摆脱困难的责任。

总而言之，马克思主义的精髓并不在于其对某些社会现实的具体论断，而在于其对人类社会发展中长期和共同的价值目标的探索和追求。深入研究和领会马克思主义对人类社会发展的这些价值目标的思想理论，对于我们今天做好社会政策和其他各项工作都具有重要的指导意义。

（二）新形势下如何以马克思主义正确指导社会政策的发展

对于社会政策的研究者和实践者来说，在当今我国社会政策实践和理论研究中接受马克思主义的指导，不能够简单地照搬马克思主义经典作家的某些具体论断，而是要通过理论与实践相结合的方式，通过深入的研究，科学地接受马克思主义的指导。

首先，以科学的态度坚持马克思主义的正确指导。当今世界上对马克思主义及其与社会政策的关系有各种各样的解释，有些反对用马克思主义指导当代社会政策，有些只会在社会政策研究和实践中照搬和套用马克思主义经典作家的某些具体论断，等等。这些都不是科学的态度。真正科学的态度一是要坚持马克思主义对社会政策理论与实践的指导；二是要从基本的价值目标和思想精髓层面上去接受马克思主义的指导，而不局限在马克思主义作家的某些具体论断上；三是要坚持实事求是的原则，在与本国实际相结合中接受马克思主义的指导。

其次，要科学地理解马克思主义，正确把握马克思主义的立场观点与方法，并将其运用到社会政策的理论研究和政策实践中。一是要按照马克思主义的基本原理，充分理解社会政策作为上层建筑的一部分，是由一定的社会经济基础所决定并为其服务的。要基于马克思主义的社会形态理论，按照事物普遍性与特殊性相统一的原则，既要清楚地把握社会政策的一般性质与规律，也要清楚地认识在社会主义社会中，社会政策特殊的本质、目标、功能和运行规律，从而更加自觉地通过制定和实施各项社会政策来维护社会主义制度，实现社会主义国家以人民为中心、不断提高保障改善民生水平、促进人的全面发展和社会全面进步的目标。二是要深刻认识和认真坚持马克思主义公平正义、社会平等和社会关照的价值目标，在社会政策理论研究和实践中始终正确把握这些价值目标。三是要坚持马克思主义社会批判与社会建构相结合的思想方法，认真分析研究各项制度和政策中的缺陷和不足，并且始终保持强烈的改革创新精神，推动社会政策的不断优化发展。

再次，要注重创新和发展马克思主义。马克思主义是一个开放的体系，应该随着社会主义实践的发展而不断地更新发展。对于当代社会政策的研究者来说，一个重要的任务是在社会政策的理论研究和实践发展中不断丰富完善马克思主义关于社会政策的理论。尤其是对于我国社会政策的研究者来说，在这一方面负有更加重要的责任。应该进一步加强社会政策的研究，尤其是在实践基础上的理论创新研究，在丰富和发展马克思主义社会政策理论的同时，也对全世界社会政策理论体系的发展做出更大的贡献。

最后，在我国坚持马克思主义对社会政策理论研究和实践的指导，应该坚持马克思主义基本原理，基于中国的国情，以马克思主义为指导，认真研究中国的问题，总结中国的实践，发展中国社会政策的理论。在马克思主义指导下形成中国特色的社会政策理论体系，并解决当代中国社会政策发展中的重大实践问题。我国的社会政策是当代中国特色社会主义制度和国家治理体系的重要组成部分。中国特色社会主义制度和国家治理体系是以马克思主义为指导、植根中国大地、具有深厚的中华文化根基、深得人民拥护的制度和治理体系，是具有强大生命力和巨大优越性的制度和治理体系。在马克思主义的指导下，我国社会政策的基本方向是坚持党的以人民为中心的发展思想，在不断提高保障和改善民生水平、不断增进人民福祉、走共同富裕道路方面具有显著优势。同时，在马克思主义理论的指导下，我国的社会政策根据人民群众的需要，随着经济与社会的发展而不断改革创新、与时俱进，不断完善社会政策的内容，优化相关制度体系，在提高民生保障水平、满足人民群众基本需要和提升幸福感、维护社会公平、应对社会风险、促进社会生机活力等方面发挥着重要的作用。

（三）坚持习近平社会建设思想对我国社会政策实践与研究的指导

习近平社会建设思想是习近平新时代中国特色社会主义思想的重要组成部分，是我国新时代加强社会民生建设和社会治理的重要指导思想。其中，习近平坚持以人民为中心的发展思想以及不断提高保障和改善民生水平的思想是中国社会政策发展的重要指导思想。习近平强调，中国特色社会主义进入了新时代，我们要把增进民生福祉作为发展的根本目的，坚持在发展中保障和改善民生。

习近平关于社会建设的重要论述相当丰富深刻，主要的内容一是关于人民对美好生活的向往，就是我们的奋斗目标的论述。习近平于2015年11月23日在主持中共中央政治局第二十八次集体学习时讲话指出，要坚持以人民为中心的发展思想。发展为了人民，这是马克思主义政治经济学的根本立场。党的十八届五中全会鲜明提出要坚持以人民为中心的发展思想，把增进人民福祉、促进人的全面发展、朝着共同富裕方向稳步前进作为经济发展的出发点和落脚点。这一点，我们任何时候都不能忘记，部署经济工作、制定经济政策、推动经济发展都要牢牢坚持这个根本立场。

二是关于促进社会公平正义，让广大人民群众共享改革发展成果的论述。习近平于2016年5月16日在中央财经领导小组第十三次会议上的讲话中强调，要完善包括机会公平在内的社会公平保障体系，包括深化考试招生制度改革，维护和增强全国统一高考在人才选拔培养中的核心地位，清理规范各类特殊招生形式；落实事业单位公开招聘制度和国有企业分级分类公开招聘制度，做到信息公开、过程公开、结果公开，创造平等竞争的就业环境，治理就业的隐形门槛。

三是关于不断促进教育发展成果更多更公平惠及全体人民的论述。习近平于2013年9月25日在联合国"教育第一"全球倡议行动一周年纪念活动上发表视频贺词，指出中国将坚定实施科教兴国战略，始终把教育摆在优先发展的战略位置，不断扩大投入，努力发展全民教育、终身教育，建设学习型社会，努力让每个孩子享有受教育的机会，努力让13亿人民享有更好更公平的教育，获得发展自身、奉献社会、造福人民的能力。

四是关于把做好就业工作摆到突出位置，多渠道创造就业岗位的论述。习近平于2013年12月10日在中央经济工作会议上的讲话中强调，要把做好就业工作摆到突出位置，重点抓好高校毕业生就业和化解产能过剩中出现的下岗再就业工作。各级党委和政府要落实已有的政策和措施，努力创造就业岗位，尽力吸纳更多高校毕业生就业创业，同时引导和鼓励他们到基层和中西部地区就业创业。化解产能过剩也会导致部分职工下岗失业，要做好社会政策托底工作，保障基本生活，同时谋划在先，加强技能培训，促进转岗就业。

五是关于建设更加公平可持续的社会保障制度的论述。2013年3月17日，习近平在第十二届全国人民代表大会第一次会议上的讲话中指出，我们要随时随刻倾听人民呼声、回应人民期待，保证人民平等参与、平等发展权利，维护社会公平正义，在学有所教、劳有所得、病有所医、老有所养、住有所居上持续取得新进展，不断实现好、维护好、发展好最广大人民根本利益，使发展成果更多更公平惠及全体人民，在经济社会不断发展的基础上，朝着共同富裕方向稳步前进。习近平还指出，保障和改善民生要抓住人民最关心最直接最现实的利益问题，既要尽力而为，又要量力而行。要坚持全覆盖、保基本、多层次、可持续方针，加强城乡社会保障体系建设。

六是关于加快推进健康中国建设的论述。2016年8月19日，习近平在全国卫生与健康大会上的讲话中指出，在推进健康中国建设的过程中，我们要坚持中国特色卫生与健康发展道路，把握好一些重大问题。要坚持正确的卫生与健康工作方针，以基层为重点，以改革创新为动力，预防为主，中西医并重，将健康融入所有政策，人民共建共享。要坚持基本医疗卫生事业的公益性，不断完善制度、扩展服务、提高质量，让广大人民群众享有公平可及、系统连续的预防、治疗、康复、健康促进等健康服务。习近平还强调，要重视重点人群健康，保障妇幼健康，为老年人提供连续的健康管理服务和医疗服务，努力实现残疾人"人人享有康复服务"的目标，关注流动人口健康问题，深入实施健康扶贫工程。

七是关于加强和创新社会治理，完善中国特色社会主义社会治理体系的论述。2015年3月5日，习近平在参加十二届全国人大三次会议上海代表团审议时的讲话中指出，创新社会治理，要以最广大人民根本利益为根本坐标，从人民群众最关心最直接最现实的利益问题入手。城乡社区处于党同群众连接的"最后一公里"，要把加强基层党的建设、巩固党的执政基础作为贯穿社会治理和基层建设的一条红线，深入拓展区域化党建。要调整和完善不适应的管理体制机制，推动管理重心下移，把经常性具体服务和管理职责落下去，把人财物和权责利对称下沉到基层，把为群众服务的资源和力量尽量交给与老百姓最贴近的基层组织去做，增强基层组织在群众中的影响力和号召力。

八是关于切实维护公共安全和社会稳定，着力建设平安中国的论述。2012年12月31日，习近平在中共中央政治局第二次集体学习时的讲话中指出，稳定是改革发展的前提，必须坚持改革发展稳定的统一，在确保社会稳定中推进。改革发展稳定是我国社会主义现代化建设的三个重要支点。改革是经济社会发展的强大动力，发展是解决一切经济社会问题的关键，稳定是改革发展的前提。

九是关于坚持总体国家安全观，走出一条中国特色国家安全道路的论述。2014年4月15日习近平在中央国家安全委员会第一次会议上的讲话中指出，贯彻落实总体国家安全观，必须既重视外部安全，又重视内部安全，对内求发展、求变革、求稳定、建设平安中国，对外求和平、求合作、求共赢、建设和谐世界；既重视国土安全，又重视国民安全，坚持以民为本、以人为本，坚持国家安全一切为了人民、一切依靠人民，真正夯实国家安全的群众基础。

总而言之，习近平社会建设思想是对马克思主义人民观的继承和发展，其要点包括坚持以人民为中心，把人民幸福作为奋斗目标，以增进民生福祉为发展的根本目的，坚持在发展中保障和改善民生，使人民群众共享发展成果的要求，以及保障和改善民生必须坚持既尽力而为、又量力而行，坚守底线、突出重点、完善制度、引导预期的思想。

习近平社会建设思想中关于保障和改善民生的内容集中体现了当代中国化的马克思主义对社会政策的指导意义。它既对我国社会政策的总体发展提出了目标和要求，也在一些重要的方面提出了原则性的要求。我们应该深入领会习近平社会建设思想，认真学习社会政策基础知识，把握我国社会政策理论与实践发展的正确方向。

思考题

1. 论述社会政策的定义、主要内容、过程和基本要素。
2. 结合我国实际分析社会政策的基本目标和主要功能。
3. 分析"二战"以来发达国家社会政策发展的基本情况和当前发展的基本趋势。
4. 简述新中国成立以来我国社会政策实践发展的历程和当前社会政策发展的基本情况。
5. 结合实际分析马克思主义对当代中国社会政策理论与实践的指导意义。

第一章　社会政策的基本要素

理解社会政策体系离不开对其基本要素的分析。这些要素具有的特点影响着社会政策体系的运作及其政策目标的设立。这些要素可以从社会政策的主体和客体、资源及其调配、体系特点及其运作过程等方面来加以阐述。对于社会政策要素的讨论要回答由谁（社会主体）来提供社会服务，为谁提供服务，从哪里获得必要的财政和人力资源，以什么方式来提供必需的服务等问题。深入理解这些要素的特点和相互关系，是进行社会政策研究的基础和前提。在不同的社会环境中，各种要素所具有的功能和重要性会有一定的差异，但在分析社会政策的作用时，我们需要对这些要素进行一般性界定和叙述。

第一节　社会政策的行动主体

一、社会政策主体的界定及其作用

作为抽象概念，主体是指参与或推进社会进程的人群或社会组织，客体则是指这些进程所作用的对象。社会政策的行动主体是指参与社会政策实践过程的各种行动者，社会政策的客体则指政策实践活动发生作用的对象，包括政策所要解决的社会问题及其相关的对象群体。因此，社会政策主体包括直接或间接地参与政策过程的个人或社会组织，他们的状况影响着政策议题的形成、政策制定的特点、政策执行的过程和政策结果的评估等各种活动。

根据社会政策行动者的性质，我们可以把社会政策的主体区分为国家主体和社会主体。由于社会政策的活动是以政策制定和政策实施为导向的，而在政策制定和执行过程中，国家主体起到关键性的作用，因而国家主体在社会政策活动过程中具有重要地位。这些国家主体包括立法机关、行政机关、司法机关等国家权力机构和组织。同时，在现代政治体系中，政党政治是普遍现象。政党以各种方式参与政治活动，其中执政党可以通过领导和掌握国家政权来行使国家权力、领导政府工作。在社会政策的制定中，执政党可以引导和介入国家政策的制定，并作为国家权威力量来推动政策的执行。社会主体则主要包括那些参与社会政策行动过程中的民间社会组织和人群。这些主体都是社会政策行动中最为基本的行动者。

（一）政策行动中的国家主体

1. 立法和司法机构

立法机构是制定、修改和废除法律的国家机构。立法机构具有立法权，可以使一些社会政策动议形成国家法律或法规而得以颁布和执行。司法机构是行使司法权的国家机关。司法机构承担执行相关法律法规并履行监督监管功能，从而为达成社会政策的目标提供法律保障。在社会政策的行动过程中，立法机关常常可以使一些地方性的社会政策实践经验规范化和法制化，司法机构则通过法律的执行来协调相关社会群体的利益，鼓励社会参与，也进行有效的法律监管来确保社会政策得到有效执行和推广。

2. 政府行政机构

行政机构是行使国家权力进行社会管理和行政治理的权威机构。在社会政策体系运作的过程中，行政工作者承担着运作社会福利体系，处理各种社会服务管理事务，辨析当前所存在的问题和所面临的挑战，通过行政管理手段来解决这些问题的责任。这些工作职责的履行有助于形成社会政策的议程、推进社会政策的发展，并通过社会政策手段来解决社会问题。因此，行政机构在社会政策的运行过程中起到重要作用。

3. 政党

政党是以政治联盟形式出现的利益集团或群体。在现代国家中，政党对于形成社会政策目标、设计社会发展战略、解决社会问题和动员社会资源都起到关键的作用。在政策发展的过程中，政党行动为社会政策的发展提供了内在的驱动力。它可以动用政治资源、经济资源和社会资源来为执行特定的政策导向和价值目标服务，从而维护其所代表的阶级利益。特别是对于执政党来说，其所具有的政治优势使得它在经济事务和社会事务中可以发挥更大影响，从而鼓励或限制一些政治目标的出现或实现。

（二）政策行动中的社会主体

1. 社会组织

与政府组织和法律机构不同，社会组织常常具有非营利性、自主性和广泛性的特点。在社会政策过程中，这些组织可以成为社会政策项目的参与者、协助者，或项目的实施者、推动者和倡导者。由此，没有社会组织的积极努力，社会政策体系的运作就会缺乏社会基础。当然，在一些国家，民间社会组织的作用往往会受到缺乏资源、合法性和发展空间等状况的限制；它所具有的非官方的特征也会使其在政策过程中处于相对弱势的地位。即便如此，社会组织仍是构成社会政策过程的不可分割的要素，是参与社会政策发展过程的重要主体。

2. 社区组织

社区组织是以一定的规范和制度将个人、群体、组织结合在一起的社会生活共同体。社区组织与人们的日常生活密切相关，并通过各种社区组织机构来履行社会职责。在社会政策行动中，社区组织可以通过组织基层社会实践、推进地方社会创新和提供日常生活服务来发挥作用。它们也就影响当地社会生活的重大问题提出政策动议，促进当地社会的福利改进，在基层社会治理方面扮演着积极的行动者角色，也为地方政府的社会政策创新、政策执行和体系运作提供了推动力。

3. 大众传媒

在现代信息社会中，大众传播机构在揭示社会问题、推动公众讨论、形成政策议程和探索解决问题的方式等方面起着重要作用。这些机构通过广播、电视、报纸、杂志、书籍、网络等舆论工具建构了有别于政府和市场的"第三种力量"，通过形成舆论压力来促进社会问题的解决。作为社会政策的行动主体，这些传播机构为公众表达自己的意见提供渠道和平台，也为政策制定者寻找解决问题的途径并促进与公众的意见交流提供条件。它们在政策的执行和监督过程中也起到不可替代的作用，例如在维护妇女利益方面，一些女权群体通过大众传媒工具来吸引社会关注，以促进社会照顾、儿童津贴和家暴防范等社会政策的制定。

4. 普通公众和专业人士

社会政策进程的推进需要社会公民的广泛参与，因而，社会政策的发展状况也取决于公民的意愿、行动和利益诉求。这使具有普遍公共利益和公民权利的普通公民成为社会政策的基本主体。在现代福利国家，各国政府通过制定和实施各种社会政策项目来保障公民所具有的社会福利权利；但同时，社会公众并不只是消极的政策对象，而是作为社会主体积极地介入社会政策过程，支持或反对特定的社会政策的制定和执行。

与此同时，针对特殊的福利需求群体，我们也要发展专门的社会政策为这些群体提供社会服务。这些服务的发展不仅要由普通社会机构或公民来推进，也需要专业人士的介入和职业群体的帮助。特别是在针对老人群体、儿童群体、妇女群体、残疾人群体、艾滋病患者群体和吸毒者群体等各类福利需求群体，需要具有相应的专业化服务来满足这些群体的服务需求。在此，各类职业群体就成为推进社会服务体系发展的各种社会政策的形成、实施和评估的专业力量。这些专业群体包括医护群体、律师群体、社会工作群体、心理咨询师群体、法律援助群体等，他们可以成为特殊福利需求群体的利益代表，并积极地参与社会政策的制定和执行，成为推进这些社会政策发展的重要的社会力量。

二、社会政策主体在推进社会政策进程中的角色和作用

根据利益诉求、职能地位、组织性质、参与方式、参与程度等方面情况的不同，各种社会政策主体在应对社会矛盾的挑战、支持社会政策项目发展和倡导各种社会政策理念等方面会具有不同的角色和发挥不同的作用。

（一）政策的倡导者

社会政策议题处在不断形成的过程中。旧的矛盾不断解决，新的问题不断出现，并对社会政策的制定形成新的挑战。要应对这些挑战，各社会政策主体会针对出现的社会问题展开讨论、协商和博弈，逐渐形成政策的议程和政策方案。在这一过程中，一些政策主体会倡导某些理念而反对另一些政策导向，从而反映了他们所代表的阶级和利益群体的意愿。这些政策倡导者会对国家社会政策和社会发展战略的制定产生直接的影响，从而为社会政策创新提供驱动力。

（二）资源组织者

社会政策体系的运行需要有资源配备。各类社会政策主体可以通过多种途径为社会政策体系的运作提供资源，从而在此方面起到资源的组织者、提供者和传输者的作用。例如国家主体可以通过公共资源的运作为社会政策的发展提供物质条件，社会主体也可以通过开拓民间资源来拓展资源，推进社会政策发展。基于多元福利的理念，社会福利的资源不仅仅来自国家提供的公共财政渠道，也来自民间组织在社会筹资和扩展资源等方面的作用。后者能为政府社会政策的制定和实施提供额外的帮助。

（三）体系运作者

社会政策体系由各种社会保障和社会服务项目构成。不同的社会政策项目可以有不同的运作者，例如政府组织在社会保障体系的运作中起到关键作用，而社区组织在社会基本安全网络体系的运作中起到关键作用。此外，在针对特殊福利需求群体的专业服务体系中，专业人士和机构（医院、戒毒所、养老院等）起着体系运作者的作用。研究各类社会政策主体在不同的体系运作中所具有的作用可以帮助我们了解社会政策体系的运作特点，并发现解决体系运作的关键问题之所在。

（四）服务提供者

各类社会政策主体都可以为福利需求群体提供社会服务。针对不同群体，他们有的直接提供福利服务，有的间接提供。就政府组织所起的作用而言，国家可

以通过社会开支的途径或财政转移的方式来直接购买福利服务，也可以通过间接的方式为公民提供社会服务。民间的社会政策主体也可以为公众提供福利服务，特别是一些社会团体和专业人士群体能够通过服务项目的运行来推进相关政策领域的扩展。

（五）价值引导者

社会政策行动是具有高度价值导向的社会实践活动。社会政策活动倡导的基本价值包括社会公正、社会公平、确保公民权等理念，这些价值观念为社会政策行动提供原则。对于这些理念，各类社会政策主体可以达成基本的共识来影响社会政策的制定，但同时各种社会主体也会基于他们对国家和市场关系的不同立场而形成独特的价值偏好。例如在一些国家，来自民间的各种社会团体或社区组织倾向于支持社团主义和法团主义的价值理念，而政府组织则会偏向于支持国家主义和再分配主义的理念。这些价值观念在特定社会中的流行或选择在很大程度上取决于该社会所具有的政治、经济、文化和环境因素的影响。但从社会政策进程看，这些主体之间的价值冲突或理念导向之间的矛盾也是影响社会政策制定的决定因素。

当然，在社会政策体系中，各种社会政策主体所具有的地位和作用会有所差异。在中国，政党和政府组织在政策设计中起到关键作用，因而党的发展战略和政策理念导向直接影响着社会政策重点议题的设立。目前，倡导共享发展和适度普惠是指导我国社会政策发展的基本战略，正如十九大报告提出全面实施全民参保计划，建成覆盖全民的可持续的多层次社会保障体系是社会政策的重点工作。这些指导思想为中国社会政策的发展提供了方向。同时，由于国家主体在推进社会政策发展上具有关键作用，不断推进国家治理体系和治理能力现代化的任务也就成为影响社会政策体系执行效用和功能的重要手段。不过，在一些福利国家体系中，社会的各类主体常常通过对话机制来形成或制定社会政策，并在政策执行过程中各种利益群体相互制衡。这种不同充分地展示了在不同的社会环境中各类社会政策主体所起的作用及其功能的差异性。

第二节　社会政策的对象

一、社会政策对象的含义

抽象地说，社会政策以民众为对象，具有很强的民生导向，致力于向社会成员提供收入保障和服务以保障和改善民生。但具体地说，各种特定的社会政策的制定指向不同的人群，具有不同的政策目标和目标对象。例如，教育政策的对象主要是学生、医疗卫生政策的对象是病人、养老保险政策的对象是老年人，而社会救助政策的对象是贫困人群，等等。这些不同的对象群体具有不同的需要，因而政府在制定和实施社会政策的行动中应该注重对社会政策对象进行分析，清楚地知道该项社会政策具体帮助哪些群体或人员，清楚把握各个群体和各类人员的不同需要以及需要的轻重缓急状况，以确定社会政策的优先对象。要根据社会政策对象的需要情况和社会政策资源供应的情况，来制定相关的社会政策。有的社会政策的目标是全面帮助所有民众，有的社会政策项目是集中有限的资源重点帮助特定的人员。前者被称为"普惠型"社会政策模式，后者被称为"特惠型"（或"选择型"）社会政策模式。二者各有其优缺点，应该根据实际情况具体安排。

二、社会政策的受益者和受损者分析

与社会政策对象相关的还有社会政策的受益者和利益受损者分析。社会政策的受益者是指从社会政策行动中获得利益的个人和群体，而社会政策的利益受损者则是指在特定的社会政策行动中受到利益损失的个人和群体。一般来说，社会政策的对象都应该成为社会政策的受益者。但在具体的政策制定和实施中，要根据社会政策项目的目标群体特点来确定。

当然，除了社会政策目标群体作为政策制定的直接对象之外，还有许多其他的人也可能从社会政策行动中获利，如教育、医疗卫生、社会保障、公共住房、公共养老服务等社会服务供应链上的许多组织和个人可以从中获得一定的利益。因此在做对象群体的分析时，不仅要关注直接的目标群体，也要考虑对间接受益群体的影响。此外，除了受益群体的分析外，社会政策行动也可能使一些群体和个人的利益受损。例如，政府增大社会服务供应会需要更多的税收支持，而纳税较多且受益较少的群体和个人会感觉其利益受到损害。在社会保险等缴费型项目中，有时候也可能会有部分群体感觉缴费和受益不匹配，从而感到利益受损。即使在不考虑纳税或缴费的情况下，从特定社会政策项目中没有获利或获得待遇较低的人有时也会感到相对剥夺，出现利益相对受损的现象。

由于在社会政策行动中既有受益者也有受损者，这就导致了不同的个人或群体对社会政策产生了不同的态度，并且不同的态度也有可能会上升到价值观念和理论层面。在当代有关社会政策的争论中，一些人支持政府积极发展民生事业，不断提高社会福利水平；也有人呼吁警惕"高福利陷阱"，反对政府在社会政策领域投入太多。由于每个项目中的受益者和受损者往往都不一样，除了在总体上进行分析之外，还要结合社会政策项目的具体对象，具体地分析政策执行对不同利益相关方的影响，以便使社会政策的制定和实施能够更加具有针对性和有效性。同时，在对社会政策行动中的受益者和受损者的分析中也要关注社会改革项目在协调不同群体之间利益关系方面的效用。它要求社会政策的分析不仅要关注社会政策在保障和改善民生方面发挥作用，也要研究社会政策项目在调节阶层关系、协调利益群体矛盾、解决社会问题、促进社会和谐方面的作用。

第三节 社会政策资源

一、社会政策资源及其类型

社会政策资源是指能够支持社会政策制定和实施的物质条件和非物质条件的总和。这些资源可以是物质性或资金性的，也可以是非物质性或非资金性的。就非物质性的资源而言，它包括广泛的政治资源、行政资源、法律资源和社会网络资源等。

（一）社会政策的非资金性资源

社会政策的运作需要有资金性和非资金性资源的支持。在政策设计、决策和政策环境的改善方面，各种非资金性的资源起着重要作用。具体地说：

第一，政治资源对于推进社会政策的项目十分重要，特别是在政策制定的阶段，各政党和社会团体都会进行积极的社会活动来推进社会政策议案的形成或阻碍某些议案成为法律。

第二，行政资源在社会政策的运行中也具有十分重要的地位。社会政策的运作要有行政组织的推动，特别是各项社会保障项目都需要相关的政府机构来运作。

第三，法律资源则为社会政策项目的执行提供法律依据，并且通过各种法律手段和途径为社会政策问题的解决提供法律帮助。

第四，社会网络资源主要包括各种社会组织和团体在市民社会中为社会政策体系的运作提供社会支持，以便确立社会政策项目运作的合法性和合理性。

第五，志愿者和非营利组织资源可以为社会政策的实施提供大量的服务，有助于各项社会政策高效率地达到其目标。

（二）社会政策的资金性资源

社会政策所应对的是公共福利问题，它所进行的社会管理和社会服务的活动都是基于社会公共福利的需要，因而政府作为公共福利的负责人和管理者有必要有效地调配公共资源以投入民生建设中，承担起保障公民福利权利的责任。为此，政府可通过税收、社保缴费和专项收费这三种基本形式来筹集资金，运作社会政策体系。非官方社会组织也可以通过社会集资和社会捐赠等形式向社会政策体系提供资金补充，共同推进社会政策体系的发展。

1. 税收

税收是社会政策体系运作所需资金的基本来源。在一些欧洲福利国家，政府为了确保公民权利而制订了广泛的社会政策，社会开支在政府公共财政开支中所占比重很大，一般占国内生产总值的30%以上。这些开支大多来自各种税收项目，特别是个人所得税。缴纳各种税收被认为是现代国家中公民应该承担的责任，也是为公民提供社会保护和公共服务的必要投资。当然，各国的税收体系存在着结构差别，这会对各国的社会开支状况造成差异化影响。

2. 社会保险缴费

在许多国家，社会保险项目是社会保障体系的支柱性项目。它可以涵盖养老、工伤、医疗、生育等方面，是国家对劳动者提供社会保障的最基本的项目。在中国，《劳动合同法》和《社会保险法》都要求所有正式就业的员工必须参加社会保险项目，而用人单位也有责任为其职工投保。这些投保缴费由政府设立的社会保险基金来运作，成为社会保险项目的基本资金来源。此外，住房公积金制度和大病保险项目也通过自愿缴费的方式扩展了社会保险项目的领域，扩大了社会保障体系的资金来源。

3. 专项收费

社会政策体系运作的资源还可以来自政府采取的专项收费，或者是国家资产的收益。这类收益的来源可以是国有企业的盈利、国有资产的增值、土地的买卖和其他经营性运作的收益。这些专项收费和资金拨款常常用于应对政府所面临的突出的社会问题和亟待解决的民生问题，通过政府财政调拨的方式来解决。例如在20世纪90年代末大量职工下岗，迫使政府给一些下岗问题突出的地区（如东北老工业基地）提供专项资金来缓解支付下岗津贴的压力。

4. 社会集资

发展社会福利事业也需要社会各方的共同推进。为此，各种社会组织和社会团体对社会政策项目也能提供一定的资金支持。这些来自企业或民间团体的社会资源对于发展社区福利和集体福利都十分重要，使社会集资构成了社会福利体系的基本资源之一。

5. 社会捐赠

在社会政策的运作中，我们也不能忽视私营机构和个人捐赠等形式的社会资源。这些资源可以通过各种非制度化的形式给社会弱势群体提供帮助。它们有的采取民间互助的方式，也有的采取社会团体和基金会运作以及私人捐助的形式。虽然这些民间资源采取的非制度化的投递方式可控性较差，但民间资源的注入可以在推进社会福利和社会政策事业的发展中充分发挥民间力量提供物质基础条件。这些资源与公共资源一起作用可以形成混合福利的状态，从而促进社会福利事业的政府责任、社会责任和个人责任的共享或分担。

在不同的社会福利体系中，一些国家的社会政策项目的资金主要来源于民众缴纳的收入所得税和（或）社会保障税，而在另外一些国家的社会政策项目运作中，社会捐赠和社会集资则占重要的比重。在我国，由于各类社会保险项目在其社会保障体系中占据重要地位，社会政策项目的资金来源主要是公共财政和社会保险缴费，而社会集资和社会捐助的项目所起的作用较为有限。即便如此，我国政府也在大力倡导发展公益慈善，鼓励企业年金和其他基金项目的发展，力图构建一个多元的社会福利资源结构。由此，社会政策的资金性资源多元化是各种福利体系共同追求的目标。

二、社会政策资源的调配及其福利供给形式

社会政策资源的调配是一个复杂的政策过程。在教育、住房、医疗和收入保障等不同的领域，社会政策的资源调配面临着不同的问题和任务。举例来说，在教育领域中重点学校与非重点学校之间的师资力量、学生质量、教育经费的获得程度以及社会声誉等方面的差别，在公共医疗领域中医疗资源向城市或乡村的倾斜、医生的工作环境以及医院管理方面的问题等，都涉及资源调配问题。在公共资源调配的各个方面的问题中，收入再分配问题是一个突出的问题。许多社会政策项目的目标都在于如何确保公民的基本生活和如何发展收入再分配制度以实现社会公正和社会公平。因此，社会政策资源分配的一个重要议题就是如何运作社会再分配机制。

从收入保障的角度来看，收入的分配和再分配机制可以通过以下几种方式运作：

（一）通过劳动力市场来进行的收入初次分配

在我国，初次分配的基本原则是按劳分配，同时也包括资本等其他生产要素在市场运作中所起的作用。收入初次分配的原则是按生产要素分配，其状况由市

场经济体系的运作和劳动力等生产要素状况所决定。由于市场机制的运作会自发地拉大贫富差距，因而初次收入分配所造成的分配结果是不平等的，有的人得到的多，有的人得到的少。在这个初次分配领域，政府通常不应直接干预劳动力市场的状况，但可以通过制定最低工资标准和指导工资水平的政策手段，对劳动者的合法权利进行保护。这些政策行动无形中会影响劳动力市场价格，为保障劳动者的合法权益，获得其应有的劳动收入或工资报酬提供了帮助。

（二）通过社会政策进行收入再分配

收入再分配是通过税收和各种社会政策项目来调整人们的收入状况，降低收入差距、缓解劳资矛盾并达成社会公正的目标。这些收入再分配项目包括社会保险、社会福利以及社会救助等各项政策，也包括与此相关联的家庭政策、医疗政策和住房政策。在欧洲，一些研究展示高福利国家与低福利国家的贫困率在进行收入再分配之前并无多大差别，但在进行收入再分配之后两者的差距就十分明显。收入再分配机制充分反映了政府以公共财政资源为依托的社会保障项目在调节收入分配、促进社会公正和维护社会稳定方面起到积极的作用。

（三）民间慈善事业的再分配意义

民间慈善事业是指由个人和社会组织自愿捐赠而筹集资金，向有福利需求的困难群体提供资金或服务帮助。现代慈善事业需在法律框架下有组织地开展，这要求政府通过社会政策的制定和执行来推动慈善事业的发展。此外，其他多种民间社会公益活动、社会资助和互助活动也具有一定的再分配意义。

三、福利资源供给的原则

在组织协调和分配社会政策的各种资源（包括资金的资源和服务的资源）的过程中，人们势必遵循一定的原则或理念来进行资源分配和供给的活动。在众多社会政策理念和原则中，我们可以从对四对范畴的讨论来表达这些原则：一是选择性原则与普惠性原则；二是公平原则与效率原则；三是工作福利理念与公民权理念；四是自助、他助和互助。这些原则和理念涉及社会福利资源该如何分配，社会政策的制定该具有怎样的导向，社会政策的实践活动该从何处着眼来进行评估及其理论依据。

（一）选择性原则与普惠性原则

选择性原则强调社会政策的供给应该针对特殊的人群，特别是贫困群体、老人群体、儿童群体等福利需求群体。这一原则突出地体现在社会政策体系中的社会救助项目。选择性原则应该使社会政策的制定和实施有利于社会弱势群体，但在实践中有时也会出现有利于社会优势群体的现象。一些国家所采用的选择性社会政策项目事实上成为优势群体（甚至是权贵群体）的额外收入补贴，从而加剧了收入的不平等或培育了裙带关系，并把社会政策作为交换政治利益的手段。普惠性原则则强调社会政策的制定所面对的群体应该是广大的公民。社会政策是确保公民权的政策手段，因而普惠性原则可以支持社会政策项目中的各种社会津贴项目（包括儿童津贴和教育津贴等形式），强化社会公平和社会公正。在不同的社会中，政府对社会保障项目类型的选择取决于它所面临的条件和项目的可能性；但作为社会发展的一般战略导向，确保公民的普遍权利应该是社会政策制定的指导理念。

（二）公平原则与效率原则

公平和效率这对矛盾是人们在讨论社会保障资源分配时常常讨论的问题。社会政策活动以追求社会公平和保障公民权作为出发点，强调公平原则，但同时也要强调项目运行的效率。以各种社会保障项目的运行为例，社会公平的原则鼓励发展社会津贴项目、强化收入再分配机制以及提供普遍的公共服务，而强调效率的原则则支持工作福利项目和采用社会援助项目来维持最低保障。抽象地说，这两个原则应该实现统一和平衡。如果过于强调一方而忽略另一方，就会导致二者失衡，损害效率或公平；但在社会政策的现实运作中，人们总是根据其社会文化背景和现实条件，从中选取一个作为当下所强调的政策理念。以中国社会政策的演化为例，20世纪90年代初政府在医疗领域和住房领域大力推进市场化导向，致力于提高社会保障体系运作的效率；90年代后期以来，政府强化再分配主义的理念，并在社会福利领域加大公共投资，倡导适度普惠的政策导向。这些发展经验表明，各国社会政策发展所采用的社会政策主导原则会随着经济环境和社会条件的变化而变化，并形成不同的发展理念和政策导向。这些变化也凸显了不同的社会理念会影响社会福利资源的分配效应。

（三）工作福利理念与公民权理念

对工作福利和公民权这两种理念的认识也会影响福利资源分配的原则。工作福利的理念，强调每个人都应该为他自己所享有的福利状况负责，因此他们的工作状况决定了其福利状况和生活状况。在资源配置上，倡导工作福利理念的学者主张采取福利私有化的政策，并认为要尊重市场的资源调配作用，通过市场机制或准市场机制来进行资源分配。公民权的理念则支持普惠主义的原则，认为在当代社会中政府有责任确保其公民的政治权利、经济权利和社会权利，而社会政策是确保其社会权利的手段。公民权的理念支持普遍的社会津贴项目和许多社会救助计划,并推进家庭照顾和公共服务的发展。强调福利资源的供给要惠及全民。因此,这些不同的理念对福利资源的分配提供了不同的导向,影响着各国社会政策体系发展的状况。

(四) 自助、他助和互助

在确立不同的福利资源的分配原则和理念时,我们也要充分肯定公民个体的福利责任。自助者人助之,强调国家的责任和公民的权利并不意味着个人对自己的生活状态可以不负责任而依赖于国家保障。同时,人们生活在社会共同体中具有社会连带的责任,因而需要培育社会团结精神并发展各种"他助"形式的社会救助,如公益慈善和社会救助等方式,来实现社会群体的福利责任。互助的理念则强调人们的互惠原则。这一原则不同于个人自助和作为社会公益的社会帮助,而是通过社会基本安全网络和社会资本的建立来提供互惠。与此相应的政策手段是通过增加社会资本和构建社会网络来提高人们生活保障的程度。由此,自助、他助和互助的理念反映了通过公民个人和民间组织来发展社会福利资源并达成福利多元化目标。

当然,在各种福利资源的供给原则中,各国政府在一定的历史时期中会采纳多种原则并对各类政策项目进行协调,但也会针对其所面临的重点社会问题,把一些原则作为主要原则而着重强调。例如中国政府目前大力倡导普惠原则和公平原则以缩小收入差距,并明确要求实现经济与居民收入同步增长,使全体民众都能够分享经济发展的成果。这种要求回应了中国社会经济发展的现实矛盾,避免进入"中等收入陷阱";也表达了其在提升全体民众的生活质量的同时改善社会状况的愿望。这些努力反映了中国政府包容性发展的理念,通过社会政策来实现社会经济综合发展的目标。因此,在社会政策的制定中,政府将针对其所面对的社会需要和社会压力来形成其政策导向,强化一些原则而弱化另一些原则。

第四节 社会政策体制和运行机制

一、社会政策体制的基本内容

当代各国社会政策的制定和实施都是以制度化的方式、通过一定的组织而开展的。社会政策运行的组织方式及相关制度体系被称为社会政策的体制。在不同的社会中,社会政策的体制具有不同的特点,形成各具特色的社会政策体制模式。

要分析这些特点,我们要研究构成这些体系的基本要素和这些要素的组合方式与相互关系,并以此来展示各种社会政策体制的特点。概括起来看,社会政策体制的构成包括主体责任体制和服务提供体制两大方面。

(一) 主体责任体制

当代社会中,社会政策的主体责任是由一整套的制度规范确定的。由法律、法规和其他制度规范确定的社会政策主体责任就是社会政策的主体责任体制。社会政策的主体责任体制主要反映政府组织和社会力量承担社会福利供给责任的相对大小情况。从全世界范围看,有的国家政府承担了很大比重的福利提供责任,甚至基本上全部由政府来承担,如"二战"以后西欧的"福利国家"体制;也有些国家中有各种社会力量广泛参与社会福利,在其中发挥重要的福利供给作用。在我国,改革开放前的社会政策具有较强的"国家—单位"(城市)和"国家—集体"(农村)体制特征,目前具有较强的"政府主导+社会协同"的特点。

(二) 社会服务体制

社会服务体制是指提供各项社会服务的组织方式及相关的制度体系。政府的社会政策行动要通过一定的方式传递给受益的民众,其中既包括现金发放(如养老保险、最低生活保障等),也包括大量的社会服务(如教育、医疗、养老服务等)。不论是现金发放还是服务递送都需要一定的组织去承担,尤其是服务递送往往需要耗费大量的人力,需要依托大规模的组织体系来完成。因此,构建相关的社会服务组织并使其高效率运行就成为社会政策行动体系的重要任务,而根据本国国情选择合适的社会服务体制是完成这一任务的重要基础。在此方面主要有三类体制。一是完全由政府举办公办社会服务机构的体制,即政府设立和运营公办社会服务机构,通过公办机构向民众提供各项社会服务。二是民办社会服务机构模式,即各类民间社会力量依靠民间的资源设立独立的社会服务机构,这些民间社会服务机构既可以依托民间的资源(如各种慈善捐助)来提供社会服务,也可以以"政府购买服务"的方式承接政府的社会服务项目。三是介于公办机构与民办机构之间的多种交叉融合模式,如我国计划经济体制下的单位制体制模式,它既是在国家的制度和计划之下提供服务,但同时也具有一定的社会属性。又如"公办民营"体制模式,即由民间社会组织或个人去承包公办机构的方式。再如"民办公助"体制模式,即主要由民间力量举办社会服务机构,但政府通过资金注入、减免税费等方式加以支持。各种体制各有其优缺点。现实的社会政策服务组织在建构和运行时,应该根据不同的任务和不同的条件,具体选择最适宜的体制。目前在我国上述三种体制都存在,其中第三种体制中的政府与社会合作体制模式是最新的发展方向。

二、社会政策体系的制度模式

在各国社会政策的实践中，政府根据民众不同的需要和现实条件，采用各种不同的方法向民众提供各种社会保障和社会服务，从而形成各种不同的社会政策体系制度模式。

（一）社会政策体系的几种基本制度模式

1. 残补型福利

残补型福利（又称"补缺型福利"）和制度型福利的两分法是由威廉斯基等人在对工业化国家社会开支水平提升的国际比较中得出的。残补型福利是指社会福利首先由人们所具有的社会安全网络来承担，而政府只提供有限的社会救助的制度模式。这种模式在传统社会和工业化社会的早期阶段十分流行，代表了国家福利状况尚未充分发展的阶段。在这种模式下，社会福利的责任首先要通过家庭、市场或社会安全网络来承担。只有当这些通常的渠道都失效时，国家才作为最后的帮助者提供补救性的措施。在这种模式中，社会保护具有应急性和选择性的特点，只有当社会困难群体在遇到生存风险时才给予救助。残补型模式的主要特点是政府提供的福利主要面向那些无法从其他渠道获得帮助，因而需要政府帮助的特殊的福利需求群体，强调政府是支撑人们生活的最后的保障责任者。

2. 制度型福利模式

制度型福利模式则是指在现代国家中，政府扮演"第一责任人"的角色，通过社会政策的设立和执行，为公民的福利权利提供基本的保障。制度型福利模式以公民权理念作为价值支撑，强调公民的福利权利理念，以高度的社会保障和公平正义作为发展目标，强调通过收入再分配的社会机制来缩小贫富差距并确保各社会阶层的基本生活水平。在这一模式下，确保公民的基本生活状况和较高的福利水平是国家应该承担的责任。制度型福利模式通过组织、制度、规范和成员等要素的有效结合来形成社会保障和福利服务体系，从而实现广泛的社会政策目标。在这种模式中，国家对公民的福利提供是通过社会项目的常态化、制度化运作来实现的。

3. 工业成就型和制度化再分配型

工业成就型模式强调在工业化社会中，社会政策具有为工业化服务的功能。它超越了传统的社会救助的手段，发展了为劳动力市场服务并确保劳动力供给的政策手段。这种类型的社会政策体制基于对劳动者保护的理念，强调通过社会保险和职业福利的途径来满足人们的基本福利需求。

（二）艾斯平·安德森的福利国家类型学

20世纪90年代，艾斯平·安德森等学者在比较社会政策制度模式的基础上划分了当代资本主义福利国家的三个类型，即自由主义、保守主义和社会民主主义的体制模式。

自由主义福利国家的制度模式强调福利市场和社会基本网络的作用，主张政府的社会保障制度不应该使公民对国家福利产生依赖。这一体制鼓励采取工作福利和市场福利的社会政策理念，主张政府对福利需求群体的帮助主要是通过社会救助公积金和商业保险等途径来提供的。在这一体制中，国家福利对公民的保障程度较低，而同时政府税收和社保缴费的税（费）率也较低。

保守主义福利国家的制度模式则强调通过社会保险的项目和集体福利来为公民提供基本的社会保障。这些项目强化了社会保障体系在确保劳动力市场的正常运作和维护社会稳定方面的功能。这一模式倡导社会福利的集体责任（包括社区帮助和社会组织的责任），在政策理念上，法团主义、社团主义、社区主义等观念在这一模式中十分流行。

社会民主主义福利国家的体制强化社会再分配机制的运作效益，注重通过税收和社会津贴的方式来进行社会保障并且发展公共服务，以公共资源和政府的社会开支为基本手段来提升全民的福利水平。在此过程中，国家常常作为社会福利的直接提供者，而地方政府也通过发展社会服务体系以应对福利需求群体的需要等。

对于社会政策的体制模式的比较分析可以展示各种社会政策体系所具有的多样性及其形成原因。这些分析也揭示了社会政策体系的各种要素的相互作用所形成的社会结果。无论在威廉斯基的两分法还是蒂特马斯的三分法中，社会政策体制模式的发展都是一个由低级阶段走向高级阶段，具有趋同性的发展过程；而艾斯平·安德森的福利国家类型则注重于分析各种社会政策体制模式的差异性。例如，社会民主主义的模式强调国家干预和普惠主义理念，而保守主义模式则强调社会连带、社会互助和社会保险。两者都具有较高的社会再分配效益，但它们采取的政策导向和走的途径都有许多不同。在此基础上，我们可以进一步分析各种社会政策体系的运行特点。

三、社会政策体系的运行机制

由于各种社会政策体制的具体运作会受制于其独特的社会环境并具有其各自

的特性，我们对运行机制的讨论将聚焦在一些具有普遍性的问题上。对这些问题的探讨可以通过以下四对范畴展开：一是中央与地方的关系，二是国家与市场的关系，三是福利服务的投递传播过程中供应方与需求方的关系，四是技术、组织与社会环境的有机互动。其中，中央和地方的关系涉及社会政策制定和执行的管理方面和行政过程的特点；国家与市场的关系则确定了资金的来源、使用和社会政策体系运作所面对的矛盾；而服务投递方面的问题则反映了社会政策体系在福利服务方面所面对的问题。此外，在当代社会的技术发展中，技术因素深刻地影响了社会政策体系的运作，使社会保障体系建设及对于其运作机制的讨论离不开技术条件和社会环境条件的作用。因此，通过上述四个方面的讨论，我们可以从总体上把握社会政策体系运行的基本特点。

（一）中央与地方的关系

从体系运作的管理过程的视角看，影响社会政策体系运作的重要问题在于社会政策的制定、执行和监管过程中政策目标的设立、管理权限的界定和政府职能的划分。这些问题首先涉及政府管理体系的结构特点。在一些国家中，中央政府与地方政府的权力资源是一体化的。这种一元的权力结构使社会政策的制定常常采用自上而下的方式来推进。地方政府在一些问题中也可以具有一定的立法权，但作为中央政府的下级机构，地方政府主要扮演着政策执行者的角色，并根据中央政府的法规来制定地方性的法律法规来呼应。

但是，在那些存在着中央政府与地方政府的二元权力结构的社会中，对于中央与地方关系的讨论就要涉及邦联制和联邦制等权力结构形式对政策决策过程和政策执行的影响。在对社会福利事务的处置上，不同的权力结构导致了中央政府与地方政府在社会政策制定过程中不同的责任和特点。例如一些国家的收入保障政策主要由中央政府制定和运作，而社会服务的提供则主要由地方政府承担；在另一些国家，由以往的教区管理演化而来的市政府管理形成了诸如地方性国家的概念，并且与中央政府形成二元的权利结构。这种状况对社会政策体系的发展特点影响很大。

（二）国家与市场的关系

从社会政策体系运行的资源分配来说，执行社会政策项目所需的资源可以来自政府，也可以来自市场和社会组织。在一些体系中，政府成为社会保障和公共服务资源的提供者；在另一些体制中，政府只起着指导、调整、协调和监控等方面的作用，而社会福利资源配置和运作的责任则由福利市场来承担。一般来说，要确保公民的福利权利，无论是单纯的国家福利体系或是市场机制的运作都无法达成社会政策的目标。因此，在现代国家体系中，社会政策运作所依靠的资源既不能完全依靠于公共财政开支，也不能期望市场机制能够履行广泛的社会责任。这就要求政府在发挥市场在资源配置中的决定作用的同时，也要发挥自身积极的作用。

在此背景中，人们倡导多元福利理念，并把国家与市场之间的中间道路或"第三条道路"作为一种现实的政策理念。基于这种理念，国家与市场的关系并不被看成对立的，两者在社会政策体系的运行中都要起到积极的作用。政府可以通过公共财政来推进体系的运作，而市场机制则可以促进民间资源的融入或通过发展广泛的社会服务来缓解政府所承担的过重的福利责任。作为政策结果，许多学者倡导打破公共部门在福利事业领域中的垄断地位，将市场竞争机制引入社会福利项目，鼓励民间组织大力发展社会福利服务机构。推进这些政策实践可以鼓励机构进行横向竞争并提高服务的效率和质量，有助于形成一个充满活力的社会福利体系。

（三）服务的供应方与需求方的关系

社会政策体系的运作也可以通过社会服务体系的扩展反映出来，使服务能够顺利地传达到政策目标的对象群体。在此，从社会服务的供求关系分析会涉及一系列社会政策体系的运作问题，包括政府行政部门在福利行政过程中的作用、福利需求群体如何有效地提出其需求目标、各种社会组织如何能够扮演福利提供者的角色、服务的数量和质量、服务的标准化和专业化程度、社会网络的特点对于福利传递过程的影响和服务效果的评估及其标准等议题。对于这些问题的回应触及了社会政策体系的许多基础问题，包括服务提供的目标、体系所隐含的价值基础、体系运作的过程和对于所取得的结果的评估等。

同时，在发展服务市场方面，政府也可以通过社会政策来鼓励民间资本介入社会服务领域，并提供各种诸如免税等优惠政策。其服务的需求群体不仅要针对普遍公民群体，也要针对特殊的服务对象，包括老年群体、儿童群体、残疾人群体、失业群体、艾滋病患者群体等服务需求对象。政府在提供公共福利和服务资源方面要做到供给与需求的有效契合，从而使社会政策的提供能够有效地达成其所追求的政策目标。基于这些理念，社会组织要能够通过各种社会资源的使用介入社会福利的服务提供，提供多样化的优质的福利服务，大力推进社会工作者队伍的建设，并力图通过发展职业社会工作者队伍来缓解这一问题而起到补充、扩展和协同的作用。

(四)技术、组织与社会环境

在技术发展的新时代,社会政策体系的运行机制也离不开技术条件和组织条件。举例来说,人人拥有社会保障卡可以为我们运作低保医疗和就业等社会政策项目提供信息基础和运作条件。同时,它也为有效组织社会政策项目运作提供了基础。采用当代技术发展所形成的大数据和云计算的手段可以为执行相关社会政策提供科学的分析和有效的体系运作状况评估。从社会管理的角度说,要建立多渠道、广覆盖的社会保障体系,必须有可操作的组织方式和多样化的管理手段;而技术条件的发展为实现这些目标开辟了道路。由此,在社会政策的制定和实施中,采用现代技术的程度和水平就不可避免地会影响社会政策运作机制的特点。当然,在讨论人—机关系对社会政策运作的影响时,我们也要关注社会环境的影响。技术、组织与社会环境这三个要素的交互作用决定了机制运作的方式和特点。由于技术手段和组织手段的采取取决于社会环境的状态,我们必须从三者的互动关系中来探索社会政策发展的条件、基础和可能性。例如讨论作为社会政策机制运作环境的社会质量状况,对于我们理解该机制运作的有效性和发展空间具有重要意义。只有在考察一定社会的社会质量状况的基础上,我们才能对人—机关系和组织条件与(社会)环境因素进行综合的考察,以把握该社会的社会政策机制运作的形态和特点。

总之,在本章有关社会政策要素的讨论中,我们界定了社会政策的主体、客体、资源和体系这四方面的因素,并揭示了这些因素与相关的社会政策议题间的内在联系。这些讨论为我们在对社会政策要素性质的理解及其特点的把握上提供了相应的知识基础,同时也通过对这些议题的讨论揭示了社会政策体系所具有的内涵、性质和特点。它揭示了社会体系运作的基本条件、物质基础、社会基础和价值基础,而这些因素的综合作用形成了各种社会政策的体制模式,并将其沿着特定的价值导向推进。增进对于这些因素的理解有利于我们展开社会政策分析,掌握社会政策体系运作的基础和特性,并在政策制定中切实地实现为民服务和维护社会稳定实现社会公正的功能。对于这些要素的讨论涉及一系列的政策理念、原则、理论前提和概念前提,因而它为我们展开具体的社会政策项目的讨论提供了一定的价值基础和分析视野。

思考题

1. 说明各种社会主体在社会政策进程中的作用。

2. 如何理解收入分配的几种形式？
3. 谈谈社会政策要素中理论和规范要素的重要性。
4. 简要分析社会政策体系的制度模式特点。

第二章 社会政策的价值基础

社会政策是一个要素多元、过程复杂的庞大系统，价值是其核心和基础。社会政策的主体、对象、目标、方法等要素的特性及其政策过程的表现，本质上都与其价值理念紧密相关。把握社会政策的价值基础，显然可以事半功倍、由内而外地领悟其其他部分乃至整个系统。

第一节 民生需要

民众是社会政策的对象，民生需要是社会政策的出发点。因此，民生需要自然是社会政策中与人有关的价值理念的重要组成。领悟民生需要的内涵及其结构，可以纲举目张，有利于了解社会政策的其他价值理念。

一、民生需要的含义与意义

民生需要涉及"民生"和"需要"两个概念。分别解构两个概念，有助于更好地领悟民生需要的整体含义，从而更深刻地从社会政策视角进行解读。

（一）民生

民生一词来源已久。民生最早出现于《左传·宣公十二年》，"民生在勤，勤则不匮"。此处的民生指百姓生存。随着中国经济、政治、社会、文化的发展，民生的内涵得以丰富，对民众的关注也不断加深。《左传·庄公三十二年》指出："国将兴，听于民；将亡，听于神。"在《孟子·尽心下》中也有"民为贵，社稷次之，君为轻"之说。可见，在封建社会中，民及民生的重要性在理论上已得到认可，但在实际的政治运行中只是实现君主统治的手段。时至近代，孙中山将民生上升到主义，认为民生是人民的生活、社会的生存、国民的生计、群众的生命，指出民生是一切活动的原动力，强调民生在社会发展中的基础作用。

学界目前对民生的解读主要分为两类。其一，生计说。有学者认为，民生指人的生活、生计、生存；具体而言，是社会全体成员的衣食住行、生老病死。从横向讲是衣食住行，从纵向看是生老病死。其二，权利说。有学者认为，民生主要指民众的基本生存与生活状态，以及民众的基本发展机会、基本发展能力和基本权益保护的状况。也有学者认为，民生指实现与生存权和发展权有关的需求，既包含人们追求的生存条件，又包含人们追求的生活质量。马克思、恩格斯指出："人们为了能够'创造历史'，必须能够生活。但是为了生活，首先就需要吃喝住穿以及其他一些东西。"①

可见，民生是与实现民众生存发展需要相关的活动总称。从社会政策视角审视，民生不仅涉及衣食住行、生老病死，而且包括民众的全面发展；既包括生存需要，也包括知识获取、政治参与、价值提升等发展需要。

（二）需要

需要有广义与狭义之分。广义的需要是植物、动物、个人和人类社会的一种摄取状态，以此保证主体的生存和发展。社会政策中的需要是狭义概念，指个人和社会为了维系生命并求得发展而必须满足的摄取状态，包含自然需要与社会需要。一方面，人要维持生存、繁衍与发展，就必须与外界进行物质、能量、信息等方面的交换，满足自然需要。另一方面，人的需要又依托家庭、邻里、社区等途径，并经由社会化而实现，此即社会需要。

（三）民生需要

整合民生与需要的内涵，可以认为，民生需要指民众为维护生存和发展而必须满足的摄取状态，包含基于权利的生存条件和生活质量的普遍性和客观性的要求。

民生需要有其特定内涵：其一，民生需要的主体是社会民众。民生中的"民"不仅意味个人，而且关注社会中人，社会民众处在主体地位。马克思主义唯物史观认为，人民群众是物质资料生产的主体，也是历史的主体和创造者。因此，民生是现实社会中人民群众的生活需要，是人民群众为了改变和改善生活状况的实践活动。党的十八届三中全会通过的《中共中央关于全面深化改革若干重大问题的决定》指出，要解决好人民群众最关心最直接最现实的利益问题，更好满足人民需求。习近平在党的十九大报告中指出，我国社会主要矛盾已经转化为人民日益增长的美好生活需要和不平衡不充分的发展之间的矛盾。这些都很好地阐明了民生需要与社会民众切身利益的关系。其二，民生需要的目标是满足生存，实现发展。狭义的民生需要局限于衣食住行、生老病死等特定领域。随着经济、政治、社会、文化的发展，民生需要也会随之增加，民众对于生存条件和生活质量的要求会不断提高，实现发展也将成为民众的重要需求。

二、民生需要的分类与评估

（一）民生需要的分类

关于民生需要，不同学者进行了各自的分类。马斯洛按其对生命意义的分析

---

① 《马克思恩格斯文集》第1卷，人民出版社2009年版，第531页。

将人类需要分为生理需要、安全需要、归属与爱的需要、尊重需要、自我实现需要五个层次。邓伟志认为民生需要有生存型与发展型两种，前者旨在填饱肚子，后者旨在体面生活；这两类需要分别动态地存在于生存型社会与发展型社会之中。从马克思主义的再生产理论看，生存型社会的主要目标是维持社会的简单再生产，以保证社会最低层次需要，使民众减轻疾病痛苦、贫苦与未知风险。随着社会经济水平的提高，生存型社会转为发展型社会，目标不再局限于温饱，而是聚焦于缓解贫困、促进就业、发展科教等与人的全面发展有关的领域。

基于此，按照需要的层次，民生需要可以分为两大部分：一是生存型民生需要，即民生需要的最低标准。从社会政策的角度看，基本需要指每人都须得到满足的需要。如果基本需要没有满足，他就没有达到"人"的最低生活状态。生存型民生需要既表现为与生存直接相关的衣食住行、生老病死等方面，也表现为人们在社会意义上生存的需要，即作为"人"而有尊严生存的需要。二是发展型民生需要，此类需要基于生存型民生需要。与前述的广义民生概念不同，发展型民生需要将民众需要置于特定社会发展阶段之中。马克思把需要置于人类社会历史的宏观视域，并结合社会实践尤其物质生活资料的生产劳动来审视民生需要。他认为，人的需要是有层次的，衣、食、住等物质需要是最基本的需要，在这些需要得到满足的基础上，会产生更高层次的其他需要。需要的资料因此可以分为生活资料、享受资料、发展和表现一切体力和智力所需的资料等类型。按照人民需要的具体内容，可将民生需要分为日常生活的民生需要和其他方面的民生需要。其中日常生活的民生需要是指维持基本的衣食住行等日常生活的需要，其他方面的民生需要包括基本的健康、教育、就业、交往等方面的需要。随着经济与社会的发展，人民群众的基本需要逐渐扩大，对政府的社会政策也提出了越来越高的要求。

民生需要的界定有其社会品性。第一，民生需要产生于社会之中。个人在与社会环境及他人的互动中会产生不同需要，社会环境对个人需要的类型与多少产生直接或间接的影响。这种说法在我国的有关文件中也有体现。如，党的十一届六中全会明确提出，我国所要解决的主要矛盾是人民日益增长的物质文化需要同落后的社会生产之间的矛盾。党的十九大报告也对我国社会主要矛盾有了新的定义。本质上，民生需要与社会现实的差别也可以为社会发展提供动力。第二，民生需要随着社会发展而变化。生存型社会的民生需要主要与民众生存相关，如疾病治疗、灾难应对。新中国成立之初，民生需要主要表现为生存型的社会需要，这也是落后的社会生产力的现实写照。随着社会经济水平的提高，发展型社会得以出现。这就对民生需要提出了更广泛要求，民生需要的分类也进一步扩展与细化。如，从新中国成立之初旨在解决民众温饱问题，中共十九大报告提出在幼有所育、学有所教、劳有所得、病有所医、老有所养、住有所居、弱有所扶上不断取得新进展。这就显示了民生需要与时代同步发展的特性。

（二）民生需要的评估

民生需要可以按照某些标准进行测量。英国学者布拉德肖认为，对需要的测量可以有四种视角。一是规范性需要，这是已建标准（如最低生活保障）与实际状况比较而生的，当某主体的现状水平低于所建标准时，此类需要就会产生。二是感受性需要，这是侧重因个人表达而引起的感觉和经验的需要，是人与环境互动的结果。三是表达性需要，这是感觉的需要转化为实际行动的结果，即在行动上表现为"要求"，如外来人士融入当地的举措。四是比较性需要，当个体获得产品与服务少于同类其他人时，比较性需要就得以产生。

布拉德肖的需要测量或多或少带有主观性。即使是规范性需要，其测量标准也是人为的，从而是社会和文化的，与经济、政治、文化等因素的发展也密切相关。首先，需要与经济发展水平有关。民生需要的满足必须以一定的经济条件为基础，不同的经济发展水平，民生需要的满足程度与范围都不同。其次，需要与政治发展情况有关。不同政治形态下人们的基本需要就不尽相同，政治目标的实现有赖于社会民众的支持，民生需要的界定当然也与社会民众相关。最后，需要与文化、价值观和意识形态有关。任何社会政策的规划和实践都有其文化背景，其中居主流地位的价值观和意识形态作用尤其明显。文化、价值观和意识形态不同，社会政策就不同，社会政策对社会民众的需要界定就不同，需要的实现途径也就不同。

三、保障和改善民生的重要性及其对社会政策的要求

社会政策与保障和改善民生紧密相关。一方面，保障和改善民生，是社会政策所处环境的客观要求；另一方面，社会政策也能调动各方力量，实现保障和改善民生的功能。

（一）保障和改善民生的重要意义

保障和改善民生，是构建新时代中国特色社会主义的本质要求。社会主义的本质是解放生产力，发展生产力，消灭剥削，消除两极分化，最终达到共同富裕。建设新时代中国特色社会主义，不仅要大力发展生产力，满足人民日益增长的物质文化需要，也要坚持共同富裕，维护社会公平正义，解决好人民群众最实际的

民生需要。保障和改善民生，是基于公平正义的核心价值观和共享发展的理念，通过制度安排与政策措施来解除城乡居民生活的后顾之忧，给国民以可预期的稳定未来。党的十九大报告指出，增进民生福祉是发展的根本目的。必须多谋民生之利、多解民生之忧，在发展中补齐民生短板、促进社会公平正义、在幼有所育、学有所教、劳有所得、病有所医、老有所养、住有所居、弱有所扶上不断取得新进展，深入开展脱贫攻坚，保证全体人民在共建共享发展中有更多获得感，不断促进人的全面发展、全体人民共同富裕。可见，保障和改善民生关乎人民群众的切身权益，是一切工作的出发点和落脚点。保障和改善民生的水平，是衡量党和政府工作、评判中国特色社会主义发展水平的根本标准。

保障和改善民生，是实现经济发展方式转变的有力保证。经济发展方式是否合理，主要看劳动力、资本、土地、技术等要素组合是否高效，产业结构、需求结构和分配结构是否协调，以及经济发展的成果分享是否公平公正。民生涉及就业、收入分配、教育、医疗卫生、住房保障、养老和社会救济等方面。当前，我国民生需求实现了从生存需求向发展需求、从物质需求向文化需求、从实物需求向服务需求的重大转变。我国是发展中大国，保障和改善民生，不但可以解除居民的后顾之忧，提高消费需求对经济增长的贡献，而且可以创造新的需求，促进服务业快速发展，推动产业结构的调整，优化劳动者整体素质，提高人力资本对经济的贡献率，从而为促进经济发展方式转变注入活力。

保障和改善民生，是构建社会主义和谐社会的坚固基石。民主法治，公平正义，诚信友爱，充满活力，安定有序，人与自然和谐相处，这些是和谐社会的重要特征。高度和谐的社会，是人与人、社会及自然的和谐相处，其基础是"人"。保障和改善民生，就是维护和发展与社会成员最直接的生活需要，促进其幸福生活，推动社会向高度和谐迈进。

（二）保障和改善民生对社会政策的要求

社会政策能有效调动社会资源，为保障和改善民生提供有力支持。在当代社会，个人收入水平的维持、健康、就业、住房、教育与个人社会服务方面的最低标准被认为是人的基本需要。因此要求通过制定和实施社会政策，在实现民生需要的基础上，调动社会资源，进行合理分配，调节社会关系，满足社会的整体需要。党的十八届三中全会《决定》强调，要紧紧围绕更好保障和改善民生、促进社会公平正义深化社会体制改革，改革收入分配制度，促进共同富裕，推进社会领域制度创新，推进基本公共服务均等化，加快形成科学有效的社会治理体制，确保社会既充满活力又和谐有序。十九大报告进一步要求提高保障和改善民生水平，这都需要通过制定和实施社会政策来落实。

社会政策能调控市场自发力量，为保障和改善民生提供规范秩序。社会政策已经成为政治制度和意识形态的重要部分，能够规范社会成员的社会行动，为民生需要的实现提供规范秩序。市场力量尽管在创造效率方面有重要作用，但是也可能带来两极分化和贫富悬殊。实施社会政策，可以约束追求利润最大化的市场力量，再分配社会财富，缩小贫富差距，减少劳资矛盾，从而实现社会的稳定和谐。

社会政策的概念和理论为把握民生问题的政策内涵和社会意义提供了指引。社会政策的制定和实施要基于价值观与意识形态，而公正平等、民主过程、弱势群体增能是社会政策的关键价值观。这些价值观有助于我们理解和重视民众生存发展的需要，特别是弱势群体权益保障的需要；有利于我们关注"人"的基本生存需要及其被尊重的权利，从更积极的角度解读民生需要。

第二节　社 会 公 平

社会公平是人类社会追求的理想目标，也是构建新时代中国特色社会主义的现实课题。社会的公平程度本质上也是判断一个社会及其制度正义状况的重要尺度。

一、社会公平的含义和意义

社会公平是价值观的基础内容，也是社会政策价值基础的重要部分。要真正领悟社会公平，就应该首先对其含义有所把握，并对其多方面意义有所认识。

（一）社会公平的含义

公平是一个内容相当广泛的概念，其一般性的含义是指对国家法规、制度、政府政策及各类组织、群体和个人行为的合理性评判的价值理念和标准。社会公平的一个基本要求是所有组织、群体和个人行为的目标、过程和后果都要尽可能符合全体人民的利益，得到绝大多数社会成员的拥护或接受，并且对社会的良性运行和长远发展具有积极作用。

人类历史不仅旨在持续提高生产力，也在不断追求社会公平。本质上，社会公平反映了权利和利益的关系，是政治、经济等各领域的权利和利益在社会成员之间均衡而平等的配置，也包括人们对权利和利益关系是否合理的价值评判。社会公平涉及何谓公平、为何公平、怎样公平等议题，其回答必须置于社会发展视域之中。广义而言，社会公平包含公正、平等和正义等含义，既体现在社会发展的一定关系之中，也体现在人们对此类关系的认识之中。诚如卢梭所言，在自然状态下，几乎觉察不出不平等现象存在，不平等只存在于社会中。只有当人们相互依赖，即人们的相互需要把他们联系在一起时，才能形成奴役关系。因此，社会公平本质上是人与人的关系。只有反映人们之间利益状况的社会关系形成后，社会公平或不公才会产生和显示出来。

（二）社会公平的意义

保障社会公平有其理论背景、历史渊源和现实意义。实现社会公平、维护人民根本利益是以人民为中心、尊重人民主体地位和发挥人民历史创造热情的前提条件。它不局限于收入分配领域，而涉及政治、经济、文化和社会各领域，贯穿于生产、分配、交换、消费各环节以及立法、司法、行政、文化和教育各方面。在当代中国，推进社会公平反映着新时代中国特色社会主义的客观要求。维护和实现社会的公平和正义，涉及广大人民的根本利益，是中国共产党坚持立党为公、执政为民的必然要求，也是我国社会主义制度的本质要求。

社会公平贯穿于社会实践的各个领域。由于社会成员在知识能力、社会地位和发展机遇等方面的差异，即使在社会主义社会也存在着权利、机会、规则和分配等方面的不公平。因此，如何认识权利公平、机会公平和规则公平在社会公平保障中的地位作用及其作用机制，如何在关注一般性社会公平的基础上解决特殊群体的公平保障，如何在缩小社会差别和消减社会成员间不公平的行动中发挥制度、政策、政府和民众的作用，都是社会政策必须探讨的议题。

二、社会公平的主要内容及其制度保障

社会公平涉及多个层次、多个角度和多个方面，把握其内容，是思考社会公平制度保障的必要前提。

（一）社会公平的主要内容

从价值取向看，社会公平包括权利公平、机会公平和规则公平。权利公平就是社会任何成员不能被排除在宪法和法律赋予的权利之外，法律保障他们享有相同的权利，平等地行使权利和履行义务，而不会被偏袒和歧视；机会公平不仅指同等资质的社会成员在经济、政治、社会、文化等领域有均等的参与机会，而且参与者能够各尽所能，从而在平等的起点上融入社会和分享经济社会发展成果；规则公平就是在规则面前人人平等。权利公平让社会成员具有最基本的平等起点，

是其获得公平对待的不可或缺的内容；机会公平本质上是社会成员参加某种活动的权利公平；权利公平和机会公平以规则公平为基础，制订规则并保证其实行是保障权利公平和机会公平的条件。

从环节看，社会公平包括起点公平、过程公平和结果公平。起点公平即参与社会各项活动和创造自身生活的起始条件是相等的。从理论上讲，起点公平要求社会成员平等享有社会和法律赋予的一切权利，而且，这种权利不因种族、性别、年龄、职业、财富、能力、家庭的不同而有所差异。过程公平主要指社会为其成员参与社会活动所提供的机会、规则、路径具有合理性和平等性。在机会有限的情况下，机会应该向全体社会成员开放，优先获得机会的成员不得损害其他成员获得机会的可能性；同时，为避免恶性竞争造成的内耗和无序，必须制定规则和规范路径，使社会成员能理性地开展其行为。结果公平是指社会成员在参与社会活动之后获得的待遇、分配等方面具有公正性。在现实生活中，人们往往把结果公平作为最终衡量社会公平与否的重要指标。其实，由起点公平和过程公平带来的结果公平才应该是社会公平的理想状态。

从领域看，社会公平包括经济公平、政治公平和伦理公平。经济公平是指社会成员在经济关系上的公平，即社会成员在经济活动中享有平等权利，拥有平等获得和支配社会资源的机会，同时，其付出和应得是相称的。经济公平体现在生产、分配、交换、消费等领域。一定社会的生产资料所有制的形式、人们在生产过程中的地位和关系、产品的分配形式，体现着基本的经济关系，也表现着经济公平的程度。政治公平主要指社会成员政治地位和政治关系的平等。在现实生活中，政治公平主要是社会成员能平等地参与政治生活，享有宪法和法律所赋予的平等公民权。伦理公平主要指社会成员在参与社会活动中人格和天然生存发展权的平等。

从根源看，社会公平程度受众多因素的影响和制约。自然禀赋、政治、伦理、社会等方面的因素都会造成社会成员在权利、机会、结果等方面的不公平。这就要求社会公平的实现，必须在一般内容和保障原则的指导下，实行无差别对待。

可见，社会公平可以有多个解读视角，其本质是一个利益关系范畴，其核心是权利和利益在社会成员之间的合理分配。

（二）社会公平的制度保障

社会公平的制度保障，就是社会按照公平的原则，通过相应的制度设计、政策安排和社会协调，对社会成员之间的利益关系进行调节，使社会成员在政治、经济、法律、文化、伦理等关系方面达到权利与义务、贡献与应得、生存与发展的合理均衡，使强者和弱者、老者与幼者等都能获得与社会发展相适应的社会生活条件。一个社会是否公平，就在于是否能达到利益关系的有效均衡。

制度框架可以有效保障社会公平的实现。制度由宏观的基本制度、中观的运行制度和微观的具体制度构成，其内容不同从而在保障社会公平实现中的作用也不同。在宏观层次上，在中国，社会主义制度确保了社会成员在生产资料占有、分配和政治权利方面的公平，为社会公平的实现奠定了坚实基础。在中观层次上，充满活力的高效的社会运行机制，是保障社会公平实现的必然要求。在微观层次上，具体制度是社会公平实现的现实途径，直接关系着社会公平的实现。

制度是一个有机系统，任何一个层次制度的缺失或不完善，必将影响整个制度体系对保障社会公平实现的效果。因此，必须运用整体视角，着眼于制度体系，系统完善必要的制度保障。

三、社会公平的价值理念对社会政策的要求

社会政策是政府在了解社会问题的基础上而制定的行为准则，旨在对社会公共利益进行选择、整合、分配和落实，是政党、政府的管理理念和执政方略的主要表现形式。

（一）通过社会政策体现社会公平

一方面，公平价值应该体现于社会政策的整个体系和运行机制之中，是存在于政策和行为中的善的标准、尺度或准则。人们可以借此对行为做出判断或评价，也在追求公平中发展和完善政策，使其不断获得合法性和合理性。具体而言，公平价值是社会政策各环节共同追求的价值目标之一，是社会政策的来源和依据之一，是社会政策批判与发展的动力之一。

另一方面，实现社会公平是社会政策的永恒主题。社会政策要表现公平、实现公平也是其运行与发展的本质要求。具体表现为：社会政策不仅可以通过其形式把公平关系模式化和具体化，而且还要规定和保障实现公平的条件从而促进公平的实现；社会政策在实现公平的同时，还要实现其他价值并使这些价值之间取得一定协调；社会政策内含形式公平和实质公平，并能使两者均得以实现。

（二）通过社会政策公平配置资源

社会政策作为政治系统的输出物，是一种正式制度安排。社会政策的基本功能在于及时有效地解决社会问题和对稀缺的社会资源进行及时有效地配置。党的十八大以来，权利公平、机会公平和规则公平已成为我国社会公平正义的三项重

要原则。社会政策的公平性也主要体现在这三个维度。首先，社会政策应该公平地尊重和保护全体国民的经济与社会权利，而不应该差别性地对待不同群体；其次，社会政策应该给全体国民同等的获得教育、就业、医疗卫生、社会保障和其他福利待遇的机会，而不应该厚此薄彼；最后，社会政策应该制定公平的规则体系，使公共资源的分配和获得能更好地达到社会保护和促进社会发展的目标。

可见，社会公平的内容极其丰富。它涉及权利、机会和规则，体现在起点、过程和结果等环节，覆盖了经济、政治和伦理等领域，并受众多因素和相关制度的影响。社会公平的核心是权利和利益在社会成员之间的分配，社会政策则内含形式公平和实质公平，并成为政党、政府公平理念和执政方略的重要实施载体。

第三节　社会权利

权利是法学、社会学、政治学等学科的重要概念，也是社会政策和国家治理的关键名词。关于权利，视角多元，内容丰富。公民的社会权利显然是其中不可回避的重要部分。鉴于公民的经济权利与社会权利有较大的关联，因此本节在介绍社会权利时，将经济权利一并介绍。

一、经济与社会权利的含义和意义

公民的经济权利和社会权利是内涵丰富的复杂概念。对于该概念，不少学者均有涉猎，其角度比较多元，理解各有不同。把握其含义、领悟其意义是领悟和推进社会政策的重要基础。

（一）经济与社会权利的含义

公民的经济权利和社会权利是《世界人权宣言》的重要内容。关于公民的经济权利，有学者认为包括财产权、劳动权、社会保障权三种：财产权是法律资格的基础，劳动权提供人们获得财产的途径，社会保障权可补充且必要时全部提供从财产或工作中获得收入的不足。关于公民的社会权利，有学者认为一般包括义务教育、针对儿童的家庭津贴、针对低收入群体的综合性社会救助和保障性住房等。

有学者将公民权划分为法律权利、政治权利、社会权利和参与权利。其中，社会权利包括：促进能力的权利，如医疗卫生保健、养老金、康复治疗、家庭咨询服务；机会的权利，如学前教育、初等和中等教育、高等教育、教育咨询服务；

再分配和补偿的权利,如战伤抚恤、工伤抚恤、低收入者权利、失业补偿、侵权补偿。

综上所述,公民的经济与社会权利包括财产权、生存权、继承权、劳动权、休息权、获得物质帮助的权利、受教育权等方面。其中,经济权利和社会权利有所交叉且在某些方面相互影响,有时也可统称为社会经济权利。

(二)经济与社会权利的意义

公民的经济权利与社会权利往往与其社会福利有关。如果公民此方面的权利没有得到保证,生活与生存保障及其他权利的实现就会受到实质性影响,个人困境就可能演化为社会问题,进而影响社会的整体秩序和协调发展。

采取制度和政策保障公民的经济权利与社会权利,在微观和宏观层面上都有积极意义。于微观层次来说,经济与社会权利使个人安身立命,解决问题,满足需求,获得生活尊严。从宏观层次而言,保障公民的经济与社会权利可以促进就业、降低社会成本、实现人力资本投资,从而具有经济功能;可以协助民众参与社会生活,从而具有参与等政治功能;可以缩小收入差异,促进人境平衡,从而具有社会功能;可以尊重个人价值,彰显人文关怀,从而具有文化功能。

当然,公民的经济与社会权利也受到社会价值、历史条件、文化制度、资源容量等因素的影响,因此在不同社会、不同历史阶段体现出相应的形式和水平。

二、经济与社会权利的国际发展与中国探索

(一)经济与社会权利的国际发展

社会权利概念及其系统论述发端于英国思想家 T. H. 马歇尔。在《公民身份与社会阶级》中,马歇尔根据英国经验,讨论了公民权及其发展路径,并把公民权分为法律权利、政治权利与社会权利,前者对应于法院,中者对应于议会与地方政府,后者对应于教育系统与社会服务机构。

1948年联合国通过了《世界人权宣言》,其第22—27条就涉及社会权利。如,第22条指出每个人,作为社会的一员,有权享受社会保障,并有权享受其个人尊严和人格的自由发展所必需的经济、社会和文化方面各种权利的实现,这种实现有赖于国家努力和国际合作并依照各国的组织和资源情况。第23条指出,人人有权工作、自由选择职业、享受公正和合适的工作条件并享受免于失业的保障;人人有同工同酬的权利,不受任何歧视;每个工作者有权享受公正和合适的报酬,保证使其本人和家属有一个符合人生活的条件,必要时并辅以其他方式的社会保障;人人有为维护其利益而组织和参加工会的权利。可见,社会保障、工作、社

会服务在70多年前就已被视为公民的经济与社会权利。

1966年联合国通过了《经济、社会和文化权利国际公约》。其序言部分就明确指出，公约缔约各国确认，按照《世界人权宣言》，只有在创造了使人可以享有其经济、社会及文化权利，正如享有其公民和政治权利一样的条件的情况下，才能实现自由人类享有免于恐惧和匮乏的自由的理想。这则公约对工作权、社会安全、免于饥饿、受教育及参加文化生活的权利等均作了说明。

公民的经济和社会权利具有与公民权利和政治权利同样的法律地位。《世界人权宣言》明确将经济和社会权利与公民权利和政治权利并列规定，《经济、社会和文化权利国际公约》也认同只有在创造了使人可以享有其经济、社会及文化权利，才能实现自由人类享有免于恐惧和匮乏的自由的理想。因此，从公民的经济和社会权利的历史起点梳理其发展，可以更好地领悟两者的本质。

（二）经济与社会权利的中国探索

中国公民的经济与社会权利在程度和面向上都有所扩展。1954年的第一部《中华人民共和国宪法》就将经济与社会权利作为公民的基本权利，这种权利也在此后多次宪法修订中得以保障。改革开放以来，尤其是20世纪90年代中期以来，中国公民的经济与社会权利在国际层面和国内层面均得以不断扩展。概括起来看，中国保护公民经济与社会权利的历程大致以1978年为分界。

1. 计划经济体制下的公民经济与社会权利特点

在计划经济体制下，公有制为核心、计划经济为主、覆盖全国的公共医疗体系、农村五保供养制度等制度安排，确保了公平导向的公民经济与社会权利。有学者认为，中国公民的社会权利具有以下特征：参与经济的权利一定意义上替代了社会权利，在城市表现为充分就业政策，在农村表现为集体所有的土地政策；单位制时期的社会权利基于"单位人"身份；户籍制度帮助维持并巩固了差别性社会权利结构，在该社会权利结构下，城乡之间和所有制之间有所差异，城市、农村和所有制的内部则相对平等。

2. 改革开放后经济与社会权利的不断改善

随着1978年底启动的经济体制改革以及此后的养老保险改革、医疗体制改革、住房货币化改革、户口政策逐步放开，单位福利制不断弱化，公民经济与社会权利的发展进入新的阶段，社会保险和社会救助逐渐成为核心制度。

中国公民的经济与社会权利在程度和面向上都有所扩展。1954年的第一部《中华人民共和国宪法》就将经济与社会权利作为公民的基本权利，这种权利也在此后多次宪法修订中得以保障。改革开放以来，尤其是20世纪90年代中期以来，中国公民的经济与社会权利在国际层面和国内层面均得以不断扩展。

中国政府分别于1997年和2001年签署和批准了《经济、社会和文化权利国际公约》，向全世界展示了政府保障公民经济与社会权利的庄严承诺。2003年和2010年两次提交了履约报告，并分别于2005年和2014年接受联合国履约报告审议。

中国积极通过宪法修订和制度建设使公民的经济与社会权利得以贯彻。如2008年的宪法修正案就写入了公民的合法的私有财产不受侵犯、国家建立健全与经济发展水平相适应的社会保障制度等条款。在就业权方面，中国从20世纪80年代开始建立并完善了包含职业介绍、就业训练、失业保险和就业服务企业等内容的就业服务体系，为就业弱势群体提供就业岗位。

改革开放以来，中国公民的经济和社会权利既获得了显著进步。四十年的高速经济增长，为公民的经济和社会权利提供了物质保障。与此同时，随着经济改革的深入、市场经济的完善、依法治国的实践，保护公民经济与社会权利保障的法律也陆续出台。具体而言，包括《中华人民共和国未成年人保护法》《中华人民共和国预防未成年人犯罪法》《中华人民共和国妇女权益保障法》《中华人民共和国老年人权益保障法》《中华人民共和国残疾人保障法》《中华人民共和国消费者权益保护法》《中华人民共和国民族区域自治法》等。在宪法和法律的基础上，中国还颁布了《中华人民共和国残疾人教育条例》等一系列政策法规。与此同时，社会领域矛盾仍然突出，包括贫富差距、地域发展不平衡、教育不平等、医疗保障不足等。这又是公民经济与社会权利受损的表现，并与制度供给不足有关。

总而言之，改革开放四十多年，我国通过更好地保障公民的经济权利而加强了执政的合理性和合法性；使保障公民的社会权利成为获得执政的合理性和合法性的重要基础之一。

三、社会政策在维护经济与社会权利中的作用

社会政策是保障公民经济与社会权利的内在要求，在社会治理的宏观背景下，社会政策的作用更加重要。

（一）社会政策可以确认公民经济与社会权利的主体资格

考察经济和社会权利的历史可以发现，这些权利基于对市场所带来不公平的认识，意欲通过国家的福利提供，保证每个社会成员都拥有基本的文明生活，以实现社会公正。社会政策则以保障和实现经济和社会权利为宗旨。无论是户籍制

度改革、土地流转制度改革还是其他政策，无不旨在消除基于身份的经济社会权利的不平等。社会政策给主体和对象赋予权利与义务，也正是确认公民经济与社会权利主体资格的过程。

（二）社会政策堪为公民的经济与社会权利的实现载体

经济和社会权利的实现依赖两个条件：一是物质条件，因为社会权利的实现是通过社会福利、社会服务来体现的。二是各阶层的关系调整以及国家、家庭、企业、社会组织的功能调整。社会政策可以约束、指导社会福利和社会服务的实现，也可以调整利益分配，从而体现促进社会整合的功能。

（三）社会政策可以推动经济发展方式的转型

社会政策可以建构社会保护体系，避免经济转型给部分劳动者带来的损害，有效保护普通劳动者和弱势群体的民生福利，避免可能的社会不稳定，从而为经济发展方式转型构筑社会基础。在转变经济发展方式的背景下，社会政策可以在提高劳动力素质和人力资本方面发挥更大的作用，并且通过扩大普惠性民生保障而构建更加普遍的社会安全网。

第四节 社会和谐

社会和谐是当代中国的国家建设任务，也是社会政策追求的重要目标。社会和谐在古今中外均有论述，在当代中国有其特定内涵。要系统领悟社会政策，就应该对社会和谐的内涵有多角度和深层次的把握。

一、社会和谐的基本内涵

社会和谐一般意义上指个人之间、群体之间、社会组织与政府之间的关系融洽、求同存异和共存发展。它随着时间和空间而有所发展，也随着政治和经济发展而有所变化。因此，要结合特定的时代背景和国家情境，对社会和谐的内涵进行解读。

（一）社会和谐的时代属性

"和谐"理念古已有之。和谐是中华文明的关键词，无论是儒家主张的"和为贵"和"致中和"的价值目标，《周礼》的"以和邦国，以统百官，以谐万民"，还是墨子提出的"兼爱"思想，都体现了社会和谐的基本价值。

社会和谐在今天有其时代性，并主要体现在以下三方面：（1）人际和谐。社会和谐首先是人际和谐，社会成员之间形成良性互动关系，反对恶性竞争和互相对抗。现代的人际和谐，不同于古代等级礼制，而是强调以人为本，保障公民的平等权利，从而形成幼有所育、学有所教、劳有所得、病有所医、老有所养、住有所居、弱有所扶的平等社会。（2）民主法治。民主法治是公平正义的制度保障。现代的民主法治和公平正义，强调权利与义务的对等，可以有效实现人民权利、意愿和利益。（3）持续发展。现代社会和谐以发展为基础。构建社会主义和谐社会，必须坚持以人为本，在经济发展的基础上不断满足人民群众日益增长的物质文化需要，促进人的全面发展。可见，社会和谐有其时代性，内涵也比较丰富。

（二）社会和谐的中国内涵

对于社会和谐价值观，西方学者也有所探讨。霍布豪斯认为，社会和谐的道德理论可以化解社会合作与自由主义在自由观方面的分歧和危机。有学者基于自由市场制度，提出追逐个人利益可以达到社会和谐。也有学者以公平的政治制度为基础，提出政府可以作为社会冲突的最后仲裁者，政府仲裁可以达到社会和谐。可见，在西方社会，社会和谐也是一个众说纷纭的概念。

中国对社会和谐的界定发端于社会建设的实际，植根于国家建设的时代背景和制度环境。它不是维持传统的表面和谐，而是强调安定有序、社会稳定和执政为民，坚持国家角色，优化分配制度，平衡经济与社会的发展，维护最广大人民的根本利益，并以此作为在新的历史条件下夺取中国特色社会主义新胜利的基本要求。

二、构建社会主义和谐社会的核心价值理念

社会主义和谐社会的价值观是中国的创新，是中国共产党在实践基础上提出的新命题。

（一）社会主义和谐社会

中国关于社会主义和谐社会的论述是一个不断深化的过程。

党的十六大报告指出，社会更加和谐是全面建设小康社会的一个重要目标。随后，中共十六届三中全会提出科学发展观，即统筹城乡发展、统筹区域发展、统筹经济社会发展、统筹人与自然和谐发展、统筹国内发展与对外开放的政策理念，贯穿其间的原则正是实现整个社会各方面的和谐。

和谐社会作为社会发展的清晰目标是在党的十六届四中全会提出的，强调中国共产党要带领全国各族人民实现国家富强、民族振兴、社会和谐、人民幸福。社会主义和谐社会的内涵包含民主法治、公平正义、诚信友爱、充满活力、安定

有序、人与自然和谐相处。其中，民主法治关系到社会秩序，公平正义关系到社会理念，诚信友爱关系到社会关系，充满活力关系到社会动力，安定有序关系到社会稳定，人与自然和谐相处则关系到社会可持续发展。党的十八届三中全会明确提出，要加快发展社会主义市场经济、民主政治、先进文化、和谐社会、生态文明。党的十九大报告也把社会和谐稳定作为保障改善民生、实现伟大梦想的重要任务之一。

可见，社会主义和谐社会的论述自21世纪初以来不断得以完善。党的十六大报告首次把社会更加和谐作为重要目标提出，十六届四中全会则提出了具体任务，在此后的党代会中，和谐社会的内涵又得到继续完善。经济建设、政治建设、文化建设、社会建设和生态建设"五位一体"也已成为中国特色社会主义的总体布局。

（二）社会主义和谐社会的核心理念

社会主义和谐社会是一种价值目标。它认同和谐与共识，其核心价值理念体现在制度建设和关系建设两个维度。

在制度建设方面，强调民主法治和公平正义。民主法治指发扬社会主义民主，依法治国；公平正义指政府能够公正，不偏袒任何社会群体或者社会力量，各方面的利益关系得到妥善协调。这两项核心价值提供了处理各种社会关系的原则和制度依据，也为达到诚信友爱和安定有序提供了条件。

在关系建设方面，注重诚信友爱、安定有序、人与自然和谐相处和充满活力。诚信友爱指诚实守信，互帮互助，人际关系融洽，对社会组织和制度有信任；安定有序指社会组织机制健全，社会治理完善，社会秩序良好，人民安居乐业，社会安定团结；人与自然和谐相处指人类必须保护环境，与自然环境和谐相处；充满活力指经济与社会发展中具有创造力和强劲动力，经济发展使社会发展保持持续动力，利于社会进步的创造愿望得到尊重，创造活动得到支持，创造才能得到发挥，创造成果得到肯定。

社会公平正义是社会主义和谐社会最重要的价值理念。和谐社会本质上是公平正义的社会。中国在改革开放的过程中，市场力量不断加强，社会建设日益深化。但是，社会主义和谐社会在包容不同观点的同时，不会简单照搬只重视经济发展的自由主义观念和传统社会的仪礼交往规范。社会主义和谐社会作为一种价值理念，应该在吸收多方智慧的基础上，发展社会政策，改革福利制度，体现公平正义。

三、社会政策在促进社会和谐中的作用

社会政策既然是政府治国理政的重要抓手，社会和谐又是当代中国的重要目

标，社会政策自然可以在促进社会和谐中发挥积极作用。

（一）社会政策是促进公平正义的关键载体

社会政策从最初的劳动保障到基础的物质保障再到基本的权利保障，一直承担着社会公平正义的使命。改革开放四十多年，我国社会生产力已取得了巨大发展，有了更好实现社会公正的基础。社会政策不仅可以使公正由理想变成现实，对实现公平分配、缩小收入差距也具有积极作用。邓小平指出，社会主义的本质是解放生产力，发展生产力，消灭剥削，消除两极分化，最终达到共同富裕。在市场经济条件下，政府针对初次分配造成的收入差距，通过社会政策进行调整，显然可以使社会财富分配变得更加公平合理。

（二）社会政策是提高弱势群体福祉的机制

社会政策旨在从不同地位和不同利益的群体关系出发，增强对弱势群体的关注，兼顾强势群体与弱势群体、富裕阶层与贫困阶层的利益，促进社会融合。社会政策可以制度化地为弱势群体提供失业保险、教育和健康服务等福利，以保障其权利。社会政策还可以健全福利制度，从根本上使弱势群体得到尊重和保障，改善出现社会弱者的环境。

（三）社会政策是疏解社会矛盾的有效抓手

和谐不是没有矛盾，而是建基于对矛盾的不断解决。完善社会政策，可以建立顺畅的社会流动机制、公平的社会分配机制、合理的利益协调机制和有效的矛盾疏导机制等，使全体社会成员和谐相处。

改革开放四十多年以来，中国的社会生产力得到巨大发展，但也面临多种多样发展中的问题。不仅老问题引起新问题，如贫富分化引起公平问题；而且好事也引发新问题，如产业转型引发失业问题。与此同时，不仅利益受损者会产生和引发问题，如有不公平感甚至被剥夺感；而且受益者也会因受益程度不同而引发相应的问题。面对这些情况，社会政策应该在促进资源合理分配上做出努力，反对社会排斥，化解社会矛盾，为稳定开放社会的形成和新时代中国特色社会主义的建设打下基础。

第五节　经济与社会发展

经济与社会发展是社会政策的重要议题。对两者孰轻孰重、如何协调、怎样微调等方面的认识，很大程度上决定着社会政策的走向。因此，反思社会政策发展中的经济与社会特点，梳理其理论和现实，对于理解社会政策的价值基础乃至整个社会政策均有重要意义。

一、经济与社会发展的重要性及其与社会政策的关系

（一）经济主导带来社会问题

在 20 世纪中叶前，有关"发展"的内容多聚焦于国家经济总量的增长。发展中国家大多延续发达国家的工业化道路，视 GDP 为发展准绳。在经济总量提升的背景下，社会发展缺乏应有的关注和介入，以致经济与社会发展之间的差距不断扩大。随之而来的社会失序和社会问题又制约了经济可持续发展。这就促使人们重审经济与社会的关系，从社会政策角度考量两者的协调发展。

（二）经济与社会应该合理兼顾

经济基础决定上层建筑。发达国家和发展中国家的社会政策都已表明，只有当经济发展到一定程度后，社会政策的发展才成为可能；而社会政策的长期落后又会制约经济的可持续发展。简而言之，经济发展与社会政策的发展应该相互倚重而不可偏废。经济发展为社会政策的体系化提供了物质基础，社会政策的良性发展反过来促进了经济系统的有序运行。

二、经济与社会协调发展的理论与实践

经济与社会协调的实践有其发展过程。联合国经济与社会事务部门指出，发展必须涉及社会结构转型，而不能仅聚焦于经济增长。然而，一直到 20 世纪 70 年代联合国颁布第二个十年发展计划后，越来越多的国家才开始从单一生产力导向转向对社会和经济的双重关注。

（一）经济与社会协调发展的理论

社会发展理论强调经济体系与社会体系的内在协调，其实质是人类可以通过自身努力来提高福祉，即通过参与相应的社会创造或制度变革来满足多层次需要，从而促进人与人、人与社会制度间的和谐关系。社会发展视人类尊严、平等和社会正义为核心价值，旨在促进社会福利；它倡导社会与经济过程的融合，将两者视为动态发展过程的有机构成部分；它反对新自由主义对经济增长的过分关注，驳斥经济模型下生产能自然惠及社会各部门的观点，主张对社会结构深层变化的关注，并倡扬社会的积极变革。从理论体系看，社会发展至今还未形成自成一体的宏大理论，而更多表现为规范性理论范式下的体系化干预原则。

（二）经济与社会协调发展的实践

在社会发展理论指引下，许多发展中国家在本国援助机构和跨国组织的共同推动下，实践了以改善居住环境，促进居民参与，有效表达儿童、妇女、无地家庭及其他弱势群体之需求的社会政策，形成了不同于新自由主义的发展型社会政策。它以个体自由、平等和社会正义为基本价值观，探讨社会政策如何更好地改善民众的可持续性生计、推动社会与经济的协调发展。目前，发展型社会政策不只局限于发展中国家，而已成为发达国家和发展中国家的共同之选。

在福利意识上，发展型社会政策注重对国家主义、个人主义、平民主义的整合，从而激发了独特的社会发展战略，推动了整体性社会政策的形成。作为整体性政策，发展型社会政策被视为一种更积极且激进的制度型福利范式。它对政府福利责任提出了明确的要求，践行政府在社会福利中的统筹者与监管者角色；肯定个人在社会生活中的根本作用和中心地位，强调通过保障每位公民参与市场经济的平等机会和培养公民的独立自主能力，来发挥其自主性；也注重社区在政策形成、实施和修改等政策过程中的积极角色，强调发挥本地社区文化、惯习的整合功能。

在政策导向上，发展型社会政策认为经济发展是社会福利的必备要素，强调社会发展对经济发展的积极推动，坚持促成社会发展与经济发展的协调一致。20世纪70年代以来，以哈耶克为代表的新自由主义者竭力批判了福利国家对经济效率的破坏和福利依赖的滋生。在新自由主义思潮盛行的态势下，发展型社会政策既反思了福利国家"从摇篮到坟墓"的社会政策体系，也思忖了补救式政策范式的弊端，采取了一系列经济发展与社会发展的均衡策略，包括去除公民经济参与的障碍、投资以成本—效益为导向的社会项目、推动资产增长的福利项目和促进就业与个体就业的项目，从而发挥了社会福利的经济要素作用。

在政策策略上，发展型社会政策立足于人力资本视角，主张推行具有"生产主义"特质的社会项目。发展型福利范式的倡导者坚信，社会福利项目应当投资于人力资本，弥补其着重对福利对象的救助而忽视经济发展之不足，具体可从教育投资对经济发展与社会繁荣的显著推动中得到验证。此外，人力资本视角已应用到社会福利领域，尤其是儿童福利和助残服务中。越来越多的福利学者认识到，人力资本投资并非笼统地指向儿童群体；而应当更多地聚焦于那些生活机会被严重阻碍的贫穷儿童，使其获取平等的生活机会。当然，也有学者认为，这种积极福利和社会福利投资观点被新自由主义者绑架成了"工作第一"的社会政策，进而出现了欧美目前盛行的"工作福利"政策，其性质与发展型政策恰恰背道而驰。

在政策主体上，发展型社会政策力倡政府、市场、第三部门及个人的多元投入，旨在在社会资本建构过程中推行以社区为本的综合福利政策。在社会发展理论和第三条道路理论的引导下，发展型社会政策十分注重激发国家在社会政策中的活力，积极寻求政府在平衡经济发展与社会发展中的标杆作用，并将第三部门和市场部门融入行动路线之中。具体而言，发展型社会政策在实施过程中强调以社区为载体，以培育社会资本为路径，积极推行以社区为本的集经济生产、教育、医疗等福利于一体的综合型政策体系。它强调跨部门的、整合的、全面的生计支持的政策方向，以及针对某些具有特殊需要居民的参与计划，这不仅要充分考虑民众的真实需求，还须确定设计的项目或规划能对全体公民产生正面影响。在实施过程中，不仅要求应用传统社区工作的组织技巧以增强社会网络、促进社会整合，还要求社区建设活动直接以生产性经济活动为导向。

三、社会政策在促进经济社会协调发展中的作用

推动经济社会协调发展已成为全球共识。对中国而言，迫切议题是亟须改变社会政策的附庸属性。对此，我们应当首先厘清社会政策在促进经济社会协调发展中的作用。

中国目前处于工业化快速发展阶段，正在进入社会保护与经济发展的"两难困境"。加之人口老龄化加重和人口红利快速消失，未来几十年这种"两难困境"会不断加深。能否摆脱这种困境，取决于能否超常规地实现经济发展方式的转型，即必须在转型条件不完全具备的时候，通过国家力量和"举国体制"去推动经济发展方式的转型。在这种转型模式中，社会政策的作用将再次凸显出来。

（一）社会政策可以为经济转型提供必要条件

社会政策可以通过促进教育培训、医疗卫生和劳动就业等领域的进步而快速提升劳动力的文化技术素质，夯实劳动者的再生产机制，从而为经济发展方式转型提供人力资本。

（二）社会政策可以建构更好的社会保护体系

在社会快速转型期，经济发展方式的转型可能会造成部分劳动者的利益受损及可能的社会动荡。社会政策通过对公平正义的追求和实现，在激烈的经济竞争中有效保护普通劳动者和弱势群体的民生福利，让所有社会成员共享改革成果，从而为经济发展方式的快速转型构筑坚实的社会基础。

中国已步入整体小康阶段。2019年我国人均国内生产总值突破了1万美元，进入上中等收入国家行列，实现了"三步走战略"的第一步和第二步。但是，目

前的小康具有不全面、不平衡的特点，快速经济增长反而加剧了现代化发展中的内在矛盾。在新一轮增长方式转变和经济结构调整的内在要求下，通过社会政策让全民共享改革成果，是当代中国必须直面的现实议题。

社会政策为此应该树立新的目标，进行制度转型。一方面，将社会政策的目标从以最低保障为主转变为以提高劳动力素质和人力资本为主；另一方面，将从福利模式选择型福利为主转变为适度普惠型，在基本公共服务均等化原则下建构普遍的社会安全网。从而依托社会政策与经济政策的同向优化，促进经济和社会的协调发展。

综上所述，民生需要及保障、社会公平、社会权利、社会和谐、经济与社会发展等均是社会政策中值得关注的概念。每个概念均有其特定的内涵和维度，在不同时空有各自体现。把握价值理念的时代性、地域性和文化性，是领悟社会政策的价值基础，也是系统把握社会政策的重要前提。

思考题

1. 最低生活保障政策在中国已推行了 20 多年，你认为该政策在保障和改善民生方面发挥了哪些功能？
2. 何谓起点公平、过程公平和结果公平？中国有哪些社会政策分别呼应了这三种公平？
3. 何谓社会权利？农村"五保"制度的最新政策涉及了政策对象的哪些权利？
4. 社会主义和谐社会有哪些核心理念？可否各举一例说明这些理念可以如何体现？
5. 有人说，中国自 21 世纪初以来进入了社会政策时代。对此，你有何评价？

第三章 社会政策的环境

当代各国社会政策既受主流社会价值观的引导,同时也受其所在社会的环境所影响。从某种意义上看,社会政策是特定社会环境的产物,是在特定社会的经济、政治和社会环境下制定和实施的。国内外的经验表明,社会政策的运行情况与其周围的环境有着密切的联系。社会政策在其运行过程中要受到来自社会各个方面组织、群体、个人,各个领域的体制、机制、相关政策等方面的影响,并且也会对社会各个方面产生复杂的影响。不了解社会政策与其周围环境的互动过程及其特点,在理论上就难以全面准确地把握社会政策自身运行的规律,在实践上也很难科学合理地制定和实施各项社会政策。为此,本章对社会政策运行的经济、政治和社会环境做出较为全面的分析。

第一节 社会政策的经济环境

从一定意义上看,社会政策的过程是一个以公共行动的方式对经济资源进行调动、分配和使用的过程。因此,社会政策行动与经济领域的体制、政策和经济运行有着密切的联系。任何一项社会政策都将与经济发生密切的联系,是在特定的经济环境中产生的,并会对经济的运行与发展产生影响。

一、社会政策与经济运行的微观环境

社会政策的制定与实施首先会面对微观的经济运行环境,即在生产和消费等场所人们的经济行为,以及相关的制度体系。在微观经济行为中,社会政策与生产、投资和消费等环节都有着密切的联系。

(一) 社会政策与劳动力再生产

劳动力是生产过程中最基本的要素,经济运行离不开必要的劳动力供应。劳动力是人的劳动能力,这种能力不是无条件存在和供应的,而是要在一定的条件下才能被不断地再生产出来。按照马克思的劳动力再生产理论,劳动者在付出了劳动之后应该得到相应的报酬,使其能够补充劳动的消耗,才能再生产出劳动力。劳动力再生产的基本途径是向劳动者支付工资。马克思还指出,劳动力再生产不仅需要使劳动者当前再生产出劳动力,而且还要使他们能够再生产出下一代,以

使整个社会所需要的劳动力能够得以延续。因此，劳动力的再生产所需的费用不仅要满足劳动者本人的需要，还要能够满足其家庭的需要。而单个的企业往往很难保证满足所有劳动者及其家庭的需要。尤其是在劳动力市场情景下，当劳动力供大于求时，雇主有可能会压低劳动者的工资待遇，而劳动者迫于就业竞争的压力往往不得不接受较低的工资报酬，从而难以实现其扩大的劳动力再生产。

进一步看，劳动者在生产过程中和生产过程之外还会有各种风险和其他方面的需要，例如工伤和疾病的风险及医疗服务等方面的需要，失业的风险和失业时期维持家庭生活的需要，老年阶段的养老需要等，这些都与劳动力的再生产有关。此外，从提高劳动生产率和促进经济与社会发展的角度看，劳动力再生产还需要对劳动者有更多的教育和培训。所有这些服务的提供和费用的支付都很难完全由雇主直接承担，而需要在更广的范围中由社会来承担。而政府制定和实施各项社会政策就是社会提供劳动力再生产的服务和承担其费用的重要方式。因此，在市场经济条件下，由政府制定和实施各项社会政策，不仅可以为劳动者提供有效的社会保护，而且还是维持劳动力再生产，尤其是劳动力扩大再生产的必要方式。

（二）社会政策与劳动生产率

在生产过程中需要投入人力、资本等生产要素，而社会政策的制定和实施会对生产要素的价格产生复杂的影响，并进而对劳动生产率产生复杂的影响。一方面，从劳动者的需要角度看，向劳动者提供基本的社会保障和其他福利待遇是维持劳动力复杂再生产的必要支出，以社会政策这种社会化的方式来实现这一支出从宏观的社会层次上看是很合理的，但从微观的厂商角度看，则意味着这要在工资以外另外增加一笔对劳动者的社会保障和福利支出，这代表着劳动力成本的提升，可能会对劳动生产率产生负面的影响。因此在市场化的条件下，厂商一般倾向于在社会保障和福利方面只给予能够维持雇佣关系的最低限度支出。但另一方面，对劳动者的社会保障和福利支出还具有提升人力资本的意义，尤其是在教育培训、健康等方面的支出对提升人力资本意义很大。因此，当人力资本对劳动生产率影响较大时，厂商会更加倾向于增大人力资本投资支出。但人力资本投资中"投资"和"产权"的分离会影响厂商投资的积极性，因而用社会政策的方式来完成人力资本投资更加有效，而厂商在其中只需以纳税的方式负担平均费用。因此，社会政策确实会影响劳动生产率，但在不同的生产方式下其影响的程度和方向是不同的。

（三）社会政策与投资行为

社会政策不仅会影响生产要素的价格、人力资本投资和劳动生产率，而且会因此而影响投资行为。在市场经济中，投资的目的是为了获利，而要达到获利的目标需要较好的投资环境，即能够带来较高投资产出和具有较低生产成本的各种条件的组合。在其他条件不变的情况下，社会政策对劳动力价格的影响和对人力资本投资的意义会从两个不同的方向上影响投资环境。很明显，在以使用简单劳动力为基础的劳动密集型产业模式下，劳动力成本对投资环境的负面影响较大，而在以广泛使用高新技术为基础的技术密集型产业模式下，人力资本在投资环境中的正面作用更大。因此，在不同的经济发展方式下，社会政策会对投资行为产生不同的影响。

（四）社会政策与储蓄和消费的关系

社会政策与储蓄和消费也有密切的关系。社会政策以公共行动的方式去应对人们在年老、疾病、残疾等特殊情况下的风险和困难，并满足人们在教育、健康、住房等方面的需要。社会政策所应对的都是人们的基本需要，并且很多都是"风险性需要"，如疾病、残疾、年老等，或者是较为昂贵的需要，如当代社会中的教育、住房等。如果政府不出台相应的社会政策，或者政府社会政策的福利水平偏低，那个人和家庭就不得不以个人储蓄的方式去应对这些需要。因此，政府社会政策的缺失会导致全社会储蓄率提高，但同时也会导致现实消费需求降低。从微观层次看，以个人储蓄去应对风险是不经济的；从宏观层次看，过高的储蓄率尽管会有利于投资，但会弱化消费对经济的拉动力量。在经济全球化的背景下，在一个国家内部出现强投资、弱消费的情况，会导致产能过剩，大量的产品不得不依赖国外市场；而如果国内的储蓄大量用于对外投资，则可能导致国内就业岗位不足，工资压低的现象，拉大国内的收入差距。通过制定和实施社会政策，可以对人们储蓄和消费行为产生影响，起到降低人们的储蓄意愿和刺激消费行为的作用。

（五）劳动力市场缺陷与社会政策的应对

保护劳动者就业权利，促进就业困难者的就业是当代各国社会政策的重要任务之一，但这一任务必须在特定的劳动就业制度下完成。在市场经济条件下，劳动者和用人单位一般都通过劳动力市场去达成劳动用工的契约关系，从而建立劳动关系。但在现实的劳动力市场中往往存在一些对劳动者保护方面的缺陷。例如，劳动力市场往往难以对生理和技术水平较差的劳动者（如残疾人）提供特别的关照，并且还可能出现对某些劳动者的排斥和歧视等。在这种情况下，就要通过公共行动的方式对市场加以干预，弥补市场机制的缺陷，并抵消劳动力市场中不利于劳动者权利保护的因素。为此，各国政府一般都制定和实施了相关的劳动就业政策，为有需要的劳动者提供培训、职业介绍或直接公益性就业岗位，并且采取各种措施消除对劳动者的排斥和歧视。

二、社会政策与经济发展的宏观环境

（一）经济发展水平与社会政策的一般关系

从宏观层次看，社会政策与经济运行和经济发展有密切的关系。一方面，任何一个国家社会政策的制定和实施都是在特定的经济发展条件下进行的，经济发展的状况对社会政策的制定和实施起着重要的影响。或者说，一个国家的经济发展水平对其社会政策的水平和结构产生着重要的制约作用，任何国家都不能超越其经济发展的条件去制定和实施社会政策。并且，经济的良性发展和财富总量的增大可以为社会政策水平的提高提供重要的经济基础。但另一方面，社会政策与经济发展的水平也并非完全是线性的关系。从理论上看，一个国家社会支出的绝对量要受其总体财富水平和政府财政能力的制约，但从相对的角度看，一个国家不论其经济发展和财富水平如何，都可以从其财富总量中划出一部分来通过社会政策而实现再分配。因此，评价一个国家的社会政策水平并不用其福利支出的总量或人均量，而是用社会福利总支出占国内生产总值的比例。从当代各国社会政策发展的事实也可以看到，在发达国家和发展中国家中，各国的社会政策都有一定的差异，在经济比较发达的国家和地区中也有福利水平相对较低的，而有些经济发展相对落后的国家也可能制定和实施较高水平的社会政策。

（二）宏观经济波动对社会政策的影响

社会政策的制定和实施往往和一个国家的宏观经济处于动态的相关之中。经济运行常常会遇到一些波动，而这些波动会在不同程度上影响社会政策的制定和运行。当一个国家宏观经济较好时，其较高的经济增长率可以带动政府财政收入的提升，从而为社会政策提供更好的财政基础；同时其失业率较低，又可以节省政府的社会福利支出，因此社会政策的发展有较大的政策选择空间。但是，经济发展速度降低则会导致政府财政收入的降低，从而影响社会政策的支出水平；并且经济发展速度降低往往会带来失业率的提高，从而给政府的社会政策带来更大的压力。因此，社会政策的发展依赖于较为稳定的宏观经济。宏观经济的不稳定会拖累社会政策，给社会政策提出更大的挑战。从社会政策的角度看，各项政策的制定和实施既要适应经济发展的水平，还要充分考虑经济发展波动可能带来的影响。在制定相关政策时应该留有一定的余量，并且在制度设计方面充分考虑对经济波动的适应弹性。

(三) 经济发展方式与社会政策的关系

所谓经济发展方式是指一个国家或地区经济发展的主要特征，包括其主要的资源基础、发展动力、产业类型和技术水平等方面特征的综合。各个国家或地区不同的经济发展方式对社会政策有着明显的影响。在以技术密集型产业为主的经济发展方式下，较高的社会支出并不会对经济发展产生很大的负面影响。相反，在这种经济发展方式下，科技发展和人力资本对经济发展有着重要的作用，因此这些国家或地区往往比较注重通过较为积极的社会政策强化人力资本投资。这正是当前许多发达国家高水平社会政策得以发展的重要经济基础。相比之下，在以劳动密集型为主的经济发展方式下，劳动力成本对经济发展的影响较大，企业和政府都比较关注如何降低劳动力成本，从而不得不约束政府的社会支出。这是许多以劳动密集型产业为主的发展中国家社会政策水平较为低下的主要经济原因。还有一种经济发展方式是以自然资源（如石油和其他矿产品等）出口为基础的经济发展方式。这些国家或地区的经济发展会随着资源价格的波动而发生较大的波动，进而带动政府的财政收入和社会支出水平的波动。当国际自然资源价格较高时，这些国家政府的财政收入会很充裕，因此可以支持发展较高水平的社会政策；但国际资源价格如果下跌，又会严重影响社会政策，导致社会政策的波动。社会政策的波动会导致民众的不满，严重时还会带来社会冲突，甚至引发政治危机。

我国改革开放以来的经济发展主要是以劳动密集型产业为基础的外向型经济。这种经济发展方式对劳动力成本较为敏感，因此对社会政策的发展有严重的制约。但目前我国的劳动密集型产业已经没有多大的发展空间，要实现未来可持续发展，我国必须转变经济发展方式，从劳动密集型为主转变到技术密集型为主的经济发展方式。新的经济发展方式对劳动力成本的敏感度会大幅度降低，而对劳动者人力资本的要求会越来越高。因此，转变经济发展方式会大大降低对社会政策的制约，并且未来经济发展会更加要求通过社会政策去促进人力资本的提升，为实现供给侧结构改革奠定重要的基础，还要通过更加广泛地实施社会政策而释放居民的消费意愿，从而为扩大内需创造条件。

三、社会政策与经济政策的关系

社会政策和经济政策是当代各国政府干预社会与经济的两大行动体系。它们都属于政府的公共政策。在我国过去的计划经济体制下，社会政策与经济政策事实上是交织在一起的，是在同一套制度和行动体系中同时完成了社会服务和经济建设两个方面的任务。但在我国改革开放并建立了社会主义市场经济体制以后，市场经济与社会服务在制度上分开了，政府在这两个领域中的干预行动也分为两个不同的政策体系。目前，社会政策和经济政策是不同的行动体系，各有其目标和主要任务，但相互之间也要通过合作与协调而更好地发挥作用，共同促进经济与社会的良性运行与健康发展。

（一）社会政策与经济政策的差异

社会政策与经济政策属于公共政策中两个不同的行动体系，二者在目标、任务、行动方式和成果评价等方面都存在明显的不同。

首先，二者的基本目标是不同的。经济政策的基本目标是为了促进经济的良性运行和促进经济的健康稳定、可持续发展；而社会政策的目标则是要满足民众的基本需要，维护社会公平和解决各种社会问题。

其次，二者的主要任务是不同的。经济政策的主要任务是通过国家的干预而建立和维护市场经济运行的规则，保障市场正常运行；在市场机制出现问题的地方通过政府的力量去加以干预，从而优化资源配置；通过政府的力量去规划经济发展、吸引投资、促进贸易；并且通过政府的金融政策和财政政策去调节市场供需，实现供需平衡。有些国家还通过国家直接兴办国有企业的方式去实现国家对经济命脉的掌握，防止国际市场波动或其他因素对国民经济造成严重冲击。相比之下，社会政策则是通过再分配的方式去调节收入分配，降低初次分配的不平等程度，保护弱势群体，以维护社会公平；通过公共服务的方式向民众提供各项社会服务，以满足民众在健康、教育、就业、住房等方面的基本需要；通过建构社会保障制度去向有困难的人员提供帮助，向处于年老、疾病、失业、工伤、生育和贫困之中的人提供生活保障和各方面的服务，并且要针对一些特殊困难群体的需要向他们提供专门化的服务，如对贫困者、困难老年人、困难残疾人、困境儿童、困境流动人口等。

再次，二者行动的方式有所不同。在市场经济体制下，政府实施经济政策的方法主要是管制和调节。一方面是通过制定相关的法规、奖惩规则等方式去规范各类市场主体的行为；另一方面是通过优惠政策去促进市场发展。例如，通过税收、财政补贴等方面的优惠政策去吸引投资，鼓励新技术产业发展和促进国际贸易等；再一方面是通过控制较为关键性的资源投入去调节经济运行，如通过控制货币发行去调节经济运行和控制通货膨胀等，通过财政投入去扩大市场需求等。在市场经济体制下，政府较少直接介入生产、销售等具体的经济活动中，即使对政府管辖的国有企业，一般也将其作为市场中的独立主体，让企业独立自主地按市场规则运行，而不是由政府行政部门直接管理。相比之下，在社会政策行动中，政府往往直接兴办社会福利项目或直接帮助有需要的个人和家庭。例如，政府要根据民众的需要而制定社会服务规划；通过税收等方式来筹集财政资源；直接兴办并管理学校、医院、保障性住房、养老服务、儿童服务、残疾人服务，以及社会保险、社会救助和各类社会福利项目。因此，社会政策水平较高的国家往往有一个较为庞大的公办社会服务体系，雇用很多的社会服务人员。但是，20世纪80年代以后，世界各国纷纷探讨社会服务社会化的路子，即政府只负责对各项社会服务的财政投入，而将具体的服务项目交给社会组织去办理。这样可以在一定程度上降低政府的负担，提高社会政策的运行效率。

最后，由于社会政策和经济政策的目标、任务和方法的不同，对两者实施效果的评价也有较大的差异。一般说来，对于经济政策主要通过宏观经济指标来评价其实效，如从总体上看经济政策是否推动了国内生产总值的增长，是否控制了通货膨胀，是否扩大了就业机会等。此外，在具体的经济政策方面，一般要看其是否促进了相关领域经济指标的提升，如贸易政策是否促进了贸易的增长，投资政策是否促进了和优化了投资，税收和补贴等方面的政策是否促进了新技术产业的发展等。总而言之，对经济政策的评价主要是在总体上是否推动了经济发展，而不太注重个人和家庭在经济发展中是否获得了实惠，以及各类不同的人所获得实惠的差异。而评价社会政策的实效则要从个人和家庭的层面上去加以分析。如社会政策是否促进了在收入和服务方面的公平分配，是否缩小了社会不平等，是否满足了个人和家庭在教育、健康、住房、就业等方面的基本需要，是否提高了个人和家庭的生活质量等。社会政策的研究者们相信社会政策会对整个社会产生积极的影响，也希望对社会政策在社会层面的影响做出分析评价，并为此而提出了一些重要的概念，如社会公平、社会整合、社会和谐、社会质量、社会稳定等。但由于这些宏观的社会概念不像经济领域的概念那样能够用定量指标来测量（如用国内生产总值增长率来测量经济发展等），因此迄今为止对社会政策在宏观社会层面上实际收效的评价还很难做到像对经济政策的评价那么定量化和精细化。

(二) 社会政策与经济政策的共同性

尽管社会政策与经济政策在许多方面都是不同的，但它们之间还是有很多共同点。第一，社会政策和经济政策都要按照公平的原则运行，并且都要维护机会公平、规则公平和权利公平。经济政策要维护市场运行中的公平原则，社会政策则要维护社会生活中的公平原则；经济政策要为所有的市场竞争者营造公平参与和公平竞争的制度环境，而社会政策则要在社会权利的原则下保障每个人公平地获得基本生活条件及相关的服务。第二，社会政策和经济政策都要讲求效率。所谓效率，是指各种资源运行中的投入产出关系，即在资源投入一定的情况下要获得更大的实际收效，或者在保证一定收效的情况下尽可能地节约资源。毫无疑问，经济政策的重要目标之一就是要促进经济运行效率的提高。在微观层面上要激发各种生产要素运行的微观效率；在宏观层面上要通过更加合理的资源配置而提高全社会经济运行的宏观效率。与此同时，社会政策也应该在微观和宏观层面上都注重提高其运行效率。在微观领域中应更加注重公共资金使用的效率，让有限的公共资金发挥更大的实际收效；在宏观层面上要通过更加有效的公共资源分配结构和使用方式而在营造社会和谐、促进社会公平和维护社会稳定方面发挥更大的作用。

在社会政策和经济政策的公平与效率关系方面，过去曾经有一些错误的理解。例如，有人曾经提出社会政策讲公平、经济政策讲效率的观点，并且在实践上也出现过经济政策对公平的关注不够，社会政策对效率的关注不够的情况，其结果对经济政策和社会政策两个方面都带来了损害。对此，我们应该总结教训，在理论上澄清认识，并且在实际行动上补上短板。

（三）社会政策与经济政策的配合和协调

社会政策与经济政策是政府公共政策的两大行动领域，两者除了要各司其职，完成其自身的主要任务以外，还应该相互配合和协调，不断提高其运行的效果和效率。首先，社会政策与经济政策应该相互配合。一方面，经济政策的制定和实施除了要坚持经济目标以外，也应该尽可能地有利于执政党和政府社会目标的实现。如在制定和实施具体的投资政策、贸易政策、汇率政策时，以及在采取财政投入、货币供应等行动时，都应该更多地考虑保障和改善民生的社会目标，注重分析政策的主要受益者及社会效果，尤其是在维护和提升中低收入群体利益方面的效果。另一方面，在社会政策的制定和实施中也应该更加注重有利于经济发展，如通过社会政策而提升人力资本，通过社会政策而释放消费需求，通过社会政策而营造更加和谐的劳动关系，通过社会政策而维护社会秩序，以便营造更好的投资环境等。

其次，社会政策与经济政策应该相互协调，在制定和实施社会政策时应该考虑到社会政策行动可能给相关经济政策带来的影响，反之亦然。两个领域都应该为对方营造更加良好的政策环境，而不是"我行我素"，不管另一领域政策的需要，更不应该有意无意地为对方制造问题。

再次，社会政策与经济政策之间要实现配合和协调运行，关键还在于这两个领域中的人要实现配合和协调。两个领域中的研究者、决策者和实施者在完成自身业务工作的同时，也要放开眼光、开阔思路，从更广泛的视野中去审视社会政策与经济政策的配合与协调，并立足于自己所负责的业务领域去促进这种配合与协调。为此，应该要求经济政策的研究者、决策者和实施者分享社会政策的理念，掌握社会政策的知识，了解社会政策的实务；同时也要求社会政策的研究者、决策者和实施者能够具备经济学知识，了解经济政策的实务，具备一定的经济政策分析能力。

第二节　社会政策的政治环境

社会政策要以公共行动的方式去对财富进行再分配，而这种再分配会对各种社会成员的利益关系产生重要的影响，因而会引发各个群体围绕社会政策产生不同的行动，并且这些行动不可避免地会进入国家和地区政治行动领域。此外，任何社会政策都是在特定的政治制度下制定和实施的，它将不可避免地受到特定国家和地区政治制度的影响。围绕社会政策而产生的政治行动和制约社会政策的政治制度统称为社会政策的政治环境，它主要包括社会政策与政治制度的关系、社会政策与民主参与、利益群体对社会政策的影响、社会政策与社会稳定和政治稳定之间的相互关系。

一、社会政策与政治制度

（一）社会政策与政治制度的一般关系

社会政策是以公共行动的方式去分配资源和提供社会服务，这种公共行动是通过一定的决策过程、资源调动过程和服务提供过程来完成的，而这些决策、资源调动和服务提供都要通过一个国家和地区的政治组织来推动和完成，包括政府行政部门、议会，并且会受到来自其他各类政治组织的影响。尽管社会政策的决策和实施都要基于社会的实际需要，但在具体的行动过程中还是会受到一个国家或地区政治制度及各个相关组织及其人员的影响。

1. 民主政治制度对社会政策的意义

民主制度是当代社会政策的重要基石。在当代，各国基本都在不同程度上建立自己的民主制度。各国通过民主制度要求执政党和政府关心民众的需要，通过制定和实施社会政策而满足民众的需要。但是，大众民主的政治制度对社会政策的影响也是复杂的。一方面，从当代社会政策的起源上看，工业化社会以后第一个重要的社会政策行动并非发生在当时民主化程度最高的国家，而是发生在较为集权的俾斯麦时期的德国。另一方面，从当代的经验上看，社会政策的水平与民主化程度并不是直接相关的。在民主化程度很高的国家中也有一些社会政策水平相对较低的国家，而在一些政治权力相对集中的国家里，也可能产生较高福利水平的社会政策。再一方面，尽管"二战"后西方民主主义对其社会政策产生了实质性的推动作用，但一些东方国家的"民本主义"理念也支撑了其社会政策的发展和社会福利制度体系的建设。最后一方面，大众民主制度对社会政策的影响也有一些缺陷。例如，在大众民主的政治制度下，多数人群体的利益容易得到照顾，但少数人群体的利益往往会被忽略，因为后者对投票等政治过程的影响不大。随着社会变得越来越多元化，大众民主下的社会政策在照顾少数人群体利益方面的不足越来越明显。尤其是随着收入和阶级阶层结构的变化，许多发达国家越来越成为"橄榄形社会"。穷人群体的规模缩小以后，他们对社会的影响力减退，因而更加容易遭到来自主流社会的排斥，这也是一些发达国家贫困问题长期难以解决的原因之一。在中国共产党的领导下，可以按照以人民为中心的发展理念，通过制定和实施各项社会政策而更好地实现保障和改善民生的社会目标，从而更好地体现我国国家制度和国家治理体系在保障和改善民生、增进人民福祉、走共同富裕道路方面的显著优势。

2. 当代国家制度对社会政策的意义

在当代社会中，国家是制定和实施社会政策的最重要的主体。社会政策的发展主要由各国的政府组织在推动，社会服务主要由各国政府在组织实施。国家的性质和特点对各国社会政策的制定和实施具有重要的作用。早在19世纪80年代，工业化以来第一个社会政策行动之所以会产生在德国，而不是经济最为发达的英国或民主化程度更高的法国，其主要原因就是当时德国的俾斯麦政府是一个强有力的、对经济和社会有着强烈干预意识的政府，而英国政府更尊崇"不干预原则"。从理论上分析，马克思主义批判资本主义的国家，认为资本主义国家的本质是代表资产阶级的利益，因此不相信资本主义的国家能够主动彻底地为无产阶级和劳动人民的利益服务。马克思主义同时也指出，在推翻了资本主义制度，建立了社会主义制度以后，社会主义的国家是人民的代表，不仅要代表人民去管理经济，而且要代表人民的利益去分配财富和提供公共服务，而后者就正是当代国家制定和实施社会政策的任务。因此，尽管马克思主义经典作家没有直接提到社会政策的概念，但在其对社会主义经济、政治和社会制度的论述中已经包含了相关的含义。

(二) 不同政治体制下的社会政策运行及其效果

当代各国除了在基本的政治制度方面有所不同之外，在具体的政治体制方面也是千差万别的。各国具体政治体制的特点也会对社会政策的制定和实施产生不同的影响。

1. 国家与社会的关系对社会政策的影响

在当代社会中，国家与社会的关系是由法律所构建的国家组织与社会组织之间的制度化互动关系。两者之间的关系不仅是一个国家政治体制的重要方面之一，而且会对经济与社会发展产生重要的影响。就其对社会政策的影响而言，国家和社会组织都应该并且能够在社会政策方面发挥重要的作用，但是由于各国在这方面的历史、文化和现行体制的不同，事实上各国的政府和社会组织在社会政策中发挥作用的程度有很大的差异。从社会政策发展史上看，西方工业革命以后很长一段时间里，政府并没有对工业化社会出现的严重社会问题做出积极的反应，而是许多社会组织纷纷采取行动，为工人群众和其他困难家庭提供各方面的帮助。从19世纪80年代德国的社会保险制度建立开始，各国政府逐渐加大在社会政策方面的干预，社会组织的作用则逐渐弱化。20世纪中叶以后，主要西方国家建立"福利国家"体制，国家在提供社会福利方面的力量达到顶峰，而社会组织的作用降到了最低。后来人们发现，单靠国家的力量去负责福利供应并非最好的体制模式，因而又将注意力放到如何发展社会组织方面，希望社会组织可以分担政府在社会政策方面的责任。在我国过去的计划经济体制下，国家在福利供应方面也负有完全的责任，但当时国家的责任可以由城市全民所有制单位和农村集体经济组织去具体办理。改革开放以后，在原来农村集体经济组织的集体经济功能消失或弱化和城市单位组织社会功能弱化的情况下，国家没有及时地将福利供应的事务承接过去，因此在较大程度上影响了国家对民众的福利供应。进入21世纪以后，国家更加重视保障和改善民生，政府的社会政策有了较大的发展，在各项社会服务方面的投入逐渐增多。但迄今为止，我国的社会组织在福利供应方面的作用仍然很弱，很难在社会政策行动体系中担当起应有的责任。

目前我国正在探索构建政府与社会合作的社会服务体系，或者说是政府主导和社会参与的社会政策体系。中共十八届三中全会通过的《中共中央关于全面深化改革若干重大问题的决定》中强调了要激发社会组织活力，并具体提到了适合由社会组织提供的公共服务和解决的事项，交由社会组织承担。要实现这一目标，需要解决一些基本的体制问题。为此，该文件专门强调要正确处理政府和社会关系，加快实施政社分开，推进社会组织明确权责、依法自治、发挥作用。更具体看，要通过宪法和法律确立社会组织的法律地位，要建立和完善社会组织的制度体系，还要为社会组织的运行和发展提供足够的资源空间，最后需要建立政府与社会组织之间合作的制度体系。

2. 国家立法部门与政府行政部门的配合对社会政策的影响

从立法与行政部门责任分工关系方面看，由于各国在此方面的体制不完全一样，因而各国社会政策的制定方式有一定的差异。在有些国家是行政部门在社会政策制定中发挥更加重要的作用，而另外一些国家则是立法部门的作用更大。行政部门主导模式和立法部门主导模式对社会政策的作用各有其优缺点。立法部门主导的一般能够在更大程度上综合各个方面的利益和意见，并且其法律文件的权威性更高；但其缺点是政策制定程序较为复杂，成本较高。相比之下，行政部门主导的往往比较灵活，能够对社会需要做出更快和更加灵活的反应，并且制定政策的成本也相对较低；但其缺点则是有时候对各个群体的利益综合不够，并且所制定的政策文件权威程度不如法律文件高。鉴于两种模式都有其优缺点，因此应该结合立法部门和行政部门的优势，既发挥行政部门灵活性的优势，又发挥立法部门权威性和利益综合性的优势。

在我国，一方面，大量的社会政策制定和实施的任务在政府行政部门，它们以行政法规和政府政策文件的方式制定和发布了大量的社会政策文件，在社会政策行动体系中发挥了重要的作用。另一方面，改革开放以来，我国越来越强调依法行政，逐步推动提升社会政策的法制化水平。我国立法机构也积极回应民众的需要和社会建设的各种需求，不断推进社会政策领域的立法。迄今为止，我国在社会政策的大多数领域中都有一些基本的法律，在社会政策的法制化方向上已经有了一定的成效。但是从总体上看，我国社会政策的法制化水平还不够高，在社会政策的实际运行中仍大量地由政府行政部门的政策文件在起着指导和规范的作用。在未来的发展中还需要立法部门和行政部门密切配合，继续提升社会政策的法制化水平，形成以国家法律为基础，政府规范性文件相结合的社会政策制度体系。

3. 政府间关系对社会政策的影响

政治体制对社会政策的影响的另一方面是政府间关系对社会政策制定和实施的影响，主要体现在中央政府与地方政府之间的分工以及政府各个部门之间的分工协作几个方面。

（1）中央政府与地方政府在社会政策方面的职权分工

当代各国的政府都分为不同层级的政府组织，并且中央政府和地方各级政府之间在社会政策方面的职能关系各不相同。有些国家社会政策的制定和实施主要靠地方政府，而另外一些国家则是中央政府的作用更大。中央和地方政府之间在社会政策事务上的分工主要体现在政策制定、经费投入和组织实施与管理等环节。在社会政策的这些方面，中央政府负责制和地方政府负责制各有其优缺点。中央政府负责制能够在全国范围内进行再分配，更好地实现全国范围的公共服务的均等化，从而实现更高水平的社会公平和社会保护。而地方政府负责制则能够更加有利于调动地方的积极性，有利于筹集社会政策的资源。一个国家在社会政策责任方面的央地关系是由其基本的政治体制规定的，但也在随着经济、政治等方面情况的变化而发生着改变。过去西方"福利国家"的理论与实践更多地强调中央政府的责任，但20世纪80年代以后则更多地转向了社会福利地方化的方向。我国过去计划经济体制下是政企不分、条块交错的行政体制，各类企事业单位分别属于不同层级的政府部门，因此其职工的劳动保险和社会福利事项也分属不同层级的政府部门负责。改革开放以后，我国先是进行了政企分开的改革，然后进行了中央和地方之间分税制的改革，在分税制改革时规定了地方的社会福利事项和中央单位的社会福利事项分别由地方财政和中央财政负责的原则。

社会政策方面的央地政府之间如何做好责任分工是一个比较复杂的问题，不应该一概而论，而应该根据本国的实际做出合理安排。目前，我国在社会政策制定方面主要是由中央政府制定基本的政策框架，地方政府可以在中央制定的政策框架下，根据本地的实际情况制定实施细则，也可以在中央政府社会政策框架之外，在符合法律规定，不违反中央政府制度原则的情况下，根据本地的需要制定在本地使用的社会政策。社会政策的实施行动则主要由地方政府负责，即使是由中央政府制定的政策也主要是由地方政府组织实施。目前除了高等教育等少数领域还有直属中央政府的社会服务机构（如中央直属高校），其他绝大部分社会政策领域的服务机构和项目基本上都是地方管理。在社会政策的经费安排方面，尽管按照现有的规则，地方社会福利事项仍然主要由地方财政负责，但事实上每年中央政府会以转移支付的方式向财政困难的地区转拨大量的财政资金，以支持地方政府实施由中央政府制定的社会政策。此外，在社会保险等领域中，我国正在推进全国统筹，这将会使中央政府在社会保险管理中发挥更大的作用。总而言之，社会政策领域在央地政府间的合理分工对社会政策的决策和实施都具有重要的影响，因此要根据本国的实际，针对具体的领域和项目来合理安排。

（2）政府部门之间在社会政策事务上的分工合作

社会政策是一个复杂的行动体系，包括了许多方面的社会服务。各个方面的服务内容差别较大，要由不同的部门来分门别类地负责。为此当代各国政府都建立了各个不同的部门，分别负责不同的社会政策事务。政府部门在社会政策事务方面分门别类地管理有助于提升社会政策管理专业化和精细化水平，这将促进社会政策更好地回应各个方面的社会需要，取得更好的成效并更加高效率地运行。但是，政府部门的分工也会带来一些问题。一方面，在部门分工的体制下，各个部门往往会集中精力完成自己"分内的"工作，而对不属于自己部门的事务有时会无暇关注。但从实际需要上看，有很多社会政策的事务要跨部门合作完成。另一方面，社会中会不断出现新的需要，也要求政府部门超越既定的分工去应对新的需要。因此，在建立和完善政府部门分工体制的同时还应该建立有效的部门合作制和跨部门的社会政策领导体制及其工作班子。

在我国，社会政策事务分别由民政、教育、卫生和健康、人力资源和社会保障、住房和城乡建设、医疗保障、应急管理、退伍军人事务等政府部门，以及工会、共青团、妇联、残联、老龄委等具有一定政府职能的组织具体负责。同时，各级政府的发展与改革、财政等综合性部门在社会政策的制定中发挥着重要的作用。这些政府部门和组织在各个相关社会政策领域已经形成了较为完善的决策、实施和管理的体系，维系着我国社会政策各个领域的运行和发展。此外，我国各级政府也建立了跨部门合作的体制机制：一是多个部门联合发布政策文件的机制，即在需要多个部门联合行动的情况下，相关政府部门可以联合发布文件，这类文件在参与发文的多个部门管辖的行政范围内都有行政效力，可以促使各级政府的多个部门都参与合作行动；二是跨部门的"领导小组"体制，即在需要建立跨部门合作行动，并且行动的规模较大，任务较重，仅靠联合发文不足以充分调动各个部门的情况下，还可以由政府主要领导或分管领导牵头，建立跨部门的"领导小组"，并下设常设的办公机构，负责协调各个部门的工作，达成部门之间更加有效的配合；三是多部门间的联席会议机制，即在与某方面社会政策有关的各个政府部门之间建立经常性的或定期性的联系沟通机制，以促进部门间的合作与行动。

总而言之，经过多年的实践，我国各级政府已经形成较为完善的部门分工和合作的体制机制，在各个领域社会政策的制定和实施中发挥了重要的作用。但是迄今为止我国还没有建立综合性的社会政策决策和规划的体制，这不利于提高社会政策顶层设计的水平，因此在未来的发展中还应该进一步改革和完善社会政策总体决策、规划和统一管理的体制机制。

二、社会政策与民主参与

社会政策是一个重要的公共行动领域，社会政策的决策和实施需要符合社会的公共利益，而公共利益的确定过程需要广大民众的广泛参与。因此，广泛的民主参与是社会政策决策和实施能够正常开展并取得良好社会效益的重要保障。

（一）民主参与对社会政策的重要作用

1. 从社会政策的公共性看民主参与的必要性

社会政策中民主参与的必要性的基础来自社会政策的公共行动性质。首先，社会政策目标是要满足民众的基本需要，并且要维护社会公平和解决社会问题，而这些公共性的目标要求通过民主参与来加以监督和保障。当代社会中，政府是承担社会政策决策和实施的重要主体。民众通过各种不同的民主程序选择政府及其领导人，并希望政府及其领导人能够最大程度地满足民众的需要。但是，由于各种因素的影响，政府在社会政策的决策中有可能出现偏离公共目标的情况，因此需要通过政策制定和实施全过程中的民主参与来防止和纠正可能出现的目标偏差。其次，社会政策的运行及其效果不同于市场经济。在市场经济体系中，市场主体偏离市场需求的行为所带来的负面影响主要由其自己承担后果。但在公共行动中，政府主体的失误带来的目标偏差要更多地影响广大的公众，因此公众有责任通过民主参与防止和避免偏差的出现。最后，社会政策资源的公共性要求通过民主参与来确定社会政策的决策和实施。因此民众有权利在社会政策制定和实施中开展民主参与。

2. 社会政策过程中的"三维主体角色"和民主参与的作用

社会政策既是公共行动，同时也是非常复杂的行动体系。社会政策行动需要政府职能部门及其官员、专家和公众三个方面的主体角色联合行动，才能保证其正常的运行。三方在社会政策制定和实施中各自扮演不同的角色，承担不同的任务。首先，制定和实施社会政策是政府的职能。政府职能部门在决策和实施中具有行政决定权和立法建议权，并应该为社会政策的制定和实施承担主要的责任。其次，当代社会政策行动体系越来越复杂，涉及大量的专业性理论和技术问题，在需求调查、政策设计、实施规划等方面都必须通过专业化的方式去完成，需要专家团队的参与和支持。因此，在当代各国，专家团队在社会政策的制定和实施过程中扮演的角色和发挥的作用都越来越重要。尽管政府职能部门及官员和社会政策的专家们在社会政策制定和实施中具有重要的角色，他们的角色并不能替代公众民主参与。只有在公众具有畅通的民主参与渠道的情况下，社会政策的制定和实施才会更加顺畅，才能更好地保障社会政策达到其公共目标。因此，理想的社会政策行动模式是政府、专家和公众共同构成社会政策行动主体的三个支柱，三方既各司其职又相互配合和相互监督，共同促进社会政策的发展，并保障社会政策达到其理想的公共目标。

（二）社会政策过程中民主参与的特点

社会政策的制定与实施会直接涉及千家万户的利益，公众对参与社会政策具有较高的积极性。但是，公众对社会政策的参与和对市场经济的参与有着一些不同的特点。

1. 主动的参与

在市场经济中民众较多地是被动地接受市场规则和产品，如劳工在求职和在工作场所一般是被动地接受厂家制定的规则，消费者一般也是被动地接受商家提供的产品。一般市场情境下，如果劳工对其就业活动的某些条件不满或消费者对某种产品不满时，一般无法要求厂家修改规则或要求商家更换产品，只能通过离职或放弃购买而保护自己。即使是劳工和消费者感受到其权利受到侵害时，一般也只是通过一定的程序要求侵权者对自己做出赔偿。而公众对社会政策的参与则要求以更加主动的方式参与社会政策的决策和实施。在社会政策制定和实施的过程中，公众不能仅仅是去选择是否接受政府所提供的服务，而且还应该更多地参与社会政策的决策和实施，帮助政府优化社会政策行动，预防社会政策出现目标偏差。也就是说，公众在社会政策行动中不能仅仅是其对象（受益者或受损者），同时也应该扮演好主体的角色，对社会政策的制定和实施产生实质性的影响。

2. 有组织的参与

在市场经济中，绝大多数人在绝大多数场合下是以个体的方式参与市场行动的，如劳动者个人与企业签订劳动合同并遵守劳动纪律，消费者个人实施消费行为，并在遇到问题时以个人的身份与商家交涉。尽管当代市场经济体制下也形成了诸如劳资集体协商、消费者运动等集体性行为，但这些集体行为不是市场本身的，而是通过市场之外的力量去保护劳动者和消费者的利益。在社会政策过程中的民主参与主要是有组织地参与。各个群体往往自发地组织起来表达其意愿或者通过某些社会组织来代言。民众有组织地参与能够更加有效地让广大民众发表意见，更加有效地集中大家的意见和建议，并且能够更加有效地进行对话协商，从而从意见矛盾走向协调一致。在有组织的参与中，工会、妇联、共青团、残联以及各个专业领域的人民团体可以发挥重要的作用，居委会、村委会等地域性组织以及各类社会团体等组织也可以发挥重要的作用。中国人民政治协商会议的各级组织也可以在其中发挥平台和桥梁的作用，帮助各个界别反映问题，发表意见建议，通过协商民主的方式达成一致，并向党和政府提供各种建议。

3. 互动式参与

所谓互动式参与，是指参与社会政策过程的有关各方通过良性的互动不断交流和反馈各种信息、意见和建议,并在这一过程中逐步消除隔阂、建立信任、取得共识。互动式参与相当重要,因为社会政策的决策和实施是一个比较复杂的过程,不能指望所有的社会政策行动都能从一开始就获得一致的支持。相反,许多社会政策行动最开始时往往都会面对一些不同的意见,因此需要上下沟通、各方协商,有关各方要通过互动交流反馈各种信息,才能最终达成一致。在互动式参与中,关键是要处理好意见表达与协商妥协的关系和政策宣讲与政策协商的关系。

意见表达对于互动式参与相当重要,因为首先要让所有人和相关的组织有表达各自意见和建议的权利,大家充分表达意见是做出正确决策的重要基础。相反,如果某些个人或组织的意见没有充分表达,那他们在社会政策过程中的参与就会受到较大的影响,而且他们也就难以支持相关的社会政策。但是,意见表达需要与协商妥协相结合。对同一项政策不同的人出自不同的利益可能有不同的意见,因此需要在不同意见的个人和组织之间进行协商,并且需要做出必要的妥协,以达成一致。

在互动式参与中很重要的一个目标是要在政府和专家与民众之间建立良性的双向沟通,政府既要通过互动沟通去了解民众的意见,也要让民众了解、理解和支持政府的政策主张。而要达到后一方面的目标,政策宣讲的作用非常重要。政策宣讲的主要目的是要使民众了解政府的社会政策,理解社会政策的目标和意义,从而能够更好地实施社会政策,并使各地民众支持政府的社会政策。更具体地看,社会政策的宣讲可分为说明式宣讲和沟通式宣讲。前者主要是向民众说明社会政策的内容,以便帮助民众更好地利用社会政策带来的各种服务和待遇,并防止对社会政策不恰当的理解和滥用。例如,当一项社会救助政策刚刚出台时,民众对其还不够了解,因而会出现不知道该如何申请的情况,导致符合条件的人没有去申请,而一些并不符合条件的人却去申请了。在这种情况下,应该进行说明式宣讲,以便让民众熟悉此项政策的具体规定。后者主要是向民众说明社会政策的目标和意义,以便消除民众因不理解而产生的对该政策的不满和疑虑。例如,政府基于特定的人口、经济与社会状况,经过科学的论证决定推迟退休年龄,但许多人不理解并反对这一政策。在这种情况下,政府可以通过沟通式宣讲,向公众公开宣讲推迟退休年龄的目标和意义,阐明这一政策的必要性,从而尽最大可能消解反对的声音,获得更多民众的支持。

(三)促进社会政策民主参与的行动

社会政策过程中的民主参与并不是与生俱来的,而是需要通过努力去促成和完善的。在此方面的行动包括扩大民主参与的机会,提升民主参与的意识和提高民主参与的能力。同时，在民主参与中应该注重协商，防止对抗。

1. 积极扩大民主参与的机会

首先应该积极扩大民众民主参与的机会。一是要制定相应的制度，确定社会政策在制定、实施、评估、修改等各方面的行动中都要有必要的民众参与。目前，我国的《立法法》等法律法规中都对立法过程中的民主参与做了相关规定，其中也包括社会政策有关的立法过程。此外，在各项社会政策实施中也要求有社会各方的积极参与，包括企事业单位、社区、社会组织和广大群众。二是要建立合理有效的参与渠道与适宜的参与方式。全社会的民主参与应该是有序的参与，因此必须要有合理有效的渠道和参与方式。目前我国广泛通过调研、听证会、网上征求意见等途径，通过组织、动员和保障社会各方参与的方法实现民主参与。

2. 提升民主参与的意识

除了社会政策制定和实施的主体要积极推动民主参与之外，社会各方和广大民众还需要有较强的参与意识，即参与社会政策制定和实施的意愿和积极性。提升民主参与意识的关键一是要提高权利意识，二是要提高责任意识。从权利意识角度看，民众及其组织要更加清楚地了解宪法和法律赋予公民的基本权利，在社会政策的制定过程中积极发表自己的意见，并积极参与社会政策的实施，帮助政府更加有效地通过社会政策去保护公民的基本权利。从社会责任的角度看，每个公民都应该在促进人权保护、社会公平等方面承担相应的社会责任，在此基础上积极参与社会政策的制定与实施，帮助政府不断提升和优化社会政策，并为此而做出自己的贡献，包括建言献策、依法纳税，积极投入慈善捐赠和志愿服务等行动。

3. 提高民主参与的能力

当代社会政策越来越复杂，不仅社会政策所涉及的利益关系相当复杂，社会政策对经济与社会发展各方面的影响相当复杂，而且社会政策的各种制度设计和技术介入也相当复杂。因此在当代各国社会政策的决策和实施中，专业知识的作用越来越大。在这种情况下，提升社会政策中的民主参与还需要民众具备必要的参与能力。为此，社会各界组织和公众应该具备社会政策的基本理论知识，并在实践中不断提升自身对社会政策的关注和研究。同时，政府相关部门和专家也应该主动积极地向社会各界提供社会政策的各种信息，帮助公众提升社会政策民主参与的能力。

三、社会政策与政治稳定和社会稳定

在当代各国，随着社会政策的作用越来越强，其每年分配和使用的资源在一

个国家或地区总财富中的比例达到越来越高的水平,社会政策与人们的利益关系就越来越紧密,社会政策对政治的影响也就越来越大。社会政策对政治的影响一方面是影响各个利益群体之间的利益关系,另一方面是影响政治稳定和社会稳定。

(一) 社会政策过程中的利益群体现象

社会政策是一个重要的再分配过程,不可避免地会涉及各个群体之间的利益再分配,因而常常会带来各群体之间的利益冲突。如果处理不当,还有可能带来较为严重的社会对抗。因此,应该认真研究利益群体在社会政策过程中的影响。

1. 利益群体理论

当代世界各国都仍处于不平等的社会结构中,社会中的人因各自具有相似或不同的特点,因而在经济和社会结构中处于相似或不同的地位,在经济与社会过程中具有相似或不同的利益。社会学和政治学中将具有相似利益的人群组成的群体称为"利益群体"。不论在何种政治制度下,利益群体的存在都是一个客观事实。所不同的是,各个利益群体存在的形态有所不同,在有些国家中利益群体发展比较成熟,组织化程度较高,并且各个利益群体之间的关系比较制度化,而另外一些国家中则相反。在我国,各个利益群体一般通过各个人民团体和社会组织代表其利益。党和国家各级政府通过各级各类人民团体和社会组织去与各个利益群体沟通,而后者也通过制度化的渠道向各级党和政府组织反映其利益诉求。

利益群体理论的一个基本假设是,人的自利本性会导致人们在经济与社会过程中产生使自己利益最大化的行为,因而导致人们之间的利益矛盾和争夺利益的行为。在某些方面具有共同利益的人会结成一定的组织形式,形成集体性的行为,从而使经济与社会过程更加有序,但如果处理不好也可能导致群体之间的冲突更加严重。因此,在国家的法律法规和政府的公共行动中应该构建利益群体有序参与的格局,并防止利益群体对经济、政治和社会体制的冲击和破坏。

2. 利益群体对社会政策的影响及其后果

由于利益群体现象的存在,各个不同的群体对社会政策的制定和实施过程产生很大的影响。社会政策行动与社会各方的利益关联比其他公共政策更加直接,因此社会政策更容易引发各类利益群体的关注和参与,也因此,利益群体对社会政策的制定和实施会产生较大的影响。这正是为什么我们经常可以看到在退休年龄与养老金待遇、医疗服务与医疗保障、社会救助与社会福利、就业服务与住房保障等方面政策的制定与实施中常常有不同意见的主要原因。西方社会学中的冲突学派认为,社会政策的决策与实施过程在很大程度上是各个利益群体博弈的结果。这种博弈既可能是制度化的,如各个群体及其代表性组织通过媒体、议会等制度化的平台去发表意见和争取利益，也可能是非制度化的，如通过非制度化的"游说"，或者街头抗议等激烈冲突的方式去表达自身的意愿和争取自身的利益。利益群体参与社会政策既可以使社会政策能够更好地切合各个群体的需要，但同时也会引发一些问题。例如，如果社会政策涉及的利益较大，容易导致各个利益群体之间为争夺利益而产生较为激烈的竞争和冲突，进而容易导致较为严重的社会冲突。在这种情况下，即使通过投票或行政手段强行做出了决定，也往往会留下较大的社会后遗症，使由此而产生的社会矛盾长久难以弥合。此外，在各个利益群体对社会政策的资源分配争夺得比较厉害的时候，人数相对较少、对政治和社会影响不是很大的弱势群体的利益有时候会受到忽视，这也不符合社会政策的初衷。

3. 注重利益群体之间的协商，防止对抗

鉴于利益群体可能对社会政策造成一定的损害，应该探索建立更加和谐的民主参与过程。不应该简单地将社会政策看成一个利益争夺的过程，应该看到社会政策在维护社会公平、增强社会和谐方面的目标和功能。在社会政策的决策和实施中不宜只是简单地采用"多数人决定"的投票机制，而应更多地强调通过协商民主去加强各群体之间的沟通，并且通过协商妥协去达成一致。在协商过程中，既强调保护弱势群体的利益，又考虑社会的长远发展；既重视利益分配，也重视社会和谐；既尊重民主原则，又重视协商效果。

（二）社会稳定和政治稳定诉求对社会政策的影响

任何一个国家都需要社会稳定，任何一个执政党都希望政治稳定。为此，当代各国政府与执政党都在不同程度上，以不同的方式将社会政策作为维系社会稳定和政治稳定的手段。换言之，政府和执政党对社会稳定和政治稳定的诉求对社会政策的决策和实施有着重大的影响。

1. 社会和政治稳定诉求对社会政策的影响

所谓社会稳定，是一个社会中保持较高水平的社会秩序。社会稳定的具体指标可以从行为秩序、关系稳定和结构稳定等几个维度去测量。即一个稳定的社会是指其中个人和组织的各种社会行为在总体上符合现有的规范，没有较大规模的社会失范和越轨行为；人与人之间、组织和组织之间、个人和组织之间的各种制度化关系能够得以维系，没有大规模的社会关系紊乱；社会结构能够在社会制度的框架里得以维持，没有因为外力的冲击而在短期内出现较大规模的变动。所谓政治稳定，广义上说是政治制度的稳定运行，狭义一点说是维持执政党的执政地位。在当代各国，执政党和政府在制定和实施社会政策时都要考虑维护社会稳定和政治稳定的目标。

2. 社会政策在维护社会和政治稳定中的作用

各国维护社会稳定和政治稳定的具体方式既有相同的内容，也有不同的内容。相同的内容是，各国都在不同程度上通过社会政策去保障和改善民生，维护社会公平，从而达到维护社会稳定的目标。不同的内容是，在多党制国家中，各个政党往往通过其社会政策去获得民众的支持，以争取竞选的成功。而在我国则是通过社会政策去不断改善民生，满足民众的基本需要，在实现党和政府"为人民服务"的目标的基础上获得民众的支持，从而不断夯实党的执政基础。

通过社会政策去达到维护社会和政治稳定的目标是一个复杂的过程。其基本原理是通过满足民众的基本需要和维护社会公平而争取民众对党和政府的支持。在此过程中应该注意坚持两个基本的要素：一是满足广大民众的基本需要；二是公平地分配资源。为此，党和政府的重要文件中一方面多次强调要加强和改善民生，另一方面也强调基本公共服务均等化原则。只要我们坚持这两个方面的目标和原则，让老百姓真正感受到民生水平的改善和社会公平的提升，社会政治稳定就有了重要的基础。

第三节 社会政策的社会环境

社会政策是在广泛的社会环境中运行的，制定和实施社会政策的行动将受到社会各个方面的影响，其中较重要的社会影响因素包括家庭、社区、社会组织以及社会舆论和心理环境等各个方面。

一、社会政策与家庭和社区

(一) 社会政策与家庭的关系

1. 家庭的保障服务功能及其变化

家庭是社会的细胞，家庭承担着许多向个人提供保障和服务的社会职能。在过去长期的农业社会中，家庭既是一个生产单位，也是一个共同消费的单位，同时还是提供各种保障和服务的单位。工业化社会以后，在工业化的生产方式下，家庭的生产功能基本消失，家庭的保障功能也大大弱化，进而要求政府和社会介入，承担起相应的功能。但是，即使是在当代社会中，家庭的保障服务功能仍然是很重要的，难以完全被政府和社会所取代。

2. 家庭与社会政策的相互影响

从某种意义上看，工业化社会以后，各国政府制定和实施社会政策是对家庭保障服务功能弱化的代偿。社会政策在其运行过程中与家庭制度会发生复杂的相互影响。社会政策要弥补家庭功能的不足，但制定和实施社会政策也会进一步加速家庭功能的弱化。"二战"以后，欧洲"福利国家"的社会政策在较大程度上替代了家庭，使家庭的保障服务功能进一步弱化。后来的研究者和决策者们的主流观点是在实施社会政策的同时也应该尽可能地保留家庭的保障和服务功能；或者说尽量实现社会政策与家庭功能的互补和协调，而不是相互对立。要做到这一点，需要社会政策的制定和实施行动更加精细化，要针对家庭功能不足的方面提供社会服务，以做到既能广泛地保障和改善民生，又能够增强家庭的保障和服务功能，使家庭在民生保障中发挥重要作用。

（二）社会政策与社区的关系

1. 社区的含义和在保障与服务中的作用

社区的基本含义是指居住在同一区域内，相互之间有较为密切的交往，并由此而产生某种共同体意识（社区意识）的人们构成的集合体。在传统社会中，人们的社会交往总是从身边的人做起，在人口迁移和流动不大的情况下，人们祖祖辈辈生活在同一个区域内，会形成相当稳固的社会关系。这种社会关系可以起到很强的互助性保障和服务的作用。在当代社会中，人们生产、生活和交往范围大大拓宽了，社会关系也比过去复杂多了，但基于同一地域的交往和社会关系仍然应该发挥重要的作用。在我国，当前的城乡社区是基于地域而划分的居民生活区域，我国分别依托城市和农村社区而建立居民和村民自治组织。

2. 社区环境对社会政策的意义

尽管当代各国的社会政策都是由政府主导的，但社区环境对社会政策仍然具有较大的影响。在我国，社区对社会政策有以下两个方面的意义：首先，社区可以具体承担政府社会政策体系中的各项社会服务任务，从而成为政府社会政策体系中的重要行动者；其次，社区组织可以用各种方式调动资源，并依靠其自身的资源为社区居民提供一定的社区服务，从而成为政府社会政策的补充。因此，政府在制定和实施社会政策时应该注重推动社区的参与，而不是替代社区的功能。

二、社会政策与社会体制

（一）社会体制的含义及其对社会政策的影响

1. 社会体制的含义

所谓社会体制，是指一个国家或地区社会治理和社会服务供给行动的基本组织化方式。任何一个国家的社会治理和社会服务提供都要依托一定的组织，但各个国家在这些方面的组织方式并不完全一样。有些国家比较依赖政府的社会治理和公共服务组织体系，而另外一些国家则更多是居民自我管理、自我服务的自治性组织体系和民间的社会服务机构。并且，有些国家在此方面的组织方式在不同的时期常常也会有改变。

2. 社会体制对社会政策的一般性影响

各个国家社会体制的不同对其社会政策也有一定的影响。因为社会政策需要一整套具体实施的行动，其行动要通过一定组织方式开展。其组织方式会对社会政策产生较为明显的影响。更进一步看，一个国家或地区的社会体制不仅在很大程度上影响着社会政策的实施，而且还在较大程度上影响着社会政策的决策。

(二) 我国社会体制的发展变化及其对社会政策的影响

1. 我国社会体制的发展变化

改革开放以来，我国的社会体制经历了较大的变化过程。在过去的计划经济体制下，我国在城市中主要是通过企事业单位实施社会管理和提供各类公共服务。当时的城镇全民所有制企、事业单位既是生产单位，又是社会管理和公共服务的单位。城镇职工在单位中既获得就业岗位和工资收入，又获得各种福利保障和社会服务，这种制度后来被称为"单位制"。当时在农村中实行的是集体经济制度。由人民公社、生产大队和生产小队共同构成了从事农业生产的集体经济组织体系，同时又是实施社会管理和提供公共服务的组织体系。在计划经济体制下，城镇单位制和农村集体经济组织体制是当时城乡具体实施各项社会政策的组织体系，都在当时的社会政策运行中发挥了重要的作用。

改革开放以后，过去的农村集体经济组织和城镇单位制都发生了很大的变化。绝大部分农村集体经济组织体系的集体经济功能都消失或弱化了，城镇单位制也在很大程度上弱化了。在这种情况下，我国必须要对社会体制加以改革，以便能够在新形势下担当起社会治理和公共服务的职责。为此，我国从20世纪80年代开始推动社区服务，后来又推动加强城市社区建设和农村基层组织建设，并且鼓励社会组织的发展，希望以社区体制和社会组织去担当过去主要由单位和农村集体经济组织担当的社会管理和公共服务的职能。

2. 当前我国社会体制对社会政策的支撑作用

经过40多年的改革与发展，目前我国已经形成一套多元化的社会体制。其最主要的特征是党委领导、政府负责、民主协商、社会协同、公众参与、法制保障、科技支撑。也就是说，在各级党组织的领导和政府负责下，社区、社会组织和企事业单位都要参与其中，发挥重要的作用，并且动员广大的居民群众积极参与社会治理和公共服务。这套社会体制对当前我国各级政府的社会政策起到了重要的支撑作用。在其中，各级党组织发挥着政治领导的作用；政府在相关法规和政策制定、规划编制、资源供给及监督管理等方面发挥主导作用；城乡社区在基层社会治理、承担政府委托的公共服务和为居民群体提供各种便民利民服务方面发挥基础性作用；各类社会组织在承接政府委托的公共服务，并以自身的资源为有需要的民众提供服务，尤其是在专业化服务方面可以发挥重要的作用；企事业单位则在为社会提供专业化服务发挥重要作用，并在为本单位职工提供福利保障和职工服务方面继续发挥作用。目前，我国已经建立了较为广泛的城乡社区组织和各类社会组织的体系。截至2019年底，全国基层群众性自治组织共计64.3万个，其中：村委会53.3万个，比上年下降1.7%，村民小组419.3万个，居委会11.0万个；全国共有社会组织86.6万个，其中社会团体、民办非企业单位和基金会分别有37.2万、48.7万、0.8万个。另外，我国在2019年有2 000多万个企事业单位。这些组织体系都可以在社会政策的运行中发挥重要的作用。

但是，我国目前的社会体制也还存在一定的问题。一是在社区层面上看，政社关系还没有完全理顺，在实际运行中，社区承担了较多政府的社会治理和公共服务的职能，在一定程度上弱化了居民自治的功能，许多社区甚至成为基层政府的"下属单位"。二是社会组织目前普遍地存在规模小、能力差和管理制度不够规范的问题。企事业单位也存在着提供公共服务的质量和效率以及对职工的社会服务水平都有待进一步提高的问题。

当前，加强社会组织建设是进一步优化社会体制的重要方面。当代各国的社会政策是一个宏大的公共行动体系，涉及大量的资源投入和人员与组织的参与。在其中，社会组织应该发挥重要的作用。社会组织在社会政策行动中发挥作用也需要一定的条件。总体上看，要在社会政策行动中发挥重要的作用，需要一个成熟的社会组织体系。所谓成熟的社会组织体系，是指社会组织在规模、能力和规范化等方面都达到参与社会政策行动和完成相关任务的要求。社会组织要参与社会政策行动体系并在其中发挥重要的作用，首先要求社会组织达到一定的规模。社会组织的规模包括社会组织的数量和社会组织中从业人员的数量。目前我国社会组织的数量和从业人员的总量还很不够，应该进一步积极推动社会组织的发展。其次，社会组织的能力亟待加强，包括社会组织筹集资源的能力、提供专业化服务的能力、社会服务创新能力和服务质量提升的能力。最后，应该进一步加强社会组织的规范化建设，包括加强和优化政府和社会的监管，加强社会组织行业自律，以及加强和优化社会组织自身内部的管理体制。

三、社会政策的舆论和社会心理环境

（一）社会舆情对社会政策的影响

1. 社会舆情的含义和意义

简单说，社会舆情是指社会舆论的情况，是在一定时期内民众对社会总体情况或社会某一方面情况的总体态度、观点广泛表达的情况。社会舆情会以各种方式展现，既可表现为一般性的民众议论、口头的叙事传播和观点流传，也可通过一定的媒体去传播。当前，随着互联网的发展，网络舆情的重要性日趋增大。社会舆情是民众各个方面态度与观点的直接反映，并且间接反映出社会中存在的各种社会问题及其对民众的影响，以及民众对解决社会问题的愿望。因此，决策者应该认真对待社会舆情。当然，社会舆情也存在较为复杂的情况，尤其是在当前的网络舆情中时常会出现一些负面的信息，因此需要研究者和决策者认真研究各种社会舆情。

2. 社会舆情对社会政策影响的方式

社会舆情对社会政策有重要的影响。第一，社会舆情是民众基本需要和民众对社会问题的反映。通过舆情分析，社会政策的研究者和决策者可以更加准确地把握民众在民生方面存在的未满足的需要，社会中存在的社会问题及其对民众的影响。当然，社会政策的决策不能仅仅以一般性的舆情为基础，而是要建立在更加科学可靠的调查研究和更加广泛信息分析的基础上，但社会舆情毫无疑问会是一类重要的信息来源，是社会问题进入社会政策议程的重要途径之一。尤其是在一些突发事件情况下，集中和强烈的社会舆情常常是政府在短期内制定或变更社会政策的重要动力。第二，社会舆情对社会政策的实施和评估也具有重要的作用。在社会政策的实施中，可以根据社会舆情把握社会政策实施的具体措施，并根据需要调整社会政策的重点实施方向和内容。在社会政策的评估中也可以通过广泛分析社会舆情而对社会政策实施效果做出辅助性评估。

从社会政策的研究者和决策者一方看，对待社会舆情有两个方面的基本要求：一是要高度重视社会舆情，认真分析社会舆情及其所反映的民众需要和社会问题；二是要科学地对待社会舆情。尽管社会舆情主要反映了民众的意愿、态度和观点，但有时候社会舆情也带有一定的非理性特点，也会出现受到一些不良信息的影响从而偏离正常的情况。如果不加分析地简单迎合社会舆情，有可能出现决策偏差。

此外，社会舆情常常是对当前问题的反应，但社会政策的制定和实施除了要满足民众当前的需要和解决当前的社会问题之外，还需要考虑政策的长期可持续运行。并且，在制定和实施社会政策时，除了要满足当前舆论主体的诉求之外，也要考虑各个群体之间的公平性、政策设计的科学性等方面的要求。

（二）社会心理对社会政策的影响

1. 社会心理的含义和意义

社会心理是社会成员建立在对社会现象的认知和理解基础上的普遍的情绪、态度、言论和习惯等方面的心理特点。人们的社会心理状况的基础在于他们实际的社会生活，包括客观的物质生活条件、社会结构特点和人们在社会结构中的地位，以及社会习俗等文化方面的情况。社会心理是一种非常复杂的社会现象，它在社会运行的各个方面都会产生深远的影响，对社会政策也会如此。

2. 社会心理对社会政策影响的方式

社会心理包括个人心理和群体心理两个层面。这两个层面都对社会政策产生着影响。在个人心理层面，个人对自身生活中各方面困难程度的认知与对家庭、社区、雇主、政府和社会组织各个方面的认知情况在很大程度上影响着他们对社会政策的态度，而这些态度的表达会对社会政策的决策和实施造成较大的影响。同时，人们对自身情况和外界各种问题的认知和态度还会影响其自身的行为，从而导致对同样的客观情况产生不同的态度和行为反应。例如，在同样存在经济困难的情况下，有些人会以更加积极的态度，通过积极就业和提高自身收入的办法去解决，而另外一些人则会更加依赖政府，希望政府提供更多的福利待遇。因此，在制定和实施社会政策的时候，应该既要分析人们客观的需要，也要认真分析人们的心理状况。在充分做好保障和服务的基础上，通过专业社会工作等方式对有需要的人加以引导，帮助他们树立更加正确的认知和更加积极的态度。

此外，群体心理对社会政策也会造成较大的影响。一是普遍性的社会心态会对社会政策造成影响。例如，在一个国家或地区民众对医疗卫生、教育或其他方面的服务普遍存在的不满心态会对政府形成较大的压力，促使政府改革不合理的政策，加大公共服务供给。二是社会中存在的一些社会偏见也会对社会政策产生影响。例如，在一些国家或地区存在对穷人的偏见，认为贫困主要是因为懒惰愚昧而导致，这种偏见会对相关社会政策产生较大的影响。三是某些社会习俗也会对社会政策产生影响，包括家庭关系中子女与父母之间的抚养、赡养行为，穷人特殊的行为习惯等都会在一定程度上对社会政策的制定和实施产生影响。总而言之，社会心理对社会政策的影响是多方面和多方向的。在社会政策的制定和实施过程中，应该根据具体情况对各种社会心理状况加以深入的分析。

四、社会政策与社会不平等和社会结构

当代世界各国都在不同程度上存在着社会不平等现象。社会不平等和社会结构会对社会政策的制定和实施产生较大的影响。

（一）社会结构的含义和意义

1. 社会结构的含义

社会结构是指社会中各类人群之间的关系，是在社会分化的状况下产生的结构性的不平等关系。在社会分化的状况下，具有某种相同特征、利益和地位的人可以被划分到同一个群体中，这样形成的群体就构成一个个的结构性单位，它们之间的关系就形成了社会结构。划分结构性群体的主要变量有主要经济与社会活动的变量（生产资料占有情况、就业状况、职业类别、教育程度、所属单位的所有制类别等）、主要的人口学变量（性别、年龄、种族等）、主要的地域性变量（城乡、地域等），以及主要政治和文化的变量（党派、民族、宗教信仰等）。这种多元变量的社会结构分析方法反映了社会中各个群体之间复杂的关系。按照这种多元变量划分出的各个群体在经济地位、政治与社会权力以及社会声望等各个方面都具有高低不同的地位，社会学中也将此现象称为"社会分层"。处在社会分层体系中的群体共同构成了一个纵横交错、复杂的社会分层结构体系。每个人在每一个结构维度上都具有某种特定的地位，人们在各个维度上的各种地位综合在一起就是人们综合性的经济与社会地位。

2. 当代社会中社会结构对社会运行与发展的影响

马克思深刻地分析了当时资本主义社会中的阶级结构，认为在阶级社会中，阶级斗争是推动社会发展的动力，同时也预测在推翻资产阶级统治之后，经过一段过渡时期，人类社会将发展到无阶级的共产主义社会。当前我国处于社会主义初级阶段，虽然已经不再有资产阶级与无产阶级的严重对立，但各个社会群体之间仍然可能存在一定的利益差别，社会结构现象仍然较为突出。并且，社会结构对各国经济、政治、社会、文化等各个方面的运行都会产生深远的影响，对当代各国社会政策的影响也很大。

（二）社会结构与社会政策的相互影响

1. 社会结构对社会政策影响的方式

一个国家或地区的社会结构会以各种方式对社会政策产生很大的影响。首先，一个国家或地区社会结构的不平等程度会对社会政策产生较大的影响。一方面，社会结构的不平等要求通过一定的再分配去加以调节，而制定和实施社会政策是一种重

要的再分配手段。另一方面，不平等程度很大的情况也会给政府制定和实施社会政策带来更大的困难，因为在不平等程度较大的社会结构下，各个群体之间的利益分化比较严重，对社会政策的态度也会有较大的差异，围绕着社会政策的冲突也就会比较严重，从而使政府在社会政策的决策和实施上都更加困难。其次，一个国家或地区社会结构的特点也会对社会政策带来较大的影响。例如，在一个橄榄形社会结构中，中产阶级人数较多而穷人和低收入阶层的比例相对较低，对政府通过制定和实施社会政策实行再分配的压力相对较低，更加容易实行普惠型的社会政策，因此政府的社会政策更容易得到广大中产阶层的支持；而在一个"金字塔形社会结构"中，穷人和下层群体人数众多，对政府通过制定和实施社会政策实行再分配的压力相对较大，并且往往要求实行"特惠型"的福利模式，即重点给穷人提供福利保障，这会使得中产阶层负担重、受益少，因此往往会降低他们对社会政策的支持。

2. 社会政策在调节社会结构方面的作用

除了社会结构会对社会政策产生影响之外，制定和实施社会政策也能够对一个国家或地区的社会结构产生较大的影响。社会结构事实上是社会分配的结果，而社会政策通过再分配的方式对社会分配过程加以调节，其结果可能带来社会结构的变化。因为合理的社会结构在经济、政治和社会各个方面都具有重要的意义，因此各国政府都在不同程度上通过社会政策去调节社会分配，进而对社会结构产生实质性的影响。

通过社会政策去调节社会分配和社会结构要注意以下几点：一是要积极地干预和调节。社会政策要本着预防为主的原则，以积极的方式去干预和调节，而不能只是等到出现较为严重的社会问题时才去消极应对。二是既要发挥社会政策的作用，又要认识到社会政策的不足。社会政策在调节社会分配和社会结构方面不是万能的。正如马克思主义所分析的那样，在生产资料占有上存在严重分化、阶级矛盾相当尖锐的情况下，仅靠社会政策是难以达到调节社会分配和社会结构效果的。三是既要发挥社会政策的调节作用，又要保证按劳分配和其他市场机制的正常运行。在当代社会中，社会政策是针对市场经济的不足而发挥调节作用，而不是要完全取代市场机制。因此，在社会政策的制定和实施中要注意对市场经济的不足而加以补充和弥补，而不要过分影响市场机制本身的正常运行。

思考题

1. 如何理解当代社会中社会政策对经济发展的复杂影响？

2. 结合我国实际分析应该如何促进社会政策与经济政策的协调发展。
3. 结合我国实际分析加强国家政治建设对社会政策的促进作用。
4. 结合我国实际分析社会力量参与社会政策行动的重要意义。
5. 结合我国实际分析社会舆情和社会心理对社会政策的影响。

第四章 社会政策的过程

社会政策的过程包括政策制定、实施和监控与评估三个主要过程或环节。然而，这三个环节并不是三个相互独立的阶段，而是形成了一个动态和相互交叉的过程。社会政策的制定始于对社会问题的认识和分析，终于对政策效果的预测分析；政策实施阶段涵盖了将政策转化为实施计划、资源配置和活动设计的一系列过程，而每个过程都是对政策的再制定过程；政策监控和评估则是与政策制定和实施同步进行的过程，不仅在政策制定过程中要考虑监控和评估机制与方式，它更是政策实施中的一个有机环节。社会政策的形式和内容多种多样，其形式包括不同层面的法律、行政法规或部门规章等，而内容则既包括规制性政策，也包括提供实物、现金或服务等不同类型帮助的政策。这些政策的过程差别很大。

第一节 社会政策的制定

一、社会问题与社会政策议程

社会问题是一个复杂的概念，取决于人们如何界定它。简单来说，社会问题是指在社会生活中存在着某种现象、情形或某些人的行为，这些现象、情形或行为与社会的主流价值观相背离，并对社会的正常运行造成了一定的威胁，因而公众认为需要通过集体行动去消除或改变它们。因此，一种现象或情形被界定为社会问题通常需要满足以下三个条件：一是这一现象与社会的主流价值观念相背离。生活在同一个社会中的人们，对其所生活的社会应该如何运行往往抱有不同的理想或价值观念。如果某种理想或价值观被大多数社会成员所认同，便形成了社会的主流价值观。如果某一现象、情形或行为与这些价值观念相背离，影响了人们的集体利益或实现理想社会的愿望，就会被看作社会问题。二是涉及的人群必须具有一定的规模。社会现象或问题是通过若干个体的体验或行为而表现出来的，如果在个体层面，那么它只是个人及其家庭的问题，只有当这一现象或行为演变成为具有一定规模的群体体验或行为时，它才会被认为是社会问题。例如失业现象，如果只有个别或少数人失去了工作，则不会被看成社会问题；但在同一时间内有大批人失业，则变成了社会问题。也就是说，不是所有个人的问题都会成为社会问题。只有那些从个体体验演变为群体体验的问题才可以成为社会问题。三是对社会的影响程度比较严重。人类社会是不完善的,很多情形与人们的愿望是相背离的。可以说,凡是人类理想和现实之间的差距都可能是社会问题的来源,但这些问题有轻重缓急之别,不是所有不理想的情形都会成为社会问题,而是只有那些对社会造成了重大影响,并且公众或政府认为必须要改变的问题才是社会问题。

然而,上述对社会问题进行定义的视角在操作层面上存在很多局限。首先,由于价值观是界定社会问题的核心因素,这就必然涉及由谁来对某一现象或行为做出价值判断的问题。但在实际中,基于价值观而界定的社会问题,往往会以专家主义或权威主义的形式出现,如什么是理想的社会、什么是正确的行为等,往往依赖专家或权威人士的判断。其次,如果脱离了价值判断,完全由公众来判断什么是社会问题的话,也有很多不科学的地方。公众对很多影响整个社会或部分人群的问题并不一定知情,对问题的理解也不一定准确。更重要的是,在价值观多元化的现代社会中,公众往往在较为抽象的层面上容易形成价值认同,如社会公平和社会正义等,但在一些具体的现象上则经常会出现相互冲突的价值判断。此外,价值观往往会受个人、群体或阶层利益的影响,人们往往会将影响自己利益的现象看作社会问题,但同一现象对一些社会成员来说是问题,而对另一部分成员来说则可能是其利益之所在,如吸烟、赌博和环境污染等。更重要的是,少数人或处于权力外围的人群的问题往往会被忽略。再次,用人群规模来决定社会问题,还存在一个技术问题,即某一现象或情形到底需要有多少人的体验才会从一个私人领域的问题变成一个公共问题,这是很难回答的。最后,如果将社会问题按照大小或轻重缓急进行划分,同样面临着由谁判断和如何进行判断的问题。归根到底,对社会问题的界定是一个充满了政治和权力博弈的过程。这是因为,一个问题或现象一旦被定义为社会问题,就有合法的理由获得公共资源去解决或消除,即促成政府出台社会政策。这就是我们为什么要强调在分析社会问题和制定社会政策时,要特别关注社会边缘群体的利益。

认识和分析社会问题是为了解决社会问题。人类社会的进步即是社会问题不断得到缓解或消除的过程,而社会政策则是政府解决社会问题的主要工具。从这个意义上来说,我们可以将社会政策理解为通过使用社会资源解决社会问题的公共政策。正如公共政策的产生是由于问题累积到了必须采取行动的时候,社会政策的产生也是社会问题累积的结果。20世纪30年代的"大萧条"促成了美国1935年《社会保障法》的诞生;40年代西方福利国家的产生即是为了应对工业化带来的各种社会问题;我国80至90年代,随着中国广大农村地区基层医疗卫生机构和合作医疗体系的削弱，农村地区看病难、看病贵问题愈演愈烈，因病致贫和因病返贫日渐凸显。为应对这一问题，中共中央、国务院于2002年提出了建立新型农村合作医疗制度，并于2010年基本实现了这一政策对中国农村居民的全覆盖。

然而，在实践中并不是每一个社会问题最终都能催生社会政策的诞生。这是因为社会政策需要以一定的资源作为支撑，但在一定时期内，政府的财政和组织等资源是有限的，最终只能使少数社会问题进入政府的议事日程。从社会问题到社会政策的产生，中间要经过若干个环节。首先要形成针对问题的政策提议或政策方案，其次是设法使这些提议进入政府的议事日程。这两个环节也称为政策倡导，例如，在我国每年一度的人大和政协会议上，人大代表和政协委员的建议和提案即是政策倡导的形式之一。然后再由政府对各种政策提案按照优先次序进行排序和取舍，最后决定出台某项政策。其中，从政策提议进入政府议事日程到政府经过筛选而决定出台某项政策的环节即是政策议程设置，也被称为"守门机制"，亦即政策议题只有跨过了议程设置的门槛，才有机会进入后面的制定和执行等环节。由此可见，社会政策的产生一方面取决于社会问题本身的性质、规模或重要性等特性，另一个同样重要的因素是对政策议程的设置或政府行动的影响力。

那么，社会问题是如何被提上政策议程的？多源流框架（Multiple-streams Framework）是一个应用较为广泛的分析框架。按照这一框架，议程设置是由问题源流、政策源流和政治源流这三个源流构成的。问题源流指能够引起决策者关注的社会问题；政策源流是指由官员、学者或智库中的人员等组成的政策共同体针对共同关注的某一政策领域提出的各种意见或主张，即可为政府使用的政策工具储备；政治源流主要包括民情、利益，团体的竞争和行政或立法系统本身的因素这三种因素。其中，由于一个国家的政治源流经常为政党所主导，因此政治源流也被描述为"执政党的意识形态"，以此说明执政党对议程设置有重要的影响。

在多源流框架中，源流的聚合对于议程设置具有极为重要的意义。按照金登[1]的观点，问题源流或者政治源流本身就足以使政策提议进入政府的议程，但如果问题源流、政策源流和政治源流这三个源流都聚合在一起，那么这个议题进入政策议程的可能性会显著提高；相反，如果三个源流中缺少了某一种，该议题则很难进入政策议程。缺少问题源流，即意味着未能发现问题或问题不太紧迫；缺少政策源流，则说明目前还没有针对这个问题的解决办法或政策工具；而缺少政治

---

[1] ［美］约翰·W. 金登：《议程、备选方案与公共政策》（第二版·中文修订版），丁煌、方兴译，中国人民大学出版社2017年版。

源流，则意味着某项政策提议缺少公众或政府的支持。换言之，任何一项政策提议要进入政府的政策议程，必须满足三个条件：有足够重要的问题，有可行的解决方案，有大众或政党的支持，三者缺一不可。

二、社会政策制定的基本程序

一项完整的社会政策包括目标、手段与监控和评估程序。其中，目标是指政策要实现的结果或状态；手段包括为实现政策目标所使用的技术和资源等工具性要素，如服务内容和资源配置等；监控和评估则是对政策实施过程的控制和对效果的评估。由此可见，社会政策的制定过程即是使政策的目标和手段保持一致性的逻辑分析和决策过程。在政策制定层面，其基本程序包括目标界定、确定政策对象的范围和资格条件、确定服务内容或待遇水平、确定筹资方式和设计运行机制这五个基本环节。

第一，界定政策目标。目标是指一项政策通过一定的资源投入和一系列活动所期望实现的结果或状态，这是社会政策存在的前提。那么，社会政策的目标是什么？正如社会福利是一个多元的概念一样，社会政策的目标也可以从不同角度去理解，如政治目标是促进社会稳定，经济目标是人力资本投资，社会目标是促进社会公平和社会正义等。但不论从什么角度去定义或解释，其核心都是解决"人"的问题或满足人的需要。在现实生活中，造成部分群体产生各种问题或需要的原因和这些问题或需要的表现形式都是多种多样的，但一个共同的特征是，这些群体与其所处的主流社会生活环境出现了不相适应的状态，或者说他们与主流社会的关系出现了障碍，造成了所谓的"社会边缘化"问题。社会政策的作用之一即是帮助这些处于社会边缘的个人或群体重新回到正常的或主流的社会生活中来。因此，我们可以这样来理解社会政策的目标：预防或修补人与社会的关系出现障碍。所谓预防，是指避免社会成员由于遭遇某些社会风险而沦落为社会边缘人，如教育、医疗、公共卫生和各种社会保险等社会政策的作用；所谓修补，是指为那些生活已经出现边缘化趋势的群体提供事后帮助，包括为那些不能依靠个人能力来满足需要的群体提供帮助，其目标是使他们恢复正常的社会生活或者防止其生存状态进一步恶化，如社会救助、社会工作以及各种社会福利服务机构所从事的活动。

社会政策的目标一般可以分为长远目标和主要目标。长远目标也称为终极目标，是对社会政策"做什么"在抽象层次上的概括，它是社会政策在价值观上的体现。如前文所述，价值判断不仅是定义社会问题的基础，同时也为采取什么样的政策做出了价值方面的选择，这一选择即体现在政策的目标上。由于长远目标的抽象程度高，不同的社会政策可以有共同的长远目标。例如，所有社会政策的长远目标都可以表述为不断改善或提高人民群众的物质和精神生活质量，满足人们的需要。主要目标则是对社会政策"做什么"的具体界定，它体现的是政府赋予某项社会政策的法定功能。不同的社会政策有不同的主要目标，根据政策对象的不同，社会政策的主要目标可以分为社会照顾、社会康复和社会控制三种类型。其中，社会照顾是为有需要的人群创造积极的、支持性的社会环境，这种环境既包括具体的物质资源，如医疗服务、社会保障和住房保障等，也包括参与社会活动的机会，如就业援助和无障碍设施等，其目的是通过改变人的环境而改善人的生活质量；社会康复是通过改变人而实现维护或提高人们生活质量，包括改变人的行为、态度或社会属性，如教育、医疗、康复、心理治疗和辅导以及社会工作等领域的社会政策；社会控制是识别、控制或阻止不符合社会规范的行为，常用的方法是将那些行为偏离社会规范的人从所在社区隔离至一个封闭的机构进行集中看管，如监狱、惩教机构、精神病院和一些为弱智人群建立的托管机构等。

具体来说，社会政策的长远目标体现了社会的主流价值观念，由社会共识决定。因此，社会政策的目标界定主要是对其主要目标的界定。主要目标有两个重要的作用。其一，象征性作用。目标必须体现社会的主流价值观和社会各界的期望，从而使公众、服务对象和政府等利益相关者认同该项政策及其目标，这是社会政策获得经济和政治支持，并可持续实施的先决条件。这是因为社会政策的目标是社会共识的结果，会随着社会的政治、经济和意识形态领域的变化而发生改变。如在19世纪以前在对贫困人群、精神病患者、流浪儿童以及其他有需要的人群的服务中，社会控制的成分非常明显，政策目标往往是使这些社会弱势群体不去打扰主流社会的生活。因此，耻辱感、集中隔离和机构化成为当时社会福利服务的典型特征，这反映了当时人们对社会弱势群体的认识和对社会问题产生的原因的理解，即人的问题主要是个人缺陷造成的。这种认识和实践造成了对社会福利对象至今仍然存在的社会偏见。福利国家的兴起虽然在一定程度上改变了社会政策的目标和人们对社会福利的看法，但在很多社会福利服务的项目中，社会照顾、社会康复和社会控制的界限仍然很模糊，不同的视角往往会有不同的理解。其二，目标必须明确、具体，能够对后续的政策方案设计过程起到指导作用，并成为对政策过程和效果进行监控和评估的尺度。

第二，确定政策对象的范围和资格条件。有关资格条件的讨论主要围绕普惠型和选择性社会福利的特征展开。普惠型福利是根据人口特征（如年龄）而为所有属于某一年龄段或具有某一特征的社会成员提供的福利，在国际社会中主要包括非缴费性的养老金计划、全民医疗保障制度以及针对儿童、残疾人和孕妇等特殊群体提供的社会福利。我国各地实施的福利养老金政策，对凡是达到某一年龄段的高龄老人，都按月给予固定数额的现金补助，也属于普惠型福利，其主要特征是不需要对受益者进行家计调查。选择性社会福利是对贫困人群的帮助，一般称为社会救助，通常需要通过家计调查或其他瞄准手段来决定受救助者的资格，我国的最低生活保障制度即属于选择性社会福利。无论是普惠型还是选择性社会福利，政策对象都是有需要的人群。换言之，需要是决定所有社会政策的资格条件的基本标准。普惠型和选择性社会福利的主要区别是：前者完全依赖需要决定，而后者则既考虑需要又考虑个人或家庭的经济能力。举一个残障人津贴制度的例子，如果凡是有残疾的人都可以享受津贴，这是普惠型福利；但如果只有贫困的残疾人才可以享受津贴，这便是选择性社会福利。

第三，确定服务内容或待遇水平。在确定了为哪些人提供帮助的问题后，就需要决定为他们提供帮助的类型和数量，即设计服务内容或确定待遇水平。政策目标要回答的问题是：这项政策实施后，我们期望政策对象发生什么变化？或者说，这项政策将为其对象人群带来什么样的改变？设计服务内容或待遇水平时需要做出的决策则是：我们为服务对象提供什么帮助或多少帮助，才能使他们发生我们所期望的变化，从而实现政策目标？如前文所述，无论社会政策的目标是什么，要使政策实现目标或产生效果，必然是政策对象或直接受益者发生了变化，这种改变既可以是人的改变，也可以是人所处的环境发生了变化。服务内容和待遇水平的确定即是设计发生这种改变的路径。这是体现社会政策理论和技术的主要环节。

在社会政策领域中，技术是一套制度化了的程序，其目的是通过改变人们的生理、心理、社会或文化属性，从而使他们从某种特定的状态转化为另一种新的、预期的状态。换言之，社会政策的技术是一套解决问题的程序，是"软技术"。技术、程序或活动是围绕政策目标展开的。与上述社会政策的三种主要目标相对应，社会政策同样有三种类型的技术：一是改变人的环境的技术，二是改变人的技术，三是社会控制技术。

在实践中，社会政策目标往往需要通过多种技术或手段来实现。这是因为服务对象的需要是多方面的，既包括精神方面的，也包括物质方面的需要，因此社会政策既采用改变人的技术，也使用改变环境的技术。事实上，大多数社会政策需要同时提供改变人或改变环境的服务。如儿童福利院为了让孤残儿童能够正常成长和发展，既要使用康复和特殊教育等改变人的技术，也要为儿童提供生活所需的条件和服务等以改变环境为目标的技术；社会救助政策既要为贫困家庭提供物质帮助，也为他们提供心理辅导和职业技能培训等服务。但无论采取什么干预方法，每个环节或步骤都必须有理论和实践经验的支持，这是保证社会政策的科学性或合理性的关键所在。其中，理论表现为一些基于实践经验的假设，而实践经验则是经过实践检验的"事实"。社会政策要以事实为依据已成为普遍的共识和实践。

社会政策所提供的帮助可以分为服务和现金或实物两大类。对于以提供服务为主的社会政策来说，主要是设计改变行为的干预路径或技术。一般的步骤是：（1）通过需求评估界定或找出需要解决的问题，问题即是政策对象的现状与政策所期望达到的目标之间的差距。（2）分析造成问题的原因，特别是要确认是人的原因还是环境的原因。（3）选择解决问题的最优方法。一般来说，最好的干预方法往往是被社会各界认可的、有效的解决问题的方法和手段。这就要求对不同的干预方法进行预测评估，最后找出能够最有效的解决问题或满足服务对象需要的方法。然而，社会政策的技术具有的一个明显的特征是不确定性。任何技术都必须具备两个特征：具有能建立因果关系的知识体系和对结果可以进行客观评估。社会政策的技术在这两方面都较弱。具体表现在：（1）社会政策的技术所依赖的科学理论和知识是不全面的，在实践过程中往往是由科学知识、价值观念、信念和经验等共同构成其技术基础，因而其服务技术近似艺术。（2）社会政策或服务的效果是抽象和非实体的，很难对其进行客观评估。这是因为，社会政策的干预对象或原材料是有各种需要或问题的人，而其产品或结果状态则是需要得到满足或问题得到解决的人。除了原材料本身的差异性大、难以控制以外，工作人员和服务对象的主观因素与客观社会环境的变化等都会对政策的实施质量和结果产生影响。因此，在社会政策的制定和实施过程中，工作人员在服务过程中不断探索新的方法和干预技术是极其重要的。

对于以提供现金或实物为主的社会政策，主要是确定它的待遇水平，如社会救助制度的保障标准或普惠型福利的给付水平。特别是对社会救助制度来说，保障标准对政策的效果和效率都会产生直接的影响，但制定一个合理的标准经常是一个极具有挑战性的问题，因为涉及对政策对象行为的影响。一方面，贫困人群必须获得充足的救助才能够脱贫；另一方面，还要避免受助者因救助水平高而影响其通过寻求就业而脱贫的积极性，即导致"福利依赖"的现象。合理的保障标准是能够使二者得到平衡的标准。传统的做法是使保障标准大幅度地低于受助者可能的劳动收入水平，从而阻止有劳动能力的低收入人群为了获得救助而主动放弃或减少正在从事的劳动创收活动，这是一种消极的策略，如西方"福利国家"自 17 世纪初《伊丽莎白济贫法》出台以来的社会救助制度。另一种是较为积极的策略，即近年来在经济合作与发展组织（以下简称"经合组织"）国家中普遍实施的积极的社会政策，一是对有劳动能力的受助者在生活救助的基础上适当增加一些旨在鼓励其寻找就业机会或参加就业或技能培训的补助，或者对受助者用于寻找工作、参加技能培训或公益劳动的相关支出给予额外补贴；二是采取救助渐退的方法，当受助者因生产活动而收入增加时，在一定期限内不减少救助金额，而是直到救助对象的收入有明显的提高并且趋于稳定时，再逐步减少并停止。

第四，确定筹资方式。社会政策的运行需要多方面的资源投入，其中资金是基本的资源。因此，首先要解决的问题是从什么渠道筹集资金和资金的规模。社会政策的资金主要来自各级政府的拨款，但也包括社会捐助、服务收费、服务提供者的经营性活动以及其他形式的第三方支付，如养老和医疗保险等制度需要工作单位和个人共同缴费。其中，政府的资金投入方式对其他资金渠道和规模具有直接的影响。一般来说，政府的资金投入主要包括专项基金和税收减免两种。专项基金的形式多种多样，既包括为各类项目专门设立的基金，也包括对服务提供者和使用者的补贴。前者如各种社会保险或社会救助基金，后者如对医疗或教育机构的财政补贴，其目的是为了保障公民获得一些最基本的服务而降低其服务收费。税收减免主要是对各种公益性社会服务组织的运营提供税收优惠政策，如对各种养老或社区服务机构减免营业税或所得税的政策。

第五，确定运行机制。运行机制即政策递送方式。一般来说，以提供现金或实物为主的社会政策，往往由政府部门直接运行，只是在某些环节上可以引入其他组织，如社会救助制度中的资格界定、资金发放或监控与评估等环节。对于以提供服务为主的社会政策来说，传统的社会政策不仅由政府筹集资金，也主要由政府部门或其下属机构负责实施。20 世纪 80 年代以来，政府购买服务的形式逐渐被普遍使用，其主要目的是降低服务成本、增加资金渠道、提高服务质量和克服官僚主义现象。购买服务的核心是政府与私营或其他组织形成合作关系，共同承担社会责任。双方的责任分工一般是：政府提供部分或全部资金，并保留制定政策的权力，即对所要购买的服务做出限定，如服务对象的范围和资格条件，服务的质量、数量、目标和评估方法等；营办机构则负责提供配套资金，在政府的政策范围内制订提供服务的具体计划和方法，并组织人力和物力实施计划。

第二节　社会政策的实施

一、社会政策实施中的计划制定

政策制定之后，往往不能直接付诸实施，而是需要经过一个将政策转化为项目的过程，即制定实施计划。这是因为，政策往往是一些指导性的原则，需要具体分管这些政策的部门或机构形成一个可操作的方案，然后才可以付诸实施。我国大多数社会政策都有一个由相应部门制定的"实施细则"，即是政策操作化的结果。尽管政策文本是制定实施计划的蓝本或依据，但实施计划的重要性并不亚于政策条文，在很大程度上，是一种政策再制定的过程。实施计划的制定与政策制定的逻辑过程是一样的，区别只是前者是围绕政策的主要成分进行进一步的细化。主要包括以下几个环节。

（一）目标具体化

在政策文本中，政策的目标往往是宏观的，但任何宏观或长远的目标都是逐步实现的。因为社会政策的对象是人，政策目标的实现首先体现为人的变化，即政策对象在经济、社会或心理等方面的变化。只有人的行为由于政策的原因而发生了变化后，宏观或长远的目标才可以达到。因此，政策目标的具体化即是确定：该项政策实施后，我们希望受益人群发生什么变化？目标具体化即是围绕政策的主要目标设计若干子目标，或将主要目标分解为若干个步骤或阶段性目标或指标，从而使主要目标和不同层次的子目标共同构成一个目标—手段锁链，通常称之为逻辑框架。逻辑框架在社会政策中应用的一个重要作用是使政策设计和执行更具理性，即政策设计中的各个组成部分都有明确的目的性和逻辑性，确保政策实施过程中的所有活动或程序都是围绕政策的目标而展开的。

子目标的设计过程体现的是社会政策在技术和活动程序上的选择，即对社会政策"如何做"的具体安排。在实际操作中，子目标的选择往往由理论、技术、经验、共识和价值观念等因素共同决定。其中，理论和技术的支持是基础，但也必须既能体现社会各界的期望，又能反映专业人士的共识。例如，我国城乡最低生活保障制度的主要目标是保障贫困家庭的基本生活，这是一个明确的反贫困目标。要实现这一目标，需要根据贫困人群的特征制订不同的政策目标，如对儿童和未成年人来说，基本生活还要考虑教育和健康的需要，因为教育是其基本生活中最重要的组成部分，而健康和营养则对他们的教育和未来的工作表现都有直接的影响；对老人来说，社会救助还要考虑社会参与的需要；对于有劳动能力的救助对象来说，救助目标既包括维持其当前的消费水平，更重要的则是为他们提供就业援助，帮助他们通过就业而脱贫。换言之，子目标的选择必须被社会各界认同，被认为是在当前的理论、知识和技术水平下，是最有效的解决问题的方法和途径。

在实际操作中，子目标的形式一般包括两种：一是对服务结果或服务输出进行定量或定性限定，通常表现为若干可测量的指标；二是对服务过程的标准化，包括对操作程序、步骤、技术和进度等的规范化要求，从而最大限度地降低政策执行过程中可能出现的由人的因素而造成的随意性，减少出现实施过程偏离政策目标的情况。

（二）设计瞄准机制

在政策文本对政策对象的范围和资格条件进行限定后，就需要通过一定的程序或技术将那些符合政策条件的对象从人群中识别或筛选出来，这一过程即是瞄准机制，也包括两类方法：一是与普惠型福利相对应的类别定位法。这是按照人口特征划分人群的方法，一般根据某一个体是否具有某一群体的特征（如特定的年龄）来确定其获得帮助的资格，而不考虑其个人或家庭的经济状况。在社会福利制度的分配体系中，尽管类别定位法不属于贫困瞄准方法，但其所瞄准的人群都是需要帮助的人群，如老人、儿童和残疾人等。二是与选择性福利相对应的贫困瞄准方法，常用的有家计调查、代理家计调查、自我选择、区域定位和社区评估等。其中，家计调查主要调查个人和家庭的收入和资产，如果收入和资产在某一水平之下，则可以享受救助；代理家计调查法不直接测量收入或资产，而是通过测量一些能够反映家庭收入和生活水平的指标来识别贫困家庭；自我选择法是由服务对象自行选择是否接受帮助，一般用于针对有特殊需要的人群的政策，如对孕产妇、难民或灾民的服务；区域定位法是按照所在区域确定救助资格，如我国的农村扶贫政策对贫困县的选择；社区评估法是由社区组织或代表采取民主的方法对某一个人或家庭的资格条件进行判断，如我国城乡低保制度中由居民或村民代表对申请者进行评议的方法。在实践中，各种瞄准方法都各有利弊，经常需要多种手段并用。

（三）资源配置

如前文所述，社会政策的运行需要多方面的资源投入，包括资金、技术、组织和人力等方面的资源。其中，资金主要来自政府，在实施阶段所涉及的问题是对社会政策的成本进行测算，以保证资金在不同的活动中进行合理的分配。不同社会政策的成本形式和估计方法是不同的。对于以发放现金为主的社会政策来说，成本主要包括向服务对象直接发放的现金或实物的数额和行政支出。其中，直接支出可以通过对服务对象的规模和待遇水平进行模拟估计，而行政成本则可以根据服务对象的规模、政策运行所需完成的程序或活动的数量以及所需要的设施设备等方面的支出进行估计。对于以提供服务为主的社会政策来说，直接支出主要是用于支付服务人员的工资或报酬，因为这类政策的运行主要依赖经过一定专业训练的服务人员。目前一般是根据服务对象的规模、服务的性质和数量、相关行业的薪酬标准进行估计，而行政成本则会因运行机制的不同而差别较大。

社会政策实施中所需要的技术、组织和人力等方面的资源，往往不是一个部门或组织集中具备，尤其是以提供社会服务为主的政策，所需资源要从不同的部门或组织中获得，常用的策略有三种。一是建立部门之间的工作协调或合作机制，如成立由不同成员组成的领导或协调小组，或吸纳重要成员参与组织的领导和管理；对政府组织来说，也可以采取指令和立法等行政手段或资金政策来影响组织之间的合作。二是通过购买服务获取其他组织的参与，包括签订临时性的任务性合同或与相关组织或机构建立服务网络。三是通过由服务对象自行选择服务提供者，如发放服务券或医疗保障制度中的报销机制。

（四）设计运行机制或递送方式

在政策实施阶段，运行机制的设计主要包括两种情况：对于政府主导实施的政策来说，主要是建立部门或机构之间的责任分工和协调机制；对于以提供服务为主的政策来说，则主要是通过购买服务的形式落实政策。购买服务的合同形式主要取决于买卖双方所希望建立的关系和所要购买服务的性质，一般有四种形式：（1）为特殊群体购买服务的合同。这些群体的需要明确，一般由政府制定目标人群接受服务的资格，营办机构具有在目标人群内筛选服务对象的权力，如康复、医疗、教育和社会工作等，其时间可长可短。（2）任务性合同。这是一种限时提供服务或产品的合同，一般适用于一次性产品或服务，服务或产品完成时合同即可终止，如课题研究、需求评估、项目评估等专业性较强的服务，往往由专门的研究机构、大学或协会等承担。此类合同对承包者来说风险较大，除需要较大的启动投资外，如果政府不再续签合同，机构会失去资金来源，甚至解散。但对政府组织来说，任务性合同是一件事半功倍的事情，政府不仅不需要承担设立和长期经营专门机构的成本，还可以将项目的开办、人员再安置和项目终结等责任完全交由承包者承担。此外，由于服务或产品比较单一，对服务的价值也较容易评估。

（3）长期服务合同。这种形式一般适用于那些政府长期需要的服务，如医疗、康复和社会工作服务等。（4）绩效合同。绩效合同是对上述合同的改进，它要求承包者明确界定服务的种类和标准，对目标人群、服务的种类和水平、服务对象的资格和审批程序、服务过程和财务收支情况、人员分工和执业资格等均有明确的规定和记录。有意承包的机构必须事先向政府部门呈交服务计划，提供实施服务的理由，详细解释服务的内容和方法，包括服务期限、评估标准和方法、报销程序和服务项目/项目的定价方法，最后双方经过谈判达成合同协议书。

政府购买服务的过程一般包括如下几个步骤：（1）决定购买服务前进行需求评估，确定需要解决的问题或要达到的目标。（2）通过竞争招标签订合同，保证择优选用。（3）根据需求评估的结果，设计操作性较强的服务程序和标准以保证服务质量，如对每项服务与完成每项服务的每一个过程都要设计可以量化的指标和标准；每一个过程都要有充分的理由证明是必要的步骤；每一个过程的成本、价格和时间都要有准确的计算。（4）建立对服务机构进行质量评估的指标体系，具体包括服务质量标准、服务机构工作人员的专业资质、服务类型和方法以及工作人员与客户的比例等。（5）确定评估购买服务效果的指标，包括服务质量、数量、效果和成本效益比等。

购买服务的主要优点有：（1）在社会服务领域引入市场竞争机制，实现降低服务成本和提高服务质量和效果的目的。（2）节省政府的人力和设施成本，缩小政府的人员规模。（3）购买服务可以使政府掌握主动权，在财政紧缩或认为服务不需要时可以随时终止合同。同时，如果政府对营办组织的服务不满意时也可解除合同，这样便迫使营办机构必须在服务创新、提高专业水平和竞争力等方面下功夫。（4）由于独立的服务营办机构具有一定的经营自主权，其人事制度和政策措施也相对灵活，因而可以根据环境和客户需要的变化做出较快的反应。（5）由于购买服务使营办机构的资金来源与其服务表现直接挂钩，因而能够克服在服务提供过程中经常存在的官僚主义现象，激发他们提供高质量服务的动机，从满足政府需要转变为满足客户的需要，从而真正实现为客户服务的目的。

但购买服务也存在缺陷。第一，大多数社会服务是"软服务"，如教育、医疗和社会工作服务等，其成本和价格难计算，服务过程难监控，服务质量的标准不确定，更难以量化。这些特征很容易导致各种合同漏洞的产生，从而使政府和大众失去对服务的有效控制和监督。第二，由于政府对合同的执行过程很难控制，服务提供者出于利润动机的驱使，往往会出现为了提高利润而降低服务质量的手段，如使用未经过培训或资质不合格的人员提供服务。这种情况在很多福利服务中经常发生，如针对老人、儿童或残疾人的福利服务机构。这些组织所提供的服务往往是无偿或低偿的，因此，服务对象与服务提供者之间并不存在一种直接的商品交换关系，他们并不是真正意义上可以进行选择或讨价还价的"顾客"。由于这种不平等的服务供应关系，加之服务对象往往是一些缺乏自我保护能力、更无法对服务效果做出反馈的人群，在服务过程中出现上述情况便是不可避免的事情。第三，购买服务的另一个问题是，由于服务提供者的资金渠道不依赖服务对象，服务提供者在运营过程中往往会将满足资金提供方的要求作为其首要的目标，而将服务对象的需要放在次要的、可以忽略的位置。

（五）设计工作程序和活动

社会政策的运行过程一般以资金筹集为起点、以政策对象受益为终点，中间需要经过一系列具有内在逻辑性的活动、程序或技术，从而使投入的资源转化为对服务对象的帮助。如我国的城乡低保制度，其政策实施过程包括政策宣传、制定保障标准、确定资格条件、制定申请审批程序、发放资金、动态管理、处理投诉与监控和评估等。这些活动或程序是保证政策目标得以实现的基本环节，缺少任何一个环节或某一个环节没有达到既定的标准，都会对政策效果带来影响。例如，如果政策宣传不到位，潜在的救助对象可能因为不了解政策而不去申请，从而得不到帮助；申请审批程序不合理，漏保或错保现象在所难免；而缺少有效的投诉处理机制，则会影响对问题的及时纠错。因此，在政策实施计划中，要对政策过程中的所有程序和活动，按照目标—手段的逻辑框架进行分析和设计，并对每项程序和活动确定相应的目标、标准或指标，从而保证这些活动或程序与政策的目标之间具有直接的关系和一致性。

二、社会政策实施中的组织体系

（一）社会政策实施中三类组织的划分

社会中的组织体系可以划分为三个功能相互交叉的组织系统：工商组织、政府或公共组织和第三部门组织。这三个组织系统具有不同的主要社会职能。简单来说，工商组织的主要功能是为社会创造财富，提供商品和服务。政府或公共组织的主要职能是保证国家安全、经济发展和社会公平与稳定。第三部门组织是一个范围较广的组织系统，包括各种非营利组织、志愿者组织和其他社会组织等。之所以称之为"第三部门"，是因为其性质既不同于政府，也不同于企业，其主要职能是为社会提供公益性产品或服务，如教育和医疗服务机构以及为有特殊群体提供福利服务的组织。

（二）确定社会政策实施中三类组织的具体合作方式

在社会政策的实施过程中，政府是主导部门。任何一项社会政策都需要由政府的一个或若干部门负责实施，但都需要其他两个组织系统的配合。负责社会政策实施的政府部门往往需要确定如何与其环境中的其他组织共同构成政策递送体系。一般来说，政府主要负责提供规制、资金并监控政策落实情况或服务递送的质量，而其他组织则主要负责提供政策实施所需的人力和技术等方面的资源，有时也需要提供配套资金。这是因为，任何一个部门或机构都不可能完全独立实施一项政策，必须得到其他部门或组织的配合才可以完成所需要的程序或活动。例如，我国的最低生活保障制度是由民政部门负责实施，但其实施过程需要调动很多其他部门和组织的配合：贫困瞄准需要用人单位提供救助申请者的收入证明，房地产部门提供住房信息，人保部门提供就业情况；此外，还需要银行为救助对象发放救助金。同样，在人力资源方面，社会政策的运行既需要行政管理人员，也需要调动很多的专业人员，如社会工作者、护理人员、教师和医生等。这些资源往往不是一个组织或部门同时具备，而是分散在其环境中的不同部门或组织中，如社会工作机构、社会福利机构、学校和医院等。这样，社会政策的实施部门与其环境中的各种组织形成了一种"资源依存"关系。一般来说，政策越复杂，对其他组织的依存程度越高，如社会救助比普惠型社会福利对环境的依存程度要高；而依存程度越高，政策运行的行政与监控和管理成本也越高。

三、社会政策实施中的管理

社会政策通过操作化过程转化为实施计划后，即进入了实施阶段。对实施过程的管理主要包括资金管理和项目管理。

（一）资金管理

资金管理主要是如何确保资金的使用符合其设立的目的，其目的是预防挪用资金或其他违规行为的产生。这一目标的实现除了需要对相关人员进行业务培训并加强法律法规教育外，更重要的是通过技术手段或机制来预防违规行为的发生。在实践中，资金管理措施主要包括专项管理和财务审计，二者的目的都是保证资金全部用于与政策相关的活动上，而不能用在其他方面。例如，在我国的最低生活保障制度中，为保证救助资金全部用于低保对象而不被挪用，地方政府普遍采取了"专户管理"或"收支两条线"等方法。财务审计是最重要的监督和判断资金的使用是否符合专项性原则的手段之一。常规的专业监管组织主要包括各级监察和审计部门，如审计所或会计师事务所等机构，这些机构主要从财务规范方面进行监督或提供服务。如果实施有力，审计制度可以有效地避免挤占和挪用资金现象的发生，是保证资金运行符合专项原则的主要手段。此外，由于信息不对称和专业局限等原因，社会大众无法对政策资金的运行情况进行直接监督，因而财务审计也是民主监督的工具和前提。

（二）项目管理

项目管理涉及的内容很多，包括对从资金筹集到政策对象获得实际帮助的全部过程中的所有活动和参与者的管理，其目的是对政策的实施过程进行控制，保证所有活动或程序都是围绕政策的目标而展开，避免或减少出现政策实施偏离政策目标的情况。项目管理主要通过两种方式进行：一是建立和实施一套制度化的监控和评估机制。其中，监控侧重政策的实施过程，评估更侧重政策效果，但二者的目的都是及时发现问题，并提出解决办法。因此，一套完整的监控和评估体系需要涵盖政策从资金筹集到政策对象获得帮助的全部信息，从而能够对政策的效果的运行表现进行分析和判断。对于一些处于探索阶段的社会政策来说，一套完整的监控和评估体系不仅是判断政策实施成效的工具，也是总结经验、不断完善政策所必不可少的环节。

二是监控和管理服务合同。对于政府购买服务的政策项目，项目管理主要是监控和管理合同的实施过程和效果，包括实施进度、实施活动和阶段性目标的实现情况，从而保证服务提供方按照既定的目标和要求实施服务。一般情况下，购买服务的合同中会将实施进度、活动、阶段性目标或指标与监控和评估方式等包括在内，因此，实施过程的管理主要是通过定期走访服务提供方或服务对象，使用标准化的量表来搜集有关上述指标的信息，而对于项目效果的管理，则通过任务合同的形式招聘第三方进行评估。

四、社会政策实施中的监测

社会政策实施中的监测即是通过对政策实施过程中的相关数据和信息进行系统的搜集和分析，了解政策的运行是否按照既定的要求进行和目标的实现情况，从而及时发现问题并提出改进措施。在实际操作中，社会政策实施中的监测主要依靠管理信息系统进行。管理信息系统是电子化的工作记录，其记录的内容一般包括工作程序与活动、政策对象个人及其家庭情况、获得的帮助类型和数量等。因为这些数据和信息可以在服务过程中直接获得，不仅方便，数据搜集成本也较低，目前已经成为各种项目管理中普遍使用的方法。通过对这些信息的分析，既可以了解政策运行是否按照既定的程序和目标进行，也可以对工作人员的工作过程进行监控。此外，管理信息系统也可以为实施监控和评估机制搜集和提供所需要的信息和数据。它还有一个更重要的作用是，通过与相关部门或机构之间的信息共享，不仅有助于政策协调和资源共享，降低数据搜集的成本，也为政策运行提供更多的交叉数据渠道以验证信息的准确性。

第三节　社会政策的评估、调整与终止

一、社会政策评估

（一）社会政策评估的目的

社会政策评估有两个主要目的：一是落实问责机制。作为公共资金支持的社会政策，政府或政策实施机构必须向公众证明政府的投入是物有所值的，因而需要将政策的实施情况和效果向公众做出交代，接受社会监督或获得公众的支持。二是发现和解决问题，不断改进政策效率和效果。一项社会政策是否或在多大程度上能够实现其政策目标，既取决于政策设计的合理性，也受到在政策实施过程中各种因素的影响。一个设计非常完善的政策，如果实施过程不恰当，也很难取得应有的效果；同样，设计有缺陷的政策不仅会对政策实施带来影响，也会对政策效率和效果产生影响。社会政策评估即是以政策目标为依据，系统地搜集和分析与政策设计和实施相关的信息和数据，据此判断政策实施的结果是否或在多大程度上实现了既定目标，从而发现需要改善的地方或环节，对政策设计和实施过程进行完善。

（二）社会政策评估的形式与方法

社会政策评估可以根据评估目的和条件的不同，采取不同的形式，如通过对公众或服务对象的态度或满意度的调查，可以快速地了解人们对某项政策的态度或政策的服务质量。比较系统的评估方法是"逻辑框架法"（The Logical Frame Approach）。该方法将社会政策的实施与效果的关系看成一个具有内在逻辑性的系统，将政策的运行过程和结果分为输入、活动、产出和效果四个维度，通过搜集和分析不同维度的信息和数据，对政策的效率和效果从多方面进行评估。"逻辑框架法"中的逻辑框架如图4-1所示。

其中，输入是指政府投入社会政策的资金与人力和物力资源；活动是用以将输入转化为输出的程序、步骤或技术；输出是指输入经过一系列活动或程序后所带来的直接产出；效果则是指政策为其目标人群所带来的影响或变化。

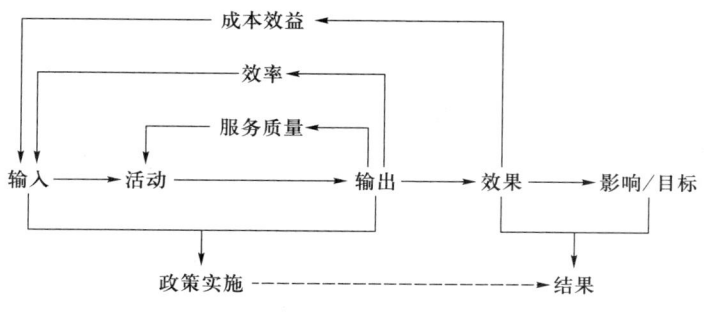

图 4-1 逻辑框架法

总体上看，社会政策评估与一般的项目评估一样，其基本方法都是对政策或项目实施的实际结果与既定的目标进行比较，从而确定是否或在多大程度上实现了预期的目标。

（三）社会政策评估的步骤

理想的政策评估是在制订政策实施计划时同时制订评估设计，并在服务运行过程中搜集有关资料，而不是临时插入或政策实施后再制订和实施评估方案。政策评估一般包括四个基本步骤，即目标界定、选择关键指标、搜集数据和分析数据，具体介绍如下：

第一，界定或形成目标共识。目标既是政策制定和实施的出发点，也是政策评估的依据。对于一个设计完善的社会政策来说，政策目标往往在制订和实施监控和评估方案前已经有明确的界定。但在实践中，很多社会政策往往没有清晰的目标界定，或者因目标较为抽象而使不同的利益相关者产生不同的理解，这就需要重新界定目标，并获得主要利益相关者的认同。

第二，选择关键指标。指标要涵盖输入、活动、输出和效果四个维度。指标的选择一般要遵循四个原则：（1）清晰，没有歧义；（2）相关，即与要测量的内容相关；（3）经济，要考虑数据搜集的成本；（4）可监控，即可以作为独立指标进行效度检验。逻辑框架法涵盖了社会政策的四个维度，可以从不同角度去分析和评估，全面的评估需要大量的人力和财力，大多数时候不具备需要的条件。比较实用的方法是选择一些关键指标进行评估。例如我国的城乡低保制度可以用以下五个指标进行评估：（1）低保资金的投入或支出（输入）：包括各级政府的财政投入数额和实际救助支出。通过对这些数字占国内生产总值的比例、占财政支出的比例和占社会保障支出的比例等的分析，可以反映地方政府投入力度。（2）瞄准手段和瞄准率（活动）：即"应保未保"和"不应保而保"的数量和比例。作为一项选择性社会救助，最低生活保障制度的一个资金使用原则是将有限的资金最大限度地用于真正贫困的家庭，具体包括两个方面的内容：一是符合救助资格的人群获得了救助，而不符合救助资格的人员没有得到救助；二是困难程度越高的群众获得的救助越多，反之亦然。瞄准率不仅是反映制度效率的主要指标，同时也对制度的公平性和效果有重要的影响。（3）覆盖率（输出）：覆盖率反映的是最低生活保障制度惠及了多少人口以及哪些人群。（4）反贫困效果（结果）：即最低生活保障制度对受助者脱贫的影响作用，它反映的是救助水平是否充足的问题。一般可以通过测量受助者人均受益数额与贫困线的比例而得出，即用平均每个受助者获得的救助数额除以贫困线。在有住户收入和支出抽样调查数据的情况下，也可以用贫困深度来测量。（5）其他效果（结果）：如社会救助制度对当地社区的经济和社会效益的贡献，如贫困人群脱贫、消费水平提高、参与劳动力市场后对当地经济的推动和对社会稳定的贡献等。

第三，搜集数据。用于社会政策评估的数据搜集方式与一般社会政策研究一样，主要包括问卷调查、知情者访谈、焦点小组、查阅服务对象档案资料、服务记录以及二手数据等。具体使用什么方法，需要根据评估的目的和可用于评估的资金、资源和时间来确定。

第四，分析数据。主要是对政策实施中的各个环节和政策效果之间的因果关系进行分析，从而确定政策目标的实现程度和影响目标实现的因素。在数据分析的基础上，对政策设计或实施过程进行调整。

（四）社会政策评估的基本形式

评估的实施一般包括两种形式：一是由第三方组织进行的独立评估，即外部评估；二是由政策实施部门或机构在其内部进行的自我评估。二者的目的是一致的：（1）确定政策是否达到目标；（2）找出需要改进的方面；（3）以报告或其他书面形式向政府和大众公布制度的实施情况。不同之处是，外部评估一般要通过项目招标的方式，由专业组织或专家等在政策执行部门的协助下进行，目的是保证评估结果的公正性和权威性，而自我评估则是一个内部管理的过程，目的是及时发现问题，并采取相应的措施。

二、社会政策调整

社会政策调整是指对正在运行的政策在技术层面上进行的局部改变。政策调整不会改变政策的基本结构，而是一个对政策设计和实施不断完善的过程，其调整形式经常表现为资金筹集、资格条件、待遇水平或服务技术、递送方式等一个或多个方面的变化。

(一) 政策调整的原因

政策调整的原因主要有三个方面：一是政策本身的原因，即根据监控和评估结果对政策设计或实施手段进行调整。这类调整往往是常规性的，它反映了政策的制定与实施是一个动态和学习的过程，也是政策监控和管理中的主要目标和活动。如我国各地对医疗保险和医疗救助制度中的起付线、报销比例和封顶线的调整。二是政策环境的变化，即在政策实施过程中出现了新的情况，包括经济和社会环境的变化或出现了新的政策等，需要对政策进行调整以适应变化。如我国的特困人员供养，从20世纪50年代初建立农村五保供养制度以来，经过了多次的修订，内容涉及筹资、保障内容和水平，以及政策的名称等多个方面。三是公众的态度和价值观念的改变。人们对权利和社会福利的观念和态度往往会随着时代的变化而改变，相应的社会政策也需要做出某些调整以适应公众的价值观念变化。20世纪90年代以来，很多欧美国家对其社会政策进行了调整，社会福利逐渐变成了"工作福利"，这种调整即是顺应社会大众对福利依赖现象不满而要求权利与责任挂钩的价值观念变化。

(二) 社会政策调整的方式

社会政策的调整要根据调整的目标和内容而采用不同的方式。一般说来，按照调整内容和手段看，可分为技术性调整、一般性制度改革和重大制度转型等不同的层次。其中，技术性调整是指通过较为简单易行的技术性手段对社会政策加以修补，如增加或修改一些技术性参数，采用一些辅助性的手段去解决问题。例如，通过推迟退休年龄或加强保险费征缴来解决养老金缺口问题。一般性制度改革是指对社会政策制度体系中不合理的制度加以局部的改革，或根据需要增加或减少某些方面的福利供应等方式，在总体上进一步优化制度体系。而社会政策的重大转型则是指社会政策的指导思想、基本目标、主导原则、总体制度框架和总体福利水平方面的重大变化。

三、社会政策的终止

社会政策一旦制定和实施，出现完全终止的情况是非常少见的，这是社会政策与其他公共政策的不同之处之一。这是因为，社会政策以增加人们的福利水平为其基本目标，而终止则意味着福利的减少，必然会受到政策受益者的反对。因此，一项社会政策的终止在两种情况下可能出现：一是由于新的政策的实施，该项政策失去了继续独立存在的意义，这种情况往往是该项政策被其他政策取代或并入了其他政策中。如我国农村低保制度实施后，原来老的农村特困户救助制度被逐步并入了低保制度。二是该项政策与社会的主流价值观念出现了背离的情况，需要对政策的基本结构进行调整。如在我国已经实施了较长时期的收容遣送制度，由于其对收容对象权益的保护不够完善，而于 2003 年被废止，取而代之的是更具人性化的、以为流浪人员提供临时救助为主要目的的《城市生活无着的流浪乞讨人员救助管理办法》。

思考题

1. 社会政策的过程包括哪几个主要环节？每个环节有哪些主要特征？
2. 社会政策的过程包括哪些主要的利益相关者？他们各自扮演什么角色？
3. 社会政策制定一般要遵循哪些基本程序？
4. 如何理解社会政策实施中管理和监测的重要性？
5. 社会政策评估一般有哪些基本的步骤？

第五章　中国特色社会主义社会政策实践与理论发展

经过 100 多年的发展，世界各国基本上都形成了一定的社会政策体系，在保障和改善民生中发挥着作用。各国的社会政策模式既具有共同性的一面，同时也都根据本国经济、政治、文化和社会的实际状况而采取了一些不同的制度安排。各国都在根据自身的社会现实制定和实施适合本国国情的社会政策体系。在我国，自新中国成立以后，执政党和政府不断地探索保障和改善民生的实践模式，尤其是在改革开放以后，不断地探索适合社会主义市场经济的社会政策模式。在此过程中我们积累了大量的政策经验，并逐步形成了中国特色社会主义的社会政策理论。

第一节　我国社会政策实践探索道路

尽管在我国的政府文件中较晚才采用"社会政策"的概念，但新中国成立以来的各个时期政府都有保障和改善民生的政策实践，并在实践过程中不断探索适合我国社会主义制度和特殊国情的民生保障模式。

一、计划经济体制下我国的社会政策实践

（一）计划经济体制下我国基本生活保障和社会服务的基本构架

在改革开放之前，我国没有采用社会政策的概念。但从新中国成立之初我国就开始了政府向民众提供基本生活保障和各种社会服务的实践，并且在此后的 30 年里逐渐建立和完善了依托计划经济体制的基本生活保障和社会服务体系。

从新中国成立之初起，我国政府就开始建立和发展基本生活保障和社会服务的基本制度体系。一方面，在新中国成立之初，各级政府的主要任务之一是解决旧社会遗留下来的各种社会问题，其中就包括当时较为严重的失业和贫困问题，在解决这些问题的过程中逐步建立了城市社会救济等制度。另一方面，为了稳定企业的发展，从 1951 年起，在当时的"大企业"中建立了劳动保险制度，并在此后逐渐扩展这一制度的覆盖范围，建立了机关事业单位的退休金、医疗费等方面的制度。再一方面，在 20 世纪 50 年代的农业合作化过程中，农村集体经济组织创造了五保供养等制度，并在 60 年代普及了农村合作医疗等制度。总而言之，我国

从 20 世纪 50 年代初开始，经过了十多年的时间逐步形成了计划经济体制下的基本生活保障和社会服务制度。这套制度有以下一些基本内容。

1. 基本生活资料的定价定量供应

从 20 世纪 50 年代中期建立粮食统购统销制度后，在粮、油、棉、布等基本生活用品方面实行了定价定量供应。即由国家对这些产品统一定价，并且采用凭票供应的方式限定每人的购买量，后来这被称为"票证供应制度"。后来定价定量供应的范围还进一步扩大。基本生活资料的定价定量供应制度是在当时物质产品较为匮乏的条件下，国家不得已而采取的一种供应制度。在当时的条件下具有很强的基本生活保障作用，可以最大限度地保障当时家庭最基本的生活资料供应。

2. 充分就业和稳定就业制度

在计划经济体制下，我国城市实行了由政府负责安排工作的劳动就业制度，每个城市劳动者都可以由政府分配一个工作。并且劳动者的就业有较高的稳定性，基本上不会失业。在农村则是实行依托集体土地所有制的集体劳动制度，即每个农村劳动力都是人民公社社员，都有权参加集体生产劳动和参与集体劳动产品的分配。当时城市和农村的充分就业和稳定就业制度有效地保障了广大劳动者通过就业获得基本的收入。

3. 城乡公共教育体系

在计划经济体制下，城市和农村都建立了基本的公共教育体系。在城市中是以地方政府建立的公立学校和国有企事业单位建立的职工子弟学校和职业培训学校相结合的公共教育模式，在农村则是在政府的补贴下由集体经济组织建立的农村公办中小学。而当时的中等专业学校和高等教育则完全由国家举办，包括中央政府和地方政府举办的学校。在管理体制上既有直接由教育部门管理的学校，也有由政府各个职能部门管理的学校。教育费用基本上由政府、单位和集体经济负担，降低了家庭送孩子上学的经济负担，有效地促进了基础教育普及率的提高。但是当时的公共教育普及的层级较低，能够接受高中以上教育的比例不高，能够接受高等教育的更是非常稀少。

4. 城乡公共医疗卫生体系

在计划经济体制下，医疗卫生事业基本上是由国家、单位和集体负担。在预防性公共卫生事业方面是由政府组建的专业性公共卫生机构与单位和集体组织的群众性"爱国卫生运动"相结合的模式。在医疗服务方面，在城市里是地方政府直接建立和管理的公立医疗卫生服务机构与各个单位内部设立职工医疗服务机构相结合的模式，在农村则是在 20 世纪 60 年代中期普及了依托集体经济组织的合作医疗制度。同时，当时的医药产业基本上都是国营企业，由政府制定药品价格，药品价格较低。在这种模式下，城乡居民可以在不同程度上享受到免费或低费的医疗卫生服务，有效地提升了民众的健康水平。但是，当时针对不同人群有着不同的医疗卫生体制，全民所有制单位职工、普通城市居民和农村居民所实际享受的医疗服务和医疗保障水平仍存在较大的差距。

5. 住房保障体系

在计划经济体制下，我国城市中依托国有企事业单位建立了福利性的住房保障制度，包括在政府计划下由单位负责的职工住房建设和福利性分房制度。职工可以经分配获得基本的住房，并仅支付较为低廉的房租。在农村虽然没有建立起公共住房保障制度，但有依托集体经济的农村宅基地制度，在一定程度上保障了农民建房用地。但是，当时的住房保障制度也是不均衡的，城市全民所有制单位职工与城乡普通居民之间、干部和普通职工之间、不同层级的干部之间的住房福利水平差距较大。

6. 劳动保险制度

在计划经济体制下，我国在城市全民所有制企业建立了职工劳动保险制度，其中包括职工退休金、免费医疗、产假和工伤保险制度。劳动保险制度可以为退休职工提供退休金，报销职工医疗费，提供产假工资，并为受到职业伤害的职工提供医疗费用和因工致残津贴。当时的劳动保险制度较为有效地为单位职工提供了基本的社会保障。但是，这套劳动保险制度覆盖面不高，只针对全民所有制企业职工，而没有有效地扩展到其他类型的劳动者。

7. 社会救济

从新中国成立之初起我国就开始在城市建立社会救济制度。在计划经济体制下，我国城市社会救济一是靠单位为困难职工和家属提供基本的救济保障，二是由城市政府建立社会救济制度，为城市中的"三无人员"（无劳动能力、无家庭供养、无其他收入来源的人）提供基本生活保障；在农村中则是由集体经济组织建立五保供养制度，为农村中的"三无人员"提供生活保障。

8. 社会福利服务

狭义的社会福利服务是指由国家、单位和集体向有需要的人提供的各种服务。在计划经济体制下，我国在城市中一方面是由各个单位建立的职工福利体系，为职工提供各方面的生活服务；另一方面是城市政府建立的社会福利服务体系，主要为"三无人员""优抚对象"和其他特殊困难人员提供供养和其他各种生活服务。

综上所述，在计划经济体制下，我国基本上建立起了一套较为完整的社会政策体系，包括了基本的社会保障和较为广泛的社会服务体系。在当时经济发展较落后，人均收入较低下和生活物资供应短缺的情况下，较为有效地满足了民众的基本需要。但是，当时的社会政策体系存在着一定的不均衡性，各种不同的人群享受的待遇水平存在差距。

（二）计划经济体制下我国社会政策的体制框架

改革开放以前的计划经济体制既是经济体制也是社会体制；它既维持着经济运行，也实施社会管理和保障民生的任务。在这种体制下，有两类主体在民生保障中发挥着作用，一是国家，二是城市企事业单位和农村集体经济组织。

当时城镇中的"单位"组织是由国家建立的，受国家的控制，执行国家的指令，是国家组织体系的一部分。农村集体经济组织从政治上看是由国家建构的组织体系，从经济上看虽然不直接隶属于国家，但也在较大程度上受国家的控制。但是，当时这两种组织在社会层面上都有一定的主体性。城市单位组织和农村集体经济组织在执行政府计划指令的同时，也在一定程度上利用自有资源为其成员提供福利，因而在民生保障方面具有一定的自主性。尤其是"单位办社会"的格局使城市单位组织事实上承担了公共服务提供主体的责任。农村集体经济把分散的农民组织起来，以集体的力量来发展生产，共同面对自然和社会风险，提高了抵御社会风险的能力。在当时，城市中的劳动用工制度、劳动保险制度，农村的集体劳动制度和产品分配制度，以及城乡公共教育、医疗卫生、住房制度等方面的基本制度都由国家制定，因此从总体上看国家在社会福利体系建构和管理上起着支配性的作用。但这些制度所规定的福利待遇和社会服务中的大部分都是由城市企事业单位和农村集体经济组织直接提供的，这些组织在福利供应中也具有一定的自主空间。并且，国家并没有试图担当起为所有社会成员都提供福利的直接责任，而是希望城市企事业单位和农村集体经济组织去分担国家的责任，并且不断地鼓励民众和基层组织单位要自力更生，即自己解决自己的生活福利。而要形成自力更生的局面，就必须要使基层组织具有一定的自主性和社会共同体属性。这是中国计划经济体制下社会政策体制与西方福利国家体制最大的不同点之一。

当时的城市单位组织和农村集体经济组织在担当福利主体责任时一方面要听从国家指令、维护国家利益，另一方面也会在政府所给予的政策空间里尽可能维护本单位职工和本集体经济组织成员的利益，并组织自力更生的行动，因此形成类似"单位共同体"的特征。① 也就是说，当时的城市企事业单位和农村集体经济组织具有一定的社会属性和一定的福利自主性，可以被看成一种"准社会"的实体。但从总体上看它们仍是国家体系的组成部分，主要执行国家的指令，只具有较弱的社会属性。因此，在计划经济体制下的社会政策主体应该看成是国家与社会的混合体，是强国家、弱社会的组合，其中缺失的是市场机制。

二、改革开放以来我国社会政策的改革与发展

计划经济体制下的社会政策体系取得了很大的成效，在当时经济发展比较落后、人均收入水平较低的情况下较为有效地保障了民众的基本生活，并且在民生保障和社会服务领域取得了较好的成绩。但是，当时社会政策体系所依托的计划经济体制缺乏经济活力，长期看不利于经济发展。为了促进经济发展，我国从20世纪70年代后期开始了经济体制改革，进而带动了社会政策体制的改革。

（一）20世纪70年代末80年代初社会政策体制的改革

中国社会政策的改革开始于20世纪70年代末80年代初。社会政策最初的改革主要基于当时我国经济与社会发展中出现的一些严重的困难以及最初经济体制改革所带来的制度失调问题，是一种应对性的改革。

1. 20世纪70年代末和80年代初劳动就业制度与住房制度的应对性改革

在20世纪70年代末，随着"文化大革命"的结束，我国停止了持续了十年的"知识青年上山下乡运动"，大批的"知青"在很短的时间里从农村回到城市，引发了城市里严重的就业难和住房难问题。在当时的体制下，城镇就业主要由政府安排，住房也主要由政府或单位提供。但是在大量知青突然回城的情况下，城市政府难以在短期内为大量新增劳动力提供充足的就业岗位，也难以为大量的年轻人提供足够的住房。面对巨大的就业和住房压力，城市政府不得不通过体制改革来探求解决问题的出路。

在就业方面，上海市政府率先提出了"三结合"的城镇就业模式，即不再完全依赖政府安置就业的方式，而是在国家统筹规划和指导下，实行劳动部门介绍

---

① 对计划经济体制下城市"单位制"的性质，大多数研究者都强调其国家体制属性，但也有研究者分析了单位制所具有的社会属性，如有学者认为当时的单位制在形式上表现为"政府—单位"的两极结构或"单位人体制"。这种体制决定了社会成员只能作为"单位人"而存在，人们的利益纽带一般无法逾越自己所属的单位；单位既是社会成员谋生的经济载体，也是获取社会关怀、社会支持和社会保障的最基本的社会载体，而且公民对于自己所属的单位有着高度的依附性与依赖性、强烈的认同感与安全感。

就业、劳动者自愿组织起来就业和自谋职业三种方式相结合的就业政策。也就是说，城市政府不再承担为劳动者安置就业的全责，也不再限制劳动者的自谋职业，而是鼓励劳动者通过市场机制获得就业岗位。"三结合"的就业模式很快取得了成功，在短短几年的时间里就缓解了严重的就业压力，而且为后来的劳动就业体制改革积累了经验。

在住房方面，面临严重的住房压力，地方政府从80年代初开始了集中建房。由于过去几十年里住宅建设严重滞后，政府在短期内大量建房面临严重的财政压力。为了缓解建房的财政压力，政府不得不采取出售一批住房以缓解建房资金压力，从而开启了住房制度的改革。

当时在劳动就业制度和住房制度方面的改革都主要是面对严重的资源供应短缺问题而采取的应对性改革，是面对严重困境而采取的不得已的措施，而不是在一定理论指导下的有意识的改革。但是，这样的改革实践取得了成功，在短期内就缓解了当时严重的就业和住房压力，这两方面改革的成功告诉人们，在资源供应紧张的情况下，不能只是依赖政府去解决问题，市场机制也可以是解决困难的一条出路。这对后来我国社会政策的市场化转型起到了重要的作用。

2. 20世纪80年代企业早期体制改革引发的劳动保险制度改革

在过去的计划经济体制下，劳动保险制度建立在全民所有制企业制度基础上，并且是由企业直接管理的，是当时企业制度和管理体系的一个方面。20世纪80年代早期开启了以扩大企业自主权为特征的全民所有制企业的改革，其基本改革举措之一是允许企业自由支配属于企业的利润留成部分。这种改革直接冲击了当时由企业负责的劳动保险制度，引发了新、老企业之间"苦乐不均"的强烈反应。为了解决这一问题，促进企业之间的公平竞争，从80年代中期起在国有企业中开展了退休金和医疗费统筹的改革。此后，为了解决当时严重的企业冗员和劳动生产率低下的问题，从80年代中期开始了以"劳动合同制"为特征的劳动用工制度改革，并且作为其配套措施而开始探索建立新型养老保险制度。尽管80年代在劳动保险制度方面的改革并不十分成功，但是其朝向社会化方向的探索为后来我国新型社会保险制度的建立积累了必要的经验。

（二）20世纪90年代社会政策的转型

如果说20世纪80年代我国社会政策的改革主要是为了应对当时严重的社会问题，或者是应对当时企业改革后出现的新问题的应对性改革，那进入90年代后，我国的社会政策改革又进入了一个新的阶段。邓小平"南方谈话"后，我国开始了朝向社会主义市场经济的全面的经济与社会改革，而社会政策各个领域的改革是这新一轮的改革中的主要方面。在这一时期，我国在新的价值理念的引领下，在社会政策的各个领域中都开展了全面的、深刻的、具有很强目的性的改革。

1. 20世纪90年代我国社会政策改革的主要内容

20世纪90年代，我国社会政策改革的主要内容有以下一些方面。

（1）我国劳动就业制度新的改革

在20世纪80年代改革了政府安置就业和实行劳动合同制劳动用工制度的基础上，90年代的国有企业改革中进一步全面破除了过去的"铁饭碗"式的稳定就业制度，使过去由政府和国有企业负责的劳动就业制度较为彻底地转向了劳动力市场制度。在"减员增效"的国企改革浪潮中，大量的企业职工下岗失业，导致了较为严重的下岗失业问题。在这一过程中也逐步建立了新型的社会救助制度、再就业培训和就业服务体系。

（2）我国社会保险的重大转型

如前所述，我国全民所有制企业劳动保险制度的改革开始于20世纪80年代。但初期的改革只是针对当时企业制度改革所引发的问题而进行的。而到了90年代，我国确立了建立国家、企业和个人共同负责的新型社会保险制度。在养老保险方面，在1991年国务院发布了《关于企业职工养老保险制度改革的决定》，明确了职工个人也要缴费。1993年，中共十四届三中全会明确基本养老保险实行社会统筹和个人账户相结合的制度模式。此后经过不断改革、调整和完善，基本养老保险制度的激励约束机制初步建立。到1997年，国务院发布了《关于建立统一的企业职工基本养老保险制度的决定》，建立了我国新型职工基本养老保险的制度体系。在医疗保险方面，经过十多年的试点后，国务院在1998年发布了《关于建立城镇职工基本医疗保险制度的决定》，要求在全国范围内建立以城镇职工基本医疗保险制度为核心的多层次的医疗保障体系。此后，国家又逐步建立和完善了失业保险、工伤保险和职工生育保险制度，到21世纪初，形成了包括"五大保险"的企业职工社会保险体系。这套社会保险体系的基本特点是：适应社会主义市场经济体制，采用国家、企业和个人共同负责的基本方式，坚持保基本、广覆盖和社会化管理的原则，为企业职工构建基本的社会保障网。

（3）我国新型社会救助制度的起步

20世纪80年代以来的经济体制改革对过去的社会保障体系产生了较大的冲击，尤其是90年代的国企改革导致了大量的下岗失业，引发了较为严重的贫困问题，而过去的城乡社会救济制度难以应对新出现的贫困问题，需要加以改革。在此背景下，上海等城市率先建立了城市居民最低生活保障制度，向所有家庭人均收入低于一定标准（最低生活标准）的家庭提供现金救助，以使其达到最低生活标准。这是改革开放以后我国出现的新型的社会救助制度，其基本特点是不再局限于"三无人员"，而是面向所有收入困难达到一定程度的居民家庭，向他们提供无偿的救助。这是政府向所有居民提供的基本生活保障制度，是一张可靠的社会安全网，保障所有的家庭不会跌入严重贫困之中。经过几年的普及后，1997年，国务院发布了《关于在全国建立城市居民最低生活保障制度的通知》，在全国普及了这一制度，并且于1999年发布了《城市居民最低生活保障条例》，建立了城市低保的基本制度体系。

（4）我国的医疗卫生体制改革

在20世纪90年代市场经济转型的过程中，我国对医疗卫生体制也进行了改革。医疗卫生体制改革早在80年代就已经开始。1985年国务院批转卫生部《关于卫生工作改革若干政策问题的报告》，提出放宽政策，简政放权，多方集资，开阔发展卫生事业的路子，把卫生工作搞好的改革思路，开启了医疗机构转型过程。1988年卫生部、财政部、人事部、国家物价局、国家税务局发布《关于扩大医疗卫生服务有关问题的意见》，提出了推行承包责任制，开展有偿业余服务，调整医疗卫生服务收费标准，卫生预防保健单位开展有偿服务，卫生事业单位实行"以副补主""以工助医"的改革主张，并特别强调积极发展卫生产业。总的来说，这一时期的改革已经开始朝向市场化的方向，改革导致政府对医疗卫生事业的直接投入逐步减少，市场化逐步进入医疗卫生领域。

进入90年代后这一改革继续延伸。1992年9月，国务院下发《关于深化卫生医疗体制改革的几点意见》，进一步推动了80年代后期以来的改革。1996年12月9日，中共中央、国务院召开了新中国成立以来第一次全国卫生工作会议。紧接着，1997年1月，中共中央、国务院出台《关于卫生改革与发展的决定》。该文件继续坚持认为我国卫生事业是政府实行一定福利政策的社会公益事业，但是在具体措施上对医疗卫生事业的公益性保障不足，提出了卫生事业要适应社会主义市场经济，采取多种形式，多渠道筹集卫生资金的要求。2000年国务院办公厅转发了体改办等八部委的《关于城镇医药卫生体制改革指导意见》，进一步强化了许多市场化的原则。此后，我国医疗卫生的市场化程度越来越高。市场化的发展在促进医疗卫生服务资源不断增加的同时，也导致了医疗服务价格不断上升，广大民众看病难、看病贵的问题日益突出。

（5）我国以住房商品化为特征的城镇住房体制改革

这一改革的主要内容一是将过去的政府和单位建房制度改变为房地产市场制

度；二是将过去福利性的分房制度改变为"货币化分房"制度，即个人和家庭在房地产市场中购买住房；三是大幅度提高公房出租价格，并逐步将公房出售给个人。改革的结果是将过去福利性的住房保障体系较为彻底地转变为市场化的住房供应体系。城镇住房制度改革使政府和单位摆脱了福利性住房供应的责任，并且市场化改革的结果在一定程度上促进了住房供应量的提高。在这一过程中同时建立了住房按揭贷款制度、经济适用房供应制度、住房公积金制度和廉租住房制度等带有住房保障性质的制度，但总体上看，这一改革导致住房保障水平的降低，使部分居民面临住房贵、住房难的问题。这一问题到进入21世纪房地产价格快速提高后变得更为突出。

（6）我国的社会福利社会化改革

我国针对各类人群的社会福利服务过去一直是由地方政府、企事业单位和农村集体经济组织提供，但改革开放以后，需要社会福利服务的人员不断增多，客观上要求增大社会福利服务供应，而一部分城镇单位组织和农村集体经济组织的社会福利功能明显下降。在这种情况下，政府并没有全部接收社会福利供应的缺口，而是希望通过推行"社会福利社会化"来满足民众日益提高的社会福利服务需求。社会福利社会化主要是鼓励各类社会力量以资金、服务等方式投入社会福利服务领域，以增大社会福利服务供应，满足民众的需要。社会福利社会化在养老服务领域推进较快，同时也在社区服务和其他一些社会福利服务领域开展。

2. 20世纪90年代我国社会政策转型的主要方向和特点

20世纪90年代社会政策改革具有明确的目的性和方向性。概括起来看，这一阶段的改革具有以下一些主要的方向和特点。

（1）社会服务的社会化改革

20世纪90年代在社会政策多个领域的改革都是朝向社会化的方向。所谓社会化方向，包括了三个方面的特点：一方面是随着家庭服务功能的降低，要求发展更多的社会化服务接替过去由家庭提供的社会服务；另一方面是将过去由单位负责社会服务转到由各种社会力量提供的社会服务；再一方面是通过鼓励各种社会力量的参与而降低对政府社会福利服务的依赖，并以此缓解当时社会福利服务资金不足、福利机构少、服务水平较低等问题。在20世纪90年代社会政策多个方面的改革都较为明显地朝向"社会福利社会化"的方向，如民政部门负责的社会福利服务、社会保险制度的建立等领域的改革。

（2）社会福利市场化改革

20世纪90年代社会政策的许多改革都在一定程度上朝向市场化的方向。所谓

"市场化改革",是指将原来完全按照福利原则运行的社会服务转变为完全按市场化原则运行(如住房改革),或者引入较多的市场化方式(如医疗卫生体制改革)。市场化方向的改革一方面可以拓宽社会服务的资金供应渠道,并约束社会服务的需求,客观上有利于减轻政府社会福利的负担,但另一方面可能因社会服务费用的上涨而导致部分社会成员难以支付其费用而影响自己获得必要的社会服务,并进而导致社会服务不平等的扩大。

(3) 社会福利地方化的改革

20世纪90年代我国社会福利的改革带有社会福利地方化的趋势。在改革开放之前,我国社会福利方面的制度构架基本上是由中央政府制定的,各地之间的差异不大。但在90年代中央与地方的分税制改革中确立了地方的社会福利事项由地方财政负责的原则。这样一来,各地之间因地方财力的不同而导致了在基础教育、社会救助和其他多方面社会福利水平差异扩大。

(4) 社会福利普惠型水平降低、选择型福利相对加强

20世纪90年代社会政策改革的又一特点是普惠型福利项目普遍下滑。原有在住房、医疗、教育等方面的普惠型福利供应水平都在不同程度上出现下滑。但在同期建立了城市低保制度和下岗职工生活保障制度,表明选择型福利制度得以明显的发展。

(5) 总体福利水平的相对下降

20世纪90年代政府财政在社会福利方面的支出水平总体上呈相对下降趋势。进入21世纪之前,我国财政支出项目统计口径没有将社会政策方面的支出单独列出。与此相关的预算科目是"文教、科学、卫生事业费"与"抚恤和社会福利救济费",我们用这两个指标去大致衡量我国各级财政在社会政策方面支出水平的变化。在20世纪80年代和90年代的两个十年里,我国各级财政在"文教、科学、卫生事业费"加"抚恤和社会福利救济费"的支出占财政支出的平均比例分别为18.92%和22.00%,说明在政府财政支出结构中这一部分的支出的比例扩大了。但如果用"文教、科学、卫生事业费"加"抚恤和社会福利救济费"的支出占国内生产总值的平均比例来衡量,则从3.86%下降到了3.03%。[①] 这种相对的下降主要是由当时国家财政收支占国内生产总值比例的严重下滑而导致的。进一步看,在80年代之前,我国企事业单位在社会保障和其他各项社会服务方面承担了很大的

[①] 国家统计局:《中国统计年鉴—2001》,表8-7《国家财政主要支出项目》、表8-1《国家财政收支总额及增长速度》、表3-1《国内生产总值》,见国家统计局网站。

责任，但到了 90 年代，随着大量企业的不景气甚至倒闭，企业的社会福利提供大幅度下降。而在企业福利保障功能大幅度降低的情况下，政府在此领域增加的支出不足以弥补企业的福利退出而形成的缺口，而且低于国内生产总值的增速，因而使总体福利水平相对下降。

（三）进入 21 世纪后我国社会政策的新发展

20 世纪 90 年代朝向社会化和市场化的社会政策改革虽然在提供社会服务供应、降低政府负担和促进经济发展的方面取得了明显的成效，但是社会福利水平的降低导致了社会保护的全面下降，并由此导致大量民众对社会服务的可及性降低。收入差距扩大和社会政策水平下降的双重作用导致总体民生保障水平的相对下降，导致了看病难、看病贵、上学难、住房难等问题。面对这些问题，进入 21 世纪后，党和政府对经济和社会发展战略做出了重大的调整，提出了"构建社会主义和谐社会""加强社会建设"和重视民生保障的一系列新的发展理念。在这些新的发展理念的指引下，我国社会政策有了较大的新发展。

1. 逐步纠正社会政策中过分市场化的做法

进入 21 世纪以后，20 世纪 90 年代我国对社会服务实行市场化改革的负面影响逐渐显现，其中最突出的问题是医疗卫生领域的严重问题。20 世纪 90 年代我国医疗卫生领域的市场化改革后，医疗卫生服务的公平性下降，在全世界排名非常靠后。其结果是不仅在公共卫生领域中出现严重问题，而且在医疗服务领域也出现了较为严重的看病难、看病贵问题。在这种情况下，政府开始认识到过分的市场化对医疗卫生服务的危害，从而开始纠正过去改革中过分市场化的做法。2009 年中共中央、国务院发布了《关于深化医药卫生体制改革的意见》，对医疗卫生政策做出了重大的调整，其主要方向是加强医疗卫生的公益性。

在教育政策方面也有类似的情况。在 20 世纪 90 年代，教育领域虽然没有像医疗卫生领域那样公开提出市场化改革的要求，但政府对教育的投入长期偏低，在不同程度上导致了入学难的问题，尤其是在一些贫困农村地区导致了教育费用超过困难村民的支付能力，失学率长期居高不下。面对这些问题，进入 21 世纪以后，政府开始加大对教育的投入，从 2003 年到 2012 年的十年间，全国财政性教育投入占国内生产总值的比例从 2.5% 上升到 4.1%。[①] 尤其是在 2001 年开始实行了"两免一补"，后来又开展了"营养午餐"等项目，使贫困地区教育难的问题快速好转。

---

① 本章相关数据均来自财政部预算司的历年《全国财政决算表》（见财政部预算司网站以及相应年份的国家统计局《中国统计年鉴》）。

应该看到，进入21世纪以后，我国在医疗、教育等方面的政策转变并不仅仅是为了解决当时眼前的民生问题，而是代表着国家在社会政策方面的战略性调整，即看到了市场机制在社会服务供应方面的不足，决心更多地实施国家干预，通过制定和实施社会政策达到保障和改善民生的目标。在这种新的社会政策思路的指导下，进入21世纪以后的十多年里，我国在社会政策的各个方面都取得了长足的进展。

2. 进一步健全社会政策体系

20世纪90年代初步建立了社会保险和最低生活保障制度，但当时我国的民生保障的制度体系还不健全。不仅社会保险和社会救助制度还有很多不完善的地方，而且在其他许多方面还缺乏相应的制度和项目。为此，进入21世纪以后，政府加强了民生保障制度体系建构的工作。首先，在社会保险方面，2001年起国务院在辽宁等省开展了完善城镇社会保障体系的试点，探索了如何做实职工基本养老保险个人账户等关键性的问题，并且在此后改革了职工基本养老保险的转移接续制度，并建立了农村和城市的居民养老保险制度。同期还建立了城市居民医疗保险制度和农村新型合作医疗制度（简称"新农合制度"）。其次，在21世纪的头十年里，我国社会救助体系有很大的发展，从20世纪90年代的最低生活保障制度发展成以最低生活保障制度为基础，包括医疗救助、住房救助、自然灾害救助、教育救助、就业救助、农村五保供养（后改为特困人员供养）、流浪乞讨人员救助（后纳入临时救助）、法律援助、临时救助等多个项目的综合性社会救助体系。第三，在医疗卫生政策方面，2003年"非典"流行以后，我国加快修复和健全公共卫生和疾病防控体系；2009年以后在新的医疗卫生改革方案中，我国加强了城乡基层公益性医疗服务体系的建设，包括城市社区卫生服务体系和农村三级医疗卫生体系的建设。第四，在住房保障方面，鉴于从2003年起我国城市住房价格快速上升，导致部分家庭住房困难问题日益凸显，政府开始构建新的住房保障体系，从2009年起逐步加大对保障性住房建设的财政投入，到现在基本上建成了包括公共租赁房、经济适用房和限价房等多种保障性住房以及城市住房租赁补贴和农村危房改造补贴等在内的住房保障体系。第五，在就业公共服务方面，我国在20世纪90年代对当时的下岗职工提供再就业服务的基础上，进一步完善了城市公共就业服务体系，包括对就业困难家庭的就业援助和主要面向农民工的公共就业培训体系。第六，在教育政策方面，在21世纪头十年里逐步确立了以教育公平为基础的教育政策体系，进一步完善了城乡公共教育体系，基本上实现义务教育阶段的免费入学，全国初中毛入学率从2000年的88.6%上升到了2014年的103.5%，基本完成了农村普及九年义务教育的任务。

3. 重点加强了农村地区社会服务体系建设

20世纪80—90年代我国农村社会政策严重缺失，这是当时城乡二元结构的主要表现，也是导致当时"三农问题"的主要原因。进入21世纪以后，我国全面开展了"新农村"建设，农村公共服务体系的建设和发展是其重要内容之一。首先，针对当时最为严重的农村医疗卫生政策缺失和农村看病难、看病贵的问题，民政部、卫生部和财政部在2003年发文，要求各地建立农村医疗救助制度。同年开始了新型农村合作医疗制度的试点工作，并在2005年在全国基本普及这一制度。医疗救助和"新农合"制度的建立在很大程度上缓解了自20世纪70年代末以后长期困扰农村人口健康的医疗卫生难题。其次，针对当时贫困地区农村孩子接受义务教育难的问题，从2005年起全国普及了"两免一补"政策，为农村经济困难家庭孩子免除杂费和书本费，并补助住宿费。在2011年又启动实施农村义务教育学生营养改善计划。在这几套"组合拳"的作用下，农村地区贫困家庭孩子入学难的问题有了很大的好转，为实现"普及九年义务教育"任务提供了坚实的基础。再次，进入21世纪后农村社会救助制度有较大的发展。在21世纪初，部分农村地区根据自身的条件逐步建立了农村低保制度，没有建立农村低保制度的地区也建立了农村特困户救助制度。在2006年国务院颁布了新的《农村五保供养工作条例》，强化和完善了农村五保供养制度。2007年国务院发布了《关于在全国建立农村最低生活保障制度的通知》，并于当年在全国普及了农村低保制度。此后，国务院于2010年颁布了《自然灾害救助条例》，进一步完善了自然灾害救助制度，再加上前述的农村医疗救助制度，在21世纪的头十年里，我国基本建立起了较为完善的农村社会救助制度体系。最后，在进入21世纪以后我国农村社会保险制度也有重大发展，其中最突出的是2009年在全国建立了新型农村社会养老保险制度。

上述农村社会政策的发展在很大程度上缓解了农村地区社会服务严重不足的局面，使农村的民生保障体系有了很大的改善，并且使城乡之间的福利差距明显缩小，对缓解"三农问题"和推进"新农村"建设起到了积极的作用。在此基础上，中央和地方政府进一步推进城乡之间社会政策的一体化，其中最突出的行动是城乡居民养老保险的合并实施，以及"新农合"与城市居民医疗保险的整合。社会政策的城乡一体化会进一步缩小城市和农村之间的福利差距，对逐步消除城乡二元社会结构具有重大意义。

4. 在社会政策方面的财政支出水平明显提高

衡量一个国家或地区社会政策水平的高低，最终还是要看政府在社会政策领域的财政支出水平。这里我们用国际上通行用"社会支出（Social Expenditure）占国内生产总值的比例"来衡量我国进入 21 世纪后社会政策水平的变化。[①] 根据政府公布的数据，我国各级政府在教育、医疗卫生、社会保障与就业、住房保障、扶贫开发几大领域的财政预算支出占国内生产总值的比例在 2003 年以后的十年里有较大幅度的上升，从 2003 年的 5.2% 上升到 2019 年的 9.3%[②]。

2003 年以来全国财政在社会政策各个领域中的支出水平有了很大的提升，不仅其绝对数每年都在提高，而且除了个别年份之外，其相对财政预算总支出和国内生产总值的比例也都不断提高。这说明进入 21 世纪后，我国重视民生保障的社会政策确实落到了实处。

除了各级政府预算支出之外，我国的社会保险支出也应纳入政府的"公共社会支出"范畴。在 2019 年，我国的社会保险支出数额为 7.5 万亿元。[③] 加上这一项后，我国"社会支出"占国内生产总值的比例大约在 16.9%。也就是说，我国当年生产的总财富中有六分之一以上是通过政府公共支出的方式用到了社会保障和各项公共社会服务方面。

5. 进入 21 世纪以来我国社会政策发展的主要特点

概括进入 21 世纪后中国社会政策的发展，可以看出有以下几个方面的特点。

首先，从总体上看，进入 21 世纪后我国的社会政策主要针对过去政府与市场关系的扭曲，重点通过增强政府干预解决市场失灵的问题。进入 21 世纪后的十多年里，随着我国经济的快速增长和政府财政收入增长超过国内生产总值的增长速度，各级政府财政收入状况都有了很大的好转。不断壮大的财政实力使政府能够增大对民生事业的投入，并通过政府的投入去扭转过去社会服务过分市场化的弊病。

[①] 国际上一般用"社会支出占 GDP 的比例"来衡量一个国家或地区社会政策的总体水平。所谓"社会支出"，即政府在社会政策领域的支出，一般包括政府在教育、医疗卫生、社会保障、就业、住房、扶贫等方面的支出。我国迄今为止尚未将"社会支出"纳入财政预算及统计口径中，因此在政府财政部门和统计中都无法直接看到我国各级政府各个年度的社会支出水平，但是我们可以将政府财政预算体系中的"教育""医疗卫生""社会保障与就业""住房保障"和"扶贫"五大类支出相加，所得到的指标和数据近似于国际上通行的"社会支出"。为此，可以将各级政府财政在上述五个方面支出水平相加作为各级政府"社会支出"，并用各级财政在这几个方面的支出总和占 GDP 的比例去衡量社会政策的水平。

[②] 根据财政部预算司相关年度的《全国一般公共预算支出决算表》和相关年度的《中国统计年鉴》中相关的数据计算。

[③] 国家统计局：《中国统计年鉴—2020》，表 24-24《社会保险基金收支及累计结余》，见国家统计局网站。

其次，在加大政府干预的大方向下，这一时期我国的社会政策出现了两个方面的重要变化。一是社会政策在制度完善性、项目齐全性、受益者覆盖面以及政府财政投入水平等方面都有明显的提升。从总体上缓和了过去严重的看病难、看病贵、上学难、住房难的问题，并且对过去社会政策严重不足的农村地区给予了特殊的重视，使农村社会政策有更加明显的发展，在医疗卫生、社会救助、养老保险等方面都弥补了过去的空白。并且在这一时期中，我国社会政策普惠型特点出现一定的回归，学术界和政府官员中都有人提出建立"适度普惠型福利模式"的呼吁。因此，这一时期被学者们称为"社会政策时代"或者"民生十年"。

这一时期我国社会政策的第二个大的变化是社会政策比过去更加重视公平地分配公共服务资源。在 20 世纪最后十年里我国社会政策不仅总体福利水平低下，而且在医疗、教育、社会保障等方面公共资源分配不均衡的问题也较为严重。进入 21 世纪以后，我国在逐渐提升社会支出水平的同时，也开始注意扭转公共资源分配不均衡的问题。中共十六届五中全会上提出，并在十六届六中全会和十七大报告中进一步确立了"基本公共服务均等化"的原则。在社会政策实践上更加重视在教育、医疗卫生、社会保障、住房等方面基本公共服务的均等分配，更加注意解决最困难群体的基本公共服务需求。近十年来，我国社会政策在公共服务资源分配方面不均衡的情况已有明显的好转。

三、当前我国社会政策实践的基本特点

综上所述，经过十多年的发展，我国的社会政策有了长足的进展，但同时还存在一些不足和问题。概括起来看，当前我国的社会政策实践有如下一些特点。

（一）社会政策行动体系基本建立起来，但仍需进一步完善

通过多年的发展，我国社会政策的行动体系基本已经建立起来，这套体系包括了几个维度的主要内容：一是在公共教育、医疗卫生、社会保险、社会救助、社会福利、就业服务、住房保障、扶贫开发各个领域，以及在老年服务、儿童服务、残疾人服务、职工服务、社区服务等方面的制度和政策体系；二是国家和地方立法机构在社会政策领域制定了相关法律法规，政府发布了大量相关的政策文件，各级政府制定了相关的发展规划等制度规范和行动方案；三是社会政策总体上已经覆盖城乡全体居民，并且城乡之间、地区之间和不同人群之间的受益水平逐步均衡；四是社会政策领域的财政预算支出制度基本形成，各级政府每年向社会政策领域的各个项目投入大量的财政支出，有效地支持了各个领域的民生事业。

但是也应该看到，我国社会政策还没有达到十分完善的水平。在项目的齐全

性、覆盖人群的全面性、各类人群之间的公平性和财政支持制度的完善性等方面都还存在一定的不足，还需要通过进一步的改革加以完善。

（二）总体福利水平有明显提高，但离理想目标还有一定的距离

进入21世纪以来，我国的社会政策在总体福利水平取得了长足的进展，这使得我国基本上可以超越"低福利国家"的水平。但总体上看这些进展仍然是有限的，仍未能从根本上改变我国社会政策水平相对低下的局面。不论是与群众的需要相比、与发达国家的福利水平相比，还是与我国自身的经济发展水平相比，我国的社会政策总体水平仍然处于较为落后的地位。一方面，我国目前在医疗卫生、教育、社会保障、就业质量、住房保障等方面的福利供应还存在许多不足，群众还有许多基本需要得不到有效的满足。而且，面对快速的人口老龄化和城市化进程，我国群众对各个方面福利的需要还将进一步提升，需要政府进一步扩大福利供应。另一方面，我国在经济发展方面已经取得了"经济大国"的地位，并开始向"经济强国"迈进，但与发达国家相比，我国的总体福利水平仍然偏低。如前所述，在2019年，全国各级政府在教育、医疗卫生、社会保障与就业、住房保障和扶贫几大领域的财政预算支出，再加上社会保险支出总共占国内生产总值的比例仅为16.9%左右，而2013年经合组织国家不包括教育支出的社会支出平均水平占国内生产总值的21.1%。如果包括教育支出，经合组织国家政府社会支出的平均水平可达到25%以上。[①] 因此，我国政府的社会支出与经合组织国家的平均水平相比仍有很大的差距。

（三）社会政策的公平性有所提升，但仍需进一步加强

在中央"基本公共服务均等化"原则的指导下，经过21世纪初至今的发展，我国社会支出的公平性有了较大的改善。但社会政策的公平性问题也还没有完全解决。目前，农村和欠发达地区的基本公共服务在水平、质量等方面与城市和发达地区相比仍存在很大的差异，群众对此还有较强的进一步改善的要求。总体上看，在进入21世纪后的十几年里，我国社会政策的公平性程度的提升仍仅是相对于20世纪最后十年里社会政策发展缓慢而言的有限提升，属于社会政策公平性的恢复性发展，其目标和成就都主要是将过去"公平缺口"恢复到了一个基础的水平上，还需要公平性全面或充分的提升。

（四）国家、市场与社会的关系得到改善，但仍需进一步优化

从国家、市场和社会三方关系的角度看，21世纪初至今我国社会政策的发展

---

① 数据来自经合组织网站。

主要是政府与市场两方面力量的此消彼长，是通过政府加大社会支出弥补市场的不足。而在此过程中，政府的社会政策在促进或带动社会力量参与方面存在严重不足。一方面，从资源筹集的角度看，21世纪初至今政府的财政能力不断加强，但民间慈善事业的发展仍步履艰难，导致强政府、弱社会的不平衡局面持续加剧。根据民政部的统计，2019年，全国社会组织捐赠收入为873.2亿元，仅为当年全国公共财政预算收入的0.46%，占当年国内生产总值的0.09%。即使再加上全国社会组织的服务价值，社会力量在民生保障方面的资源调动能力总体上仍处在几乎可以忽略不计的水平。相比之下，发达国家的民间社会支出占国内生产总值的比例一般都比较高。例如，2013年经合组织国家的民间自愿投入的社会支出占国内生产总值的比例平均达到1.8%，而这一比例最高的美国则达到了11.1%。[①] 由此可看出，中国"社会力量"的软实力与发达国家相比，尤其是与美国相比还有巨大的差距。另一方面，我国各级政府不断增大的财政社会支出也没有多少进入社会组织中，而主要是按照长期的惯例进入公办的社会服务机构。因此，"体制内"的社会服务机构得到了加强，但"体制外"的社会服务机构的发展仍然乏力。这说明21世纪以来的十几年社会政策发展虽然在一定程度上扭转了过去"弱国家"的局面，却没有扭转"弱社会"的局面。换个角度说，从经济实力、国家能力和社会力量三个维度将中国与发达国家相比，目前中国与发达国家差距最大的是社会力量。

总而言之，21世纪初至今，我国的社会政策逐渐变成了一种"强市场、强国家、弱社会"的格局。一方面，市场的力量仍然很强；另一方面，国家加大干预，以弥补市场在民生保障方面的不足。但是，由于社会力量的弱小，迫使国家在保障民生方面处于一个"全能责任者"的地位。在社会政策行动上逐渐形成国家直接面对群众的局面，而群众也越来越依赖政府来改善其民生状况。在缺乏社会力量强有力配合的情况下，国家将不得不单独承担保障和改善民生的责任，这使得政府的社会政策在提升总体福利水平和资源分配公平性两个方面都面临越来越大的压力。这也迫使政府在增大社会支出方面越来越"刚性化"，一旦政府试图降低其社会支出水平，将带来严重的社会问题。

但是，我们也应该看到，近年来在社会领域有一些新的变化。第一，在2008年汶川地震以后，各地的民间社会服务组织越来越活跃。第二，在中共十八届三中全会以后，对社会组织的准入门槛降低，国家进一步鼓励社会服务等领域的社

---

① 数据来自经合组织网站。

会组织发展。第三，2013年国务院办公厅发布了《关于政府向社会力量购买服务的指导意见》，政府财政资金向社会组织的投入开始增大。从实际效果上看，前两个因素对推动社会组织发展的效果比较明显，尤其是在中共十八届三中全会以后的三年时间里全国社会组织数量的增长率分别达到了8.1%、9.6%和10.8%，明显超过了此前在2010年和2011年的3.5%和3.7%。[①]

综上所述，经过21世纪初至今的发展，我国社会政策有了长足的进步，在保障和改善民生与促进社会公平方面发挥了重要的作用。但以发达国家的平均福利水平和我国经济发展水平相比，我国的社会政策还有明显的差距。我国还需要进一步提升社会政策的总体水平和公平性，以更好地满足民众的实际需要，实现我国全面建成小康社会的总体发展目标和共享发展的理念。

第二节 我国社会政策理论发展脉络

作为一套制度化的行动体系，当代各国的社会政策都是在一定的理论指导下发展的。通过不断地总结社会政策实践，各国逐渐形成了一套社会政策的理论。社会政策理论既是对社会政策实践的反映，同时也受特定时期的主流价值理念的影响。并且，社会政策的理论一旦形成，对社会政策的实践会产生深刻的影响。新中国成立以来的各个时期里，在毛泽东思想和中国特色社会主义理论的指导下，对本国社会政策的实践有较为广泛的理论总结。分析我国社会政策理论的发展，对于更加深入地理解我国社会政策的实践有着重要的意义。

一、计划经济体制下我国对社会政策的理论认识

在计划经济体制下，我国按照马克思主义的基本原理并结合本国的实际，形成了社会主义建设的理论体系，在此基础上逐步建立了当时的社会政策理论。概括起来看，当时我国社会政策的理论是基于社会主义的国家理论、社会主义公有制理论、社会主义计划经济理论、社会主义的公平观和分配理论而建立的。

（一）社会主义的国家理论

当代社会政策是国家的一项重要职责，因此社会政策体系的建立和社会政策行动的开展与关于国家的理论密切相关。按照马克思主义的国家理论，在阶级社

---

① 数据来源为民政部发布的相关年份的《社会服务发展统计公报》。

会里，国家是阶级统治的工具。但在社会主义制度下，国家是代表无产阶级和人民大众的根本利益，要承担组织经济生产和社会运行的职责，而制定和实施社会政策，向群众提供福利服务则是国家的重要职责之一。

（二）社会主义公有制理论

按照马克思主义理论，在社会主义阶段要实行生产资料的公有制。按照当时的社会主义公有制理论，公有制意味着生产资料产权归大众所有，广大劳动者与自己的生产资料相结合，生产出来的产品也是共有的，能够更加平等地进行分配，因此公有制能够比私有制更好地为人民提供福利，更好地保障人民的基本生活。当时的公有制理论还认为，公有制可以有全民所有和集体所有两种不同的层次。因为这两个层次的公有化程度不同，其产品为人民共有的水平也应该有所不同。这正好解释了为什么全民所有制单位职工比集体所有制劳动者享有更好的福利水平。

（三）社会主义计划经济理论

计划经济体制下的基本经济学理论是社会主义计划经济理论。这种理论强调在社会主义公有制条件下，国家建构经济体制，并通过一整套的计划来管理经济运行。计划经济理论强调在社会主义制度下，可以并应该靠着国家的力量对经济和社会运行的整个体系进行计划安排。计划经济理论相信通过国家计划可以实现更加合理和有效的资源配置，达到更高的公平和效率。因此，不仅生产或与生产直接相关的经济运行可以并应该由国家指令性计划来安排，而且就业、产品分配和消费等方面也都在不同程度上可以并应该由政府计划安排。同时，在计划经济体制下，国家计划的作用要延伸到民众的生活及其相关的各种社会服务方面，这些领域都可以并且应该由政府通过国家计划来安排，以便可以较为平均地分配有限的生活资料和提供社会服务，以保障所有人的基本需要得到满足。

（四）社会主义的公平观和分配理论

计划经济体制下的社会政策还基于当时的社会主义的公平观和分配理论。按照马克思主义理论，社会主义是比过去其他社会更加强调社会公平的社会。社会公平的含义一方面是平等，即在消灭了过去私有制下的剥削以后，社会主义社会可以实现更高水平的平等；但另一方面，马克思主义也强调，在社会主义阶段还做不到各取所需的绝对平等，其主要的分配机制还应该是按劳分配。同时，马克思在《哥达纲领批判》中还谈道，社会主义分配制度在按照按劳分配原则将消费品分配个人之前，先要做出必要的扣除，即扣除为满足社会公共目标所需要的消费部分，其中包括"同生产没有直接关系的一般管理费用""用来满足共同需要的部分，如学校、保健设施等"和"为丧失劳动能力的人等等设立的基金"①。马克思主义的上述理论为社会主义时期的政府制定和实施社会政策，提供公共服务和保障民众基本需要提供了理论基础。我国计划经济体制下的收入分配和社会政策基本上是按马克思主义的理论来制定和实施的。但是在具体实践中仍有一些方面出现偏差。一是对按劳分配标准的把握上出现偏差，在一定程度上将按劳分配转换成了按官职或权力的分配，致使权力和地位等级因素在分配中的作用较大。二是对公共资金部分（即"必要扣除"部分）的分配方式，在马克思的原著中没有清楚地论述，而我国计划经济体制下也没有从理论上对此做出清楚的界定。因此导致在这一部分的分配中出现了一定程度的不平等。城乡之间、全民所有制职工和非全民所有制劳动者之间、全民所有制体制内的干部和普通工人之间，以及在干部系列内的不同层级之间获得的各种福利待遇水平有不同程度的差异。

二、改革开放以来我国社会政策的理论在实践中不断完善与发展

在计划经济体制下，我国立足于马克思主义的基本原则，基于当时经济与社会发展的实际情况对社会政策做出了理论总结，给当时的社会政策行动以有效的理论支持。改革开放以后，我国社会科学研究者围绕中央对我国改革开放的基本方针，提出了一系列的理论创新，为社会政策的理论创新奠定了重要的理论基础。我国的社会政策理论研究者也立足于马克思主义的基本原理，积极探索在新的条件下发展中国特色社会主义的社会政策理论，提出了一系列新的理论观点。

（一）社会主义市场经济理论

改革开放以后，我国确立了建设社会主义市场经济的基本发展方向。在新的经济体制下，社会主义市场经济理论既是我国经济体制改革的理论基础，也是我国社会政策改革与转型的理论基础。社会主义市场经济理论认为市场机制能够与社会主义相结合，在社会主义制度下市场机制也可以是配置资源的有效工具。我国的经济体制改革的主要目标就是要将过去以计划为主的资源配置方式改变为以市场机制为基础的资源配置方式。社会主义市场经济理论认为，凡是适合市场机制运行的地方都应该尽可能地采用市场机制。由于过去我国的经济体制与社会政策在体制上基本上是融为一体的，因此社会主义市场经济理论不仅引导了经济体制的改革，而且其影响还延伸到了社会政策领域，在住房、劳动就业、医疗卫生、教育、社会保障等领域都在不同程度上引入了市场机制。从其效果看，市场机制

---

① 《马克思恩格斯文集》第3卷，人民出版社2009年版，第433页。

的引入在较大程度上提高了资源运行效率并扩大了资源供应，但在一些领域中也导致了服务可及性的降低和受益的差距。通过实践的探索，研究者们逐渐开始分析市场机制的不足，并提醒决策者在实践中一方面要充分发挥市场机制的作用，另一方面也要注意市场机制的负面影响和市场机制有效作用的边界。在其失效的地方以政府干预加以弥补，而社会政策正是在市场机制公平失效的情况下，通过政府提供公共服务的方式去发挥服务资源配置的作用。

（二）社会主义条件下的以公有制为主体，多种经济成分并存的理论

改革开放以后，我国理论界放弃了社会主义只能有公有制一种经济形式的理论，认为在社会主义初级阶段可以实行公有制为主体，多种所有制共同发展的基本经济制度。除了国有经济以外，还可以有集体经济、私营经济、个体经济、股份制经济等多种经济成分。在多种经济成分并存的情况下，国家制定和实施社会政策的依据不再是基于产权的全民和集体所有，民众获得社会保障和各种福利性服务的基础也不再是在占有生产资料基础上对产品的分配权，而是依据公民的基本权利。为此，尽管各类经济成分的所有制地位不一样，但是在保护劳动者和公民的基本权利方面都具有同等的义务。

（三）社会主义条件下从"先富"到"共富"的理论

在改革开放之初，邓小平提出了让一部分人先富起来，由此带动大家共同富裕的思想，这一思想被概括为"从先富到共富"的理论。这一理论的基础是：社会主义不等同平均主义，在社会主义制度下适度的收入差异可以更好地激励劳动积极性，更加有效地促进经济发展和财富的增加，进而为共同富裕创造条件。在这个理论下，先富是手段，共富是目的。从过程和手段上看，通过市场机制可以调动先富，先富阶段不应该是一个"零和"的过程，即先富应该以财富的增加为基础，而不应该以剥夺和侵占为手段，因此在先富阶段里仍然需要通过社会政策为所有人构筑坚实的安全网。此外，在共富的过程中更是需要通过市场机制与社会政策的结合才能更加有效地达到共富的效果，在其中社会政策的再分配作用尤其重要。

（四）对公平与效率关系的理论解释

公平与效率的关系一直是经济与社会发展中的重大理论问题，也是社会政策理论与实践中的一个核心问题。同时，公平与效率关系问题也是一个十分复杂的问题，各国的研究者和决策者在此问题上提出过不少的理论。我国改革开放以后，曾经将效率的重要性放到公平之上，提出过"效率优先、兼顾公平"的指导原则。但经过一段时间的实践探索后，我们逐步认识到公平和效率不应该是对立的，而

是可以协调的,因此将指导原则改为了"兼顾公平与效率"。党的十八大报告中提出初次分配和再分配都要兼顾效率和公平,再分配要更加注重公平。十九大报告中再次强调要努力实现更高质量、更有效率、更加公平、更可持续的发展。目前我们要深入地研究公平与效率的实质含义和内容,以及实现二者兼顾的体制、机制和环境等方面的条件。

(五)"以经济建设为中心"和"构建社会主义和谐社会"的理论

在中共十一届三中全会上,中央提出了"以经济建设为中心"的指导思想。在这一思想的指导下,我国结束了过去"以阶级斗争为纲"的做法,将全党全国的工作中心放到了经济建设方面,这对后来的改革开放和经济发展起到了重要的作用。但是,在后来的实践中,这一指导思想在一定程度上被理解为只管经济发展,而不顾社会、文化、环境等其他方面发展,其结果导致了我国各方面发展的失衡,对社会政策的发展也产生了不利影响。进入21世纪以后,中央及时纠正了不正确的做法,提出了"构建社会主义和谐社会"的理论,强调在继续坚持经济发展为中心的同时,更加重视经济发展与政治、文化、社会、环境各个方面之间的均衡发展,并在后来形成了"五位一体"总体布局和"四个全面"的战略布局,在其中社会政策的发展也得到了更大的重视。

(六)社会福利社会化和社会组织发展的理论

在计划经济体制下,国家不仅承担了全面组织经济生产的责任,而且还全面承担了保障民众基本生活和提供社会服务的责任。在社会福利提供者主体责任方面,当时的政府与欧洲"福利国家"体制下的国家有很大的相似之处。所不同的有:一是"福利国家"体制下的国家只负责提供福利,而不负责或不完全负责安排经济生产;二是"福利国家"的政府直接负责提供福利,而我国计划经济体制下,国家的大部分直接责任是由其建立的公有制经济组织(全民和集体经济组织)所承担。

改革开放以后,按照新的社会主义市场经济理论,企业应该是独立经营的实体,是市场经济的主体。国家应该保留一定的宏观经济功能,但这种功能应该被限制在必要的范围内,并且不应该直接干预企业的运营。这种国家角色转化的理论在较大程度上延伸到了社会服务领域。一方面,市场化改革后原属于社会服务的一些领域变为市场化的领域,如劳动就业、住房等,这些领域直接就转化为市场运行,国家不再直接干预。另一方面,在那些还不能完全转化为市场化运行的领域中,政府也不再完全承担起公共服务的责任,而是提出了"社会福利社会化"的理论,以调动更多的社会力量来共同负责。

社会福利社会化理论主要针对社会政策的社会化改革的三个维度加以理论论证：一是家庭服务社会化的必要性；二是单位福利社会化的必要性；三是政府社会福利责任社会化的必要性。其中第三个维度，即政府社会福利责任社会化是社会福利社会化理论的重点。它强调在市场经济条件下，不适合市场机制运行的社会服务也不应该全部依赖政府，而应该建立政府与其他各个方面社会力量共同负责的制度格局。从实践效果上看，这一理论对某些方面的实践（如民办养老服务的发展）确实起到了积极的作用，但从总体上看其影响并不大，我国社会力量在公益性社会服务方面的参与程度仍然是很低的。究其原因，从理论上看，社会福利社会化的理论只是提出了社会力量参与的必要性，但没有更加具体地分析社会力量应该如何参与，即社会力量参与的能力、条件、体制、机制、环境等方面的问题。针对这些不足，近年来我国研究者进一步开展了增强社会组织活力的研究，一方面积极探索社会组织自身发展和运行的制度化、规范化路径；另一方面积极探究政府与社会组织的关系，探求以政府购买服务等方式促进政府与社会组织之间的合作，更好地形成政府主导、社会协同的格局。

（七）从"适度福利"理论到"适度普惠型社会福利"理论

如何确定合理的总体福利水平是各国社会政策建构中的一个关键性问题。总体福利水平的高低意味着社会政策行动的总体力度及作用的大小。它不仅对民生保障的水平产生直接的作用，而且对社会政策在政治、社会、经济等方面的功能发挥都起着决定性的作用，还会对经济发展产生较大的影响。同时，确定总体福利水平也是一个较为复杂的问题，它不仅要考虑民生需要与对经济和社会发展各个方面的影响等客观因素，而且要基于社会公平、平等、社会关照等基本的价值理念。因此，这一问题在各国都是一个充满争议的问题，不同的理论流派对此提出过各种不同的理论，从"二战"后欧洲"福利国家"理论所强调的"充足福利水平"到后来新自由主义社会福利理论家们所强调的"最小国家理论"，它们对社会福利水平的态度有很大的差异。

在我国，过去计划经济体制下通过国家和单位（集体）所分配的各种生活资料和社会服务占社会总财富较大比例。改革开放后的理论对此进行了反思，认为总体福利水平过高是导致计划经济体制效率低下的原因之一，并在此基础上提出了"适度福利水平"的理论，主张在市场经济体制下的福利供应水平应该与经济发展水平相适应，在经济发展水平相对落后的情况下，不应该有过高的福利水平，因而应该约束福利供应的增长。从理论上看，"适度福利水平"理论是在市场经济理论的框架下提出的，可以说是市场经济理论向社会政策领域的延伸。同时，这一理论的提出也反映了当时我国经济发展模式的要求。当时我国是在经济全球化的背景下,通过以劳动密集型产业为基础的外向型经济而实现经济发展。这种模式对劳动力成本较为敏感,因此要求在工资、福利等方面都有所约束。"适度福利水平"理论正是适应这一要求而提出的。

进入21世纪以后,随着经济的发展和总体发展目标的调整,研究者和决策者都更加重视福利水平太低和覆盖面太窄所带来的社会问题,提出应逐渐扩大福利供给和提升福利水平。

首先,中央在扩大社会政策覆盖面方面提出了新的要求。中共十六大报告中提出要健全社会保障体系。十六届六中全会通过的《中共中央关于构建社会主义和谐社会若干重大问题的决定》中提出了建立覆盖城乡居民的社会保障体系和逐步提高社会保障标准等要求,并提出要加大财政在教育、卫生、文化、就业再就业服务、社会保障、生态环境、公共基础设施、社会治安等方面的投入。十七大报告再次强调加快建立覆盖城乡居民的社会保障体系和扩大公共服务。十八大报告中进一步提出了社会保障全民覆盖、提供优质公共服务和加快健全基本公共服务体系等要求。十九大报告中提出要按照兜底线、织密网、建机制的要求,全面建成覆盖全民、城乡统筹、权责清晰、保障适度、可持续的多层次社会保障体系。

其次,主管社会福利事业的民政部提出了"适度普惠型社会福利"的理论。这一理论的要义是,随着我国经济与社会的发展,社会福利事业应该逐渐扩大其对象范围。不仅要满足原有特定困难群众的需要,而且要适度地向普惠型方向发展,使社会福利惠及全部有需要的老年人、残疾人和困境儿童,让更多的群众能够享受到社会福利服务。很快,这一理论进入了国家的社会政策之中,首先体现在儿童福利政策方面。2011年国务院颁布的《中国儿童发展纲要(2011—2020年)》中提出了扩大儿童福利范围,建立和完善适度普惠的儿童福利体系的目标;民政部在国内多个省市中开展了适度普惠儿童福利制度建设试点工作,并取得了初步的成效。

(八)服务型政府和基本公共服务均等化理论

保障和改善民生及相关的社会政策属于政府向公众提供的公共服务,其服务的水平和效果在很大程度上受政府公共财政能力及其使用方式的影响。在我国过去的计划经济体制下,当时政府的财政支出基本上局限在政府部门和国有企事业单位,难以向全体人民全面提供公共服务。改革开放以来,各级政府逐渐扩大面向公众的公共服务。但由于政府财力有限,尤其是许多地方政府财力有限,面向公众的公共服务仍然有限。进入21世纪以后,随着经济社会的发展和政府财力的扩大，中央逐渐加强了对各级政府向公众提供公共服务的要求。党的十六届三中全会提出了"以人为本"，这是科学发展观的核心，为后来党的以人民为中心的发展思想打下了重要基础。2006年党的十六届六中全会通过的《中共中央关于构建社会主义和谐社会若干重大问题的决定》提出，建设服务型政府，强化社会管理和公共服务职能。十七大报告继续强调了这一要求，在十八大报告和十九大报告中进一步强调了建设"人民满意的服务型政府"，这就形成了我国的"服务型政府"的理论和实践。按照服务型政府理论，各级政府的基本目标是服务社会和服务公众。为此，各级政府应该注重面向社会和公众，了解公众的需要，向社会和公众提供优质的公共服务。社会政策是政府向社会及公众提供公共服务的重要方式。加强服务型政府建设对社会政策的发展提出了更高的要求：从内容上看，要求通过制定和实施各项社会政策去向公众提供各项服务，以满足公众在民生诸方面的需要；从方法上看，要求各级政府在制定和实施社会政策的时候要更加清楚地了解公众的需要，尤其是各类困难群体的特殊需要，通过合理的财政支出而建立合理、稳定和可持续的公共服务体系。

政府向公众提供公共服务涉及政府如何确定提供公共服务的责任边界、政府与市场和社会如何划分责任关系，以及政府应该如何向各类公众提供各种不同的公共服务等既重要又复杂的问题。政府的公共服务力度越大，这些问题也就越重要和复杂。我国改革开放以来建立"服务型政府"和公共服务体系的过程中，不断从理论和实践上探索合理构建政府的公共服务体系，逐步形成了基本公共服务均等化的理论和指导原则。在《中共中央关于构建社会主义和谐社会若干重大问题的决定》中提出了"基本公共服务均等化"的要求，在此后的若干重要文件中多次重申了这一原则，并在党的十九届三中全会通过的《中共中央关于深化党和国家机构改革的决定》中清楚地区分了基本公共服务和非基本公共服务所应该遵循的不同原则。

经过多年的探索发展，我国已经初步形成了包括基本公共服务、非基本公共服务和非公共服务三个层级的公共服务，其服务提供和资源配置的方式各不相同。按照"基本公共服务均等化"的理论，首先应该根据国家经济与社会发展的目标、经济社会发展的总体水平及保障和改善民生、维护社会公平等方面的基本目标与要求，确定基本公共服务的内容和水平。从总体上看，政府的基本公共服务应该保障公众的基本生存权，满足人们在健康、教育、就业、住房等各个方面的基本需要，并且有助于维护人的基本尊严，促进劳动者能力的提升。基本公共服务既是政府向公众提供公共服务的底线，具有刚性的要求，又在具体确定基本公共服务的内容和水平时具有一定的弹性，要与一定的经济发展水平和公共财政能力相适应，并且随着经济和社会的发展而逐步提高。更具体地看，政府在义务教育、公共卫生和基本医疗服务、基本社会保障、公共就业服务、基本住房保障，以及在养老、儿童福利、残疾人事业方面的基本服务属于现阶段我国基本公共服务的主要内容。

按照"基本公共服务均等化"的指导原则，基本公共服务领域应该面向全体公众实现均等化服务。其基本的要求是让全体人民都能平等地获得基本公共服务，以满足所有人在这些方面的基本需要。基本公共服务均等化的重要途径包括普惠化、便捷化和城乡区域基本公共服务制度统一。

政府基本公共服务中的许多内容都属于社会政策的范围，社会政策与实现基本公共服务均等化密切相关。为此，在制定与实施各项社会政策时，应该更加重视了解民众的基本需要，尤其是特殊困难群体的基本需要；注重在发展中补齐民生方面的短板，尤其是在基本民生保障方面不均衡的短板，在逐步提升保障和改善民生水平的过程中，推动社会政策领域公共服务的均等化。

（九）"社会政策要托底"和积极稳妥的社会政策理论

经过改革开放以来几十年的理论和实践发展，党和国家在保障和改善民生及相关社会政策发展方面逐步形成了积极稳妥的社会政策理论。这集中地表现在十八大之后中央提出的"社会政策要托底"和十九大报告中对保障和改善民生的要求之中。

在经历了几十年高速的经济增长之后，我国过去以劳动密集型制造业为基础的外向型经济发展方式的动力开始下降了，这标志着我国经济进入了一个"新常态"。在经济新常态的情况下，我国在经济和社会发展许多方面都遇到了新的问题和挑战。在这一背景下，中央提出了"宏观政策要稳、微观政策要活、社会政策要托底"的应对经济新常态的原则要求。在其中，"社会政策要托底"具有丰富的内涵，对于理解现阶段我国社会政策的目标与功能具有重要的理论意义，可以使我国的社会政策在保障和改善民生、维护社会公平、促进经济发展方式转变以及维护社会稳定方面发挥更大的作用。

中共十九大报告还提出了在保障和改善民生方面"既尽力而为，又量力而行"的原则，这也体现了既积极又稳妥的社会政策发展原则。按照这一原则，社会政策要在保障群众基本生活的基础上，不断满足人民日益增长的美好生活需要，不断促进社会公平正义。保障和改善民生既要完善制度，又要引导预期。社会政策要在人人尽责的基础上，实现人人享有的目标；在坚守底线的基础上，突出重点和完善公共服务体系。总而言之，制定和实施社会政策既要尽力而为，充分发挥其保障和改善民生的积极作用，同时也必须立足现实，量力而行，在保障和改善民生方面实现稳妥并可持续的发展。

上述积极稳妥的社会政策理论是党中央在总结过去几十年各国社会政策发展正反两个方面的经验的基础上，立足我国实际而提出的社会政策总体发展思想。它既是我国社会政策发展的指导思想，也是关于社会政策发展的宏观理论。作为社会政策的宏观理论，它清晰地反映了在中国这样一个处于全面建成小康社会阶段的国家里社会政策发展的规律。社会政策需要有积极的目标，即在发展的过程中不断提高保障和改善民生水平；同时也需要有立足现实的稳妥步骤，实现理想目标不能一蹴而就，而需要有长期的过程。并且，在社会政策的发展中应该注重平稳发展，切忌大起大落。这些理论原则对我国未来社会政策的平稳持续发展具有重要的理论指导意义。

第三节　当前我国社会政策的实践与理论特点

经过多年的实践发展和理论探索，我国逐步形成了中国特色社会主义的社会政策实践和理论体系。当前，我国的社会政策是在社会建设宏观制度框架下重要的行动体系，目前已经形成较为全面的、制度化的社会政策实践体系，并在此基础上初步形成了我国社会政策的理论体系。

一、当前我国的社会建设和社会政策的作用

（一）我国"五位一体"总体布局的形成

改革开放初期，我国确立了"以经济建设为中心"的发展理念，抓住主要矛盾，大力推进经济建设。进入21世纪后，随着经济建设取得巨大的成就，中央逐渐强调更加均衡的发展，逐步提出和完善了"五位一体"的总体布局。中共十七大报告提出要按照中国特色社会主义事业总体布局，全面推进经济建设、政治建设、文化建设、社会建设，并提出了建设生态文明的要求，初步形成了"五位一体"总体布局的雏形。中共十八大报告正式确认了全面落实经济建设、政治建设、文化建设、社会建设、生态文明建设"五位一体"总体布局。中共十九大报告进一步把"五位一体"总体布局作为习近平新时代中国特色社会主义思想的重要组成部分。十九届四中、五中全会重要文件中继续强调了"五位一体"总体布局。

进入21世纪以来，中央逐渐重视社会建设。中共十六届六中全会通过的《中共中央关于构建社会主义和谐社会若干重大问题的决定》中正式提出了"社会建设"，强调要推动社会建设与经济建设、政治建设、文化建设协调发展，并对加强社会建设提出了具体的要求。此后，在中共十七大报告、十八大报告和十九大报告中都对社会建设做了专门的论述，尤其是在十九大报告中对社会建设提出新的更高的要求，作出了重大战略部署。

（二）当前我国社会建设的基本内涵

"社会建设"具有相当丰富的内涵，是在党的领导和政府的组织下，调动各种资源，动员各类组织和民众，广泛、有目的、有计划地构建社会服务和社会治理的制度体系和运行机制。当前我国社会建设的主要任务是要通过制度建构、机制创新和必要的资源投入而建立起能够切实保障和改善民生的社会服务体系，以及能够有效地维护社会公平和维持良好社会秩序的社会治理体制、机制。加强社会建设的最终目标是要使经济发展的成果最大限度地转化为老百姓的福祉。

按照中央文件的精神，社会建设主要有两大方面的任务：一是保障和改善民生；二是加强和优化社会治理。其中，保障和改善民生的目标是要提高人民物质文化生活水平，这是改革开放和社会主义现代化建设的根本目的。为此，中共十八大报告中提出："要多谋民生之利，多解民生之忧，解决好人民最关心最直接最现实的利益问题，在学有所教、劳有所得、病有所医、老有所养、住有所居上持续取得新进展，努力让人民过上更好生活。"① 中共十九大报告中进一步提出："坚持在发展中保障和改善民生……在发展中补齐民生短板、促进社会公平正义，在幼有所育、学有所教、劳有所得、病有所医、老有所养、住有所居、弱有所扶上不断取得新进展。"② 因此，保障和改善民生的重点行动包括加强幼儿服务、大力发展教育、促进就业、提高居民收入、统筹建设城乡社会保障体系、提高人民健康水平、加强养老服务体系建设、满足人民住房需要、开展脱贫攻坚等方面。从根本上看，民生事业是对社会资源进行更加公平的分配。要达到这一目标，首先需要政府和社会能够投入足够多的资源；其次是所投入的资源能够公平地分配；最后是公共服务体系能够高效率地运行。

社会建设的另一重要领域是社会治理。十八大以来，我国全面加强了社会治

---

① 胡锦涛：《坚定不移沿着中国特色社会主义道路前进　为全面建成小康社会而奋斗——在中国共产党第十八次全国代表大会上的报告》，人民出版社2012年版，第34页。

② 习近平：《决胜全面建成小康社会　夺取新时代中国特色社会主义伟大胜利——在中国共产党第十九次全国代表大会上的报告》，人民出版社2017年版，第23页。

理。中共十八届三中全会通过的《中共中央关于全面深化改革若干重大问题的决定》提出，社会治理的总体目标是"确保社会既充满活力又和谐有序"；社会治理的主要方向是以人民利益为基础，维护社会和谐、增强社会发展活力、全面推进平安中国建设、维护国家安全、确保社会安定有序；社会治理的具体任务包括创新社会治理的体制机制，改进社会治理方式，十九大报告中进一步强调要打造新时代共建共治共享的社会治理格局，提高社会治理社会化、法治化、智能化、专业化水平，并且强调要加强社区治理体系建设，推动社会治理重心向基层下移，发挥社会组织作用，实现政府治理和社会调节、居民自治良性互动。所有这些都要求社会政策在其中发挥重要作用。

(三) 积极发挥社会政策在社会建设中的作用

社会政策在我国的社会建设的行动体系中发挥了重要的作用。首先，通过制定和实施社会政策而推动了保障和改善民生。在市场经济条件下，国家通过发展经济而增加财富，为保障和改善民生奠定了重要的经济基础，同时，通过制定和实施社会政策来分担保障和改善民生的任务。国家构建了社会政策的基本制度框架，制定了保障和改善民生的总体规划和基本要求；各级政府制定和实施了相关的社会政策去保障和改善民生，并为此投入了必要的财政资源；社会各界也积极参与，为保障和改善民生做出了贡献。

其次，社会政策在加强和优化社会治理中也发挥了重要的作用。一方面，各级政府通过社会政策保障和改善民生对社会治理发挥了重要的基础作用；另一方面，各级政府通过社会政策实行再分配，对调节收入分配、缩小社会不平等、优化社会结构、降低群体之间矛盾冲突具有重要的意义；再一方面，从更长远的眼光看，各级政府通过持续性地加强和优化社会政策可以更好地体现资源分配中的公平正义，从而降低社会关系中的紧张，持续性地提升社会和谐。

最后，社会政策要在社会建设中更好地发挥作用，需要进一步加强和优化社会政策。一方面，各级政府和全社会应该更加实质性地重视社会政策，在社会政策领域投入更多的资源，使社会政策能够发挥其应有的作用；另一方面，应该不断优化社会政策制度和行动体系，使社会政策行动能够更加公平，更加有效率，在保障和改善民生和优化社会治理中发挥更大的作用。

(四) 我国社会政策的基本目标、实质与特色优势

作为一个社会主义国家，我国的社会政策是中国特色社会主义的重要组成部分，是在我国当代社会主义政治、经济制度下制定和实施的。在中国特色社会主义制度下，我国的社会政策的基本目标是在以人民为中心的发展思想的指导下，

通过国家的力量和社会的参与而保障和改善民生，保障全体人民的基本生活，并通过社会政策的再分配机制而对收入分配实施调节，以促进社会公平与社会和谐。中国特色社会主义制度下的社会政策依托我国国家制度和国家治理体系多方面的显著优势，在政治、经济、社会等方面具有鲜明的特色，主要体现在在党的集中统一领导下，把握社会政策始终沿着社会主义方向发展；在全国一盘棋的总体发展中，调动各方面积极性，集中力量解决保障和改善民生的大事；坚持各民族一律平等，推动各民族共同繁荣发展和共享改革发展成果；在公有制为主体、多种所有制经济共同发展和按劳分配为主体、多种分配方式并存的经济制度下推动社会政策的发展，把社会主义制度和市场经济有机结合起来；在坚持以人民为中心的发展思想的指导下，不断提高保障和改善民生水平、增进人民福祉，走共同富裕道路。

在中国特色社会主义制度下，我国的社会政策的实质是党和政府实现以人民为中心发展思想的重要行动体系。以人民为中心的发展思想要求党和政府一方面大力推动经济建设，不断增大社会财富；另一方面也要满足全体人民日益增长的美好生活需要，不断促进人的全面发展、全体人民共同富裕和社会公平正义。而制定和实施社会政策正是实现后一方面目标的必要行动体系。

作为中国特色社会主义制度的重要组成部分，我国的社会政策除了具备社会政策一般性质之外，还具有突出的中国特色和优势。首先，我国的社会政策的发展突出体现了中国共产党领导和中国特色社会主义政治制度的优越性。在我国，中国共产党集中代表了人民的利益，坚持党的全面领导，坚持和完善党领导经济社会发展的体制机制，坚持和完善中国特色社会主义制度，坚持以人民为中心，坚持新发展理念，坚持深化改革开放，坚持系统观念；大力推动社会建设，不断提高保障和改善民生的水平，不断满足人民群众日益增长的基本生活需要是党的基本要求和重要政治任务，而制定和实施社会政策正是达到这一任务目标的重要行动体系。其次，我国的社会政策基于中国特色社会主义市场经济制度。国家通过制定和实施社会政策更好地体现再分配，从而实现社会主义制度下的民生保障和社会公平。最后，我国在党的统一领导下，可以充分调动和发挥社会各界的力量，有利于制定和实施各项社会政策。各级政府都担负着制定社会政策和实施保障与改善民生行动的责任，基层社区组织和许多社会组织也在实施社会政策方面负有责任并积极开展保障和改善民生的行动。

二、当前我国社会政策的制度体系

经过多年的发展，我国已形成较为完善的社会政策制度体系。虽然在我国政府管理的实践中还没有一个统一的社会政策管理体制,各类社会政策分属于不同的部门管理。但是从研究的角度,我们可以将我国政府的一些政策体系纳入社会政策制度体系之中。

(一)社会保障政策体系

社会保障政策是我国各级政府通过公共行动向社会成员提供基本生活保障的政策体系,是政府社会政策体系中最基本、最重要的组成部分之一。在我国,社会保障政策包括社会保险体系、社会救助政策体系和社会福利(狭义)服务政策体系。

1. 社会保险政策体系

我国的社会保险是在政府主导下建立的包括职工和居民在内的缴费型社会保障制度,其基本目标是帮助职工和居民应对就业和生活的各种风险,保障基本生活。我国的社会保险目前包括社会养老保险、社会医疗保险(含生育保险)、失业保险、工伤保险四大类保险。在社会保险领域目前已有《中华人民共和国社会保险法》和一系列相关的法规及政策文件,已经形成较为完整的制度体系。

2. 社会救助政策体系

我国的社会救助是国家向贫困家庭和其他经济困难人员提供无偿现金援助和各项社会服务的社会保障体系。我国现行的社会救助制度有较高的瞄准性,主要针对符合规定条件的困难者,向他们提供现金救助、实物救助和服务救助。我国社会救助目前已有的项目有最低生活保障、特困人员供养、医疗救助、教育救助、住房救助、就业救助、受灾人员救助、临时救助(含流浪乞讨人员救助)、法律援助和司法救助。目前在社会救助领域,我国已有国务院发布的《社会救助暂行办法》以及在各个具体领域的法规和政策规范文件,实现了初步的法制化,但仍需进一步加强。

3. 社会福利服务政策体系

我国的社会福利服务是指直接面向社会成员,尤其是社会中有特殊需要的个人或群体提供的福利性服务。我国社会福利服务包括的内容很多,既有针对普通居民的日常服务(如社区服务),也有针对某些特殊群体的专门化服务(如老年福利服务、残疾人福利服务等)。在服务方式上,既有在企事业单位中为职工提供的服务,在社区中为居民提供的各种服务,也有在各种院舍机构中对某些特殊困难者的集中服务。近年来政府主管部门提出了"适度普惠型社会福利"的政策主张,社会福利服务的普惠型程度逐步提高,并且政府鼓励民间机构和个人采取各种方法参与社会福利服务,共同促进我国社会福利服务的发展。

（二）国民健康政策

我国的国民健康政策（简称"健康政策"）是政府或其他组织为了增进国民健康而开展的公共卫生事业和为社会成员提供医疗服务的政策。我国的健康政策主要包括四个部分：一是公共卫生和疾病预防政策体系；二是公共医疗服务体系；三是药品供应体系；四是医疗保障体系。其中，公共卫生和疾病预防政策是指在向社会提供预防性卫生服务方面采取的公共性行动，其中包括疾病控制、预防接种和卫生知识普及等方面的公共行动。公共医疗服务政策是各级政府为社会成员提供医疗服务的政策，包括政府建立公立医院、促进城市社区卫生服务发展和农村三级卫生服务机构的发展，以降低病人接受医疗的费用；同时还包括政府促进医疗技术发展。在药品供应体系方面，政府的职责是要规范药品质量、流通和价格，保障药品安全，促进新药开发。在医疗保障方面的政府行动同时也属于社会保障政策系列，包括医疗保险和医疗救助。

（三）公共住房政策

我国的公共住房政策是指由政府或其他组织以福利性的方式为社会成员提供公共住房或住房补贴的政策。我国的公共住房政策又称为住房保障政策，包括城市和农村两个方面的政策体系。在城市中主要包括住房公积金政策、经济适用房和限价房政策、公共租赁房政策以及住房租赁补贴政策。住房公积金政策是指城市机关企事业单位职工本人和单位为职工共同缴存的长期性住房储蓄金，以备职工在购房和维修房屋时使用。经济适用房制度是在政府免征部分税费基础上出售、价格较为低廉的商品住宅，是一种具有社会保障性质的住房供应方式，主要针对部分有一定住房困难的低收入家庭。限价房政策不是政府全面减免税费，而只是对出售的房价加以一定限制，并以此来确定出让土地的价格。因为限制了房价方面，因此它也具有一定的保障性，针对的对象主要是一些有住房困难的职工和居民。公租房制度是政府建造的保障性住房，以低于市场的价格出租给有需要的家庭。过去，城市里还有专门针对贫困者的"廉租房"政策，其中包括实物配租和租金补贴。从2015年起，实物配租部分合并到了公共租赁房政策中。最后是住房租赁补贴政策，它是针对收入和住房两个方面都很困难的"双困户"而提供的租赁住房补贴，受益者可用这一补贴去支付公租房的租金，也可用它到市场上去租赁住房。此外，在农村里也有一定的住房保障政策，包括对特困供养对象的住房保障和对一般农村贫困者的危房改造补贴。

（四）教育社会政策

我国的教育社会政策是指由政府或其他组织兴办教育事业，向社会成员提供免费或低费教育服务以保障广大人民受教育权利和促进教育公平的政策体系。由于教育对个人和社会发展都具有重要的意义，因此接受教育或发展教育事业既是社会成员个人的需要，也是整个社会的需要。为此，我国宪法和法律规定接受教育是人的基本权利，并且确立了九年义务教育制度。教育政策方面是社会政策领域中国家立法最多的领域，迄今为止已有《中华人民共和国教育法》《中华人民共和国义务教育法》《中华人民共和国教师法》《中华人民共和国高等教育法》《中华人民共和国民办教育促进法》《中华人民共和国职业教育法》，同时还有一系列的行政法规和其他政策文件。政府的教育社会政策承担着发展教育事业，向全民提供普通教育、职业教育和继续教育，以及促进民办教育发展的责任。各级政府在教育方面的责任包括：一是政府兴办教育，即政府财政投入公共资金兴办教育，并不断提高教育质量；二是义务教育免费教育制度，即通过财政投入而确保义务教育阶段的免费教育；三是财政对非义务教育机构补贴的制度，即政府财政投入非义务教育阶段教育机构，促进各级各类教育的发展，并减少受教育者支付的费用；四是学生资助政策，包括向困难家庭学生提供教育救助，以缓解他们接受教育的困难；五是促进民办教育发展，进一步扩大教育服务。

（五）劳动就业政策

我国的劳动就业政策是指政府或其他组织为劳动者提供就业机会、合理地分配就业机会、解决失业问题和保护劳动者权利而采取的各种公共行动的总和。工业化以来，就业方面的问题一直是困扰各国的难题之一。20世纪中叶以来，各国政府都在不同程度上实施了劳动就业政策，干预劳动力市场，以促进就业发展和保护劳动者就业的基本权益。劳动就业政策也是我国社会政策领域中法律法规较多的领域，目前已有《中华人民共和国劳动法》《中华人民共和国就业促进法》《中华人民共和国劳动合同法》《中华人民共和国劳动争议调解仲裁法》《中华人民共和国安全生产法》等法律以及其他一系列相关法律、行政法规和政策文件。目前我国劳动就业政策包括：一是促进就业的政策体系，即政府向就业困难人员和其他有需要的人提供就业培训、职业介绍、提供公共就业岗位等方面的就业服务，以帮助解决他们的就业困难；二是维护劳资双方权益和促进和谐劳动关系的政策，包括促进安全生产、防止职业伤害的政策，保护劳动者的安全、健康、休息、工资、社会保障等方面就业权益的政策以及合理调解和仲裁劳动争议的政策。

（六）针对专门人群的社会政策体系

当代各国都有一些社会政策重点针对某些具有特殊需要的群体，其中重点包括针对老年人、儿童、残疾人、妇女等群体的专门化社会政策。这些群体或者具有比其他人更多的社会服务需要，或者在生理、经济或社会等方面处于相对弱势的地位，因而需要更多的社会保护。迄今为止，我国针对这些群体都已经制定了相关的法律，包括《中华人民共和国老年人权益保障法》《中华人民共和国妇女权益保障法》《中华人民共和国母婴保健法》《中华人民共和国未成年人保护法》《中华人民共和国预防未成年人犯罪法》《中华人民共和国残疾人保障法》以及一系列的行政法规和相关的政策文件，建立了针对这些特殊群体的社会政策体系。在这些方面的社会政策主要包括以下几个层面：一是建立针对各类特殊群体的权益保护法规体系，规定他们应享有的合法权益，并制定防止其权益受损的制度规范；二是大力发展针对各类专门群体的社会事业的政策，包括残疾人事业、养老服务业、男女平等、儿童发展与儿童福利事业等；三是向这些特殊群体中有需要的困难人员提供专门社会服务的政策体系，包括困难老年人保障、困难残疾人保障、困境儿童保护等方面的政策。

（七）支持民族地区社会发展的政策

我国是一个多民族的国家，除了汉族之外还有 55 个少数民族。少数民族人口相对较少，但他们居住地域分布很广。由于历史和自然条件等原因，许多少数民族地区至今经济发展还相对迟缓，社会发展也相对滞后。许多少数民族人口在就业、教育、医疗卫生等方面面临着比汉族人口更大的困难。长期以来中央和地方各级政府一直重视通过制定和实施各项社会政策而推动民族地区的发展。从基本内容上看，民族地区的社会政策与全国基本一致，但是为了更好地推动民族地区的社会发展，不断提高保障和改善少数民族群众民生的水平，国家和地方政府在民族地区制定和实施各项社会政策的支持力度更大、并且更具针对性。尤其是在近年来全面建成小康社会的背景下，为了使所有少数民族人口能和全国人民一起进入小康，各级政府进一步加强了民族地区的社会政策，在推动民族地区社会发展方面采取了更多的行动。

民族地区的社会政策包括内容相当广泛，全国制定和实施的社会政策一般都会在民族地区实施。在此基础上，国家根据民族地区的特殊需要，一方面对民族地区的社会政策给予特殊的支持；另一方面对某些方面的社会政策予以重点加强。就前一方面而言，国家长期以来一直通过财政转移支付和专项资金等方式，支持财政困难民族地区的社会保障、教育、医疗卫生、就业服务等社会事业的发展，并且在养老服务体系建设、儿童保护、残疾人事业等方面给予民族地区更多的资金支持。2016 年，国务院发布了《"十三五"促进民族地区和人口较少民族发展规划》，专门制定了优先保障和改善民生的规划，其中包括提高教育发展水平、大力促进就业创业、健全社会保障体系和加强医疗卫生服务等方面的具体内容。在这一文件中还专门提到了要通过若干专门的社会政策去保障规划目标的达成。

就后一方面而言，国家针对民族地区民生与社会发展中的实际困难，在一些领域中制定和实施了有针对性的社会政策。例如，国家对民族地区的脱贫攻坚给予了特殊的重视，长期以来一直针对其实际需要而采取特殊的扶贫开发措施。《中共中央 国务院关于打赢脱贫攻坚战的决定》中进一步提出要重点支持民族地区的脱贫攻坚。要求"加快推进民族地区重大基础设施项目和民生工程建设，实施少数民族特困地区和特困群体综合扶贫工程，出台人口较少民族整体脱贫的特殊政策措施"。在中共十九大报告中再次强调要大力度支持民族地区加快发展。

此外，大力推动少数民族地区教育事业发展也是国家针对少数民族地区的实际需要而采取的重点社会政策之一。新中国成立以后的几十年里，国家制定和实施了一系列特殊的教育政策和具体措施，大力促进民族地区教育事业发展，为少数民族地区培养了大量的优秀人才。近年来，国家针对民族地区经济社会发展相对落后的现实，在教育方面制定和实施了特殊的政策，努力改善民族地区义务教育阶段基本办学条件，建立健全双语教学体系，并且加大教育对口支援力度，积极发展符合民族地区实际的职业教育，加强民族地区师资培训，促进各个地区民族教育的发展。此外，我国高等教育还针对部分民族地区、部分少数民族实行高考加分、重点高校建立民族班与预科班等政策，提高了少数民族青年接受高等教育的机会，促进了高等教育的公平性。

2015年，国务院发布了《国务院关于加快发展民族教育的决定》，提出到2020年民族地区教育整体发展水平及主要指标接近或达到全国平均水平，逐步实现基本公共教育服务均等化的目标。该文件提出了打牢各族师生中华民族共同体思想基础，全面提升各级各类教育办学水平，切实提高少数民族人才培养质量，重点加强民族教育薄弱环节建设，建立完善教师队伍建设长效机制，落实民族教育发展的条件保障和切实加强对民族教育的组织领导等方面的具体措施。

国家还积极推动民族地区医疗卫生事业的发展。除了积极支持和推动少数民族地区医疗卫生事业在国家统一的制度和政策框架下健康发展之外，还提出了推动民族医药产业发展的政策，将更多符合条件的民族药品种和民族医疗项目纳入医保支付范围，允许民族药医疗机构制剂在民族区域内民族医医疗机构间调剂使用。

在过去十多年里国家推动专业社会工作发展的背景下，国家有关部门也积极推动民族地区建立和发展专业社会工作服务。在2012年由国家19个部门联合发布的《社会工作专业人才队伍建设中长期规划（2011—2020年）》中提出了"实施社会工作专业人才服务边远贫困地区、边疆民族地区和革命老区计划"以及"服务新农村建设计划"（简称"专业社会工作人才服务的三区计划"）。该计划的重点之一是支持培养民族地区专业的社会工作人才，并向民族地区的群众提供专业的社会工作服务，以进一步促进民族地区保障和改善民生，加强和创新社会治理，提升少数民族群众的获得感和满足感。

（八）农村扶贫开发政策体系

农村扶贫开发政策是从20世纪80年代中期开始，国家通过财政投入和其他各种手段促进贫困地区经济和社会发展的行动体系。从20世纪80年代起，国家成立了专门的扶贫工作机构，每年投入大量的财政资金，确定扶贫标准和重点扶贫县，采用开发式扶贫方式，并对贫困地区提供了各种优惠政策，动员社会各界参与扶贫开发行动。农村扶贫开发重点通过促进贫困地区经济与社会发展而摆脱贫困，同时也采用移民搬迁等方式解决极端贫困问题。经过几个阶段的行动，我国农村扶贫工作取得了显著的成就。但2011年国家扶贫标准提高后，我国农村贫困人口规模又大幅度提高。目前，我国确定了在2020年农村人口全部脱贫的目标，为达到这一目标，从中央到地方各级政府大力加强了脱贫攻坚工作，采用"精准扶贫"策略，更加准确地针对贫困地区和贫困农户的实际状况，强调扶持对象精准、项目安排精准、资金使用精准、措施到户精准、因村派人精准、脱贫成效精准，并通过扶持生产和就业发展、易地搬迁安置、生态保护、教育扶贫、低保兜底等方式开展农村扶贫。

我国上述各个领域的政策体系加在一起，形成了较为完整的社会政策体系。这些政策体系涉及政府民政部门、人力资源和社会保障部门、教育部门、卫生和健康部门、住房和城乡建设部门等多个政府职能部门的业务工作，以及工会、共青团、妇联、残联等人民团体的主要工作，并且和发展与改革、财政等综合性部门的工作密切相关。每年政府财政在社会政策领域的支出要占政府总支出的三分之一以上，因此社会政策是政府职能体系中相当重要的领域之一。

三、当前中国特色社会主义社会政策理论的主要特点

经过多年基于实践发展的理论总结，我国目前已经初步形成一套对中国特色社会主义社会政策的理论解释，这些理论解释有以下一些特点。

（一）以保障人权为基础和以人民为中心的社会政策理论

当今世界各国的社会政策都建立在人权保护的法律制度基础之上，我国也不

例外。经过多年的发展，我国已经建立起人权保护的法律体系，其中保护公民的经济与社会权利的目标要通过社会政策加以实现。因此，我国社会政策的制定和实施是基于宪法和法律所规定和保护的基本人权，包括基本社会保障权利、就业权利、健康权利、受教育权利等方面的权利都需要通过社会政策加以实现。基于人权的社会政策理论强调，基于宪法和法律的规定，政府向民众提供社会保障和各项社会服务不再是一种"恩惠"，而是政府必须履行的职责。按照这种理解，一方面民众有权利获得各个方面的保障和社会服务；另一方面政府制定和实施各项社会政策是宪法和法律所赋予的职责，各级政府必须承担起这方面的职责。

此外，我国的社会政策还强调"以人民为中心"的原则。十九大报告指出："全党必须牢记，为什么人的问题，是检验一个政党、一个政权性质的试金石。带领人民创造美好生活，是我们党始终不渝的奋斗目标。必须始终把人民利益摆在至高无上的地位，让改革发展成果更多更公平惠及全体人民，朝着实现全体人民共同富裕不断迈进"，"保障和改善民生要抓住人民最关心最直接最现实的利益问题，……完善公共服务体系，保障群众基本生活，不断满足人民日益增长的美好生活需要"。① 十九届四中全会通过的《中共中央关于坚持和完善中国特色社会主义制度 推进国家治理体系和治理能力现代化若干重大问题的决定》中进一步强调，"增进人民福祉、促进人的全面发展是我们党立党为公、执政为民的本质要求"②。中央提出的这些要求，是各级政府制定和实施社会政策的重要方向和指导原则，体现了我国社会政策理论的重要特色。

（二）坚持保障和改善民生的基本目标

过去十年来中央多个重要文件一再强调要保障和改善民生。在中共十八大报告中再次强调要着力保障和改善民生、要把保障和改善民生放在更加突出的位置；在中共十八届三中全会通过的《中共中央关于全面深化改革若干重大问题的决定》中更进一步提到要紧紧围绕更好保障和改善民生、促进社会公平正义深化社会体制改革，改革收入分配制度，促进共同富裕，推进社会领域制度创新，推进基本公共服务均等化；中共十八届五中全会上继续强调要保障基本民生，实现全体人民共同迈入全面小康社会，增加公共服务供给，从解决人民最关心最直接最现实的利益问题入手，提高公共服务共建能力和共享水平；中共十九大报告中进一步

---

① 习近平：《决胜全面建成小康社会 夺取新时代中国特色社会主义伟大胜利——在中国共产党第十九次全国代表大会上的报告》，人民出版社2017年版，第44—45页。
② 《中共中央关于坚持和完善中国特色社会主义制度 推进国家治理体系和治理能力现代化若干重大问题的决定》，人民出版社2019年版，第25页。

强调增进民生福祉是发展的根本目的，要求在发展中保障和改善民生；中共十九届四中全会通过的《中共中央关于坚持和完善中国特色社会主义制度　推进国家治理体系和治理能力现代化若干重大问题的决定》中再次强调"坚持和完善统筹城乡的民生保障制度，满足人民日益增长的美好生活需要"①。这说明，经过计划经济体制和改革开放两个阶段的发展，党和政府已经充分认识到经济发展和民生保障是国家发展战略中两个重要的方面，二者缺一不可。既要大力发展经济，同时也要随着经济的发展不断提高民生保障水平，满足民众不断提高的基本需要，而社会政策正是实现保障和改善民生的重要手段。

（三）强调社会公平和实现共享发展

社会公平是我国社会主义核心价值观的重要内容之一，也是社会政策最重要的价值基础。我国制定和实施各项社会政策要以促进社会公平为目标，并且相关的制度和行动要建立在社会公平的基础上。社会公平的价值目标要求一方面要促进全体人民的共同富裕；另一方面要对在经济和社会转型中利益受到损害的群体和个人给予一定的补偿；再一方面要对因各种原因而导致的在经济和社会方面相对弱势的群体，包括贫困家庭和其他困难群众给予帮助，使他们也能享受经济社会发展成果。重视社会政策的社会公平价值，一方面要推动积极的社会政策，让社会政策的再分配发挥更大的作用；另一方面要注意社会政策在资源分配和服务提供方面自身的公平性。

中共十六届六中全会以来，党和国家的重要文件中一直强调社会公平的重要性。在中共十八届五中全会上还特别提出了"共享发展"的理念和原则以及一系列的具体措施。在中共十九大报告中再次强调要"不断促进社会公平正义"。在中共十九大报告和十九届四中全会通过的《中共中央关于坚持和完善中国特色社会主义制度　推进国家治理体系和治理能力现代化若干重大问题的决定》中都强调，让"改革发展成果更多更公平惠及全体人民"。在未来全面建成小康社会的进程中，社会公平和共享发展都将是我国经济与社会发展的主导思想和基本理念。而社会政策则是我国全面实现社会公平和共享发展的"主战场"。为此，全党全国应该高度重视制定和实施社会政策，继续增大公共服务供给，并优化社会政策制度体系，提高社会政策资源分配的公平性，使社会政策在维护社会公平和实现共享发展方面发挥更大的作用。

---

① 《中共中央关于坚持和完善中国特色社会主义制度　推进国家治理体系和治理能力现代化若干重大问题的决定》，人民出版社2019年版，第25页。

（四）社会政策要托底的要求

近年来，中央在多个场合提出了"社会政策要托底"的要求。这说明社会政策的概念和制度体系已进入国家发展顶层设计的理论思考，"托底"是中央对当前我国社会政策发展所提出的基本要求，应该全面理解和认真落实中央对社会政策的这一要求。社会政策首先要托住保障和改善民生的底，要满足民众在基本生活、就业、教育、医疗卫生、住房等方面的基本需要，要为老年人、残疾人和儿童等特殊群体提供基本的保障和服务。此外，我国的社会政策还应该在社会方面托起维护社会公平和促进共享发展的底；在政治方面托起维护社会稳定和夯实党的执政基础的底；在经济方面应该托起支持转变经济发展方式，有利于经济发展的底。为此，应该实行更加全面、更加积极和水平更高的社会政策。

（五）充分发挥市场机制和合理运用再分配手段

改革开放以后，我国确定了社会主义市场经济的基本制度框架，其中既包括要充分发挥市场机制的基础性作用，同时也包括充分发挥社会政策的作用。在中共十八届三中全会通过的《中共中央关于全面深化改革若干重大问题的决定》中强调了市场在资源配置中的决定性作用。因此，如何达成与市场机制合理有效地结合、配合与协调，是现阶段我国社会政策运行和发展中的重大理论议题。当前我国在此方面的主导理论观点是：一方面，应该充分发挥市场机制的作用，凡是在市场机制能够有效发挥作用的地方都应该充分发挥市场机制的作用；另一方面，在充分发挥市场机制作用的同时，也应该清醒地认识到市场机制的弱点、不足和可能出现的负面影响，在市场失灵的地方通过社会政策等公共行动的干预加以弥补。社会政策既不是要替代市场机制的有效运行，也不能仅仅被动地应对社会问题，而是应该根据民众的实际需要、市场机制的不足和经济与社会发展的现实条件，通过顶层设计的方式建构再分配制度体系和制度化的公共服务提供体系，以更好地满足民众的需要，预防社会问题的发生，促进经济发展，并达到维护社会稳定的政治目标。

（六）突出国家职能，坚持政府主导和推动社会参与

政府与社会在福利提供中的责任关系一直是社会政策领域的一个重大而又复杂的理论和实践问题。西方社会福利理论的左、右两派对此问题各执一端，长期难以达成一致。在我国，马克思主义的国家社会职能理论是中国特色社会主义社会政策理论体系重要的理论基础，应该按照这一理论去深入理解社会主义国家在社会政策方面的职能。因为在社会主义制度下，国家具有重要的社会职能，因此应该承担起在促进经济发展的基础上，通过制定和实施社会政策而保障和改善民

生的责任。同时，在按照国家社会职能理论由政府承担社会政策责任的同时，也应该注重调动社会力量的广泛参与。在经历了计划经济体制下的"国家—单位（集体）"模式与改革以来的"社会福利社会化"理论和实践模式的反复探索之后，目前我国基本上形成了政府主导和社会参与相结合的理论模式。按照这种理论模式，政府是通过公共行动保障和改善民生的第一责任人，政府应该通过制定和实施社会政策来承担主导的责任，但同时各种社会力量也应该积极参与。各级政府应按党的十九届四中全会要求，积极鼓励支持社会力量兴办公益事业。各类社会力量应通过履行企业社会责任、发展慈善事业和非营利性公益服务为保障和改善民生做出贡献。为此，国家应该制定相关的法律法规来保障各方履行自己的职责，并形成各方之间有效的支持与合作关系。

思考题

1. 计划经济体制下我国社会政策有哪些主要特点？
2. 简述改革开放以来我国社会政策改革与发展的主要行动。
3. 简述当前我国社会政策的基本特点。
4. 改革开放以后我国在社会政策理论方面有哪些发展？
5. 简述当前我国社会政策理论的主要特点。

第六章 劳动就业政策

劳动是财富之父，就业是民生之本。劳动关系是现代社会中的重要社会关系，劳动就业政策关乎国计民生和社会稳定，关乎千家万户的福祉，是新时代坚持和发展中国特色社会主义基本方略的重要内容。劳动就业政策内容非常丰富，经济学、管理学、社会学、法学、政治学等学科从各自的角度对其进行了研究。本章从社会政策的角度仅介绍和分析公共就业服务政策、职业培训政策、劳动保护政策和针对特定人群的就业政策。

第一节 劳动就业政策概述

一、劳动就业政策的内容和意义

（一）劳动就业政策的概念

关于劳动就业政策的概念，学术界很少有专门的研究，大部分学者将其作为不言自明的概念加以使用。从现有的研究成果看，多数学者将劳动政策和就业政策分开使用，也有的学者使用"劳动就业政策"的说法。使用"劳动就业政策"的学者，从其研究的内容看主要关注就业政策，即把劳动就业政策和就业政策混用。我们认为，所谓就业政策是指政府采取一定的手段解决新生劳动者初次就业和失业劳动者再次就业的方针、原则、措施和规范的总和。关于劳动政策，有学者认为，劳动政策是为计划、组织、控制和协调社会的劳动关系所制定的方针、原则和规范的总称。劳动政策主要包括劳动用工制度、劳动就业政策、劳动关系政策、社会保障政策等。我们基本认同上述劳动政策的定义，但是把就业政策作为劳动政策的一部分明显不妥。劳动政策是规范政府、用人单位、劳动者和工会在劳动领域中的行为的方针、原则、措施和规范的总和。就业政策和劳动政策在目的、性质、调整对象等方面具有明显的区别。就业政策主要调整的是政府和劳动者、政府和用人单位之间的关系，目的是实现充分就业；劳动政策主要调整的是政府、用人单位、劳动者和工会相互之间的关系，目的是实现体面就业。本章所称的劳动就业政策兼指劳动政策和就业政策，而且从社会政策的角度看，主要关注劳动政策和就业政策中的福利性成分。

（二）劳动就业政策的基本内容

随着社会主义市场经济体制的建立，我国逐步形成了以《中华人民共和国劳动法》为基础的劳动政策体系和以《中华人民共和国就业促进法》为基础的就业政策体系。劳动政策体系的内容非常丰富，主要有：一是政策理念，明确用人单位和劳动者的权利和义务，保护劳动者的合法权益，完善政府、工会、企业共同参与的协商协调机制，构建和谐劳动关系；二是劳动合同制度，主要包括劳动者和用人单位的权利义务，劳动合同的订立、变更、解除、终止，劳动合同的效力等；三是集体合同制度，集体合同是由工会代表工人就工资、工时、休息休假、劳动保护、社会保险、职业福利等问题与用人单位签订的集体协议，体现了劳动关系的民主性；四是工作时间和休息休假制度，主要包括标准工时制度、加班制度、节日休假制度和带薪年休假制度等；五是工资制度，主要包括工资分配的原则、工资水平、工资分配方式、工资支配方式和最低工资保障制度等；六是劳动保护制度，主要包括劳动安全卫生制度、特种行业职业资格制度、伤亡事故和职业病统计报告与处理制度、女职工和未成年工特殊保护制度；七是社会保险和劳动福利制度；八是劳动争议处理制度，包括劳动争议调解、仲裁和诉讼制度。限于篇幅并考虑到社会政策的学科特点，本章仅关注劳动保护政策。

拓展资源

《中华人民共和国劳动法》

拓展资源

《中华人民共和国就业促进法》

根据《中华人民共和国就业促进法》和党的十八大、十九大以及十九届四中、五中全会精神，我国就业政策的主要内容有以下几个方面。

一是就业方针。坚持劳动者自主就业、市场调节就业、政府促进就业和鼓励创业的方针，坚持就业优先战略和积极就业政策，实现更高质量和更充分就业。

二是政策支持。政府通过产业政策、财政政策、税收政策、金融政策等促进就业。国家健全公共就业服务和终身职业技能培训制度，完善重点群体就业支持体系。建立促进创业带动就业、多渠道灵活就业机制，对就业困难人员实行托底帮扶。

三是公平就业制度。政府采取立法、行政、经济等手段创造公平的就业环境，保障妇女、残疾人、少数民族劳动者和农村劳动者的平等就业权利，消除各种形式的就业歧视。

四是公共就业服务。县级以上人民政府建立健全公共就业服务体系，设立公共就业服务机构，为劳动者免费提供政策法规咨询、信息发布、职业指导和职业介绍；对就业困难人员实施就业援助、办理就业登记、失业登记等就业服务。

五是职业教育和培训。国家鼓励和支持各类职业院校、职业技能培训机构和用人单位依法开展就业前培训、在职培训、再就业培训和创业培训。培训费用一般由用人单位和劳动者承担，但国家对建立劳动预备制度、失业人员就业培训和进城就业的农村劳动者技能培训给予补贴。就业政策的内容也很多，本章重点关注公共就业服务、职业培训和特殊人群的就业政策。

（三）劳动就业政策的意义

劳动就业政策在任何一个国家的公共政策体系中都占有重要地位，在创造财富、改善民生、维护社会和谐稳定等方面都具有重要意义。

1. 有利于创造财富

创造财富的过程就是劳动力、土地、资本、技术等生产要素相结合的过程，生产要素结合的方式不同，创造的财富数量也会不同。积极的劳动就业政策通过优化劳动力资源配置、提高劳动者就业技能、保护劳动者合法权益等具体政策措施，最大限度地促进劳动力和生产资料相结合，提高生产要素的产出效率，从而创造更多财富。

2. 有利于改善民生

劳动就业关系到人的生存和发展。现阶段，就业是人们谋生的主要手段，也是贫困人口摆脱贫困的根本途径。从这个意义上说，劳动就业是最好的民生保障措施。劳动就业不仅关系到人的生存，还关系到人的发展。人的生活资料必须通过就业来获得，人的聪明才智也要通过就业来发挥。在劳动过程中，人既为社会做出贡献，也能从中得到锻炼、提升和发展。因此，劳动就业不仅是人生存的必要手段，也是人的发展和自我实现的必要条件。积极的劳动就业政策通过职业培训、就业援助、劳动保护等具体政策措施保障人的劳动权益，促进人的全面发展。

3. 有利于维护社会和谐稳定

充分就业是和谐社会的基础。从个人层面看，长期失业会对个人心理和家庭关系造成巨大冲击。从社会层面看，失业问题突出会导致社会收入差距拉大，贫富分化加剧，社会结构失衡。从成本角度看，一方面，失业使劳动力和生产资料分离，造成劳动力和生产资料的双重浪费；另一方面，失业现象会加重社会的抚养负担，可能产生许多社会问题，如激化阶层矛盾、诱发犯罪等。积极的劳动就业政策为劳动者创造更多的就业岗位，提供更多的劳动保护，从而有效地降低社会成本，维护社会的和谐稳定。

二、劳动就业政策的国际比较

"二战"以后，各主要资本主义国家基本上都实行凯恩斯主义经济政策，以建设福利国家为目标。20世纪70年代初石油危机后，福利国家的经济陷入滞涨状态，社会问题丛生，被大多数人看成社会民主政治的核心的福利国家制造出来的问题比它所解决的问题还要多，失业率居高不下是其中之一。西方发达国家的就业政策随着福利国家的危机而进入调整和转型时期。为解决失业问题，各国采取了不同的措施。有学者把发达国家应对福利国家危机的就业政策分为四种类型：一是以英国和美国为代表的新自由主义就业政策，其特点是放松对劳动力市场的管制，减少政府和工会对劳动力市场的干预；二是以瑞典等北欧国家为代表的合作主义就业政策，其特点是充分就业与福利国家相结合，发挥三方合作机制的作用，实现就业与其他社会经济目标协调发展；三是以法国和西班牙等欧洲大陆国家为代表的保守主义就业政策，其特点是维持传统的欧洲社会模式，进行劳动力市场灵活化改革；四是以丹麦等国为代表的灵活安全性就业政策，该就业政策以较低的就业保护、慷慨的失业救济制度和积极的劳动力市场政策为基本特征。

各国的就业政策虽然有差别，但也有一些共同点，毕竟各国都面临经济全球化的挑战和新自由主义思潮的影响。这些共同点归结为一点就是采取积极的就业政策。第一，视工作为最好的福利形式，鼓励所有有劳动能力的人都去就业，而不享受失业救济。例如，英国工党政府曾提出为能工作的人提供工作，为不能工作的人提供保障，其就业政策的核心是对不同群体实行差别化政策，通过调整失业救济金引导年轻人、长期失业者和单亲母亲回到就业岗位，而对残疾人等不容易就业的人采取帮扶政策。第二，重视职业培训和继续教育，增强劳动者的就业能力和工作适应性。例如德国曾提出激活劳动力市场的新政策，主要包括引导求职者积极寻找工作、参加职业培训，鼓励自主创业。第三，重视失业保险和工伤保险的就业促进功能。例如美国通过实施伤残人员康复计划，改变过去对伤残人员的单纯救济方式，开展自主自强教育和专门的职业培训，使他们成为自食其力者。第四，采取财政、税收、信贷等优惠政策积极发展中小企业，发挥中小企业吸纳就业的功能。第五，放松对劳动力市场的管制，实行劳动力市场的灵活化政策。非全日制用工非常普遍，劳动派遣用工方式从非法变为合法，目前在发达国家已被大量使用。

在经济全球化的背景下，西方发达国家的劳动政策也发生了深刻变化。资本可以在全球自由流动，政府迫于就业、税收、经济发展、国际竞争等压力，对资本的调控手段捉襟见肘。面对自由流动的资本，工人的博弈能力下降，工会的地位和影响力迅速衰落。例如，1980年，英国会员人数超过100万的大型工会有4个，而到了2000年这种工会只有1个，在上述4个工会中，工会会员人数降幅最高的达57%，最低的也有25%。[①] 1986年，加拿大罢工数量达到748次，参加人数48万多人，2001年上述数据分别下降为379次和22万多人。[②] 工会地位的衰落使工资标准、工作时间和休息休假、劳动保护、职业福利更多地依赖市场，而不是集体谈判；同时，在劳动关系的调整方式上，政府的角色更加重要，本土化的市场规则受到重视，工会被迫采取灵活化的妥协维权方式。

三、我国劳动就业政策的主要特点

改革开放以来，我国劳动就业政策几经调整，已经形成了层次分明、结构比较合理、内容比较丰富的政策体系，并呈现以下主要特点。

（一）倾斜保护劳动者

在劳动关系中，用人单位相对劳动者拥有更多政治资本、经济资本和社会资本，具有明显的优势，特别在当前的中国，"强资本、弱劳工"的态势比较明显，故对劳动者应予以倾斜保护。《中华人民共和国劳动法》和《中华人民共和国劳动合同法》坚持"保护劳动者合法权益"的立法宗旨是符合我国实际的。倾斜保护劳动者贯穿我国劳动政策的始终。劳动政策中的无固定期限劳动合同制度、劳动合同解除制度、补偿金和赔偿金制度、裁员制度等都是倾斜保护劳动者的具体体现。倾斜保护劳动者还体现在合理安排女职工和未成年工的工种和工作。《中华人民共和国劳动法》规定，禁止安排女职工从事矿山井下、国家规定的第四级体力劳动强度的劳动和其他禁忌从事的劳动；不得安排未成年工从事矿山井下、有毒有害、国家规定的第四级体力劳动强度的劳动和其他禁忌从事的劳动。

（二）重视发展和谐稳定的劳动关系

我国正处于社会转型期，用人单位侵犯劳动者合法权益的现象时有发生，劳动者流动频繁，劳动争议案件居高不下。激烈的劳资矛盾和频繁的职业流动不利于劳动者的生活和职业发展，对企业管理和经济效益也会产生不利影响。因此，构建和发展和谐稳定的劳动关系成为劳动政策的价值追求，也是我国劳动立法的

---

① ［美］Greg J. Bamber 等：《国际与比较雇佣关系》，赵曙明、李诚等编译，南京大学出版社2008年版，第26页。
② ［美］Greg J. Bamber 等：《国际与比较雇佣关系》，赵曙明、李诚等编译，南京大学出版社2008年版，第75页。

宗旨之一。《中华人民共和国劳动合同法》关于无固定期限劳动合同、经济补偿和赔偿的规定，《中华人民共和国劳动争议调解仲裁法》关于调解的规定，《集体合同规定》关于三方协调机制的规定等都是这一价值追求的体现。中共十九大报告中再次强调要"构建和谐劳动关系"，并要求"完善政府、工会、企业共同参与的协商协调机制"。

（三）政府促进就业和鼓励创业与提高就业质量

从 2002 年开始，为解决下岗职工再就业问题，国家采取了减免税费、小额担保贷款、开发公益性岗位、社会保险补贴、职业介绍补贴、职业培训补贴、岗位补贴等系列措施，逐步形成积极的就业政策体系。2007 年《中华人民共和国就业促进法》将积极就业政策法制化，明确规定坚持劳动者自主择业、市场调节就业、政府促进就业的方针，多渠道扩大就业。中共十八大报告提出，要贯彻劳动者自主就业、市场调节就业、政府促进就业和鼓励创业的方针，第一次将鼓励创业纳入就业方针，并要求引导劳动者转变就业观念，鼓励多渠道多形式就业，促进创业带动就业。中共十九大报告中进一步强调要提高就业质量，要坚持就业优先战略和积极就业政策，实现更高质量和更充分就业。为此，要大规模开展职业技能培训，注重解决结构性就业矛盾，鼓励创业带动就业，提供全方位公共就业服务。

（四）重视创造公平就业环境

创造公平的就业环境是政府责任。就业政策在两个方面体现了这一政府责任。一是消除就业歧视。《中华人民共和国劳动法》和《中华人民共和国就业促进法》都明确禁止就业歧视，要求用人单位在招用人员时，除国家规定的不适合妇女的工种或者岗位外，不得以性别为由拒绝录用妇女或者提高对妇女的录用标准；规定农村劳动者进城就业享有与城镇劳动者平等的劳动权利，不得对农村劳动者进城就业设置歧视性限制。二是照顾特殊群体和困难群体就业。国家对就业困难人员给予就业援助，对残疾人、少数民族劳动者和退役军人在就业过程中给予特殊照顾。《中华人民共和国残疾人保障法》和《中华人民共和国兵役法》等法律法规对残疾人和退役军人的就业做了具体规定。

第二节　公共就业服务政策

一、公共就业服务政策的原则和目标

公共就业服务是指由政府举办、政府主管部门依法提供的公益性就业服务。

公共就业服务政策是指国家对公共就业服务的主体、内容、服务方式、财政保障、体制机制等做出规范的总和。公共就业服务的内容在不同国家、不同时期可能有差异，但是公共就业服务政策的原则和目标基本上是一致的。

（一）公共就业服务政策的原则

1. 政府主导原则

公共就业服务属于公共产品，具有公益性，理应由政府主导。政府主导主要体现在建立统一劳动力市场、健全公共就业服务体系、建立公共就业服务机构、提供就业服务财政保障、加强对就业服务的指导和监督等方面。当然，政府主导并不排斥社会参与，相反，政府鼓励社会力量依法开展就业服务活动。

2. 保障基本服务原则

公共就业服务包括基本公共就业服务和非基本公共就业服务，其中基本公共就业服务是政府对劳动者的庄严承诺，具有纯公益性质和底线性质，也是劳动者的一项基本权利。因此，政府对基本公共就业服务应依法予以保障。

3. 可持续原则

公共就业服务水平应该与经济发展水平和财政能力相适应。政府要完善财政保障、管理运行和监督问责机制，形成保障基本公共就业服务体系有效运行的长效机制。同时要创新服务供给模式，引入竞争机制，不断提高服务质量和效率，实现公共就业服务可持续发展。

4. 均等化原则

公共就业服务，特别是基本公共就业服务是政府面向全体劳动者提供的公益性服务，因此，均等化是公共就业服务的应有之义。我国公共就业服务的不均等问题比较突出，政府应按照覆盖城乡、普遍享有的要求，面向全社会提供统一、规范、高效的公共就业服务，方便各类劳动者求职就业和用人单位招聘用工，逐步实现地区间、城乡间基本公共就业服务均等化。

（二）公共就业服务政策的目标

1. 促进充分就业

充分就业是就业政策的理想目标，公共就业服务政策通过一系列政策措施促进这一目标的实现。政府培育和完善统一开放、竞争有序的人力资源市场，完善就业服务体系，优化人力资源配置，促进劳动力和生产资料的有效结合。公共就业服务机构以高校毕业生、农村转移劳动力、城镇困难人员、退役军人等为重点服务对象，促进他们就业；充分运用失业保险制度预防失业的功能，促进失业人员再就业；完善扶持创业的优惠政策，形成政府激励创业、社会支持创业、劳动者勇于创业的新机制，以创业促进就业。

2. 促进平等就业

平等就业是指劳动者享有平等的就业权利和就业机会。公共就业服务政策要创造平等就业的环境，消除城乡、行业、身份、性别等一切影响平等就业的制度障碍和就业歧视；采取税费减免、贷款贴息、社会保险补贴、岗位补贴等办法，通过公益性岗位安置等途径，对就业困难人员实行优先扶持和重点帮助；采取多种措施，为残疾人、女性、少数民族劳动者等群体提供就业服务，为他们就业创造条件。

3. 促进更高质量就业

提高就业质量是适应我国社会主要矛盾变化的新提法。中共十八大报告提出，要推动实现更高质量的就业。中共十九大报告提出，要坚持就业优先战略和积极就业政策，实现更高质量和更充分就业，使实现更高质量就业成为就业政策的目标之一。实现更高质量就业对劳动者、用人单位和政府都提出了新的要求。劳动者要不断提高就业能力，用人单位要改善劳动条件、调整用工策略，政府也要通过公共就业服务政策帮助用人单位和劳动者，提高主要劳动力市场的灵活性和次要劳动力市场的稳定性，促进劳动者实现更高质量就业。

二、我国公共就业服务体系的建立和发展

在计划经济时期，我国实行统包统配的就业制度，不存在现代意义上的公共就业服务体系。1980年，在大量知青回城和新增劳动力的双重压力下，中央提出在国家统筹规划和指导下，实行劳动部门介绍就业、自愿组织起来就业和自谋职业相结合（简称"三结合"）的方针。无论是劳动部门介绍就业，还是自愿组织起来就业或自谋职业，客观上都需要公共就业服务。自1980年至今，我国公共就业服务体系大致经历了建立、规范和发展三个阶段。

（一）建立阶段

在改革开放后的很长时间里，我国并不使用"公共就业服务"这一概念，当然这并不意味着没有公共就业服务。当时的公共就业服务由劳动服务公司提供。根据1981年中共中央、国务院《关于广开门路，搞活经济，解决城镇就业问题的若干决定》，劳动服务公司一般由政府劳动部门举办，企业事业单位也可以举办；其性质可以是事业单位，也可以是企业单位，受同级劳动部门领导；其定位是组织经济事业、统筹劳动就业、输送和管理企业临时用工、开展就业训练的一种综合性机构；其职能包括组织待业人员发展集体经济，帮助待业人员就业，对待业人员进行职业技能培训，按照企业需要介绍职工等。进入20世纪90年代，劳动服

务公司的公共就业职能被职业介绍所替代。职业介绍所由劳动部门举办，属事业单位性质，具体职责是执行国家劳动就业政策，提供劳动力供求信息，进行职业介绍，开展就业指导与咨询，组织劳务交流活动。

这一阶段的公共就业服务具有以下特点：一是坚持"三结合"的就业方针，就业服务具有明显的从计划经济向市场经济过渡的特征。二是服务对象主要是城市待业青年和下岗职工，服务内容主要是职业培训和职业介绍。三是免费服务的范围很窄，只有国务院于1998年发布的《关于切实做好国有企业下岗职工基本生活保障和再就业工作的通知》首次提出向国有企业下岗职工提供免费就业服务。四是城乡差别对待。20世纪80年代初，国家严格控制农村劳动力流入城镇，几乎谈不上对农村劳动力提供就业服务。90年代初，进城务工的农村劳动者还需要办理务工许可证。

（二）规范阶段

20世纪90年代末，我国公共就业服务体系基本建立。进入21世纪，公共就业服务体系进入规范阶段，其标志是2000年《劳动力市场管理规定》的发布。这一部门规章首次提出"公共就业服务"的概念，并设有专章对这一概念进行规定。公共就业服务体系规范化的具体表现是：

1. 明确提出并界定公共就业服务的概念

公共就业服务是指由各级劳动保障部门提供的公益性就业服务，包括职业介绍、职业指导、就业训练、社区就业岗位开发服务和其他服务内容。从现在的观点看，这一定义中公共就业服务的范围偏窄，但在当时是符合实际的。

2. 明确规定免费提供公共就业服务的范围

以前对公共就业服务是否免费、多大范围内免费，法规政策并没有明确规定。在规范阶段，明确规定公共职业介绍机构免费提供的就业服务包括政策法规咨询，向失业人员和特殊服务对象提供职业指导和职业介绍以及推荐他们参加免费培训，发布职业培训和职业供求等信息，办理失业登记、就业登记等。

3. 开展公共就业服务规范化和制度化建设

从2004年开始，劳动保障系统开展就业服务体系的制度化、专业化、社会化建设。制度化的重点是完善失业人员登记和免费就业服务制度、就业困难群体再就业援助制度、政府出资购买服务和培训制度、公共就业服务统筹管理制度。专业化就是要加强公共就业服务机构和队伍专业化建设，提高就业服务的效率和质量，提高求职者和用人单位的满意度。社会化就是面向社会服务、动员社会资源、接受社会监督，推动就业服务工作在全社会普及提高，建设统一、开放、公平、诚信的劳动力市场。

（三）发展阶段

随着社会主义市场经济的深入发展，我国就业政策也面临一些新问题，如创业环境、就业公平、高校毕业生就业、农村富余劳动力转移就业等。针对这些问题，中共十七大报告提出要实施扩大就业的发展战略，促进以创业带动就业；建立统一规范的人力资源市场，形成城乡劳动者平等就业的制度；完善面向所有困难群众的就业援助制度，及时帮助零就业家庭解决就业困难。自此，我国就业政策进入新的发展阶段。这一阶段的特点有：

1. 就业政策的法制化水平提高

2007年，全国人大常委会通过《中华人民共和国就业促进法》。这是一部关系国计民生的重要法律，是我国就业领域的首部基本法。它把坚持劳动者自主择业、市场调节就业、政府促进就业的方针和劳动者自主就业、公平就业原则从政策上升为法律，并把调整产业结构、增加就业岗位、实施积极的就业政策、规范人力资源市场、完善就业服务、加强职业教育和培训、提供就业援助等作为政府的法定职责，大大提高了公共就业服务的规范性和严肃性。

2. 公共就业服务内容不断丰富

在这一阶段，公共就业服务的对象不断扩大，内容不断丰富，服务平台不断延伸。公共就业服务具体内容包括就业政策法规咨询；职业供求信息发布，市场工资指导价位信息和职业培训信息发布；职业指导和职业介绍；组织就业见习，推荐开展职业培训和职业技能鉴定；开展创业服务；对就业困难人员实施就业援助，对高校毕业生、农村转移劳动者等重点群体提供专门就业服务；劳动人事档案管理服务；失业人员管理，办理就业登记、失业登记等事务。

3. 就业政策重视以创业促进就业

中共十七大提出以创业促进就业，中共十八大提出要贯彻劳动者自主就业、市场调节就业、政府促进就业和鼓励创业的方针，实施就业优先战略和更加积极的就业政策。引导劳动者转变就业观念，鼓励多渠道多形式就业，促进创业带动就业。这是在就业方针中第一次加入鼓励创业的内容，意义重大。中共十九大报告中再次强调了鼓励创业带动就业的方针。鼓励创业不仅体现在就业方针中，而且体现在具体的就业政策中，如给予创业人员创业指导、创业场地补贴、社会保险补贴等。

三、我国公共就业服务体系的改革和完善

经过40年的发展，我国公共就业服务体系取得了长足发展。首先，强化了政

府对就业服务的责任。多年来，我国政府一直坚持积极的就业政策，并取得了明显成效。其次，公共就业服务体系日趋完善。我国已基本形成了国家、省、市、区（县）、街道（乡镇）和社区（村）五级管理、六级服务的公共就业服务网络。再次，公共就业服务的对象不断扩大。公共就业服务的对象涵盖了失业人员、就业困难人员、农村富余劳动力和高校毕业生等各类劳动者群体。当然，我国公共就业服务体系仍需要进一步改革和完善。

（一）公共就业服务体系存在的问题

在取得长足发展的同时，我国公共就业服务体系也存在不少问题。第一，发展不平衡。公共就业服务发展不平衡主要表现城乡差距巨大、区域服务供给不平衡。在经济发达地区，县级以上公共就业服务体系比较健全，县级以下的公共就业服务平台基本延伸到社区（村）。在许多经济欠发达地区，公共就业服务制度不完善，工作人员短缺，经费严重不足，信息化水平不高。公共就业服务资源主要配置在城镇，农民基本不享受公共就业服务，进城农民工也难以享受与城市居民平等的公共就业服务。第二，服务水平不高。县级以下公共就业服务平台是公共就业服务体系的"神经末梢"，直接面向服务对象，很大程度上决定着公共就业服务水平。但是，我国基层公共就业服务平台普遍存在服务内容简单、服务方式粗放、服务手段落后、服务能力不足、服务队伍不稳定、服务质量不高等突出问题。第三，社会参与不足。长期以来，我国公共就业服务供给主体单一，有些地方基本上由政府垄断，社会参与严重不足。在政府单一供给的模式下，公共就业服务机构由于缺乏促进效率的动力，公共服务成本不断上升，而服务的质量和效率低下，无法满足日益增加的、多样化的就业服务需求。

（二）完善公共就业服务体系的对策

第一，开展农民和农民工服务，推进基本公共就业服务均等化。逐步在农村建立公共就业服务体系，为农民开展职业技能培训，特别是劳动预备制培训，促进农村富余劳动力就近转移。逐步扩大对农民工的服务项目，有针对性地为农民工提供政策咨询、职业指导、职业介绍等公共就业服务。进一步完善农民工返乡创业扶持政策，降低返乡创业门槛，落实定向减税和普遍性降费政策、充分发挥财政资金的杠杆引导作用、加强返乡创业金融服务，切实帮助农民工返乡创业。

第二，加强基层公共就业服务平台建设，着力提高服务水平。公共就业服务体系建设的重点应转向全面加强基层公共就业服务平台建设，街道（乡镇）服务站、社区（村）服务窗口可以与其他公共服务设施共建共享。财政投入、人员配置、信息化建设应向基层倾斜，以提高公共就业服务的可及性和便捷性。加强对基层公共就业服务人员的培训，改善其工作条件和工资待遇，提高他们的业务水平和工作积极性。

第三，鼓励社会参与，构建多元化的公共就业服务供给机制。根据发达国家的经验，公共就业服务的供给机制主要有政府机制、市场机制和非营利机制。三种机制都可能失灵，因此三种机构合作是公共就业服务的发展趋势。由于公共就业服务是政府的法定职责，因此必须坚持政府机构在公共就业服务中的主导地位。同时，政府可以发挥市场或准市场机制的作用，通过购买服务或发行服务券等方式吸引非营利组织参与就业服务，形成一体多元的公共就业服务供给机制。

第三节　职业培训政策

一、职业培训的含义和意义

职业培训是职业教育的重要组成部分，《中华人民共和国劳动法》和《中华人民共和国就业促进法》对其设有专章规定，可见，职业培训在我国劳动就业政策中占有重要地位。

（一）职业培训的含义

职业培训是指由职业培训机构或职业学校组织准备就业或已经就业的劳动者参加学习，以提高劳动者文化素质和职业能力的教育和训练活动。根据《中华人民共和国职业教育法》，职业培训包括从业前培训、转业培训、学徒培训、在岗培训、转岗培训及其他职业培训；也可以根据实际情况分为初级、中级、高级职业培训。《中华人民共和国就业促进法》把职业培训分为就业前培训、在职培训、再就业培训和创业培训（简称"四分法"）；《国务院关于加强职业培训促进就业的意见》把职业培训分为就业技能培训、岗位技能提升培训和创业培训（简称"三分法"）。

在"三分法"中，就业技能培训的外延非常广泛，包括对农村转移就业劳动者和城镇登记失业人员开展初级技能培训；对城乡未继续升学的应届初高中毕业生等新成长劳动力开展劳动预备制培训；对企业新录用的人员开展岗前培训；对退役士兵开展免费职业技能培训；对职业院校和高等院校学生开展职业技能和就业能力培训。岗位技能提升培训包括在岗职工技能提升培训和高技能人才培训。企业要结合技术进步和产业升级对职工技能水平的要求，通过在岗培训、脱产培训、业务研修、技能竞赛等多种形式，提升在岗职工的技能水平，通过建立技能大师工作室和技师研修制度、自办培训机构或与职业院校联合办学等方式，大力培养高技能人才。创业培训是指对有创业要求和培训愿望、具备一定创业条件的城乡各类劳动者以及处于创业初期的创业者，重点开展创业意识教育、创业项目指导和企业经营管理培训，通过案例剖析、考察观摩、企业家现身说法等方式，提高受培训者的创业能力。

（二）职业培训的意义

随着经济全球化和科学技术的不断发展，职业培训在就业政策中的地位日益凸显。加强职业培训工作在稳定和扩大就业、转变经济发展方式和提高企业竞争力等方面都具有重要意义。

1. 稳定和扩大就业的需要

当前，我国劳动力市场供需矛盾和结构性矛盾同时存在，供需矛盾表现为劳动力总量供大于求，结构性矛盾表现为"有岗无人"或"有人无岗"。加强职业培训工作，建立健全面向全体劳动者的终身职业培训制度，是实施扩大就业的发展战略，解决就业总量矛盾和结构性矛盾，促进就业和稳定就业的根本措施。

2. 经济结构转型升级的需要

以劳动密集型和资源密集型为特点的传统发展方式正在受到环境和资源的严重制约。加快转变经济发展方式必须进行产业结构转型升级，但是产业结构转型升级的瓶颈之一是劳动力素质低下。加强职业培训工作，提高劳动者职业素养和职业技能，是我国加快经济发展方式转变，促进产业结构调整的必然要求。

3. 提升企业竞争力的需要

在全球化的背景下，企业的生存发展依赖于全面提高竞争力。提高企业竞争力不仅需要改善管理、创新技术、开发新产品，而且还需要培养一支高素质的技术工人队伍和研究开发队伍。加强职业培训工作是提高企业自主创新能力和核心竞争力的有效手段。

二、我国职业培训政策法规体系的形成和发展

新中国成立后，出于大规模经济建设的需要，国家开始重视职业教育和职业培训。1952年3月，政务院发布《关于整顿和发展中等技术教育的指示》，明确提出中等技术教育的任务是培养工业、农业、交通、运输等方面的中级和初级技术人才；要求各地除整顿和发展正规的技术学校外，还应根据实际需要举办各种速成性质的技术训练班，或在各工矿企业、农场以及各技术学校中附设各种业余性质的技术补习班或训练班，使正规的、速成的、业余的各种技术学校或训练班得到适当的配合发展；要求中等技术学校逐步实行专业化与单一化，务求学用一致，

使培养的人才能适合各业务部门的需要。这一文件促进了中等技术教育的较快发展。"大跃进"运动后，中央对各行各业的冒进进行了调整和整顿。1961年5月，劳动部颁发《技工学校通则》，规定技工学校实行半工半读，目的是培养具有社会主义觉悟、中级技术水平和中等文化程度的技术工人。自此，职业技术教育进入稳步发展期。但是好景不长，"文化大革命"对职业技术教育造成严重破坏，至"文化大革命"结束时，全国仅剩下少量的中等专业学校和技工学校。

改革开放后，我国职业教育逐步恢复和发展。1985年中共中央发布《关于教育体制改革的决定》，提出了调整中等教育结构，大力发展职业技术教育的方针，具体措施有：发展职业技术教育要以中等职业技术教育为重点，发挥中等专业学校的骨干作用，同时积极发展高等职业技术院校；改革劳动人事制度，实行"先培训，后就业"，各单位招工必须首先从各种职业技术学校毕业生中择优录取；发展职业技术教育，要充分调动企事业单位和业务部门的积极性，并且鼓励集体、个人和其他社会力量办学。上述方针和政策对我国职业教育的发展产生了深远影响。1991年，《国务院关于大力发展职业技术教育的决定》把广泛开展短期职业技术培训、发展对在职人员进行职业技术培训的成人教育作为职业教育的主要任务之一。1994年，《中华人民共和国劳动法》设专章规定职业培训，把发展职业培训事业，开发劳动者的职业技能，提高劳动者素质，增强劳动者的就业能力和工作能力规定为国家责任；同时要求用人单位建立职业培训制度，有计划地对劳动者进行职业培训。

进入21世纪以来，国务院及其有关部委高度重视职业培训工作，密集发布相关政策，使我国职业培训的政策体系逐步清晰和健全。2002年，全国职业教育工作会议召开。国务院相继发布《关于大力推进职业教育改革与发展的决定》《国务院关于解决农民工问题的若干意见》《关于大力发展职业教育的决定》《关于加强职业培训促进就业的意见》《关于进一步做好为农民工服务工作的意见》。农民工培训工作受到高度重视。2003年，农业部等六部委联合制定《2003—2010年全国农民工培训规划》，次年，六部委共同实施农村劳动力转移培训计划"阳光工程"，教育部推出"农村劳动力转移培训计划"，科技部等部门启动"星火科技培训专项行动"，国务院扶贫办公室针对贫困农村劳动力实施了"雨露计划"。

三、我国职业培训政策法规体系的改革和完善

改革开放以来，我国职业培训政策体系逐步完备，政府主导、社会参与、市场运作的培训体制和市场引导培训、培训促进就业的培训机制基本形成，政策措

施逐步完善，培训规模不断扩大，劳动者职业素质和就业能力不断提高，对促进就业和经济社会发展发挥了重要作用。与此同时，职业培训工作仍未能完全适应社会经济发展、产业结构调整和劳动者素质提高的需要，具体存在以下问题。

一是职业培训的有效供给明显不足。在目前的职业培训模式中，供给与需求的结构性矛盾比较突出，职业技能培训供给与就业市场需求脱节。职业培训机构获得政府的财政支持，并按照政府确定的培训计划开展培训，其课程设置和培训方法对就业市场需求不够敏感，培训内容难以适应企业的用工要求。

二是职业培训的基础能力需要加强。职业培训主体包括公共就业培训机构、企业、职业院校（技工院校）、社会化培训机构。除少数培训机构外，多数培训主体投入偏少，规模不大，设备老化，工位不足，教师队伍结构不合理、缺乏过硬技能，在职业技能考试环节把关不严。

三是职业培训主体的积极性不高。一些地方政府部门因担心培训资金安全而缺乏推进职业技能培训的积极性；数量庞大的非国有中小企业习惯于"只使用、不培养"的用工模式，靠"挖墙角"方式解决技工短缺问题；公办职业院校，特别是技工院校因为职业技能培训与薪酬待遇关系不大而缺乏积极性。

四是职业培训的覆盖面不够广泛。职业培训的资源配置不合理，主要向城市和本地户籍人口倾斜。例如，承担"阳光工程"的培训机构大多在市、县职业学校或就业训练中心。参训者虽然是免费学习，但需要负担不菲的食宿费用，参加培训的积极性不高。此外，许多地方的职业培训政策都设置了户籍壁垒，导致非本地户籍的外来务工人员难以享受职业培训政策。

为解决职业培训存在的问题，国务院于 2018 年 5 月印发《关于推行终身职业技能培训制度的意见》（以下简称《意见》）。《意见》突出"终身"和"技能"两个关键词，从八个方面进行了政策创新。一是政策目标。面向城乡全体劳动者，完善从劳动预备开始，到劳动者实现就业创业，并贯穿学习和职业生涯全过程的终身职业技能培训政策。二是重点群体。对高校毕业生、农民工、化解过剩产能企业职工等 14 类群体分别实施专项职业技能培训行动计划，以高校毕业生、科技人员、留学回国人员、退役军人等 6 类群体为重点，开展创业意识教育、创新素质培养、创业项目指导、开业指导、企业经营管理等培训，提升他们的创业创新能力。三是培训类型。在就业技能培训、岗位技能提升培训、创业培训三大类型基础上，适应发展需要，增加了工匠精神和职业素质培育，将创业培训拓展为创业创新培训。四是培训主体。发挥企业主体作用，鼓励支持社会力量参与，采取政府补贴培训、企业自主培训、市场化培训等方式，大规模开展职业技能培训。五是机制创新。建立职业技能培训市场化社会化发展机制、技能人才多元评价机制、培训质量评估监管机制和技能提升多渠道激励机制。六是经费保障。将资金渠道扩大为建立政府、企业、社会多元投入机制，通过就业补助资金、企业职工教育培训经费、社会捐助赞助、劳动者个人缴费等多种渠道筹集培训资金，失业保险基金也可以用于参加失业保险职工的技能提升培训。七是购买服务。由政府购买定点培训机构培训成果的方式，改革为政府补贴的职业技能培训项目全部向具备资质的职业院校和培训机构开放。八是质量监管。对职业技能培训公共服务项目实施目录清单管理，对社会公开政府补贴培训目录、培训机构目录、鉴定评价机构目录和职业资格目录。

第四节　劳动保护政策

一、劳动保护政策的原则与目标

（一）劳动保护与劳动保护政策

从广义上说，劳动保护是指对劳动者各个方面劳动权益的保护，例如，《中华人民共和国劳动法》中的休息休假制度保护的是劳动者的休息权，工资制度保护的是劳动者的获得报酬权，职业培训制度保护的是劳动者的职业发展权。广义的劳动保护就是指对劳动者的全面保护；狭义上的劳动保护是指对劳动者在劳动生产过程中的安全和健康的保护，包括劳动安全保护和劳动卫生保护。本章在狭义上使用劳动保护概念。劳动保护政策是指国家和用人单位为保障劳动者在劳动过程中的安全和健康所制定规范和采取行动的总和，具体内容有劳动安全保护、劳动卫生保护、对女职工和未成年工的特殊保护等。

（二）劳动保护政策的原则

劳动保护政策的原则是指调整劳动保护相关主体之间关系的基本准则，体现了劳动保护政策的基本精神和价值追求。

1. 安全第一，预防为主原则

《中华人民共和国安全生产法》规定安全生产应坚持安全第一、预防为主、综合治理的方针；《中华人民共和国职业病防治法》规定职业病防治工作坚持预防为主、防治结合的方针。我们认为，"安全第一，预防为主"应成为劳动保护的首要原则。安全第一，预防为主要求所有用人单位在生产经营活动中把安全工作放在第一位。当生产与安全发生矛盾时应以安全为重，劳动保护的重点是事先预防而不是事后处理。

2. 倾斜保护原则

《中华人民共和国劳动法》和《中华人民共和国劳动合同法》都以"保护劳动者合法权益"为立法宗旨，体现了劳动政策对劳动者的倾斜保护原则。劳动保护政策对劳动保护对象再次进行倾斜，对女职工和未成年工给予特殊保护。例如《女职工劳动保护特别规定》和《未成年工特殊保护规定》即是倾斜保护原则的体现。

3. 与国情相适应的原则

我国仍处于社会主义初级阶段，区域和城乡发展不平衡。劳动保护政策应当与这一基本国情相适应，不能盲目和发达国家攀比。国家应制定劳动保护基准作为保护劳动者的强制性标准，发达地区可通过立法或集体协商的方式适当提高劳动保护标准。

4. 民主化原则

在全球化的背景下，劳动关系的民主化趋势日益明显。劳动保护民主化是劳动关系民主化的表现之一。劳动保护标准直接影响劳动者的切身利益，因此，政府在制定劳动政策的过程中，不仅要兼顾用人单位的利益，更要倾听劳动者的声音，赋予劳动者更多的参与权和话语权。

（三）劳动保护政策的目标

劳动保护政策的根本目标是加强劳动保护，改善劳动条件，减少职业危害，防止伤亡事故的发生，保障劳动者在劳动生产过程中的人身安全和身体健康，维护劳动者的合法权益。具体地说，劳动保护政策的目标包括劳动安全目标和劳动卫生目标。

1. 保障劳动者的生命和财产安全

这一目标体现在以《中华人民共和国安全生产法》为主体的劳动安全政策体系中。劳动安全政策通过明确生产经营单位的安全生产主体责任、规定从业人员权利义务、建立预防安全生产事故制度、建立安全生产标准化制度、推行注册安全工程师制度、推进安全生产责任保险制度等一系列制度安排，预防和减少安全事故的发生，从而保障劳动者的生命和财产安全。

2. 保障劳动者健康和相关权益

保护劳动者健康和相关权益是我国劳动卫生政策的出发点和落脚点，集中体现在以《中华人民共和国职业病防治法》为主体的劳动卫生政策中。基本的政策框架是：用人单位应当依照法律、法规要求，严格遵守国家职业卫生标准，落实职业病预防措施，从源头上控制和消除职业病危害；应当建立健全管理制度和操作规程，做好劳动过程中的防护与管理；劳动卫生主管部门应当对职业病防治工作进行监督检查；职业病病人依法享有工伤保险待遇，依照有关民事法律，尚未获得赔偿的，有权向用人单位提出赔偿要求。

二、劳动保护政策的内容

（一）劳动安全保护

我国劳动安全保护政策主要有《中华人民共和国劳动法》《中华人民共和国安全生产法》《中华人民共和国矿山安全法》以及劳动安全方面的国家标准和行业标准等，具体内容有：安全生产责任制度，指企业各级负责人及有关工作人员在劳动过程中，对各自职务或业务范围内的安全生产负责的制度；安全生产审批、验收制度，指负责安全生产监督管理的部门对涉及安全生产的相关事项依照法定的标准进行批准验收的制度；安全生产检查制度，指安全生产监督管理部门对企业遵守安全生产法规和安全生产标准的状况进行监督检查，保障劳动保护制度的实施；安全生产举报、报告制度，任何单位和个人对生产经营过程中存在的有关安全生产问题都可以向有关机关举报，以此加强对安全生产的监督；安全生产事故应急救援制度，当发生安全事故时，相关部门应采取应急救援措施，并及时向上级相关部门报告；生产安全事故调查处理制度，安全事故发生之后，相关部门依照法定程序对相关责任人进行问责，依法追究其责任。

（二）劳动卫生保护

我国劳动卫生保护政策主要有《中华人民共和国劳动法》《中华人民共和国职业病防治法》《中华人民共和国尘肺病防治条例》《工业企业厂界噪声标准》《国务院关于加强防尘防毒工作的规定》等，具体内容有：职业病危害项目申报制度，即用人单位设有依法公布的职业病目录所列职业病的危害项目的，应当及时如实向卫生行政部门申报，接受监督；建设项目职业病危害预评价制度，在建设项目可行性论证阶段，对其可能产生的职业病危害因素、危害程度、对劳动者健康影响、防护措施等进行预测性评价；工作场所职业病危害因素监测、检测和评价制度；职业病危害告知制度，即用人单位对可能产生职业病危害的场所或设备材料，应履行告知义务，以保障劳动者的知情权。

（三）对女职工的特殊保护

女职工特殊保护制度是指因女职工的生理特点和抚育后代的需要，对女职工在劳动生产过程中的安全与健康依法加以特殊保护的制度，主要内容有《中华人民共和国劳动法》和《女职工劳动保护特别规定》等。

1. 女职工禁忌从事的劳动范围

禁止安排女职工从事矿山井下作业，体力劳动强度分级标准中规定的第四级体力劳动强度的作业，每小时负重 6 次以上、每次负重超过 20 公斤的作业，或者间断负重、每次负重超过 25 公斤的作业。此外，不得安排女职工在经期、孕期、哺乳期从事法律禁止的劳动。

2. 对女职工怀孕、生育、哺乳期的特殊保护

用人单位不得因女职工怀孕、生育、哺乳降低其工资，予以辞退，与其解除劳动合同。对怀孕 7 个月以上的女职工，用人单位不得延长劳动时间或者安排夜班劳动，并应当在劳动时间内安排一定的休息时间。女职工生育享受 98 天产假，难产或生育多胞胎的，依法增加产假。女职工产假期间依法享受生育津贴，对已参加生育保险的，生育津贴由生育保险基金支付；对未参加生育保险的，生育津贴由用人单位支付。对哺乳未满 1 周岁婴儿的女职工，用人单位不得延长劳动时间或者安排夜班劳动。用人单位应当在每天的劳动时间内为哺乳期女职工安排 1 小时哺乳时间；女职工生育多胞胎的，每多哺乳 1 个婴儿每天增加 1 小时哺乳时间。

（四）对未成年工的特殊保护

未成年工是指年满十六周岁、未满十八周岁的劳动者。未成年工的特殊保护是针对未成年工处于生长发育期的特点，以及接受义务教育的需要，采取的特殊劳动保护措施。主要体现在《中华人民共和国劳动法》《中华人民共和国未成年人保护法》和《未成年工特殊保护规定》中。

1. 未成年工禁忌从事的劳动范围

《未成年工特殊保护规定》对未成年工禁忌从事的劳动范围作了明确规定，具体涉及生产性粉尘作业，有毒作业，高处作业，冷水作业，高温、低温作业，接触放射性物质的作业，易燃易爆等危险性大的作业，地质勘探和资源勘探的野外作业，潜水、涵洞、涵道作业和海拔 3 000 米以上的高原作业（不包括世居高原者），矿山井下及矿山地面采石作业，森林业中的伐木、流放及守林作业以及其他重体力作业。

2. 定期健康检查制度

在安排工作岗位之前或者在未成年工工作满一年或者年满十八周岁，距前一次的体检时间已超过半年，用人单位应按照国家规定的检查项目对未成年工进行健康检查。根据未成年工的健康检查结果安排其从事适合的劳动，对不能胜任原劳动岗位的，应根据医务部门的证明，予以减轻劳动量或安排其他劳动。

3. 未成年工登记制度

用人单位招收使用未成年工,除符合一般用工要求外,还须向所在地的县级以上劳动行政部门办理登记。劳动行政部门根据《未成年工健康检查表》《未成年工登记表》,审核体检情况和拟安排的劳动范围,核发《未成年工登记证》。未成年工须持《未成年工登记证》上岗。

三、劳动保护政策的特点与发展趋势

(一) 劳动保护政策的特点

劳动保护政策是指国家和用人单位为保障劳动者在劳动过程中的安全和健康所制定规范和采取行动的总和。根据这一界定,我们认为劳动保护政策具有以下特点。

第一,劳动保护是国家和用人单位对劳动者的保护。劳动保护制度虽然也规定劳动者在劳动过程中应履行的义务,但是更多的是明确用人单位的保护责任和国家的监管责任。劳动保护是单向保护,这一点与其他劳动政策不同,如劳动合同制度既保护劳动者,也保护用人单位。

第二,劳动保护仅针对劳动者的劳动过程。劳动保护是基于劳动关系而由用人单位承担的一项义务,用人单位只在劳动者为本单位提供劳动的过程中才负有保护劳动者安全和健康的义务。

第三,劳动保护制度保护的是劳动者的安全和健康。《中华人民共和国劳动法》保护劳动者的各项利益,包括安全、健康、工资、休息休假、社会保险等,其中劳动保护制度保护劳动者的安全和健康。

第四,劳动保护政策多是强制性和技术性规范。安全和健康是劳动者最重要的权利,具有基础性和人身性的特点。保障劳动者的安全和健康是政府的责任,也是用人单位的义务。因此,法律不允许劳动者放弃安全和健康的权利,也不允许用人单位降低对劳动者安全和健康的保护标准,否则保护劳动者安全和健康的目标就很可能落空。在现代化社会化大生产中,必须采取技术手段和适用相应的技术规范才能切实保护劳动者的安全和健康。技术规范不像伦理规范需要考虑区域性的社会因素和道德因素,它具有跨越国家和地区的稳定性和普适性。

(二) 劳动保护政策的发展趋势

随着科学技术的不断发展,劳动分工越来越细化,危害劳动者安全和健康的因素日益复杂。同时,劳动者的权益意识不断提高,劳动保护的需求也逐步多样化和层次化。传统的劳动保护政策难以适应不断复杂化的职业风险,难以满足劳动者逐步多样化的保护需求。在这种背景下，越来越多的国家从整体的工作环境去全面解决安全生产问题。在法律上，劳动安全卫生权也逐步向工作环境权转变，在许多国家，工作环境权已经成为劳动保护立法的价值原则。劳动者的工作环境权包括自然环境需求，如阳光、清洁空气等；物理环境需求，如劳动保护设施、劳动保护用品等；人文环境需求，如防止职场性骚扰、名誉权、隐私权等。基于工作环境权的理念，未来的劳动保护政策呈现出如下发展趋势。

1. 劳动保护政策更加重视劳动者的心理健康

现行劳动保护政策对健康的理解还停留在身体部分和生理层面，未来劳动保护政策对健康的理解将更加全面。世界卫生组织认为，所谓健康是指完全的身心舒适与幸福感，并非仅限于没有病痛。国际劳工组织于1981年发布的《关于职业安全、健康和工作环境的建议书》指出，与工作有关的"健康"一词不仅指没有疾病或残疾，而且也包括与工作安全卫生有关的影响健康的物理和心理因素。《"健康中国2030"规划纲要》提出要强化安全生产和职业健康，党的十九大报告也提出要"加强社会心理服务体系建设，培育自尊自信、理性平和、积极向上的社会心态"。劳动保护政策在保障劳动者生命和身体健康的同时，将更加重视促进心理健康，为劳动者提供安全舒适的工作环境。

2. 劳动保护政策更加重视劳动者的人格尊严

保护劳动者人格尊严在现代劳动保护政策中的地位日益突出。国际劳工标准规定了就业平等、禁止强迫劳动、禁止童工等，我国《劳动法》也规定：劳动者享有平等就业和选择职业的权利、获得劳动安全卫生保护的

拓展资源

国际劳工组织关于职业安全、健康和工作环境的建议书和公约

权利；采取欺诈、胁迫等手段订立的劳动合同无效；用人单位以暴力、威胁或者非法限制人身自由的手段强迫劳动的，劳动者可以随时解除劳动合同。近年来，反对工作场所性骚扰是劳动保护政策面临的新问题。关于性骚扰立法国际上有四种形式：一是反性别歧视法律规定禁止性骚扰；二是劳动法规定禁止性骚扰；三是民法规定性骚扰作为侵权行为；四是刑法规定有关性骚扰的犯罪。许多国家的劳动法规定，用人单位有义务营造良好的平等就业的工作环境，并禁止工作中的性骚扰行为，用人单位如果违反义务应当承担劳动法上的责任。我国《妇女权益保障法》也规定"禁止对妇女实施性骚扰"。《女职工劳动保护特别规定》规定"在劳动场所，用人单位应当预防和制止对女职工的性骚扰"。但是，这些规定的宣示性较强而操作性较弱，用人单位如何预防和制止、如果不预防和制止应当承担什么责任并不明确。随着我国社会主要矛盾的转变，劳动者对公平正义的追求

愈加迫切，劳动保护政策对劳动者人格尊严的保护将更加全面和深入。

第五节　针对特定人群的就业政策

《中共中央关于全面深化改革若干重大问题的决定》指出，促进以高校毕业生为重点的青年就业和农村转移劳动力、城镇困难人员、退役军人就业。中共十九大报告要求"提供全方位公共就业服务，促进高校毕业生等青年群体、农民工多渠道就业创业"。可见，促进特定人群就业是我国就业政策的重点之一。特定人群在年龄、身体状况、职业技能等方面具有特殊性，为促进特定人群就业，国家针对不同群体的特点制定帮助和扶持政策。因此，与一般就业政策相比，针对特定人群的就业政策尤其能体现就业政策的福利性。

一、城镇就业困难家庭和就业困难人员的就业促进政策

（一）零就业家庭和就业困难人员

《中共中央关于构建社会主义和谐社会若干重大问题的决定》提出，要扩大再就业政策扶持范围，健全再就业援助制度，着力帮助零就业家庭和就业困难人员就业。此后，劳动和社会保障部发布《关于全面推进零就业家庭就业援助工作的通知》，把零就业家庭界定为在城镇家庭中，所有法定劳动年龄内、具有劳动能力和就业愿望的家庭成员均处于失业状态，且无经营性、投资性收入的家庭。《中华人民共和国就业促进法》把就业困难人员界定为因身体状况、技能水平、家庭因素、失去土地等原因难以实现就业，以及连续失业一定时间仍未能实现就业的人员。《国务院关于做好促进就业工作的通知》规定，就业困难人员一般指大龄、身有残疾、享受最低生活保障、连续失业一年以上，以及因失去土地等原因难以实现就业的人员。《关于加强就业援助工作的指导意见》规定，零就业家庭成员是指法定劳动年龄内的家庭人员均处于失业状况的城市居民家庭中的登记失业人员。综合上述各种界定，零就业家庭成员和就业困难人员都存在就业困难，都属于就业援助的对象。

（二）零就业家庭和就业困难人员的认定

零就业家庭成员和就业困难人员在接受就业援助前，须在社区公共服务平台履行登记认定手续。未进行失业登记的，要先进行失业登记，并取得就业失业登记证明。对符合援助对象条件的，公共就业服务机构予以公示认定，核发就业援

助卡,就业援助卡与就业失业登记证明同时使用。建立统一的社区台账和援助对象数据库,并及时调整更新,对援助对象实施动态管理。关于就业援助对象的具体认定标准,法律法规并无统一规定,各地认定标准有所差异。一般来说,就业困难人员是指登记失业人员中的部分人员,包括:城镇女性40至55周岁,男性50至60周岁内人员(简称"4050"人员);已领取《残疾证》的残疾人员;享受城镇居民最低生活保障期间的劳动适龄失业人员;登记失业一年以上的人员;因土地被征用,失去土地的人员;零就业家庭中的劳动适龄成员;就业困难的高校毕业生等。

(三)对零就业家庭和就业困难人员的就业援助政策

多年来,我国已经形成了比较完善的就业援助政策体系,主要包括就业服务援助、就业岗位援助和创业服务援助。就业服务援助是指公共就业服务机构根据就业困难人员自身素质、家庭情况、求职意愿、培训要求等不同需求制订援助计划,提供政策信息和就业岗位信息、组织技能培训等有针对性的就业服务,对就业困难人员实施优先扶持和重点帮助。就业岗位援助是指公共就业服务机构建立零就业家庭即时岗位援助制度,通过拓宽公益性岗位范围,开发各类就业岗位等措施,帮助就业困难人员就业,确保零就业家庭至少有一人实现就业。在公益性岗位上安置的就业困难人员,按照国家规定给予岗位补贴和社会保险补贴。对各类企业招用就业困难人员,签订劳动合同并缴纳社会保险费的,政府在一定期限内给予社会保险补贴。创业服务援助是指公共就业服务机构开发适用性强的创业项目,指导和帮助就业困难人员自主创业。对有创业愿望和能力的就业困难人员提供创业培训、开业指导、小额贷款和跟踪服务等"一条龙"服务,在场地、税收、社会保险等方面给予优惠或补贴。

二、女性、残疾人和农民工就业权利保护政策

(一)女性就业权利保护

实行男女平等是我国的基本国策。长期以来,我国高度重视保护女性包括就业权利在内的各项权益,致力于消除对女性一切形式的歧视。对女性的就业权利保护政策主要体现在《中华人民共和国妇女权益保障法》《中华人民共和国劳动法》《中华人民共和国就业促进法》《女职工保护特别规定》等法律法规中,主要内容有:

1. 女性平等就业权利

妇女享有与男子平等的劳动权利。用人单位招用人员,除国家规定的不适

合妇女的工种或者岗位外，不得以性别为由拒绝录用妇女或者提高对妇女的录用标准。用人单位录用女职工，不得在劳动合同中规定限制女职工结婚、生育的内容。

2. 女性同工同酬权利

女性与男性同工同酬。妇女在享受福利待遇方面享有与男子平等的权利。在晋职、晋级、评定专业技术职务等方面，应当坚持男女平等的原则，不得歧视妇女。任何单位不得因结婚、怀孕、产假、哺乳等情形，降低女职工的工资，除非女职工要求，否则不得单方解除劳动合同。

3. 女性享受特殊劳动保护

任何单位均应根据妇女的特点，依法保护妇女在工作和劳动时的安全和健康，不得安排不适合妇女从事的工作和劳动。妇女在经期、孕期、产期、哺乳期受特殊保护。

（二）残疾人就业权利保护

就业权利是残疾人权益的重要内容。国家保障残疾人劳动的权利，各级人民政府对残疾人劳动就业统筹规划，为残疾人创造劳动就业条件。改革开放以来，我国颁布了《社会福利企业招用残疾人职工的暂行规定》《中华人民共和国残疾人保障法》《中华人民共和国劳动法》《中华人民共和国就业促进法》《残疾人就业条例》，形成了比较完整的保障残疾人就业的政策体系。

1. 残疾人平等就业权利

残疾人就业不受歧视。用人单位应当为残疾人职工提供适合其身体状况的劳动条件和劳动保护，不得在晋职、晋级、评定职称、报酬、社会保险、生活福利等方面歧视残疾人职工；应当根据本单位残疾人职工的实际情况，对残疾人职工进行上岗、在岗、转岗等培训。

2. 比例就业与残疾人就业保障金

用人单位应当按照一定比例安排残疾人就业，并为其提供适当的工种、岗位，安排残疾人就业的比例不得低于本单位在职职工总数的1.5%，具体比例由省级人民政府规定。用人单位安排残疾人就业达不到其所在地省级人民政府规定比例的，应当缴纳残疾人就业保障金。

3. 残疾人集中就业保护

国家对残疾人就业实行集中就业与分散就业相结合的方针，促进残疾人就业。在政府和社会依法兴办的残疾人福利企业、盲人按摩机构和其他福利性单位中，从事全日制工作的残疾人职工占本单位在职职工总数的25%以上的，可认定为集中使用残疾人的用人单位。国家对集中使用残疾人的用人单位依法给予税收优惠，并在生产、经营、技术、资金、物资、场地使用等方面给予扶持。

4. 残疾人就业扶持政策

国家鼓励扶持残疾人自主择业、自主创业。对残疾人从事个体经营的，依法给予税收优惠，有关部门在经营场地等方面给予照顾，并按照规定免收管理类、登记类和证照类的行政事业性收费；对自主择业、自主创业的残疾人在一定期限内给予小额信贷等扶持。地方政府和有关部门对从事农业生产劳动的农村残疾人，在生产服务、技术指导、农用物资供应、农副产品收购和信贷等方面给予帮助。

5. 残疾人就业服务政策

各级人民政府和有关部门为就业困难的残疾人提供有针对性的就业援助服务，鼓励和扶持职业培训机构为残疾人提供职业培训，并组织残疾人定期开展职业技能竞赛。中国残疾人联合会及其地方组织所属的残疾人就业服务机构免费为残疾人就业提供就业信息、职业培训、职业心理咨询、职业适应评估、职业康复训练、求职定向指导、职业介绍等服务。

（三）农民工就业权利保护

随着改革开放的深入发展，我国流动人口规模不断扩大，其主体是农民工。多年来，中央和地方发布了很多关于农民工的政策文件，其中多数政策，特别是2003年以前的政策，重管理轻服务，关注工资支付、劳动合同、社会保险、职业培训等具体问题，缺乏战略高度和城乡统筹思想，一些早期政策还具有明显的歧视农民工特点，例如1994年的《农村劳动力跨省流动就业管理暂行规定》等。为纠正早期政策中的偏差，2003年，国务院办公厅发布《关于做好农民进城务工就业管理和服务工作的通知》，要求各地取消对农民进城务工就业的不合理限制，切实解决拖欠和克扣农民工工资问题，改善农民工的生产生活条件。2006年，《国务院关于解决农民工问题的若干意见》从统筹城乡发展的战略高度，对保障农民工合法权益，改善农民工就业环境作了全面部署。2014年，《国务院关于进一步做好为农民工服务工作的意见》对农民工就业创业、劳动保障权益、农民工市民化等问题提出指导意见。综合近年来国家关于解决农民工问题的系列政策，对农民工就业权利的保护主要包括以下几点。

1. 保障农民工工资报酬权益

在建设领域和其他容易发生欠薪的行业推行工资保证金制度，在有条件的市县探索建立健全欠薪应急周转金制度，完善并落实工程总承包企业对所承包工程的农民工工资支付全面负责制度、劳动保障监察执法与刑事司法联动治理恶意欠薪制度、解决欠薪问题地方政府负总责制度，推广实名制工资支付银行卡。落实农民工与城镇职工同工同酬原则。在经济发展基础上合理调整最低工资标准，推动农民工参与工资集体协商，促进农民工工资水平合理增长。

2. 保障农民工社会保险权益

依法将与用人单位建立稳定劳动关系的农民工纳入城镇职工基本养老保险和基本医疗保险，完善灵活就业农民工参加基本养老保险政策，灵活就业农民工可以参加当地城镇居民基本医疗保险。努力实现用人单位的农民工全部参加工伤保险，着力解决未参保用人单位的农民工工伤保险待遇保障问题。推动农民工与城镇职工平等参加失业保险、生育保险并平等享受待遇。对劳务派遣单位或用工单位侵害被派遣农民工社会保险权益的，依法追究连带责任。

3. 保障农民工安全和健康权益

强化高危行业和中小企业一线操作农民工的安全生产和职业健康教育培训，将安全生产和职业健康相关知识纳入职业技能教育培训内容。严格执行特殊工种持证上岗制度、安全生产培训与企业安全生产许可证审核相结合制度。督促企业对接触职业病危害的农民工开展职业健康检查、建立监护档案。建立重点职业病监测哨点，完善职业病诊断、鉴定、治疗的法规、标准和机构。重点整治矿山、工程建设等领域农民工工伤多发问题。实施农民工职业病防治和帮扶行动，深入开展粉尘与高毒物品危害治理，保障符合条件的无法追溯用人单位及用人单位无法承担相应责任的农民工职业病患者享受相应的生活和医疗待遇。

4. 实施农民工职业技能提升计划

加大农民工职业培训工作力度，对农村转移就业劳动者开展就业技能培训，对农村未升学初高中毕业生开展劳动预备制培训，对在岗农民工开展岗位技能提升培训，对具备中级以上职业技能的农民工开展高技能人才培训，将农民工纳入终身职业培训体系。

5. 促进农民工就业创业政策

引导农民工有序外出就业、鼓励农民工就地就近转移就业、扶持农民工返乡创业。进一步清理针对农民工就业的户籍限制等歧视性规定，保障城乡劳动者平等就业权利。实现就业信息全国联网，为农民工提供免费的就业信息服务。完善城乡均等的公共就业服务体系，有针对性地为农民工提供政策咨询、职业指导、职业介绍等公共就业服务。将农民工纳入创业政策扶持范围，运用财政支持、创业投资引导和创业培训、政策性金融服务、小额担保贷款和贴息、生产经营场地和创业孵化基地等扶持政策，促进农民工创业。

三、促进高校毕业生就业的政策

近年来，我国高校毕业生总量持续增加，就业压力加大，结构性矛盾非常突出。高校毕业生是国家宝贵的人力资源，中央和地方都非常重视高校毕业生就业工作，密集发布促进高校毕业生就业的政策。根据《国务院关于进一步做好普通高等学校毕业生就业工作的通知》等政策文件，促进高校毕业生就业的政策主要有以下一些方面。

（一）通过转变经济发展方式，扩大高校毕业生就业机会

在推进战略性新兴产业发展中培育新的就业增长点，着力发展既具有较高科技含量又具有较强吸纳就业能力的智力密集型、技术密集型产业，开发更多适合高校毕业生的就业岗位。在加快转变经济发展方式和调整经济结构的过程中，实施有利于发挥劳动力比较优势的技术进步和产业升级技术战略，带动生产性就业岗位增长，努力扩大吸纳高校毕业生就业规模。大力发展具有增长潜力的生产性服务业和生活性服务业，积极鼓励发展服务外包、动漫、现代信息技术、现代服务业等产业，创造更多高校毕业生就业机会。

（二）鼓励高校毕业生到城乡基层就业

充分挖掘基层公共管理和服务领域的就业潜力，吸纳高校毕业生就业。结合推进农业科技创新、健全农业社会化服务体系等措施，引导更多高校毕业生投身现代农业。全面落实高校毕业生到中西部地区和艰苦边远地区县以下基层单位就业的学费补偿和助学贷款代偿政策。自2012年起，省级以上机关录用公务员，除部分特殊职位外，均应从具有两年以上基层工作经历的人员中录用。市（地）级以下机关，特别是县乡机关招录公务员，录用计划应主要用于招收应届高校毕业生。统筹实施"选聘高校毕业生到村任职""三支一扶"（支教、支农、支医和扶贫）、"大学生志愿服务西部计划""农村义务教育阶段学校教师特设岗位计划"等基层服务项目，做好各类项目之间的政策衔接，进一步落实对服务期满考核合格人员的就业政策措施。

（三）鼓励高校毕业生到中西部地区、民族地区、贫困地区和艰苦边远地区就业

结合中部地区崛起，西部大开发战略的实施以及产业梯度转移的需要，鼓励和引导高校毕业生到中西部地区就业。对到中西部地区和艰苦边远地区县以下基层单位就业，服务期达到三年以上（含三年）的高校毕业生，按规定实施相应的

学费和助学贷款代偿。对到艰苦边远地区或国家扶贫开发工作重点县就业的高校毕业生，在机关工作的，试用期工资可直接按试用期满后工资确定，试用期满后级别工资高定一至二档；在事业单位工作的，可提前转正定级，转正定级时薪级工资高定一至二级。

（四）鼓励小微企业吸纳高校毕业生就业

进一步改善小微企业发展环境，推动小微企业在转型升级过程中创造更多岗位吸纳高校毕业生就业。对小微企业新招用毕业年度高校毕业生，签订一年以上劳动合同并按时足额缴纳社会保险费的，给予一年的社会保险补贴。科技型小微企业招收毕业年度高校毕业生达到一定比例的，可申请最高不超过200万元的小额担保贷款，并享受财政贴息。对小微企业新招用高校毕业生按规定开展岗前培训的，适当提高培训费补贴标准。

（五）实施大学生就业创业促进计划

拓展资源

促进大学生就业创业的政策性文件

2014年至2017年，人力资源和社会保障部等九部门实施了"大学生创业引领计划"。该计划面向各类高校的在校生、毕业生、出国（境）留学回国人员，通过普及创业教育、加强创业培训、提供工商登记和银行开户便利、提供多渠道资金支持、提供创业经营场所支持、加强创业公共服务等具体措施，支持大学生创业，扩大大学生创业规模，提高大学生创业比例。2016年10月，人力资源和社会保障部教育部发布《关于实施高校毕业生就业创业促进计划的通知》，要求各地实施能力提升、创业引领、校园精准服务、就业帮扶、权益保护五大行动，全面提升高校毕业生就业创业能力，提高高校毕业生就业水平。

四、退役士兵安置就业政策体系

退役士兵是指依照《中国人民解放军现役士兵服役条例》的规定退出现役的义务兵和士官。我国退役士兵安置曾实行城乡分割、士官和义务兵分离的安置政策。2011年，国务院和中央军委发布《退役士兵安置条例》，建立以扶持就业为主，自主就业、安排工作、退休、供养等多种方式相结合的退役士兵安置制度，实行城乡一体、士官和义务兵统一的安置政策。根据《中华人民共和国兵役法》《退役士兵安置条例》《国务院办公厅 中央军委办公厅转发民政部 总参谋部等部门关于深入贯彻〈退役士兵安置条例〉扎实做好退役士兵安置工作意见的通知》《财政部 国家税务总局 民政部关于调整完善扶持自主就业退役士兵创业就业有关税收政策的通知》，我国退役士兵安置就业政策主要有以下一些方面。

（一）扶持退役士兵自主就业

义务兵和服现役不满12年的士官退出现役的，由人民政府扶持自主就业。对自主就业的退役士兵，由部队发给一次性退役金，由地方人民政府发给经济补助。一次性退役金和一次性经济补助按照国家规定免征个人所得税。县级以上地方人民政府采取组织职业介绍、就业推荐、专场招聘会等方式，扶持退役士兵自主就业。按照"政府主导、个人自愿、城乡一体、免费参加"的基本要求，通过政府组织、购买服务等多种方式，最大限度地满足退役士兵接受各类职业教育和技能培训的需求。退役一年内的自主就业退役士兵可按规定免费参加教育培训；退役一年以上考入全日制普通高等学校或者参加职业培训的，按规定给予资助或者补贴。

自主就业退役士兵从事个体经营的，自办理个体工商户登记当月起，在3年内按每户每年12 000元为限额依次扣减其当年实际应缴纳的增值税、城市维护建设税、教育费附加、地方教育附加和个人所得税。限额标准最高可上浮20%，由省级人民政府根据本地区实际情况确定。企业招用自主就业退役士兵，与其签订1年以上期限劳动合同并依法缴纳社会保险费的，自签订劳动合同并缴纳社会保险当月起，在3年内按实际招用人数予以定额依次扣减增值税、城市维护建设税、教育费附加、地方教育附加和企业所得税优惠。定额标准为每人每年6 000元，省级人民政府根据实际情况最高可上浮50%。

（二）保障符合政府安排工作条件的退役士兵就业

根据《退役士兵安置条例》，退役士兵符合下列条件之一的，由人民政府安排工作：士官服现役满12年的；服现役期间平时荣获二等功以上奖励或者战时荣获三等功以上奖励的；因战致残被评定为5级至8级残疾等级的；是烈士子女的。机关、团体、企业事业单位及各类社会组织，不分单位性质和组织形式，都有依法接收安置退役士兵的责任和义务，特别是中央国家机关和国有大中型企业要带头履行好接收安置任务，确保由政府安排工作的退役士兵安置到机关、事业单位和国有企业的比例不低于80%。任何部门、行业和单位不得下发针对退役士兵的歧视性文件，严禁以劳务派遣等形式代替接收安置。

在招录公务员、参公管理单位工作人员，招聘事业单位工作人员时，要确保同等条件下优先录用（聘用）符合政府安排工作条件的退役士兵。退役士兵报考公务员、应聘事业单位职位的，在军队服现役经历视为基层工作经历，服现役年限计算为工龄。财政支付工资的各类工勤辅助岗位遇有空缺时，应当首先用于接收由政府安排的符合岗位条件的退役士兵。国有、国有控股和国有资本占主导地位企业在新招录职工时应拿出 5%的工作岗位，在符合政府安排工作条件的退役士兵之间公开竞争，用人单位择优招录。各用人单位要切实保障安排工作退役士兵的待遇落实，要及时签订劳动合同或聘用合同，尽快安排上岗，依法合理确定工资福利，按照国家有关规定接续养老、医疗、失业等社会保险关系，保证享受本单位同等条件人员的同等待遇，军龄 10 年以上的，接收的企业应当与其签订无固定期限劳动合同，接收的事业单位应当与其签订期限不少于 3 年的聘用合同。

思考题

1. 在全球化的背景下，构建劳动就业政策有何重要意义？
2. 我国公共就业服务政策体系的主要内容和服务重点是什么？
3. 我国职业培训政策有何特点？主要存在哪些问题？
4. 劳动保护政策的基本原则和发展趋势是什么？
5. 针对特定人群就业政策的价值导向和理论基础是什么？
6. 2020 年 5 月 29 日，人力资源和社会保障部等七部门发布《关于进一步用好公益性岗位发挥就业保障作用的通知》，就进一步发挥公益性岗位就业保障作用提出九项措施，请分析七部门发布的通知，并简述该通知对落实党中央、国务院决战决胜脱贫攻坚，应对新冠肺炎疫情影响，强化稳就业决策部署有何重要意义？对支持就业困难人员有哪些具体作用？

第七章　社会保险政策

社会保险政策是社会保障政策的核心内容，也是社会政策体系的重要方面之一。社会保险政策一般包括养老保险政策和医疗保险政策等基本社会保险政策，也包括失业保险政策、工伤保险政策和生育保险政策。社会保险政策与社会救助和社会福利等政策相互补充，共同构成社会保障政策。

第一节　社会保险政策概述

本节主要阐述社会保险政策的内容和意义，社会保险政策的国际比较，中国社会保险政策的发展及其主要特点。

一、社会保险政策的内容和意义

社会保险一般是由国家通过相关立法，采用个人、企业或者用人单位与国家共同承担缴费责任、建立相关基金，以应对被保险人所面对的老年、健康、失业、工伤、生育及其他社会风险，避免被保险人因上述社会风险所导致的收入减少或者中断从而陷于贫困，保证被保险人获得维持基本生活水平所需收入的一种基本制度安排。

社会保险政策在内容方面主要包括养老保险、健康保险、失业保险、工伤保险、生育保险五种社会保险制度，此外还有一些国家如德国、日本与韩国等实施了长期护理保险制度。不同的社会保险制度项目分别应对老年、健康、失业、工伤、生育等不同的社会风险，表明社会保险制度对社会风险的覆盖或者应对程度，体现社会保险制度对社会风险的化解或者预防能力。社会保险制度是现代社会保障制度的核心内容，养老保险、健康保险、失业保险、工伤保险、生育保险制度构成了社会保险制度的主要内容，长期护理保险制度则是适应人口老龄化而产生的一种新型社会保险制度。

社会保险政策在现代社会保障制度中的核心地位，决定了社会保险制度是预防和化解基本社会风险的重要政策措施，是保证被保险人及其家庭成员维持基本生活水平所需收入的重要途径，是现代社会救助制度得以有效实施的基本前提条件，也是现代社会治理的重要手段和提升国家治理能力和水平的重要方面，更是推动社会和谐与进步的必要条件之一。

二、社会保险政策的国际比较

各国社会保险制度出现和发展的历史存在差别，德国是最早建立社会保险制度的国家，英国、瑞典、挪威等国则是包括社会保险制度在内的社会政策比较发达的国家，亚洲、非洲和拉丁美洲大部分国家则是社会保险制度出现较晚的国家。但从另一个方面来说，欧美许多国家虽是具有悠久社会保险制度发展历史的国家，但在社会保险制度上也面对许多挑战；亚洲、非洲和拉丁美洲大部分国家虽是社会保险制度发展较晚的国家，却为当代世界社会保险制度改革提供了许多具有借鉴价值的实践模式。

各国社会保险制度构成存在一些差别，欧洲很多国家的社会保险制度比较完善，其社会保险制度包括养老保险、健康保险、失业保险、工伤保险、生育保险等主要内容，但其社会保险项目的构成存在国别差别，德国等建立了长期护理保险制度，一些国家的生育保险与健康保险合并实施，瑞典实施了父母保险制度等，美国联邦政府的社会保险制度主要包括养老、失业和健康保险制度。

各国社会保险制度对人群的覆盖存在一定的差异，即各国针对不同社会群体所实施的社会保险制度存在结构差别，这种制度结构体现了社会保险制度对社会成员的覆盖模式和程度，表明社会成员享有社会保险制度的普遍程度与公平程度。英国实施的是用城镇社会保险制度逐步覆盖农村居民的模式；瑞典实施的是城乡社会保险制度统一推进的模式；法国实施的是城乡社会保险制度显著差别的模式；日本实施的则是城乡社会保险制度局部（如基础年金）统一、整体差别的模式。

各国社会保险制度中的权责关系存在显著不同，这种显著差别表明各国社会保险制度各主体参与该制度的程度不同，反映了各国社会保险制度中个人、社会组织与政府之间的权责关系存在差别。德国等国家的社会保险制度中个人、社会组织与政府间的权责关系以均衡为主；瑞典等北欧国家的社会保险制度中强调政府与社会组织的责任，个人责任相对较低，瑞典等国的失业保险制度具有工会互助保险的性质；美国社会保险制度中政府、企业与个人权责关系更加复杂，联邦政府的养老、失业与健康保险体现出政府、个人与企业权责关系的均衡，同时，体现个人与企业责任的商业保险计划作用显著；而亚洲和拉丁美洲部分国家所实行的强制公积金计划体现了个人责任原则。

社会保险制度在各国之间存在上述差别的原因在于各国经济、社会、政治与文化传统的不同，这种差别既适应了各国经济社会发展的基本国情，也使得各国社会保险制度具有自己的国别特色。尽管各国社会保险制度存在上述差别，但这并不是说各国社会保险制度发展中不具有普遍性和规律性，相反，全球社会保险制度普遍性的趋势显而易见。建立以社会保险制度为核心内容的现代社会保障制度成为各国的普遍选择；不仅养老、健康、失业、工伤与生育保险制度成为各国社会保险制度的基本内容，长期护理保险制度等也成为多国应对人口老龄化新挑战的重要政策选择；社会保险制度对社会成员的覆盖面存在一个从部分劳动者到全体劳动者的逐步拓展的过程，这也是劳动者享有社会保险制度权益普遍与公平程度逐渐提高的过程；社会保险制度中的权责关系存在一个从强调企业与国家责任到提倡个人、企业与政府间权责关系均衡化的过程。

三、中国社会保险政策发展概况及主要特点

改革开放以来，随着中国经济、社会的发展与变化，社会保险制度开始逐步建立并发展起来，其发展进程可以划分为以下几个阶段。

（一）建立新型社会保险制度的探索阶段

1978—1997年是建立社会保险制度体系的探索阶段。这一阶段的主要特点是养老、医疗、失业与生育保险制度开始建立，基本养老保险和基本医疗保险制度实施社会统筹与个人账户相结合的模式，新型社会保险制度与传统国家保障制度并存，但新型社会保险制度开始逐步成为我国社会保障制度的主导因素。

1. 养老保险政策

1978年，国务院颁布《关于安置老弱病残干部的暂行办法》和《关于工人退休、退职的暂行办法》，恢复了机关事业单位养老保险制度和企业职工养老保险制度。1980年，国务院颁布《关于老干部离职休养的暂行规定》，建立了老干部离休制度。1982年，国务院、中央军委发布《关于军队干部离职休养的暂行规定》，中共中央做出《关于建立老干部退休制度的决定》。1991年，国务院发布《关于企业职工养老保险制度改革的决定》，提出养老保险实行社会统筹。1995年，国务院颁布《关于深化企业职工养老保险制度改革的通知》，决定养老保险实行社会统筹与个人账户相结合的模式，各地开始开展养老保险的试点工作。

2. 失业保险政策

1986年，国务院发布了《国营企业职工待业保险暂行规定》，初步建立了失业保险制度。1993年的《国营企业职工待业保险规定》，对失业保险覆盖范围、筹资等方面进行完善，将失业保险覆盖人群扩大为7类人群，将失业保险缴费基数确定为职工工资总额。同时，部分地区开始了个人缴纳失业保险费的尝试。

3. 医疗保险政策

1989 年，国务院决定在丹东、四平、黄石、株洲进行医疗保险社会统筹的试点。1992 年的《关于实行大病医疗费用社会统筹的意见》，提出由国家、企业和个人三方合理分担医疗保险费。1994 年，国务院选择江苏镇江和江西九江开始社会统筹与个人账户相结合的医疗保险模式的试点。1996 年，国务院下发《关于职工医疗保障制度改革扩大试点的意见》，开始扩大社会统筹与个人账户相结合的社会医疗保险制度的试点范围。

4. 生育保险政策

1994 年的《企业职工生育保险试行办法》确定了生育保险的覆盖范围、资金来源和给付待遇。生育保险资金来源于企业，个人不用缴费，生育保险基金可用于支付女职工生育的检查费、接生费、手术费、住院费和药费。

（二）社会保险体系初步形成阶段

1997—2006 年为社会保险制度体系的初步形成时期。这一阶段是中国社会保险制度基本确立的时期，也是社会保险制度在实施中继续加以探索的时期。统账结合的基本养老保险和基本医疗保险制度模式得以确立，养老保险多层次给付机制开始受到关注，新型农村合作医疗制度开始出现，失业保险制度和工伤保险制度得以确立，并与下岗职工基本生活保障制度和最低生活保障制度实施并轨。

1. 基本养老保险制度模式初步确立

1997 年，国务院发布《关于建立统一的企业职工基本养老保险制度的决定》，确定养老保险采取社会统筹与个人账户相结合的模式。1998 年的《关于实行企业职工基本养老保险省级统筹和行业统筹移交地方管理有关问题的通知》，要求基本养老保险实行省级统筹，养老保险管理采取属地管理模式。2000 年的《关于完善城镇社会保障体系的试点方案》，对养老保险个人账户的规模进行了调整，提出建立多层次养老保险体系。2005 年，国务院发布《关于完善企业职工基本养老保险制度的决定》，对养老保险个人账户和基本养老金计发办法进行了调整。

2. 失业保险制度基本确立

1999 年，国务院颁布了《失业保险条例》，失业保险制度得以最终确立。1999 年，民政部等颁布《关于做好国有企业下岗职工基本生活保障、失业保险和城市居民最低生活保障制度衔接工作的通知》，2000 年，国务院发布《关于完善城镇社会保障体系的试点方案》，进行下岗职工基本生活保障、失业保险制度和城镇居民最低生活保障制度的并轨工作。

3. 基本医疗保险制度模式得以确立

1998年，国务院发布《关于建立城镇职工基本医疗保险制度的决定》，开始在全国推进统账结合的医疗保险制度。2003年，国务院办公厅发布《关于建立新型农村合作医疗制度的意见》，开始了新型农村合作医疗的试点工作，新型农村合作医疗保险制度的资金来源于财政与个人，主要补助参加新型农村合作医疗农民的大额医疗费用或住院医疗费用。

4. 工伤保险制度得以确立

1996年，劳动部发布《企业职工工伤保险试行办法》，确定了工伤保险社会统筹和社会化管理的方向。2003年，国务院颁布《工伤保险条例》，规定工伤保险缴费来源于企业，职工工伤待遇包括医疗待遇、护理待遇、伤残待遇、死亡待遇等。

（三）社会保险制度结构调整阶段

2006年以来，社会保险政策进入结构调整时期。这一时期的主要特点是在进一步完善社会保险制度的内容体系的同时，重在城乡居民基本社会保险制度建设，新型农村社会养老保险、城镇居民养老保险、城镇居民医疗保险、城乡居民大病医疗保险等制度的试点和实施，对中国社会保险政策具有决定性影响。社会保险立法工作取得突破性进展，2010年，《中华人民共和国社会保险法》颁布，国家建立基本养老保险、基本医疗保险、工伤保险、失业保险、生育保险等社会保险制度，保障公民在年老、疾病、工伤、失业、生育等情况下依法从国家和社会获得物质帮助的权利。社会保险制度坚持广覆盖、保基本、多层次、可持续的方针，社会保险水平应当与经济社会发展水平相适应。中华人民共和国境内的用人单位和个人依法缴纳社会保险费，个人依法享受社会保险待遇。城乡居民基本社会保险制度整合和机关事业单位社会保险制度改革的推进，表明中国社会保险制度进入结构体系调整的时期，并更加强调公平性和可持续性。

1. 城乡居民基本养老保险制度得以建立

2009年，国务院发布《关于开展新型农村社会养老保险试点的指导意见》，确定新型农村养老保险制度实行社会统筹与个人账户相结合的模式。2011年，国务院发布《关于开展城镇居民社会养老保险试点的指导意见》，确定开始城镇居民养老保险制度的试点工作，2012年基本实现城镇居民养老保险制度全覆盖；城镇居民养老保险制度采取社会统筹与个人账户相结合的模式。

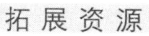

拓展资源

《中华人民共和国社会保险法》

2. 城镇居民基本医疗保险制度与城乡居民大病保险制度得以建立

2007年，国务院发布《关于开展城镇居民基本医疗保险试点的指导意见》，指出城镇居民医疗保险制度的覆盖范围包括不属于城镇职工基本医疗保险制度覆盖范围的城镇居民，缴费来源包括家庭缴费与政府补贴，费用支付范围为参保居民的住院和门诊大病医疗支出。2012年，国家发展改革委等部门发布《关于开展城乡居民大病保险工作的指导意见》，明确大病保险保障对象为城镇居民医疗保险和新型农村合作医疗制度的参加者。

3. 工伤保险政策进一步完善

2011年的《工伤保险条例》进一步扩大了工伤保险制度的覆盖面，提高了工伤保险的统筹层次、待遇标准，并使得伤残鉴定等级进一步合理化。

4. 机关事业单位社会保障制度改革开始推进

2008年，《事业单位工作人员养老保险制度改革试点方案》出台，决定在山西省、上海市、浙江省、广东省、重庆市进行事业单位工作人员实行统账结合的基本养老保险制度改革试点。2015年，国务院发布的《关于机关事业单位工作人员养老保险制度改革的决定》，要求逐步建立独立于机关事业单位之外，资金来源多渠道、保障方式多层次、管理服务社会化的养老保险体系。

5. 城乡居民社会保险制度整合开始实施

2014年，国务院发布《关于建立统一的城乡居民基本养老保险制度的意见》，将新型农村社会养老保险和城镇居民社会养老保险两项制度合并实施，在全国范围内建立统一的城乡居民基本养老保险制度。2016年，国务院发布的《关于整合城乡居民基本医疗保险制度的意见》，指出，推进城镇居民基本医疗保险和新型农村合作医疗两项制度的整合，逐步在全国范围内建立起统一的城乡居民基本医疗保险制度。2017年，国务院办公厅又发布《生育保险和职工基本医疗保险合并实施试点方案》，推进这两项制度的合并实施。

（四）目前社会保险制度进一步发展的要求与任务

经过多年的改革与发展，我国的社会保险制度已经走向成熟。中共十八大以来，我国又从多个方面进一步完善了社会保险制度：进行了机关事业单位养老保险制度改革，合并新型农村社会养老保险和城镇居民社会养老保险，建立全国统一的城乡居民基本养老保险制度，稳步推进基本养老保险基金投资运营，并推动医疗保险的异地结算。经过多年的发展，我国已建成世界上规模最大的社会保险体系，基本医疗保险覆盖超过十三亿人，基本养老保险覆盖近十亿人。我国在社会保险方面的成就充分体现了我国党的领导、中国特色社会主义国家制度和国家治理体系的优越性。

我国社会保险制度的发展尽管取得了很大的成就，但是目前仍然存在一些不足。目前社会保险的实际覆盖率还不够高,养老保险的统筹层次还比较低,城乡居民医疗保险还没有建成统一的制度体系,社会保险服务还存在不足。中共十九大报告提出,我国在民生方面还存在短板,其中就包括在社会保险方面的短板。

为了进一步优化社会保险制度,更好地完成保障和改善民生的任务,中共十九大报告和十九届四中、五中全会重要文件中对社会保险提出了更高的要求:在未来几年里,我国要健全覆盖全民、统筹城乡、公平统一、可持续的多层次社会保障体系;推进社保转移接续,健全基本养老、基本医疗保险筹资和待遇调整机制;实现基本养老保险全国统筹,实施渐进式延迟法定退休年龄;发展多层次、多支柱养老保险体系;推动基本医疗保险、失业保险、工伤保险省级统筹,健全重大疾病医疗保险和救助制度,落实异地就医结算,稳步建立长期护理保险制度,积极发展商业医疗保险;健全灵活就业人员社保制度。目前,全国各级政府和其他有关的组织正在积极落实十九大报告和十九届四中、五中全会重要文件的要求,力争进一步完善我国的社会保险制度,为保障和改善民生做出更大的贡献。

第二节 中国养老保险政策

本节主要阐述养老保险政策的基本原理,分别介绍职工基本养老保险政策、城乡居民养老保险政策、机关事业单位养老保险制度改革和补充养老保险制度,并在此基础上把握中国养老保险政策的发展趋势。

一、养老保险政策的基本原理

老年问题是现代社会普遍面临的基本社会问题,养老保险制度即是应对老年问题,尤其是老年贫困问题的重要制度安排。养老保险制度的本质是国家通过一定的法律法规,规定相关责任主体的责任与权利,运用"大数法则"和"共济互助"的基本原理,共同建立养老基金,从而使被保险人在年老退出劳动力市场、造成收入中断时,为其提供基本生活保障的制度安排。可见,养老保险制度主要应对的是老年问题所引发的贫困风险,反映的是一个国家及其公民对老年风险的预防或者保障能力,这便是养老保险制度的基本内涵。

养老保险制度一般采用普遍性原则,但其在大部分国家的推行大都经历一个从选择性向普遍性逐步转变的过程。各个国家的养老保险制度往往首先适用于某些老年群体,如西欧国家首先适用于产业工人,其后逐渐推行到农业从业者及其他群体，中国养老保险制度同样也经历了一个从城镇企业职工基本养老保险制度到城乡居民基本养老保险制度的发展过程。可见，世界各国养老保险制度发展的基本状况是走向"全覆盖"，有的国家是通过统一的制度实现养老保险制度全覆盖，有的国家则是通过差别的制度实现养老保险制度的全覆盖。养老保险制度对社会成员的覆盖程度反映了社会成员享受养老保险权益的普遍程度和公平程度。社会成员参与养老保险制度的状况，决定了一个国家养老保险的基本制度结构与发展道路。

养老保险制度一般采用共同责任原则，往往由国家、单位与个人按照一定的定额或者定比方式，共同承担养老保险基金筹资责任，实行权利与责任相结合。由于养老保险制度在社会成员覆盖面上的普遍性，养老保险基金筹资模式便也具有了典型性。根据养老保险基金筹资中各责任主体的权责关系，养老保险制度筹资模式一般分为三种，即比较强调个人责任的社会保险型筹资模式，比较强调国家与单位责任的福利国家模式，还有比较强调国家、单位与个人责任协调的混合型模式。在此基础上，养老保险给付模式便也存在比较强调保证待遇的"待遇确定型给付模式"和比较强调依据缴费确定给付标准的"缴费确定型给付模式"。养老保险制度主体之间的相互关系，表明了各种主体参与养老保险制度的程度，尤其反映出养老保险制度中政府、单位与个人的权责关系。

二、职工基本养老保险政策

职工基本养老保险制度是中国基本养老保险制度的重要组成部分，其适用对象包括城镇各类企业职工、个体工商户和灵活就业人员，实行统筹与个人账户相结合的原则。养老保险缴费来源于企业和个人，政府予以补贴，参加企业职工基本养老保险的单位和个人都必须按时足额缴纳基本养老保险费。2019年以前，国内大部分地区单位缴纳基本养老保险费的比例为本单位工资总额的20%。2019年以后，按照国务院办公厅印发的《降低社会保险费率综合方案》，养老保险单位缴费比例高于16%的，可降至16%。个人以本人工资的8%缴纳养老保险费，个人缴费全部计入个人账户。个体工商户和灵活就业人员参加企业职工基本养老保险，可以在本省全口径城镇单位就业人员平均工资的60%至300%之间选择适当的缴费基数。

职工基本养老保险的给付视参保时间而有所不同。1997年，国务院发布的《国务院关于建立统一的企业职工基本养老保险制度的决定》规定，该文件实施后参加工作、缴费年限（含视同缴费年限）累计满15年的人员，退休后按月发给基本养老金，基本养老金由基础养老金和个人账户养老金组成。目前养老金发放标准是按照2005年《国务院关于完善企业职工基本养老保险制度的决定》的规定，基础养老金月标准以当地上年度在岗职工月平均工资和本人指数化月平均缴费工资的平均值为基数，缴费每满1年发给1%。个人账户养老金月标准为个人账户储存额除以计发月数，计发月数根据职工退休时城镇人口平均预期寿命、本人退休年龄、利息等因素确定。该文件同时规定，文件实施前参加工作、实施后退休且缴费年限累计满15年的人员，在发给基础养老金和个人账户养老金的基础上，再发给过渡性养老金。

拓展资源

《国务院关于建立统一的企业职工基本养老保险制度的决定》

国务院于2005年发布的《国务院关于完善企业职工基本养老保险制度的决定》规定，文件实施后到达退休年龄，但缴费年限累计不满15年的人员，不发给基础养老金，个人账户储存额一次性支付给本人，终止基本养老保险关系。该文件实施前已经离退休的人员，仍按国家原来规定发给基本养老金，同时执行基本养老金调整办法，即根据职工工资和物价变动等情况，调整基本养老金水平，调幅为当地企业在岗职工平均工资年增长率的一定比例。

拓展资源

《国务院关于完善企业职工基本养老保险制度的决定》

三、城乡居民养老保险政策

城乡居民基本养老保险制度是中国基本养老保险制度的又一重要组成部分，根据《国务院关于建立统一的城乡居民基本养老保险制度的意见》，城乡居民基本养老保险制度的适用对象是年满16周岁（不含在校学生），非国家机关和事业单位工作人员，也不属于职工基本养老保险制度覆盖范围的城乡居民。参加城乡居民养老保险的人员应当按规定缴纳养老保险费，其缴费标准现为每年100元到2 000元12个档次，省级人民政府可以根据实际情况增设缴费档次，最高缴费档次标准原则上不超过当地灵活就业人员参加职工基本养老保险的年缴费额，参保人自主选择档次缴费，实施多缴多得原则。有条件的村集体经济组织应当对参保人缴费给予补助，有条件的社区将集体补助纳入社区公益事业资金筹集范围，其他社会经济组织、公益慈善组织、个人可以为参保人缴费提供资助，补助、资助金额不得超过当地设定的最高缴费档次标准。政府对符合领取城乡居民养老保险待遇条件的参保人全额支付基础养老金，其中，中央财政对中西部地区按中央确定的基础养老金标准给予全额补助,对东部地区给予 50% 的补助。地方人民政府应当对参保人缴费给予补贴,补贴标准因个人选择的缴费档次不同而有所差异。对重度残疾人等缴费困难群体,地方人民政府为其代缴部分或全部最低标准的养老保险费。国家为每个参保人员建立终身记录的养老保险个人账户,个人缴费、地方人民政府对参保人的缴费补贴、集体补助及其他社会经济组织、公益慈善组织、个人对参保人的缴费资助,全部记入个人账户。

拓展资源

《国务院关于建立统一的城乡居民基本养老保险制度的意见》

城乡居民养老保险待遇由基础养老金和个人账户养老金构成,中央确定基础养老金最低标准,建立基础养老金最低标准正常调整机制,根据经济发展和物价变动等情况,适时调整全国基础养老金的最低标准。地方人民政府可以根据实际情况适当提高基础养老金标准。对长期缴费者可适当加发基础养老金,提高和加发部分的资金由地方人民政府支出。个人账户养老金的月计发标准为个人账户全部储存额除以 139。参保人死亡,个人账户资金余额可依法继承。

参加城乡居民养老保险的个人,年满 60 周岁、累计缴费满 15 年,且未领取国家规定的基本养老保障待遇的,可以按月领取城乡居民养老保险金。新型农村社会养老保险或城镇居民社会养老保险制度实施时已年满 60 周岁,在国务院《关于建立统一的城乡居民基本养老保险制度的意见》印发之日前,未领取国家规定的基本养老保障待遇者不用缴费,自该意见实施之月起可以按月领取城乡居民养老保险基础养老金。距规定领取年龄不足 15 年的,应逐年缴费,也允许补缴,累计缴费不超过 15 年。距规定领取年龄超过 15 年的,应按年缴费,累计缴费不少于 15 年。

参加城乡居民养老保险者在缴费期间户籍迁移、需要跨地区转移城乡居民养老保险关系的,可在迁入地申请转移养老保险关系,一次性转移个人账户全部储存额,并按迁入地规定继续参保缴费,缴费年限累计计算。已经按规定领取城乡居民养老保险待遇者,无论户籍是否迁移,其养老保险关系不转移。

四、机关事业单位养老保险制度改革

机关事业单位养老保险制度改革也是中国当前养老保险制度改革的核心领域。新中国成立以后,中国长期实行双轨制养老金制度,机关事业单位实行国家财政支付的退休金制度。根据 2008 年的《事业单位工作人员养老保险制度改革试点方案》和 2011 年的《中共中央国务院关于分类推进事业单位改革的指导意见》,事

业单位逐步实行社会统筹与个人账户相结合的基本养老保险制度。

2015年，国务院发布《关于机关事业单位工作人员养老保险制度改革的决定》，对机关事业单位养老保险制度进行了全面改革。该《决定》指出，本决定适用于按照公务员法管理的单位、参照公务员法管理的机关（单位）、事业单位及其编制内的工作人员。实行社会统筹与个人账户相结合的基本养老保险制度。基本养老保险费由单位和个人共同负担。2019年以前，国内大部分地区单位缴纳基本养老保险费的比例为本单位工资总额的20%。2019年以后，按照国务院办公厅引发的《降低社会保险费率综合方案》，养老保险单位缴费比例高于16%的，可降至16%。个人缴纳基本养老保险费的比例为本人缴费工资的8%，由单位代扣。按本人缴费工资8%的数额建立基本养老保险个人账户，全部由个人缴费形成。基本养老金由基础养老金和个人账户养老金组成。机关事业单位在参加基本养老保险的基础上，应当为其工作人员建立职业年金。单位按本单位工资总额的8%缴费，个人按本人缴费工资的4%缴费。工作人员退休后，按月领取职业年金待遇。

拓展资源
《国务院关于机关事业单位工作人员养老保险制度改革的决定》

五、补充养老保险制度

补充养老保险是中国养老保险制度的重要组成部分，企业年金制度构成中国补充养老保险制度的主要内容。2004年的《企业年金试行办法》是中国补充养老保险政策的基础。该办法规定，实施企业年金的企业应满足以下条件：依法参加基本养老保险并履行缴费义务，具有相应的经济负担能力和已建立集体协商机制。企业年金实行企业缴费、职工个人缴费相结合，实行完全积累，企业缴费每年不超过本企业上年度职工工资总额的1/12，企业和职工个人缴费合计一般不超过本企业上年度职工工资总额的1/6。

企业职工在达到国家规定的退休年龄时，可以从本人企业年金个人账户中一次或定期领取企业年金。职工未达到国家规定的退休年龄时，不得从个人账户中提前提取资金。出境定居人员的企业年金个人账户资金，可根据本人要求一次性支付给本人。职工变动工作单位时，企业年金个人账户资金可以随同转移。职工升学、参军、失业期间或新就业单位没有实行企业年金制度时，其企业年金个人账户可由原管理机构继续管理。职工或退休人员死亡后，其企业年金个人账户余额由其指定的受益人或法定继承

拓展资源
《企业年金试行办法》

人一次性领取。

为了给机关事业单位职工提供补充养老保险，2015年3月27日，国务院办公厅印发了《机关事业单位职业年金办法》，建立了我国的职业年金制度。职业年金是为机关事业单位工作人员建立的补充养老保险制度，使其能在参加了基本养老保险的基础上再获得补充养老保险。职业年金所需费用由单位和工作人员个人共同承担。单位缴纳职业年金费用的比例为本单位工资总额的8%，个人缴费比例为本人缴费工资的4%，由单位代扣。职业年金基金采用个人账户方式管理。个人缴费实行实账积累。工作人员在达到国家规定的退休条件并依法办理退休手续后，由本人选择按月领取职业年金待遇的方式。可一次性用于购买商业养老保险产品，依据保险契约领取待遇并享受相应的继承权；可选择按照本人退休时对应的计发月数计发职业年金月待遇标准，发完为止，同时职业年金个人账户余额享有继承权。

六、中国养老保险政策发展趋势

一是从长期发展看，要坚持高质量的发展目标。要按照中央的要求，顺应人民对高品质生活的期待，适应人的全面发展和全体人民共同富裕的进程，不断推动我国养老保险制度在全面实现老有所养目标，满足人民群众提高生活质量和维护社会公平等方面取得新进展。同时，要根据未来我国人口老龄化、人均预期寿命提升、受教育年限增加、劳动力结构变化等发展趋势，不断优化养老保险制度，使我国养老保险制度能够始终保持平稳健康运行。

二是从近期目标看，在"十四五"时期要进一步健全覆盖全民、统筹城乡、公平统一、可持续的多层次社会保障体系。针对城市化发展的需要，积极推进养老保险关系转移接续。要不断健全基本养老、基本医疗保险筹资和待遇调整机制，随着经济发展和收入水平的提高而提高养老金待遇水平。近期还要积极推动实现基本养老保险全国统筹，根据人口老龄化的发展而实施渐进式延迟法定退休年龄。此外，还要积极完善养老保险制度体系，逐步发展多层次、多支柱养老保险体系。

三是养老保险制度与养老服务之间的衔接和协调。养老保险制度的主要目的是预防老年贫困，并为老年人口提供基本生活保障，养老保险制度是养老保障体系的核心内容，但只靠养老保险制度并不能有效应对老年人关于养老服务的需求，养老保险制度的基本目标也需要养老服务体系加以实现。因此，为了给老年人提供充分有效的基本养老保障，必须在建立和完善养老保险制度的基础上，构建居家社区机构相协调、医养康养相结合的养老服务体系，实现养老保险制度与养老服务体系的相互支持，共同为老年人提供充分有效的养老保障。

第三节　中国医疗保险政策

本节主要阐述医疗保险政策的基本原理，分别介绍了城镇职工基本医疗保险政策，城乡居民基本医疗保险政策和城乡居民大病医疗保险政策，并阐述了中国基本医疗保险政策的发展趋势。

一、医疗保险政策基本原理

健康问题是现代社会普遍面临的另一基本社会问题，医疗保险制度即是应对健康问题的重要制度安排。医疗保险制度是国家通过法律规定相关责任主体的责任与权利，建立医疗基金，从而使被保险人在患病治疗造成收入中断时，为其提供基本医疗费用和基本生活保障的制度安排。各国医疗保险制度不仅存在名称差别，而且存在内容差别，一些国家称为医疗保险制度，一些国家称为健康保险制度；一些国家的医疗保险制度仅为单一的医疗保险，有一些国家的健康保险制度还包括生育保险制度。医疗保险制度主要应对健康问题所引发的贫困风险，反映了国家及其公民对健康风险的预防或者保障能力，这是医疗保险制度的基本内涵。

医疗保险制度同样采用普遍性原则，其在大部分国家的推行也都经历一个从选择性向普遍性逐步转变的过程。各国医疗保险制度往往首先适用于某些社会群体，其后逐渐推行到各类社会群体，中国医疗保险制度即经历一个从城镇企业职工基本医疗保险制度到城乡居民基本医疗保险制度的发展过程，进而实现基本医疗保险制度走向"全覆盖"。医疗保险制度对社会成员的覆盖程度反映了社会成员享受医疗保险权益的普遍与公平程度。

医疗保险制度同样采用共同责任原则，由单位与个人共同承担医疗保险基金筹资责任，实行权利与责任相结合。医疗保险待遇在各国之间有所不同，有的国家的医疗保险仅支付被保险人的治疗费用，一些国家的医疗保险则支付被保险的医疗费用及亲属的部分医疗费用，一些国家的医疗保险在支付医疗费用的同时还支付治疗期间的部分工资。医疗保险制度主体之间的相互关系，表明了各种主体参与医疗保险制度的程度，尤其反映了医疗保险制度中政府、单位与个人的权责关系。

二、城镇职工基本医疗保险政策

2003 年，国务院办公厅转发卫生部、财政部、农业部《关于建立新型农村合作医疗制度的意见》，指示建立基本覆盖农村居民的新型农村合作医疗制度。2007 年，国务院发布《关于开展城镇居民基本医疗保险试点的指导意见》，确定城镇居民基本医疗保险覆盖人群包括不属于城镇职工基本医疗保险制度覆盖范围的中小学阶段的学生、少年儿童和其他非从业城镇居民。2016 年《国务院关于整合城乡居民基本医疗保险制度的意见》指出，推进城镇居民医保和新农合制度整合，逐步在全国范围内建立起统一的城乡居民医保制度。城乡居民基本医疗保险制度实行覆盖范围、筹资政策、保障待遇、医保目录、定点管理和基金管理六统一。

城镇职工基本医疗保险制度是中国基本医疗保险制度的基本组成部分。城镇所有用人单位包括企业（国有企业、集体企业、外商投资企业、私营企业等）、机关、事业单位、社会团体、民办非企业单位及其职工，都要参加基本医疗保险。乡镇企业及其职工、城镇个体经济组织业主及其从业人员是否参加基本医疗保险，由省级人民政府决定。基本医疗保险原则上以地级市为统筹单位，也可以县（市）为统筹单位，所有用人单位及其职工都要按照属地管理原则参加所在统筹地区的基本医疗保险。铁路、电力、远洋运输等跨地区、生产流动性较大的企业及其职工，可以用相对集中的方式异地参加统筹地区的基本医疗保险。

拓展资源

《国务院关于建立城镇职工基本医疗保险制度的决定》

基本医疗保险费由用人单位和职工共同缴纳。用人单位的缴费率为职工工资总额的 6% 左右，职工缴费率一般为本人工资收入的 2%，特定行业职工在参加基本医疗保险的基础上，可以建立企业补充医疗保险，企业补充医疗保险费在工资总额 4% 以内的部分，可从职工福利费中列支。

基本医疗保险基金由统筹基金和个人账户构成，职工个人缴纳的基本医疗保险费全部计入个人账户，用人单位缴纳的基本医疗保险费分为两部分，一部分用于建立统筹基金，一部分划入个人账户，划入个人账户的比例一般为用人单位缴费的 30% 左右。统筹基金的起付标准原则上控制在当地职工年平均工资的 10% 左右，最高支付限额原则上控制在当地职工年平均工资的 4 倍。起付标准以下的医疗费用从个人账户中支付或由个人自付，起付标准以上、最高支付限额以下的医疗费用,主要从统筹基金中支付,个人也要负担一定比例。

三、城乡居民基本医疗保险政策

城乡居民基本医疗保险制度是中国医疗保险制度的重要组成部分,是在原来新型农村合作医疗制度和城镇居民基本医疗保险制度两种制度的基础上整合而成的。"新农合"制度遵循自愿参加、多方筹资和以收定支、保障适度的原则,一般采取以县(市)为单位进行统筹,实行个人缴费、集体扶持和政府资助相结合的筹资机制。

在"新农合"建立之初,农民个人每年缴费标准不低于10元,有条件的乡村集体经济组织应对本地新型农村合作医疗制度给予适当扶持,鼓励社会团体和个人资助"新农合"制度。地方财政每年对参加"新农合"农民的资助不低于人均10元,中央财政每年通过专项转移支付对中西部地区除市区以外的参加"新农合"的农民按人均10元安排补助资金。此后"新农合"的缴费不断提高。按政府主管部门要求,2020年城乡居民医疗保险人均财政补助标准要达到每人每年不低于550元,原则上个人缴费标准达到每人每年280元。

合作医疗基金主要补助参加"新农合"农民的大额医疗费用或住院医疗费用,有条件的地方可实行大额医疗费用补助与小额医疗费用补助结合的办法,参加"新农合"的农民,如年内没有动用农村合作医疗基金,可进行一次常规性体检。各地可根据筹资总额和当地实际,科学合理地确定农村合作医疗基金的支付范围、支付标准和额度,确定常规性体检的具体检查项目和方式。

城镇居民基本养老保险制度的参保范围是不属于城镇职工基本医疗保险制度覆盖范围的中小学阶段的学生(包括职业高中、中专、技校学生)、少年儿童和其他非从业城镇居民。城镇居民基本医疗保险以家庭缴费为主,政府给予适当补助。参保居民按规定缴纳基本医疗保险费,享受相应的医疗保险待遇,有条件的用人单位可以对职工家属参保缴费给予补助。城镇居民基本医疗保险基金的使用坚持以收定支、收支平衡、略有结余的原则。城镇居民基本医疗保险基金重点用于参保居民的住院和门诊大病医疗支出,有条件地区可逐步试行门诊医疗费用统筹。

2016年发布的《国务院关于整合城乡居民基本医疗保险制度的意见》指出,整合城镇居民基本医疗保险和新型农村合作医疗两项制度,建立统一的城乡居民基本医疗保险制度,整合后的城乡居民基本医疗保险制度实行六统一。统一覆盖范围。城乡居民医保制度覆盖范围包括现有城镇居民医保和"新农合"所有应参保(合)人员,即覆盖除职工基本医疗保险应参保人员以外的其他所有城乡居民。

农民工和灵活就业人员依法参加职工基本医疗保险，有困难的可按照当地规定参加城乡居民医保。统一筹资政策。坚持多渠道筹资，继续实行个人缴费与政府补助相结合为主的筹资方式，鼓励集体、单位或其他社会经济组织给予扶持或资助。各地要统筹考虑城乡居民医保与大病保险保障需求，按照基金收支平衡的原则，合理确定城乡统一的筹资标准。统一保障待遇。均衡城乡保障待遇，逐步统一保障范围和支付标准，为参保人员提供公平的基本医疗保障。统一医保目录。统一城乡居民医保药品目录和医疗服务项目目录，明确药品和医疗服务支付范围。统一定点管理。统一城乡居民医保定点机构管理办法，强化定点服务协议管理，建立健全考核评价机制和动态的准入退出机制。统一基金管理。城乡居民医保执行国家统一的基金财务制度、会计制度和基金预决算管理制度。整合经办机构。有条件的地区理顺医保管理体制，统一基本医保行政管理职能。提高统筹层次。城乡居民医保制度原则上实行市（地）级统筹，鼓励有条件的地区实行省级统筹。完善支付方式。系统推进按人头付费、按病种付费、按床日付费、总额预付等多种付费方式相结合的复合支付方式改革。

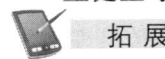

拓展资源

《国务院关于整合城乡居民基本医疗保险制度的意见》

四、城乡居民大病医疗保险政策

城乡居民大病保险是在基本医疗保险制度的基础上，对大病患者发生的高额医疗费用给予进一步保障的一项制度性安排，是中国医疗保险制度的补充。大病保险保障对象为城镇居民医保、"新农合"的参保（合）人。大病保险与城镇居民医保、"新农合"相衔接，主要在参保（合）人患大病发生高额医疗费用的情况下，对城镇居民医保、"新农合"补偿后需个人负担的合规医疗费用给予保障。

高额医疗费用，可以个人年度累计负担的合乎规定的医疗费用超过当地统计部门公布的上年度城镇居民年人均可支配收入、农村居民年人均纯收入为判定标准，也可以从个人负担较重的疾病病种起步开展大病保险，以避免城乡居民发生家庭灾难性医疗支出为目标，合理确定大病保险补偿政策，按医疗费用高低分段制定支付比例，原则上医疗费用越高支付比例越高，实际支付比例不低于50%。

大病保险资金来自从城镇居民医保基金、"新农合"基金中划出一定比例或额度的基金，城镇居民医保和"新农合"基金有结余的地区，利用结余筹集大病保险资金，结余不足或没有结余的地区，在城镇居民医保、"新农合"年度提高筹资时统筹解决资金来源。大病保险可以市（地）级统筹，也可以探索全省统一政策，有条件的地方可以探索建立覆盖职工、城镇居民、农村居民的统一的大病保险制度。城乡居民大病保险采取向商业保险机构购买大病保险的方式。符合基本准入条件的商业保险机构自愿参加投标，中标后以保险合同形式承办大病保险，承担经营风险。

2015年发布的《国务院办公厅关于全面实施城乡居民大病保险的意见》指出，大病保险的保障对象为城乡居民基本医保参保人，保障范围与城乡居民基本医保相衔接。参保人患大病发生高额医疗费用，由大病保险对经城乡居民基本医保按规定支付后个人负担的合规医疗费用给予保障。完善大病保险筹资机制，科学测算筹资标准。各地结合当地经济社会发展水平、患大病发生的高额医疗费用情况、基本医保筹资能力和支付水平，以及大病保险保障水平等因素，科学细致做好资金测算，合理确定大病保险的筹资标准。稳定资金来源。从城乡居民基本医保基金中划出一定比例或额度作为大病保险资金。完善城乡居民基本医保的多渠道筹资机制，保证制度的可持续发展。提高统筹层次。大病保险原则上实行市（地）级统筹，鼓励省级统筹或全省（区、市）统一政策、统一组织实施。逐步提高支付比例。按照医疗费用高低分段制定大病保险支付比例，医疗费用越高支付比例越高。加强医疗保障各项制度的衔接。强化基本医保、大病保险、医疗救助、疾病应急救助、商业健康保险及慈善救助等制度间的互补联动，努力实现大病患者应保尽保。鼓励有条件的地方探索建立覆盖职工、城镇居民和农村居民的有机衔接、政策统一的大病保险制度。支持商业保险机构承办大病保险。

拓展资源

《国务院办公厅关于全面实施城乡居民大病保险的意见》

五、中国基本医疗保险政策发展趋势

第一，要进一步完善医疗保险制度体系。按照中央的要求，要进一步健全基本医疗保险筹资和待遇调整机制，使其更加公平、更具实效。要积极推动基本医疗保险省级统筹，提高医疗保险的公平性和社会效益。要进一步健全重大疾病医疗保险，使之在实现"病有所医"方面发挥更大作用。要落实异地就医结算，更加方便群众看病的需要，缓解看病难的问题。同时，积极发展商业医疗保险，完善多层次的医疗保障体系。

第二，医疗保险制度与健康服务之间的衔接和协调。医疗保险制度的主要目的是预防因病贫困，并为患病者提供基本生活保障，医疗保险制度是健康保障体系的核心内容，但医疗保险制度并不能有效应对全部的健康需求，医疗保险制度的基本目标也需要健康服务体系建设加以实现。为了提供充分有效的基本健康保障，必须在建立和完善医疗保险制度基础上，加快建设健康服务体系，实现医疗保险制度与健康服务体系相互支持，共同发挥促进健康、保障民生的作用。

第三，推进健康保障制度间的衔接。目前中国已经建立起城镇职工基本医疗保险制度、新型农村合作医疗制度、城镇居民基本医疗保险制度、城乡居民大病保险制度、医疗救助制度等比较完善的健康保障制度，如何实现这些制度的促进健康、保障民生作用的有效发挥，必须关注这些制度之间的衔接与协调，城乡居民基本医疗保险制度应该与职工基本医疗保险制度衔接，城乡居民大病保险制度既必须与城乡居民甚至职工的基本医疗保险制度衔接，还必须与医疗救助制度相衔接，此外，职工、城乡居民基本医疗保险制度、大病保险制度与医疗救助制度之间也需要建立衔接关系，进而构建起基于不同责任、满足不同需求的健康保障体系。

第四节　失业保险政策

本节主要阐述失业保险政策的基本原理、中国失业保险政策的主要内容及其完善路径。

一、失业保险政策基本原理

失业问题也是现代社会普遍面临的一个社会问题，失业保险制度是应对失业问题的重要社会保障制度安排。失业保险制度的本质是国家通过法律法规，规定企业与职工的责任与权利，建立失业保险基金，当被保险人在面临失业所造成收入中断时，为其提供基本生活保障的制度安排。失业保险制度主要是应对失业问题所引发的贫困风险，反映国家及其公民对失业风险的预防或者保障能力，这是失业保险制度的基本内涵。

失业保险制度一般采用普遍性原则，即要求所有的企业及其雇员必须参加失业保险制度。失业保险制度在西方国家的推行也都经历一个从选择性向普遍性逐步转变的过程，首先在失业风险较高的行业中实行，其后逐步普及全部行业及其雇员，从而实现失业保险制度走向"全覆盖"。失业保险制度对社会成员的覆盖程度反映了社会成员享受失业保险权益的普遍程度和公平程度。

失业保险制度往往采用企业与雇员双方责任原则，由企业与个人共同缴纳失业保险费，实行权利与责任相结合。失业保险制度权责机制在各国存在一些差别，一些国家实行的是强制性国家失业保险制度，一些国家则实行工会互助性失业保险，由国家予以政策支持与部分补贴。失业保险待遇在各国之间也存在一些差别，一些国家的失业保险津贴仅向被保险人提供基本生活保障；一些国家还向被保险人的直系亲属提供基本生活保障；还有一些国家则将失业保险津贴分为两部分，一部分用于向被保险人提供基本生活保障，一部分用于为被保险人提供就业服务，这些国家的失业保险制度通常采用雇佣促进保险制度的名称。失业保险制度筹资与给付机制表明了各种主体参与失业保险制度的程度，反映出失业保险制度中单位与个人的权责关系及其政策选择的基本趋向。

二、中国失业保险政策

失业保险制度是中国社会保险制度的重要组成部分。失业保险制度的适用范围是城镇企业事业单位及其职工，城镇企业包括国有企业、城镇集体企业、外商投资企业、城镇私营企业以及其他城镇企业。按照 1999 年国务院颁布的《失业保险条例》，城镇企业事业单位按照本单位工资总额的 2% 缴纳失业保险费，职工按照本人工资的 1% 缴纳失业保险费，城镇企业事业单位招用的农民合同制工人本人不缴纳失业保险费。2015 年以来，为减轻企业负担，增强企业活力，促进就业稳定，按国务院要求，各地实行了阶段性降低失业保险费率的政策。经过多次降费，许多地区的失业保险总体费率降到 1% 左右。失业保险基金在直辖市和设区的市实行全市统筹，可以建立省级失业保险调剂金。

失业保险基金支出包括失业保险金，领取失业保险金期间的医疗补助金，领取失业保险金期间死亡的失业人员的丧葬补助金和其供养的配偶、直系亲属的抚恤金，领取失业保险金期间接受职业培训、职业介绍的补贴，国务院规定或者批准的与失业保险有关的其他费用。

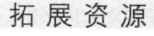

拓展资源

《失业保险条例》

失业人员领取失业保险金需具备以下条件：按照规定参加失业保险，所在单位和本人已按照规定履行缴费义务满一年的；非因本人意愿中断就业的；已办理失业登记，并有求职要求的。失业人员在领取失业保险金期间，按照规定同时享受其他失业保险待遇。失业人员在领取失业保险金期间有下列情形之一者，停止领取失业保险金,并同时停止享受其他失业保险待遇:重新就业;应征服兵役;移居境外;享受基本养老保险待遇;被判刑收监执行或者被劳动教养;无正当理由,拒不接受当地人民政府指定的部门或者机构介绍的工作;有法律、行政法规规定的其他情形。

失业人员失业前所在单位和本人按照规定累计缴费时间满 1 年不足 5 年,领取失业保险金的期限最长为 12 个月;累计缴费时间满 5 年不足 10 年,领取失业保险金的期限最长为 18 个月;累计缴费时间 10 年以上,领取失业保险金的期限最长为 24 个月。重新就业后再次失业者,缴费时间重新计算。再次失业领取失业保险金的期限可以与前次失业应领取而尚未领取的失业保险金的期限合并计算,但是最长不得超过 24 个月。

失业保险金的标准低于当地最低工资标准、高于城市居民最低生活保障标准。失业人员在领取失业保险金期间患病就医,可以按照规定向社会保险经办机构申请领取医疗补助金。失业人员在领取失业保险金期间死亡,参照当地对在职职工的规定,对其家属一次性发给丧葬补助金和抚恤金。单位招用的农民合同制工人连续工作满一年,本单位并已缴纳失业保险费,劳动合同期满未续订或者提前解除劳动合同,由社会保险经办机构根据其工作时间长短,对其支付一次性生活补助金。

三、中国失业保险政策的完善

第一,扩大失业保险覆盖面,提高失业保险的统筹层次。中国失业保险制度的覆盖面狭窄,外来务工人员、大学生、在区县以下小集体企业、乡镇企业、外商投资企业、个体和私营企业中工作的很多人员没有失业保险制度。大部分地区的失业保险尚停留在市级甚至县级统筹的层次,无法将进行财政性失业保险补贴之前出现的失业保险基金结存量较大地区的资金调剂给失业保险基金严重不足的地区,这不利于分散风险。应当尽快扩大失业保险制度的实际覆盖面,将上述未参加失业保险制度的劳动者尽快纳入失业保险的实际覆盖之下。努力提高统筹层次至省级甚至全国统筹,扩大失业保险基金的调剂使用范围,提高失业保险基金使用效率。

第二,优化失业保险费率,提高失业保险金给付水平。失业保险制度实行统一费率,并未结合不同类型企业的不同风险程度来设计缴费率。失业保险金水平较低,无法有效保障失业人员的基本生活,更谈不上支持失业人员为了提高自身技能或素质而进行再就业培训。应充分考虑不同行业的失业风险水平,对不同的行业实行有差别的费率。根据经济发展水平与失业者的基本生活、培训等需求设定适度的失业保险金给付水平。

第三，推进失业保险促进就业功能的发挥，优化失业保险基金支出结构。中国失业保险基金支出中生活保障支出占了主要部分，而职业培训和介绍就业等方面的补贴数额不大，占已支出失业保险基金的比例较低。同时，失业保险基金结余不断增多，可增加失业保险基金的支出规模，同时优化失业保险基金支出的结构，增加促进就业方面支出的比例。中国失业保险金的给付期限最长为两年，不利于促进劳动者就业，可考虑缩短失业保险金的给付期限。在失业保险制度设计中突出促进再就业的内容，明确界定失业保险基金用于促进就业方面的规模区间，使失业保险制度的内容更加完善。

第五节 工伤保险政策

本节主要阐述工伤保险政策的基本原理、中国工伤保险政策的基本内容及其调整措施。

一、工伤保险政策基本原理

工伤问题是工业社会普遍面临的一个社会问题，工伤保险是应对工伤问题的重要社会保障政策安排。工伤保险的本质是国家通过法律法规，规定企业或雇主的责任，建立工伤保险基金，当被保险人在面临工伤及其所造成收入中断时，为被保险人提供工伤治疗、基本生活和康复保障的制度安排。工伤保险制度主要是应对工伤所引发的贫困风险，反映政府与民众对工伤风险的预防或保障能力，这是工伤保险政策的基本内涵。

工伤保险一般采用普遍性原则，即要求所有企业及其雇员必须参加工伤保险制度。西方国家是较早开始工业化的国家，作为工伤风险保障的工伤保险制度，便成为西方国家最早推行的一项社会保险制度，并随着社会发展而不断得以完善。工伤保险制度也是新中国较早出现的社会保险制度，改革开放以来，工伤保险制度覆盖面逐步扩大。工伤保险制度对社会成员的覆盖程度反映了社会成员享受工伤保险权益的普遍程度和公平程度。

工伤保险制度采用单方责任原则，由企业或者雇主单方缴纳工伤保险费，员工不缴纳费用。工伤保险待遇在各国之间也存在一些差别，但是，大多数国家的工伤保险津贴既向被保险人提供基本生活保障，也向被保险人的直系亲属提供基本生活保障。从工伤保险适用范围上，大多数国家既针对工伤治疗，也针对职业病治疗，还包括工伤与职业病康复。从工伤保险金构成上，大多数国家既包括工伤与职业病治疗、康复津贴，还包括生活护理津贴、一次性伤残补助金、丧葬补助费等。工伤保险制度筹资与给付机制表明企业或雇主是工伤保险制度的主要责任主体，反映出工伤保险制度中企业或雇主与雇员的权责关系。

二、中国工伤保险政策

工伤保险制度是中国社会保险制度的组成部分之一。工伤保险制度适用于中华人民共和国境内的企业、事业单位、社会团体、民办非企业单位、基金会、律师事务所、会计师事务所等组织和有雇工的个体工商户及其雇工。用人单位应当按时缴纳工伤保险费，职工个人不缴纳工伤保险费。国家根据不同行业的工伤风险程度确定行业的差别费率，并根据工伤保险费使用、工伤发生率等情况在每个行业内确定若干费率档次。

拓展资源
《工伤保险条例》

职工有下列情形之一者应当认定为工伤：在工作时间和工作场所内因工作原因受到事故伤害；工作时间前后在工作场所内从事与工作有关的预备性或者收尾性工作受到事故伤害；在工作时间和工作场所内因履行工作职责受到暴力等意外伤害的；患职业病；因工外出期间由于工作原因受到伤害或者发生事故下落不明；在上下班途中，受到非本人主要责任的交通事故或者城市轨道交通、客运轮渡、火车事故伤害；法律、行政法规规定应当认定为工伤的其他情形。下列情形之一者视同工伤：在工作时间和工作岗位突发疾病死亡或者在48小时之内经抢救无效死亡；在抢险救灾等维护国家利益、公共利益活动中受到伤害；革命伤残军人到用人单位后旧伤复发。

工伤保险待遇主要包括以下内容：

第一，医疗待遇及工资福利。治疗工伤所需费用符合工伤保险诊疗项目目录、工伤保险药品目录、工伤保险住院服务标准的，由工伤保险基金支付。职工住院治疗工伤的伙食补助费，以及工伤职工到统筹地区以外就医所需的交通、食宿费用从工伤保险基金支付，职工因工作遭受事故伤害或者患职业病需要暂停工作接受工伤医疗的，在停工留薪期内的工资福利。

第二，康复待遇。工伤职工到签订服务协议的医疗机构进行工伤康复时符合规定的费用，工伤职工因日常生活或者就业需要，经劳动能力鉴定委员会确认的辅助器具费用。

第三，护理待遇。工伤职工在停工留薪期满后仍需治疗的，继续享受工伤医疗待遇。生活不能自理的工伤职工在停工留薪期需要护理的，由所在单位负责。工伤职工已经评定伤残等级并经劳动能力鉴定委员会确认需要生活护理的，从工伤保险基金按月支付生活护理费。

第四，伤残待遇。职工因工致残被鉴定为一级至四级伤残，可享受按伤残等级支付一次性伤残补助金、按月支付的伤残津贴，工伤职工达到退休年龄并办理退休手续后，停发伤残津贴，按照国家有关规定享受基本养老保险待遇；被鉴定为五级、六级伤残者，享受按伤残等级支付一次性伤残补助金，难以安排工作者由用人单位按月发给伤残津贴，解除或者终止劳动关系时，由用人单位支付一次性工伤医疗补助金和伤残就业补助金；被鉴定为七级至十级伤残者，享受按伤残等级支付一次性伤残补助金，劳动合同期满终止，或者职工本人提出解除劳动合同的，由用人单位支付一次性工伤医疗补助金和伤残就业补助金。

第五，工伤死亡待遇。职工因工死亡，其直系亲属可从工伤保险基金领取丧葬补助金、供养亲属抚恤金和一次性工亡补助金。伤残职工在停工留薪期内因工伤导致死亡的，其直系亲属享受规定的待遇。一级至四级伤残职工在停工留薪期满后死亡的，其直系亲属可以享受规定的待遇。

三、中国工伤保险政策的调整

第一，积极扩大工伤保险的覆盖面。应该将小企业业主和个体工商户、非职工劳动者等群体纳入工伤保险制度的覆盖范围之内。小公司或小工厂大量存在，其所有者既雇佣工人从事生产，同时自己也参加一定的生产活动，也属于劳动者的范畴，面临着各种工伤风险的冲击，因此，将其纳入工伤保险的覆盖范围是很有必要的。

第二，完善工伤认定机制。严格按照新《工伤保险条例》和《中华人民共和国劳动合同法》的规定来确认事实劳动关系是否存在。对的确存在事实劳动关系的情况，应严格按照规定对受到伤害的劳动者进行补偿。新《工伤保险条例》对工伤认定的规定较为笼统，这给工伤认定工作带来了较大的弹性，工伤认定部门裁量权过大，应将工伤事故认定的规定进行细化，保证工伤事故认定的准确性。

第三，加大工伤保险费征缴力度。一些企业为了降低劳动力成本，缴纳工伤保险费的积极性不高。很多地方政府为了本地的招商引资，对这些企业的工伤保险费的征缴力度不足。这事实上影响了工伤保险基金的筹措，损害了职工的工伤保险权益，应该严格按照新《工伤保险条例》，强化工伤保险缴费的公平性与有效性。

第四，建立预防、康复和补偿协调机制。应该根据预防、康复和补偿的综合需求，结合经济发展水平来确定工伤保险资金需求，并根据以支定收、收支平衡的原则来确定费率水平。在工伤保险基金支出过程中，除了工伤补偿，要给预防和康复留足支出份额。同时，亦要本着康复资金来源多元化的原则，利用财税政策等杠杆充分调动社会组织和个人为康复筹资的积极性。同时，要根据经济发展状况，适时适度调整工伤保险的待遇水平，有效保障受到工伤参保者的基本生活和康复需求以及工伤预防的需求。

第六节 生育保险政策

本节主要阐述生育保险政策的基本原理、中国生育保险政策的内容及其完善措施。

一、生育保险政策基本原理

生育问题也是现代社会的一个普遍问题，生育保险政策是应对生育问题的一项社会保障制度安排。生育保险制度是国家通过法律法规规定相关主体的责任与权利，建立生育保险基金，当被保险人生育时，为被保险人提供生育费用及其基本生活保障的制度安排。生育保险制度主要应对生育问题所引发的生活问题，反映了国家及其公民对生育风险的预防或者保障能力。

生育保险制度是大部分国家社会保障制度的组成部分之一，而且一般采用普遍性原则，即要求所有雇员必须参加生育保险制度。一些国家虽然建立了生育保险制度，但是并非适用于全体劳动者，而是仅适用于建立劳动关系的劳动者；还有一些国家还没有建立生育保险制度。生育保险制度对社会成员的覆盖程度反映了社会成员享受生育保险权益的普遍程度和公平程度。

各国生育保险政策取向不同，生育保险制度安排也存在显著差别。一些国家将生育保险与医疗保险制度合并实施；一些国家实行单独的生育保险制度；一些国家的生育保险制度仅向母亲提供生育保险津贴；一些国家实施父母均可享有的生育保险津贴，这些国家的生育保险制度通常称为父母保险制度；一些国家关注分娩前后的医疗保健费用支付；一些国家还关注哺乳期母亲的基本生活保障等。生育保险制度筹资与给付机制表明各种主体参与生育保险制度的程度，反映了生育保险制度中政府、单位与个人的权责关系。

二、中国生育保险政策

生育保险制度是中国社会保险制度的组成部分。生育保险制度的适用范围是城镇企业及其职工。生育保险费用实行社会统筹，根据"以支定收，收支基本平衡"的原则筹集资金，由企业按照其工资总额的一定比例向社会保险经办机构缴纳生育保险费，建立生育保险基金。生育保险费率不超过工资总额的1%。企业缴纳的生育保险费列入企业管理费用，职工个人不缴纳生育保险费。

女职工生育按照法律法规的规定享受产假，产假期间的生育津贴按照本企业上年度职工月平均工资计发，由生育保险基金支付。女职工生育的检查费、接生费、手术费、住院费和药费由生育保险基金支付。超出规定的医疗服务费和药费由职工个人负担。女职工生育出院后，因生育引起疾病的医疗费，由生育保险基金支付；其他疾病的医疗费，按照医疗保险待遇的规定办理。女职工产假期满后，因病需要休息治疗的，按照有关病假待遇和医疗保险待遇规定办理。女职工生育或流产后，由本人或所在企业持当地计划生育部门签发的计划生育证明，婴儿出生、死亡或流产证明，到当地社会保险经办机构办理手续，领取生育津贴和报销生育医疗费。为了进一步提高制度运行效率，提升社会保险基金共济能力，更好地发挥生育保险的保障功能，2019年3月，国务院办公厅发布了《关于全面推进生育保险和职工基本医疗保险合并实施的意见》，将生育保险基金并入职工基本医疗保险基金，统一征缴，统筹层次一致。按照该文件的要求，合并实施后，生育保险要与职工基本医疗保险统一参保登记，统一基金征缴和管理，统一医疗服务管理，统一经办和信息服务，并且要确保职工生育期间生育保险待遇不变和确保制度可持续。

三、中国生育保险政策的完善

第一，应该重视生育保险制度的发展。生育保险制度无论从资金规模上还是从受益对象上来看都属于小险种，但其具有提高人口素质、保障劳动力再生产的功能。因此，应切实完善生育保险制度，切实保障被保险人的生育保险权益。提高生育保险制度的覆盖面，应将失业人员、灵活就业人员、自雇者和农村居民纳入生育保险的覆盖范围之内，让全体女性享受到生育保险待遇。

第二，提高医疗和生育保险待遇水平。在扩大生育保险覆盖面和充实生育保险基金的基础上，应充分有效利用生育保险基金，增加支出项目，重点加强对孕期检查、哺乳期医疗保健和陪护费用等项目的补偿。应该根据经济发展水平适度提高生育保险待遇水平，降低生育费用的个人负担水平，要按照以支定收、略有结余的原则设定生育保险缴费率，同时要规定生育保险基金结余限额。

拓展资源

《国务院办公厅关于印发生育保险和职工基本医疗保险合并实施试点方案的通知》

第三，提高生育保险制度统筹层次。合并实施后的医疗和生育保险制度目前尚停留在市级或县级统筹层次，各统筹地区之间的具体政策规定存在一定差异。这种状况既使得统筹区域生育保险基金规模受限，无法在大范围内调剂使用，也阻碍参保者跨统筹区域流动时医疗和生育保险关系的转移。应加强生育保险的顶层设计，促进各统筹区域的生育保险规定向一致化方向发展，为医疗和生育保险转移接续机制提供支持。同时，要努力拓深、扩宽医疗和生育保险基金来源，促进医疗和生育保险制度互助共济功用的发挥。

思考题

1. 简述社会保险政策的基本内涵及其意义。
2. 简述中国社会保险政策的发展历程及其特点。
3. 简述中国基本养老保险政策的主要内容及其发展趋势。
4. 简述中国基本医疗保险政策的主要内容及其发展趋势。
5. 党的十八大以来，我国建立了统一的城乡居民养老保险制度，并推动了机关事业单位养老保险制度改革。请分析这些改革与发展举措对于提高社会保障制度的公平性具有何种意义。

第八章 社会救助政策与扶贫开发战略

贫困问题一直是我们普遍关注的社会问题，人类向贫困宣战的历史从古至今从未间断。社会发展至今，人类已经拥有了高度发达的生产力和丰富的物质财富。然而，在经济总量增长和人们平均生活水平不断提高的同时，社会中的贫困问题却日益突出，成为大家所关注的社会问题，如何缓解贫困仍是摆在当代各国面前的一个重大课题。在当代社会中，缓解贫困仍然通过两种基本的途径：一是通过发展市场经济，不断增大社会财富的总量，以创造缓解贫困的物质基础；二是通过更加公平的分配，使社会中的弱势人群能够获得合理的份额。前者是经济政策的议题，而后者主要是社会政策的议题。在当代各国，政府缓解或消除贫困问题的社会政策是整个社会反贫困行动体系中的重要组成部分。

从英国1601年颁布《伊丽莎白济贫法》[1]开始，到"二战"后各个国家或地区纷纷出台反贫困政策，国家承担福利提供责任[2]，保障公民免于陷入贫困状态，或者是帮助公民脱离贫困状态已经成为共识。中国反贫困社会政策主要包括城乡社会救助政策和农村扶贫开发战略，或称反贫困行动。社会救助政策和扶贫开发战略是政府承担提供福利、解决贫困问题、促进社会发展责任的具体制度规定。《中华人民共和国宪法》第四十五条规定：中华人民共和国公民在年老、疾病或者丧失劳动能力的情况下，有从国家和社会获得物质帮助的权利。社会救助政策和扶贫开发战略规定政府在必要时提供资金、物资、服务和机会给需要帮助的贫困者。改革开放后，社会救助和扶贫开发制度快速发展创新，形成综合性的社会救助政策体系和全社会广泛参与的反贫困行动体系。

第一节 贫困问题与贫困理论概述

解决贫困问题的诉求很早就有，但从全世界范围看，对贫困问题的系统研究

---

[1] 1601年英国颁布了世界上第一个社会救助法——《伊丽莎白济贫法》。根据该法，凡年老及丧失劳动力的人，在家接受救济；贫穷儿童则在指定的人家寄养，长到一定年龄时送去做学徒；流浪者被关进监狱或送入教养院。该法的基本原则是让那些没有工作能力的人，如孤儿、无人赡养的老人和残疾人，得到救济或赡养；让那些有劳动能力的人有一份工作，使他们能够以此谋生。

[2] 福利有多种形式，包括政府、市场和社会提供给有需要的社会成员的资金、物资、服务和机会等。

却始自 19 世纪的英国。经过一百多年的发展，学界已形成许多有关贫困问题的理论。随着经济的发展和社会的各种复杂变化，当代各国的贫困问题也越来越复杂。相应地，各国关于贫困问题的研究也越来越深入。今天的贫困研究建立在全球化、社会不平等、制度转型等社会经济背景之上，已成为一个包含多种理论的学科群体。本节从分析贫困基本概念入手，主要介绍当代社会关于贫困问题研究的基本内容和特点与贫困社会政策的基本要点。

一、贫困的概念与类型

（一）贫困概念的基本含义

贫困研究与反贫困政策的第一步是界定贫困的概念。由于贫困是一个复杂的经济和社会现象，对贫困概念的界定也比较复杂。不少研究者从不同的角度分析了贫困的概念。世界银行和联合国开发计划署等机构在总结各种观点的基础上，对贫困做出了比较权威的定义。世界银行在《1981 年世界发展报告》中指出，当某些人、某些家庭或某些群体没有足够的资源去获取他们那个社会公认的，一般都能享受到的饮食、生活条件、舒适和参加某些活动的机会，就是处于贫困状态。世界银行在《1990 年世界发展报告》里还指出，贫困者是指缺少达到最低生活水准的能力的人，其中所指的生活水准不仅包括家庭收入、人均支出，还包括社会福利的内容，如医疗保险、识字能力及公共财产资源的获得情况。联合国开发计划署的《2001 年人类发展报告：让新技术为人类发展服务》中有关贫困的定义更具广泛性和多元性。该报告提出，人类贫困指的是缺乏人类发展最基本的机会和选择——长寿、健康、体面的生活、自由、社会地位、自尊和他人的尊重。减少人类贫困不仅要增加收入，还应该增强贫困人口的资产基础（包括资金、人力、社会资产、文化资产和环境资产），改善教育和卫生条件，消除性别、民族、年龄和残疾等原因造成的不利影响，防止这些因素加剧贫困，避免贫困人口无法参与经济发展过程。

（二）贫困的测量

反贫困政策制定的一个基本问题是如何测量贫困。通过测量贫困才能合理确定救助的对象。救助对象的范围既不能太大，也不能过小。救助对象范围的大小是由贫困线的高低决定的，因此确定救助范围事实上就是如何划定贫困线的问题。贫困线主要由各国政府确定。世界各国有各种各样划定贫困线的方法（参见表 8-1）。政府的贫困线制定一方面要依据贫困人群的实际状况，另一方面还会受到执政党的贫困治理目标、社会福利资源的多寡、社会再分配的原则、社会各个利益群体对公共资源的分配愿望等因素的影响。

表 8-1 贫困测量方法

时间/国家、机构、研究者/贫困划定方法和贫困线
1901—1903 年/布思、朗特里/生理需要满足
1961 年/奥珊丝揩、美国农业部/超过 1/3 开支用于食品的住户
1979 年/汤森/相对剥夺指标（Relative Deprivation in Dicators）
1979 年/国际劳工组织/基本需要满足法（Basic Needs）
1987 年/布拉德肖等/预算标准法（Budget Standards）
1993 年/世界银行/1 人 1 天 1 美元生活费为贫困线
1997 年/莫泰基、梁成安/收入少于中位数一半的为穷人（香港贫困研究）
1998 年/阿马蒂亚·森/贫困指数
2002 年/世界银行、英国海外发展署/参与式贫困测定（中国农村调查）
2008 年/世界银行/将国际贫困标准从每天生活费 1 美元提升至 1.25 美元
2015 年/世界银行/将国际贫困线从每天 1.25 美元提高到 1.9 美元

划定贫困线主要有以下几种方法：

生活需要法：生活需要法又称市场菜篮法，根据当地维持最低生活所需的物品和服务列出清单，根据市场价计算需多少现金，此金额即为最低生活保障金额。

生活形态法：以人们的生活方式和消费行为等生活形态为基础，提出一系列有关贫困家庭生活形态的问题，选出若干剥夺指标，即被舍弃的行为方式，再根据这些剥夺指标和被调查者的实际情况确定哪些人属于贫困者，进而分析他们被剥夺的需要和消费收入，得出最低生活保障金额。

恩格尔系数法：恩格尔系数法是根据恩格尔定律得出的方法，统计学家恩格尔在统计大量数据的基础上得出结论：家庭收入越高，食品支出占家庭总支出的比例越小，反之则相反。国际社会一般把食品支出占家庭支出的 60% 作为贫困线，得出最低生活保障金额。

贫困指数法：1998 年诺贝尔经济学奖得主阿马蒂亚·森提出，用一定的、预先确定好的贫困线下的人口百分数作为贫困的共同标准忽视了穷人中的贫困程度。另外，即使社会中最贫穷阶层的收入有了显著的提高，只要他们的收入还没有越过贫困线，就不会改变贫困线下的人口数量在总人口中的比例。为了弥补不足，他设计了一个能反映参数变动情况的贫困指数，将贫困人口的数量、收入和收入分布结合在一起，全面反映一国贫困人口的贫困程度。阿马蒂亚·森的贫困指数

简单易算,已逐渐被广泛应用,用公式表示为:

$$P = H \times [I + (1-I) \times G]$$

其中,P 是贫困指数,H 表示贫困人口的百分比,G 是贫困人口的基尼系数,I 是贫困人口收入差距的总和(即贫困人口的收入距贫困线的差距的总和)。

(三)贫困的类型

绝对贫困与相对贫困是描述贫困的原因和类型的主要概念。绝对贫困(Absolute Poverty)是指获得的实际收入水平、拥有的消费资料和得到的服务达不到维持其基本的生存需要的最低量。相对贫困(Relative Poverty)则是指收入虽能达到或超过维持生存和基本发展的需要,但与一定时期内社会经济发展水平相比较仍是处于较低的生活水准。因此,相对贫困在很大程度上反映了社会分配不平等的状况。随着社会成员整体生活水平的提高、社会福利的发展、社会流动和社会结构重组,相对贫困的理论意义和政策意义不断得到提升。无论发达国家还是发展中国家,都有过或正在经历从解决绝对贫困问题走向解决相对贫困问题的过程。

英国的布思和朗特里在 19 世纪末 20 世纪初开始研究贫困问题时主要采用绝对贫困概念。他们认为,贫困与非贫困的分界线是生存需要线、生理需要线,或者最低限度生活水平线,当个人或家庭的经济状况低于生存线时,被认为是贫困。其中,朗特里曾按照绝对贫困的概念对某城市的贫困现象作了实际的测量,得出个人或家庭维持基本生存所需要的现金额,以此作为他划分贫困的标准。按照这一标准,可以假设随着经济的发展和社会财富的增加,贫困问题应该可以得到解决。不言而喻,这一假设是一个静止的观点。在朗特里初次对贫困问题进行研究之后的几十年里,社会财富明显增加了,但贫困现象不仅在不发达国家及地区中依旧存在,而且也并没有因为经济的高速增长而在已经富裕起来的国家中消失。这一问题的实质是,随着社会平均富裕程度的提高,社会成员的需要也发生了变化,因此无论在理论上还是在政策实践上都不能只以生理温饱为界定贫困的标准。

斯密较早表达了相对贫困的思想。他认为,如果一个人缺少必需的物质资源,他是穷人;如果一个人按他所在国的风俗习惯,没有达到一个体面人应该过的那种生活水平,那么他仍然可能被认为是穷人。英国学者汤森在研究了英国贫困群体以后指出,贫困问题的解决不能停留在基本需要的满足上,一个社会性的人和他们的家庭没有资源,不能参加一般人认为正常的社会活动,便是相对贫困。按照汤森相对贫困的观点,被社会排斥的弱势群体,如低收入家庭和受社会排斥的老人、少数民族、单亲家庭、伤残人士、长期患病者等,都生活在贫困中。

汤森用剥夺（deprivation）来形容相对贫困群体的困境，强调他们被剥夺了参加正常社会生活的权利。相对贫困因为与参照群体比较而得出结果，它常常反映社会公平问题。一些国家把低于平均收入某个百分比的人口归为相对贫困之列。国际经济合作与发展组织曾提议，相对贫困是指那些收入相对较少的人群，通常是低于平均收入的某一个百分比之下的家庭，被归入贫困社会群体；这个标准会因为国民收入的增长而提高。相对贫困概念的应用使得社会可以根据经济发展的变动来让贫困人群分享经济发展的成果。相对贫困概念的政策含义是消除贫困是一个国家、一个地区、一个社会为了社会公平而进行长期奋斗的目标。

阿马蒂亚·森在他的著作《以自由看待发展》中全面而系统地提出了以可行能力来解释贫困原因的观点。这种可行能力是指一个人所拥有的、享受自己有理由珍视的那种生活的实质自由，他认为可以以这一标准来评判个人的处境是否处于贫困的境地。依照他的理论，贫困被看作个人可行能力被剥夺造成的。他的可行能力理论中并不排除收入指标，低收入可以是一个人可行能力剥夺的重要原因，只是阿马蒂亚·森认为以收入来衡量的贫困并不能很好地解释贫困的真实含义。可行能力更多地考虑了个人的差别性因素，如教育、健康、就业机会等，这些因素才是长期影响一个人生活水平和生存能力的重要因素。1990年联合国开发计划署发表了第一份人类发展报告，把传统的基于收入的贫困含义进行了丰富，加入了可行能力因素，即贫困源于缺少达到最低生活水准的能力，如健康、教育和营养等；以可行能力指标评价世界各国的发展。此后，沿袭这一重要理论思想的年度人类发展报告曾经以"人类发展的概念和衡量""实现人类发展以消除贫困""千年发展目标：消除人类贫困的全球公约"为年度主题，对世界各国的发展理念和发展范式产生了深远的影响。

二、当代主要贫困理论

19世纪以来，研究者从各种不同的角度展开了对贫困问题的理论研究，提出了各种各样的理论。其中较有影响的有以下一些理论。

（一）马克思主义关于贫困的理论

马克思、恩格斯基于对资本主义制度批判的立场，分析了资本和雇佣劳动的对立关系，在讨论资本积累和人口过剩、经济危机中提出了无产阶级贫困化理论。他们关于贫困的论述主要集中在《资本论》《1844年经济学哲学手稿》《哲学的贫困》《雇佣劳动与资本》和《英国工人阶级状况》等著作中。马克思认为，生产资本的增加就是资产阶级对工人统治权力的加强；资本的增加以及资本对新技术、新生产方法的运用，一方面造成大量的失业者，另一方面其他阶层中的大批人被驱赶到无产阶级队伍中来。马克思通过对不变资本和可变资本比例关系变动的考察，探讨了资本积累和无产阶级贫困化之间的内在联系。他提出，随着资本积累的发展，工人的劳动和使用他的劳动条件之间形成一道鸿沟，由此形成的过剩人口是由资本的本性产生的。马克思提出了资本积累中资本和雇佣工人之间对立关系发展的三个主要趋势：工人成为雇佣工人的地位永恒化；工人的状况相对恶化；工人自己占有劳动条件的可能性已经不存在了。马克思指出，随着资本积累和资本有机构成的提高，资本造成的劳动供给比资本对工人的需求增长的要快。马克思引用大量的事实，深刻地揭示了资本财富积累和贫困积累之间的对立运动规律。恩格斯在 1845 年发表的《英国工人阶级状况》中认为，工人阶级的贫困化是由其在资本主义经济中的地位决定的。工人阶级的贫困化并不在于工人生活水平的每况愈下，其实质在于他们始终不能摆脱生活无保障、生活水平随资本而急剧变动的现实。马克思、恩格斯是从生产方式视角研究贫困问题，是制度主义贫困理论。马克思、恩格斯的结论是，工人阶级的贫困不是由于社会财富的不足，而主要归因于在资本主义的生产方式下，工人阶级在经济过程中处于被剥夺的地位。他们只能通过彻底改变资本主义制度才能解决贫困问题。

（二）关于贫困的结构功能主义与文化理论

在早期贫困研究中，布思和朗特里将结构分析用于贫困研究。布思最早在绝对贫困概念的基础上制订贫困线标准，并以此影响了英国 20 世纪初一系列有关养老金、失业补助和最低工资的法令的通过。朗特里进一步丰富了布思的贫困线概念。结构取向的贫困研究认为，贫困不在于贫困者本身的无技能或缺乏动机，而是社会力（social forces）作用的结果。后结构主义理论（Post-structuralism）主要着眼于个人之外的结构因素对个人成就的影响，如职业特征、工业特征、劳力市场部门和阶级特性的影响。多林格和皮奥雷的二元市场理论是对贫困的另一种解释。他们认为劳动力市场是结构性的。不同的劳动力市场提供不同特性的工作。贫困者因为自身的能力和其他社会因素，只能进入次要市场，这样的就业机会和工作并不能解决贫困者的贫困问题。区域劳力市场理论假设在劳动力市场中，个人获得各种机会不仅受制于本人的知识和能力以及家庭、社区，也受地方性劳力市场、区域经济社会的影响。居住的区域不同，人们面临的机会结构不同，贫困问题因为这样一个背景，同一个政策会发生不同的效果。区域的经济增长并不一定有利于区域的居民，因为区域经济增长所带来的新工作机会可能不适合或不利于现住居民。

功能学派认为，社会中的任何现象的存在，必定有其存在的原因或者称为社会功能，不平等现象或贫困现象也是如此。功能主义贫困观的基本视角是，贫困问题的存在乃社会功能之需要。社会不平等是由社会发展的价值目标和功能需要共同决定的。

刘易斯首先提出了贫困文化（Poverty Culture）的概念。他指出，贫困文化是一个特定的概念标签，是一个拥有自己的结构与理性的社会亚文化。就贫困文化形成的条件而言，刘易斯有三种解释：贫困文化最可能产生在急剧变动社会中的低级阶层之中；当阶层化的社会与经济体系崩溃或被其他制度取代时，容易发生贫困文化；贫困文化可能形成于一定的社会情况中，如低技术工人持续的失业与低就业率、低薪资、非组织，低经济地位被视为个人无能或卑劣的结果，等等。布迪厄以那些社会上没有体面生活的穷人为例，认为穷人的窘迫往往源于他们没有选择；而没有选择的主要原因之一是穷人在市场竞争中缺乏必要的文化资本。

（三）权利贫困理论

阿马蒂亚·森的权利贫困理论集中反映在他的《贫困与饥荒》和《饥饿与公共行为》中。他首次使用权利（entitlement）研究贫困（饥饿）问题，从权利方法视角将贫困、饥饿视为权利丧失的结果。阿马蒂亚·森指出，要理解贫困（饥饿），必须首先理解权利体系。饥饿是交换权利的函数，不是食品供给的函数；即使由于食物短缺引起饥荒，但饥荒的直接原因还是个人交换权利的下降。权利体系包含以交换为基础的权利，一个人有权将自己的商品与他人交换；以生产为基础的权利，一个人有权将自己的资源或雇用来的要素用于生产；以自身劳动力为基础的权利，一个人有权将自己的劳动力用于自己组织的生产或受雇于他人；以继承或转让为基础的权利，一个人有权继承财产或接受赠予。前两种权利的失败，是自然经济条件下致贫的根源；后两种权利的失败，是市场经济条件下致贫的根源。社会成员免于贫困（饥饿）的权利既依赖于政治体系，即政府能否提供明确的产权保护，也依赖于经济体系，即微观上是否有充分竞争的市场秩序，宏观上能否维持稳定的经济环境，同时还依赖于社会体系，包括家庭内部的分工、传统观念中对交换权利和互惠权利的规定等，这些都会影响到权利的分配，并决定着不同的群体在面对饥饿和饥荒时不同的命运。解决贫困（饥饿）的公共行为不仅是国家的活动，还包括公民的行为，不仅有合作即通过公民合作的行为，更应该有对抗即通过社会批评和政治对抗的行为，因为国家行动的性质和效力在缺乏公众警惕和活动的情况下极易恶化。

(四) 新贫困问题和社会排斥与社会融入理论

新贫困问题的研究产生于20世纪后期。西方的新贫困的出现主要和以下几个因素有关：东欧剧变，苏联解体，社会主义阵营的瓦解；欧洲政治经济一体化阵营欧盟的形成；世界经济的全球化与国际市场细分，南北差别的扩大；经济结构变迁，劳动力、资金等从第一产业部门和第二产业部门向第三产业部门转移；意识形态和社会福利政策的变化，等等。为了将在这些背景下出现的贫困与原有贫困相区别，学者们将此定义为新贫困。研究发现，一些社会主义国家在社会经济转型中，贫富的差别也加大了，新贫困问题也比较突出，如俄罗斯，东欧国家匈牙利、捷克等。在这样的背景下，传统的贫困理论解释度有限，20世纪90年代以后，社会排斥与社会融入理论兴起。该理论强调从参与的角度研究贫困问题，给贫困问题的解决提供了新的思考路径。因为社会参与的程度不同而使社会成员处于社会的中心或者边缘的位置。贫困的社会成员在某个社会向度上，因为被社会所排斥而具有边缘性。该理论认为，贫困是具有社会公民身份的社会成员对于社会活动参与不足造成的，他们在劳动力市场、社会服务和社会关系等方面存在参与不足被边缘化的问题。解决贫困问题的根本就是要促进他们多方面的社会融入，形成积极的社会参与。

三、反贫困政策的基本原则和政策体系

(一) 反贫困社会政策的一般含义

反贫困社会政策的核心是国家承担责任，建立起社会福利制度安排，以资源再分配的方式救济贫困者。狭义上的反贫困社会政策是指根据政府设定的贫困线，给那些生活在贫困线下的家庭提供社会救助。狭义上的反贫困社会政策的对象明确，救济人数数量相对较少。从广义上看，反贫困社会政策还包括促进区域经济发展和积极促进就业的政策，这些政策能够降低贫困发生率；通过社会保险等措施预防贫困；提供教育培训和医疗卫生服务提升贫困者能力等多方面政策。在一定意义上，与社会安全网有关的社会政策都具有反贫困的意义，因为社会安全网的建立目的主要在于保护社会成员的安全和福祉。

(二) 反贫困政策的基本原则

1. 确定救助对象

反贫困政策制定的一个基本问题是合理确定救助的对象。救助对象的范围既不能太大，也不能过小。救助对象范围的大小是由贫困线的高低决定的，因此确定救助范围事实上就是如何划定贫困线的问题。各国贫困状况经常处于变化之中，

而政府划定的贫困线却相对稳定，因此贫困者的实际规模常常不完全等于政府贫困线以下的人数。

2. 确定合理的救助水平

对社会中的贫困者应该救助到什么水平，是反贫困政策的又一重要议题。一般情况下，确定救助水平时应该考虑以下几个因素：一是要能够维持最低生活的标准；二是低水平救助原则，即贫困者所得到的救助不能高于劳动者最低工资所得，以免损害劳动者的工作意愿；三是补充原则，指贫困救助应该先考虑救助对象的资产、工作能力、扶养义务后，再决定是否给予救助以及救助到什么程度；四是家庭单位原则，指救助应该考虑家庭成员、家庭结构等因素，以家庭为救助单位。

3. 促进就业与提供救助相结合

在贫困人群中，有一部分是有劳动能力的但没有就业，有一部分有工作但也是贫困的。有工作的贫困者与低收入者的含义不一样。有工作的贫困者是以家庭为分析单位，而低收入者可以是以个人为分析单位。基于权利和责任相关联的原则，对于有工作的和有劳动能力的贫困者，反贫困政策的重点在于帮助他们就业，促使他们自力更生解决贫困问题，而不是依赖社会福利。因此，反贫困的政策要提倡社会救助政策与就业政策的结合。

（三）世界各国反贫困政策体系和行动模式

1. 各国社会福利模式及其反贫困的特点

各个国家在反贫困政策的制定中形成了不同的社会福利模式，其中比较著名的有俾斯麦模式和贝弗里奇模式等。俾斯麦模式强调用强制性的社会保险制度来代替济贫法体系的社会政策。贝弗里奇模式是一个建立社会安全网的模式，强调将选择性的社会福利扩大为普惠性的社会福利模式，每一个国民都有权利享受社会安全网的庇护，不仅仅是为了消除贫困，而是要把社会福利提供给每一个公民。

各国的社会福利模式与贫困问题有明显的关联。一般说来，在实行制度化的、普惠性的福利模式，并且福利体系比较完整的国家，由于国家通过高税收政策对个人的收入进行了严格的再分配，分配比较平均，因此贫困人口一般较少。而在自由主义意识形态下的福利制度国家的贫困人口比例就相对较大。

2. 社会救助和发展援助

世界各国的反贫困政策基本上是从两个方面展开的：一是社会救助；二是各种发展援助。社会救助是针对贫困者的低收入和低生活水平的状况，直接对穷人提供营养、基本的卫生和教育保障以及其他生活补助，以满足贫困者的基本需要。

由于发达国家的经济实力雄厚，贫困人口的比例相对较小，因而实行了较普遍的救济制度，为那些社会弱者、失去劳动能力和遭受意外困难的人提供基本生活保障，福利制度已经成为发达国家的主要反贫困措施。相比之下，发展中国家由于受经济能力和庞大的贫困人口的双重限制，对贫困人口的社会救助的范围比发达国家小得多，一般以极端贫困人口为主要对象，并且只是满足他们最低限度的生活需要。

社会救助是反贫困政策体系中的最重要组成部分，它有利于在短期内迅速改善贫困者的物质生活状况，但是如果被救济者过分依赖于救济，也会产生一些不利的影响：一是造成被救济者的自卑和依赖心理；二是使政府背上沉重的财政负担，拖累经济发展。因此，在制定反贫困政策时，除了社会救助之外，还要强调增强贫困者自身的发展能力，通过发展援助政策来消除贫困问题。

发展援助是以特定的贫困群体或贫困区域为对象，提供他们所缺少的生产要素（如资本、技术、管理经验等），促使他们利用当地的资源条件，依靠自身的努力来发展当地的经济，以提高生活水平和摆脱贫困。发展援助政策的目标是要从根本上消除贫困，其核心是针对贫困者生活环境中的致贫因素，通过改变这些致贫因素而消除贫困。根据援助对象的不同，发展援助政策又可分为贫困群体的发展援助和区域开发援助。贫困群体发展援助政策的对象是由某些共同的问题而导致贫困的群体。通过帮助这类贫困群体解决所面临的问题，增强他们自身的发展能力。我国从20世纪90年代以来在城市中开展的针对失业下岗人员的促进就业行动就属于这一类的反贫困行动。区域开发援助政策的对象是贫困人口和他们相对集中居住的社区。通过帮助贫困地区的经济社会发展，从根本上改变区域发展不平衡问题，改变他们的贫困落后状况。我国从20世纪80年代以来在贫困地区农村中开展的扶贫开发行动就属于这一类。此外，各国政府一方面为贫困地区提供大量的财政援助，另一方面也制定各种优惠政策鼓励私人投资，以促进贫困地区的就业，包括促进妇女的就业，以提高贫困群体的收入水平。

第二节　社会救助政策

一、我国城市贫困问题与反贫困行动体系

（一）改革开放前我国城市贫困问题的特点

在半殖民地半封建时期，由于帝国主义入侵、封建专制统治、资本主义剥削

和旧政权的腐败等原因，我国城乡经济发展严重受阻，城市中失业、贫困和疾病等问题丛生，各种社会问题相当严重。

1949年新中国成立以后的最初几年中，我国的城市贫困问题很严重。当时城市中的贫困是由两类原因所致：一是由于资本家的剥削而导致的城市工人阶级的贫困；二是由旧社会遗留下来的难民、灾民、游民和失业者等构成的城市贫困者。在20世纪50年代的社会主义改造和社会主义建设时期，在前一阶段的贫困问题解决以后，城市中无依无靠的孤、老、残、幼群体以及在城市社会主义改造过程中形成的新的低收入者构成了新的城市贫困者。在计划经济时期，由于经济体制的僵化、指导思想的失误等因素，我国经济发展缓慢，城乡居民的收入和生活水平长期得不到改善，城市居民的实际生活状况总体上也一直处于较低的水平。但由于当时在城市中实行了充分就业、基本生活保障等政策，城市居民的平均收入和生活水平高于农村，并且城市居民的收入和实际生活水平也相对比较平等，因此当时的城市贫困问题不太突出。当时认为工业化时代城市中的失业和贫困问题是资本主义制度的产物，社会主义制度的建立可以从根本上解决贫困问题。在新社会中有了先进的社会主义制度，人人都可以有就业的机会，能够取得按劳分配的收入，再加上建立了基本的社会保障制度，人们逐步走上消除贫困和共同富裕的道路。因此过去我国理论界和政府的社会政策体系对社会主义条件下的城市贫困问题都重视不够，在政策文献中也一直没有"城市贫困"的概念。

（二）改革开放以来的城市贫困问题与反贫困行动

20世纪80年代以来，由于经济制度的转型和各种经济和社会政策的变化，城市人口在收入和实际生活水平上发生了较大的分化。在城市经济快速发展、居民平均收入和生活水平大大提高的同时，城市中部分企业出现了经济效益滑坡以及破产的现象，因此导致一部分企业职工的失业、下岗或收入不足，进而导致城市中部分家庭陷入贫困。另一方面，由于城市社会保障制度的变化，使其对部分低收入者的保护程度降低，从而使他们的生活更加艰难。总而言之，在经济制度的转型和经济总量增长的同时，城市中的贫困问题日益突出，引起了政府及社会各界的高度重视。从20世纪90年代中期起，有关城市贫困问题的研究越来越多，各级政府相应的反贫困措施也逐步加强，我国政府开展了大规模的城市反贫困行动。

（三）现阶段我国城市反贫困行动的基本目标和原则

城市反贫困行动的基本目标是要通过实施有效的经济和社会政策去缓解贫困，并逐步创造最终消除贫困的经济和社会条件。从近期目标上看，首先要采取有效的行动去帮助贫困者摆脱各种困难，恢复正常的就业和收入，并逐步增强贫困者自身的能力以应对未来市场经济中的各种挑战。从长远的角度上讲，最终要通过发展经济和实行更为公平的分配制度，逐步铲除滋生贫困的经济、社会和文化因素，最终达到消除贫困的目标。

在我国社会主义市场经济条件下实施城市反贫困行动，首先要遵循公平正义的原则，关照每一个社会成员的基本生活，为所有的贫困者提供基本的生活保障。其次要按照社会公平的原则，兼顾社会各阶层的利益，对在经济和社会转型中利益受到损失的群体提供必要的补偿，使所有社会成员都能相对公平地分享经济与社会发展的成果。再次要坚持效率原则，有效地使用各种资源，使有限的资源发挥更大的社会效益；注重鼓励和帮助贫困者通过调动自身的潜能去克服困难，而不只是依赖政府和社会的福利救助。最后，城市反贫困行动要与改革开放、发展经济和维护社会稳定的目标相一致，通过反贫困行动，一方面促进经济发展，另一方面提高社会成员的凝聚力，促进社会整合和社会稳定。

（四）现阶段我国城市反贫困行动体系

世界各国，尤其是发展中国家，都采取了多种反贫困手段，归纳各国反贫困的主要途径有：一是为贫困者提供就业机会，二是为贫困者提供基本保障，三是为贫困者提供各种社会服务。我国城市反贫困行动体系也包含了这几个方面的内容。具体看，我国城市反贫困政策包括以下一些系列的行动：就业服务系列，包括为失业人员提供就业信息、介绍就业、提供就业培训和促进非正规就业等；社会保险系列，包括建立和发展社会养老保险、失业保险、医疗保险以及工伤、生育等方面的社会保险，防止人们因各种风险事件而陷入贫困；社会救助系列，包括建立最低生活保障制度、医疗救助制度、住房救助制度、教育救助制度、法律援助制度等，以及鼓励社区、社会工作机构和其他社会组织及个人参与提供补充性社会救助和服务；慈善事业系列，政府鼓励发展慈善事业，鼓励社会捐赠，通过各种方式筹集民间资金，补充社会救助和社会福利项目，其中重点是帮助贫困者和各类特殊困难群体；全社会扶贫帮困行动，包括动员机关团体、企业、社区、各种民间组织和社会成员共同投入扶贫帮困行动，广泛动员志愿者参加服务，扶贫到户。

总而言之，目前我国城市中已初步建立起了反贫困行动体系。尽管其中一些项目行动还处于发展和完善阶段，在覆盖面、经费来源、制度化水平、项目间的协调和组织管理等方面还存在许多不足，但这套体系的建立表明，我国城市近年来的反贫困行动已经从过去临时性的措施逐步走向建立制度化的反贫困政策体系。体系中各类政策在反贫困行动中具有不同的功效，就业政策系列是积极的反贫困行动，社会保险系列的目标是预防贫困，社会救助系列则是直接针对贫困者的"最后保障线"，而其他系列的行动则从各个方面起到专门性或补充性的作用。

二、我国最低生活保障制度

在上述城市反贫困行动体系中，城市居民最低生活保障制度是最能体现政府在反贫困体系中的社会政策的行动。改革开放以后，随着企业困难职工和下岗失业人员的增多，城市贫困问题变得越来越复杂化，原有的社会救济制度已不能有效地发挥反贫困的作用。因此，从20世纪90年代初开始，一些城市试行面向贫困者的最低生活保障制度，并在20世纪90年代后期普及全国。

城市居民最低生活保障制度是国家为解决城市居民的生活困难而建立的一种社会救助制度，是目前条件下中国特色社会保障体系的一项重要内容，其建立的标志是1997年国务院发布的《国务院关于在全国建立城市居民最低生活保障制度的通知》。该通知规定，城市居民最低生活保障制度的保障对象是家庭人均收入低于当地最低生活保障标准的持有非农业户口的城市居民，主要包括三类人员：一是无生活来源、无劳动能力、无法定赡养人或抚养人的居民；二是领取失业救济金期间或失业救济期满仍未能重新就业，家庭人均收入低于最低生活保障标准的居民；三是在职人员和下岗人员在领取工资或最低工资、基本生活费后以及退休人员领取退休金后，其家庭人均收入仍低于最低生活保障标准的居民。根据规定，失业人员在享受失业保险待遇期间，只要家庭人均收入低于最低生活保障标准，可以同时申请城市居民最低生活保障待遇；失业人员享受失业保险待遇的期限届满后，不管其是否重新就业，只要家庭人均收入低于最低生活保障标准，均可申请享受城市居民最低生活保障待遇。

我国城市居民最低生活保障制度的重要意义体现在以下几个方面：首先，最低生活保障制度是政府为所有的贫困者提供的基本生活保障，它为保障基本的民生构筑了坚实的制度基础，体现了社会主义国家政府为老百姓承担的基本义务。其次，最低生活保障制度担当着为所有居民提供基本生活安全网的作用。在我国社会保险体系的覆盖面尚不全面的条件下，这套制度的重要意义尤为突出。再次，通过为所有社会成员，尤其是为困难企业职工和失业人员提供基本生活保障，最低生活保障制度为经济体制改革提供了有力的保障作用，这种作用尤其是在20世纪90年代后期和21世纪初期国有企业改革和市场经济转型的过程中发挥了重要的作用。最后，通过向所有城市贫困者提供基本生活保障，最低生活保障制度在维护社会公平、体现社会关照方面发挥了重要的作用，并最终在维护社会稳定、培育社会主义道德和体现社会主义制度优越性方面发挥着重要的作用。

城市最低生活保障政策后来发展到农村贫困群体的社会救助工作中。为了切实解决农村贫困人口的生活困难，促进农村经济社会发展，逐步缩小城乡差距，维护社会公平，国务院于2007年发布《关于在全国建立农村最低生活保障制度的通知》。该通知为解决农村贫困人口温饱问题提供了政策依据。之后，各省、自治区、直辖市人民政府根据该通知制定了本地农村低保制度的实施细则。农村最低生活保障对象是家庭年人均纯收入低于当地最低生活保障标准的农村居民，主要是因病残、年老体弱、丧失劳动能力和生存条件恶劣等原因造成生活常年困难的农村居民。农村最低生活保障标准由县级以上地方人民政府按照能够维持当地农村居民全年基本生活所必需的吃饭、穿衣、用水、用电等费用确定，并报上一级地方人民政府备案后公布执行。农村最低生活保障标准要随着当地生活必需品价格变化和人民生活水平提高适时进行调整。农村最低生活保障资金的筹集以地方为主，地方各级人民政府要将农村最低生活保障资金列入财政预算，省级人民政府要加大投入。地方各级人民政府民政部门要根据保障对象人数等提出资金需求，经同级财政部门审核后列入预算。中央财政对财政困难地区给予适当补助。

实施城市和农村居民最低生活保障制度后，救助范围逐步扩大、救助水平不断提高、救助行为不断规范，使我国的社会救助工作开始进入规范化、法制化管理轨道。在中央政府的推动和地方政府的努力下，城市和农村居民最低生活保障制度为保障城市和农村贫困家庭的基本生活，缓解贫困起到了重要的作用。

三、我国社会救助政策体系

（一）我国社会救助政策发展的宏观政策理念

我国社会救助政策体系是在改革开放的背景下建立的，其发展和完善与我国改革开放的理念发展阶段密不可分。政府执政的理念是推动社会救助制度创新发展不可缺少的要素。政策中理念是关于需要、国家和政策之间关系的相对系统的理论，是政策制定和执行的依据。按照十九大报告和十九届四中全会通过的《中共中央关于坚持和完善中国特色社会主义制度 推进国家治理体系和治理能力现代化若干重大问题的决定》的要求，必须健全幼有所育、学有所教、劳有所得、病有所医、老有所养、住有所居、弱有所扶等方面国家基本公共服务制度体系。

目前，我国党和政府重视社会建设，非常明确地将民生事业视为关键的发展内容，为反贫困的社会救助制度创新发展打下了良好的基础。社会救助政策并非单一的孤立的社会政策，而是与改善民生系列措施有机连接在一起的。社会救助与教育、就业、收入、社会保障、健康、社会治理政策紧密结合在一起，全方位地改善民生，有效地建立全社会的基本生活保障安全网，使每一个社会成员都能分享改革发展的成果，有效地减少导致贫困问题发生的条件，降低社会风险对社会成员的危害。社会建设是预防贫困的机制，重在条件建设；社会救助制度是解决问题的措施，重在补救。

（二）中国首部社会救助法规

进入 21 世纪之后，我国逐步建立和完善了多项社会救助制度，除城市低保之外，还建立和完善了农村低保与五保制度、医疗救助、法律援助、住房救助、教育救助、流浪乞讨人员救助、临时救助等多方面政策。为了更好地统筹社会救助体系建设，完善托底线、救急难、可持续的社会救助制度，形成保障困难群众基本生活的安全网，国务院于 2014 年 2 月 21 日发布《社会救助暂行办法》。《社会救助暂行办法》为社会救助事业发展提供了法律依据，其有四个主要贡献：一是构建了社会救助制度体系；二是加强了社会救助统筹协调；三是促进了社会救助城乡统筹发展；四是强化了社会救助家庭经济状况查询核对机制。

该法规规定了我国社会救助原则，即为了加强社会救助，保障公民的基本生活，促进社会公平，维护社会和谐稳定，社会救助制度坚持托底线、救急难、可持续，与其他社会保障制度相衔接，社会救助水平与经济社会发展水平相适应的原则。并且，社会救助工作应当遵循公开、公平、公正、及时的原则。国务院民政部门统筹全国社会救助体系建设；国务院民政、卫生和健康、教育、住房和城乡建设、人力资源和社会保障等部门，按照各自职责负责相应的社会救助管理工作；县级以上地方人民政府民政、卫生和健康、教育、住房和城乡建设、人力资源和社会保障等部门，按照各自职责负责本行政区域内相应的社会救助管理工作。这些行政部门统称社会救助管理部门。乡镇人民政府、街道办事处负责有关社会救助的申请受理、调查审核，具体工作由社会救助经办机构或者经办人员承担。村民委员会、居民委员会协助做好有关社会救助工作。县级以上人民政府应当将社会救助纳入国民经济和社会发展规划，建立健全政府领导、民政部门牵头、有关部门配合、社会力量参与的社会救助工作协调机制。其中社会力量参与包括各类单位和个人提供捐赠、设立帮扶项目、创办服务机构、提供志愿服务等方式，以及发挥社会工作服务机构和社会工作者作用，为社会救助对象提供社会融入、能力提升、心理疏导等专业服务。完善社会救助资金、物资保障机制，将政府安排的社会救助资金和社会救助工作经费纳入财政预算。社会救助类型有最低生活保障、特困人员供养、受灾人员救助、医疗救助、教育救助、住房救助、就业救助、临时救助。未列入《社会救助暂行办法》但已有相关政策规定的救助类型有法律援助。

（三）三个层级的社会救助政策板块结构

1. 基本生活救助（保障）制度的基本框架和救助内容

最低生活保障制度是我国贫困群体基本生活救助体系的核心组成部分。城市低保政策缓解或者解决当时的新贫困问题，保障城市居民基本生活。农村低保政策解决或缓解农村贫困人口的生活困难，逐步缩小城乡差距，维护社会公平。政府承担福利提供责任，为贫困群体提供低保金和物资与服务。城乡低保政策肯定了在社会主义初级阶段存在贫困问题，政府依据最低生活保障标准而向符合条件的人提供救助，这是中国社会救助制度的最大创新点。基本生活救助还包括特困人员供养政策。在计划经济时期，我国农村依托集体经济建立了以五保供养制度为主的农村社会救助制度。这套制度在救助贫困者方面发挥了重要作用。农村经济体制改革以后，五保供养制度也发生了一些变化，政府新修订了五保政策，使得农村的五保供养工作进一步完善。① 过去的农村五保供养制度和现在的特困人员供养制度的福利提供内容包括保吃、保穿、保医、保住、保葬五个方面的福利保障。

2. 专项救助制度的基本框架和救助内容

专项救助制度是对基本生活救助制度的补充和延伸。医疗救助、教育救助、住房救助、法律援助和流浪乞讨人员救助是国际上通行的救助政策内容，然而它们又是中国特色的救助制度创新。近十年，我国政府不断出台新的专项救助政策，通过专项救助福利提供，使得贫困者能够在面对特殊困难时获得帮助，不至于再度陷入极贫的境地。在我国社会转型中，贫困群体看病难的问题十分突出。为了

---

① 国务院1994年颁布《农村五保供养工作条例》。2006年，国务院颁布了新修订的《农村五保供养工作条例》。在五保政策中，老年、残疾或者未满16周岁的村民，无劳动能力、无生活来源又无法定赡养、抚养、扶养义务人，或者其法定赡养、抚养、扶养义务人无赡养、抚养、扶养能力的，享受农村五保供养待遇。2014年的《社会救助暂行办法》将原来的农村五保供养制度改为了特困人员供养制度，并扩展到城市。随后，五保制度的概念渐渐退出。

解决这个严重的社会问题，我国出台医疗救助政策①。医疗救助是指政府和社会对贫困人口患病而无经济能力进行治疗时实施专项帮助和支持的行为，主要是以资金为福利提供形式。2004年前，各级民政、教育行政部门一直都在为城乡特殊困难未成年人提供各种形式的帮助，但未有专门的教育救助政策。2004年出台的《民政部　教育部关于进一步做好城乡特殊困难未成年人教育救助工作的通知》规定了教育救助的对象和目标等内容。在教育救助的形式上，既有资金形式的福利，也有服务形式的福利。住房制度改革后，多数贫困者无钱买房甚至无钱租房，为了逐步解决城市低收入家庭的住房困难，政府先建廉租房制度后改为公共租赁房制度。住房救助形式是综合的，既有租赁资金补贴又有公共租赁房形式。② 这个领域的福利提供形式比较特殊但意义重大。法律援助是指为了保障经济困难公民获得必要的法律服务，政府提供给他们的法律咨询、代理、刑事辩护等无偿法律服务的政策。③ 法律援助是社会救助政策的创新，是综合服务与资金的福利提供。在我国流动人口急剧增加的背景下，对流浪乞讨人员实行救助是社会救助政策的创新发展。④ 对流浪乞讨人员的救助形式是以救助站为基础，通常是服务和物资结合的临时性综合福利提供。

3. 临时救助政策的基本框架和救助内容

我国社会救助制度体系中的临时救助板块包括受灾人员救助、急难性和补充性临时救助和生活无着流浪乞讨人员救助。受灾人员救助是我国社会救助制度体系中最特殊的组成部分，因为其救助的对象不一定全是贫困者，而是包括可能陷入贫困境地的社会成员。自然灾害是指给人类生存带来危害或损害人类生活环境的自然现象。受灾人员救助主要包括灾民生活救助、灾害应急救助和灾后重建救助。灾民生活救助包括春荒和冬令灾民生活救助，其重点是解决因灾造成群众的

---

① 民政部、卫生部、财政部于2003年推出了《关于实施农村医疗救助的意见》。2005年，国务院办公厅转发了民政部、卫生部、劳动保障部、财政部《关于建立城市医疗救助制度试点工作的意见》，分别对城乡医疗救助做出规定。2009年，民政部、财政部、卫生部、人力资源和社会保障部发布《关于进一步完善城乡医疗救助制度的意见》，形成了城乡医疗救助体系。
② 在2003年颁布实施的《城镇最低收入家庭廉租住房管理办法》基础上，2007年建设部、国家发展和改革委员会、民政部、财政部等九部委联合签署了《廉租住房保障办法》并于2007年起施行。为了完善住房救助制度，住房和城乡建设部、财政部、国家发展和改革委员会2013年联合印发了《关于公共租赁住房和廉租住房并轨运行的通知》。
③ 为了保障经济困难的公民获得必要的法律服务，促进和规范法律援助工作，我国于2003年颁布实施了《法律援助条例》，对法律援助的有关事项做出了规定。
④ 我国在2003年颁布实施了《城市生活无着的流浪乞讨人员救助管理办法》，并同时发布了《城市生活无着的流浪乞讨人员救助管理办法实施细则》。

吃饭、穿衣等方面的生活困难。①灾害应急救助是指从突发性自然灾害发生到灾情基本稳定期间，各级民政部门紧急转移安置灾民和对灾民实施紧急救助的相关工作。灾后重建即灾区民房恢复重建，是指因自然灾害造成灾区群众住房倒塌或严重损坏需要重新建设和修缮的过程。在自然灾害救助和灾害应急救助中，政府具有巨大的动员力量，可以在短时间内调动人力资源、资金、物资以及服务到灾区，为灾民提供综合的福利供给。②在汶川大地震等自然灾害后的恢复重建中，灾害救助政策起到了非常积极的作用。

急难性和补充性临时救助是针对遭遇突发性、紧迫性、临时性困难，生活陷入困境，其他社会救助制度无法覆盖或者救助之后基本生活仍有困难的家庭或者人员，由政府给予一定的救助。主要救助方式有发放临时救助金、配发实物、提供必要的服务。对于情况紧急，需要立即采取救助措施的，应当直接实施救助，事后补充说明情况。

生活无着的流浪乞讨人员救助是对生活无着的流浪乞讨人员，由当地政府实施临时食宿、急病救治、协助返回等救助，以帮助他们克服眼前的困难。对其中的残疾人、未成年人、老年人和行动不便的其他人员，引导、护送到生活无着的流浪乞讨人员救助管理机构；对突发疾病人员，立即通知急救机构进行救治。

此外，2020年8月，中共中央办公厅、国务院办公厅印发了《关于改革完善社会救助制度的意见》，提出用两年左右时间，健全分层分类、城乡统筹的中国特色社会救助体系，在制度更加成熟更加定型上取得明显成效。针对绝对贫困、相对贫困、急难情形，建立分层分类的梯度救助体系，将有效化解当前"低保捆绑"所带来的"悬崖效应"，既扩大了救助覆盖面，又突出了重点救助对象，确保真正兜住底兜牢底。

（四）社会救助政策与社会工作服务

《社会救助暂行办法》是第一部将社会工作介入社会救助领域写入国家社会救助法律法规的政策法规，具有里程碑式的意义，为实现社会工作以人为本、助人自助的价值理念和服务民生的职业目标提供了法律保障。社会工作的介入可以健全需要发现机制，使贫困对象的社会救助需要得到更为准确、全面、科学的判定；社会工作介入可健全服务承接机制，推动和发展为救助对象提供服务的社会服务

---

① 国务院于2005年印发由民政部牵头编制的《国家自然灾害救助应急预案》，并于2011年和2016年对该预案进行了修订。

② 民政部于2004年制定了《灾后民房恢复重建工作规程》，于2008年制定了《自然灾害救助应急工作规程》，于2009年制定了《受灾人员冬春生活救助工作流程》。

机构；社会工作介入可建立健全服务转介机制，根据救助对象的不同需要，由社会工作者及时报告并转介给有关政府部门和专业服务机构；社会工作介入可建立健全救助社会工作，现金救助与服务救助并重，使社会工作方法有效地使用到社会救助工作中。

新出台的社会救助法规规定各级政府要积极支持社会救助社会工作的开展，发挥社会工作服务机构和社会工作者的作用，为社会救助对象提供社会融入、能力提升、心理疏导等专业服务。在中国政府积极推动政府购买服务的大环境下，政府还会将社会救助中的具体服务事项通过委托、承包、采购等方式，向社会力量购买服务。社会工作者可以通过购买服务获得更多的资源和支持，有效地帮助贫困者脱离贫困，开始全新的生活。

第三节　我国农村扶贫开发战略

一、我国农村贫困标准和特点

我国是一个发展中国家，经济还不太发达，农村尤其不发达，长期存在较多的贫困人口。我国在 20 世纪 80 年代中期开始农村扶贫开发。当时农村贫困标准的计算方法是：（1）综合国际和国内最低限度的营养标准，我国采用每天 2 100 大卡热量作为农村人口贫困的必需营养标准；（2）用最低收入农户的食品消费清单和食品价格确定达到人体最低营养标准所需的最低食物支出，作为食物贫困线；（3）计算出收入处于食品贫困线的人口的非食物支出（包括最低的衣着、住房、燃料、交通等必需的非食品支出费用），作为非食品贫困线；（4）用食品贫困线（约 60%）与非食品贫困线（40%）相加得到贫困人口的扶持标准。此后，农村扶贫标准随着经济与社会发展和物价指数的变化而不断调整。目前的国家扶贫标准是按 2011 年不变价格的 2 300 元/年。按此计算，2019 年底农村贫困人口为 551 万人。[①]

我国农村贫困问题的特点之一是贫困的区域分布集中，并且地区之间的差别较大。20 世纪 80 年代初期以来，在经济增长较快的沿海和中部地区的农村中，贫困率大幅度降低，而剩下的贫困人口大部分集中在西部省份。中国农村贫困问题的特点之二是贫困问题的人口和社会特征突出。具体表现在农村中儿童的失学率高，贫困人口传染病和地方病的发病率高，婴儿死亡率和产妇死亡率高，残疾人

[①] 国家统计局：《中华人民共和国 2018 年国民经济和社会发展统计公报》。

及其家庭的贫困发生率高,他们在贫困人口中的比例在上升。

二、我国农村扶贫开发战略的发展与成就

20世纪80年代以来,我国在农村中开展了大规模的反贫困行动,其内容主要包括针对贫困地区的扶贫开发行动和在一般乡村中对贫困户的社会救助。

从20世纪50年代初期开始,我国政府便把保证绝大多数人免于饥饿作为主要的政策目标。农村经济体制改革以前,农民的基本生活主要依靠基层的集体经济组织和平均化的分配制度得到保障,在因自然灾害等原因而导致集体生产不足的情况下,则由国家提供必要的救助。这种制度安排成功地使大多数人口在总的生产水平很低的条件下获得了最基本的生活保障,有效地防止了因收入分配不均而可能出现的更大规模的绝对贫困人口。20世纪70年代末以来的农村经济体制改革和人民公社体制的改变,使农村的生活保障制度发生根本性的变化。许多基础条件较好的农村在改革后经济迅速发展,农民的生活水平很快提高。但中西部自然条件和经济基础薄弱的农村地区则长期难以发展,贫困问题依然严重,需要政府的扶持。

概括而言,改革开放后中国农村扶贫开发的历史进程可分为三个阶段:

第一阶段是从1978年到1985年。我国农村经济体制改革,推行家庭联产承包责任制,大幅度提高农产品价格,激发和调动了广大农民的生产积极性,农产品产量大幅度增加,农民收入迅速提高,大大缓解了农村的贫困问题,全国农村处于温饱线以下的贫困人口平均每年减少1 768万人,贫困发生率从30.7%下降到了14.8%。[①]

第二阶段是从1986年到1993年。这个时期中国的农村反贫困行动进入了一个新的历史阶段。反贫困政策由以往主要靠单纯的社会救助,变为以增强贫困地区和贫困人口自身生产能力的开发援助为核心;反贫困的组织和传递系统也从以民政机构为主转变为以专设的国务院贫困地区经济开发领导小组及其下属机构为主,形成了27个国家部委参加的广泛的反贫困组织体系。1986年,国家把扶贫开发作为一项主要内容列入了"七五"国民经济和社会发展计划。针对一些地区发展缓慢、一部分群众生产生活条件非常困难的情况,政府决定在全国范围内开展有计划、有组织、大规模的扶贫开发。为此,国务院成立专门工作机构,安排专项资金,制定专门的优惠政策,并对传统的救济式扶贫进行彻底改革,确定了开发式

---

① 国务院新闻办公室:《中国的农村扶贫开发》,2001年10月。

扶贫的方针。到 1993 年年底，全国农村没有解决温饱的贫困人口平均每年减少 640 万人，贫困发生率由 14.8%下降到 8.7%。①

第三阶段是以 1994 年 3 月国家"八七扶贫攻坚计划"的公布实施为标志。该计划明确要求集中人力、物力、财力，用七年左右的时间，基本解决 8 000 万农村贫困人口的温饱问题，由此，中国的扶贫开发进入了攻坚阶段。1995 年，国家把扶贫开发作为一项主要内容列入了"八五"国民经济和社会发展计划。1996 年 9 月，党中央、国务院联合召开了扶贫开发工作会议，做出了关于尽快解决农村贫困人口温饱问题的决定，1999 年 6 月，党中央、国务院再次召开会议，做出关于进一步加强扶贫开发工作的决定。

经过积极努力，我国扶贫开发工作解决了 2 亿多农村贫困人口的温饱问题。农村贫困发生率从 1978 年的 30.7%下降到 1999 年度的 3.7%，国定贫困县农民人均纯收入从 1985 年的 206 元提高到了 1999 年的 1 347 元。贫困地区人口增长率下降到 1997 年的 11.5‰。办学条件明显改善，适龄儿童辍学率下降到 7%以下。98%的乡有了卫生院，缺医少药状况得到缓解。②

从 20 世纪 80 年代中期开始的农村扶贫开发行动在其最初的阶段比较重视贫困地区的经济增长，并且强调通过区域经济开发来带动农户摆脱贫困。这一战略取得了成效，但另一方面也导致在贫困地区中出现了贫富的分化，在总体经济发展的同时，一些最边远的乡村和最贫困农户仍然受益较少，并且在经济上逐步解决温饱的同时，贫困地区农村中教育、医疗卫生等社会事业的落后严重影响着经济与社会的持续发展。为了在 20 世纪末基本解决中国的绝对贫困问题，并在贫困地区形成持续发展的能力，我国政府从 20 世纪 90 年代中期起，根据其他发展中国家的反贫困经验和本国学者的建议，及时调整了反贫困政策。在继续强调物质救济和区域发展援助的基础上，加强了直接面向农户的反贫困行动，将反贫困行动向最边远和最困难的家庭延伸，并加强了对贫困地区的教育和卫生等社会服务事业的援助。

进入 21 世纪后，我国继续开展贫困地区的扶贫开发工作。一方面，扶贫开发工作向最困难的地区和人群延伸，帮助他们摆脱贫困，增强自身发展能力；另一方面也继续向已经脱贫的地区提供援助，以帮助他们形成可持续发展的能力，防止脱贫后的返贫。国家还通过免除农业税、增大对贫困地区教育和卫生事业的投

---

① 国务院新闻办公室：《中国的农村扶贫开发》，2001 年 10 月。
② 国务院扶贫开发领导小组办公室：《中国扶贫开发的伟大历史进程》，《人民日报》2000 年 10 月 16 日第 11 版。

入等政策，进一步加强了贫困地区脱贫和持续发展的能力。

第四节　我国的脱贫攻坚政策及其历史性贡献

一、脱贫攻坚的政策体系

在 21 世纪第二个十年开始时，尽管我国的扶贫开发行动已经取得了巨大的成就，但仍然存在很多的困难。首先，20 世纪 90 年代以来，农村经济发展的相对缓慢影响了农村反贫困效果，尤其是一些贫困地区由于地理和资源条件的限制，不能与整个国民经济高速增长的进程同步，农民收入增长停滞，贫困问题长期难以解决。其次，在部分已经初步解决了温饱问题的地区，其经济基础条件依然比较薄弱，部分贫困人口在脱贫以后又出现返贫现象。再次，在大部分地区已经基本解决温饱问题以后，剩下的尚未脱贫的贫困地区大都处在资源严重贫乏和自然条件相当恶劣的偏僻地区，扶贫工作的难度增大。此外，在贫困地区初步解决了温饱问题以后，如何形成经济的自我持续发展的能力，如何促进教育、医疗等方面的社会服务和社会发展，如何防止农村内部贫富差距的扩大和相对贫困，以及如何促进环境、资源、经济、人口和社会等各个方面的协调发展，形成长期可持续发展模式，都成为亟待解决的问题。面对上述困难，如何将扶贫开发与社会救助更加有效地结合起来，进一步加强和完善农村社会救助体系，使其更好地发挥反贫困的作用等问题成为当时我国农村反贫困政策要解决的重要议题。为此，党的十八大以后，中央推动开展了新的脱贫攻坚行动。

长期以来，我国贫困人口不仅规模大、分布广，而且致贫原因复杂，脱贫难度大。为了实现全面建成小康社会的目标，促进全体人民共享改革发展成果、实现共同富裕，保障贫困者也能够进入小康社会，中央对现阶段的脱贫攻坚做出了明确的要求和布置，形成脱贫攻坚的政策体系。习近平总书记专门强调，消除贫困、改善民生、实现共同富裕，是社会主义的本质要求。中共中央于 2015 年 11 月 3 日发布《中共中央关于制定国民经济和社会发展第十三个五年规划的建议》，提出了在"十三五"期间坚决打赢脱贫攻坚战的要求，提出到"十三五"期末我国现行标准下农村贫困人口实现脱贫，贫困县全部摘帽，解决区域性整体贫困的目标。2015 年 11 月 29 日，中共中央、国务院专门做出了《关于打赢脱贫攻坚战的决定》，进一步强调了要在 2020 年让剩下的 7 000 万贫困人口全部脱贫的决定。其总体目标是，到 2020 年，稳定实现农村贫困人口不愁吃、不愁穿，义务教育、基本医疗和住房安全有保障。实现贫困地区农民人均可支配收入增长幅度高于全国平均水平，基本公共服务主要领域指标接近全国平均水平。确保我国现行标准下农村贫困人口实现脱贫，贫困县全部摘帽，解决区域性整体贫困。此后，2016年12月国务院印发了《"十三五"脱贫攻坚规划》，对2020年之前的脱贫攻坚任务做了详细的部署。2017年，习近平总书记在中共中央十九大报告《决胜全面建成小康社会 夺取新时代中国特色社会主义伟大胜利》中再次强调要坚决打赢脱贫攻坚战。让贫困人口和贫困地区同全国一道进入全面小康社会，让改革发展成果更多更公平惠及全体人民；确保到2020年我国现行标准下农村贫困人口实现脱贫，贫困县全部摘帽，解决区域性整体贫困，做到脱真贫、真脱贫。习近平2021年2月25日在全国脱贫攻坚总结表彰大会上指出，中国现行标准下9 899万农村贫困人口全部脱贫，832个贫困县全部摘帽，12.8万个贫困村全部出列，区域性整体贫困得到解决，完成了消除绝对贫困的艰巨任务。

二、脱贫攻坚的中国模式

第一，精准脱贫原则。在中共中央和国务院的领导下，全国正轰轰烈烈地开展脱贫攻坚行动。目前的脱贫攻坚行动坚持精准脱贫的原则，强调对象识别要精准、项目安排要精准、资金使用要精准、措施到位要精准、因村派人要精准、脱贫成效要精准。

第二，多元脱贫方法。以为贫困户建档立卡为基础，采用产业扶持脱贫一批，就业扶持脱贫一批，生态补偿脱贫一批，易地搬迁脱贫一批，危房改造脱贫一批，健康扶贫脱贫一批，教育支持脱贫一批，兜底保障脱贫一批的方法和路径。

第三，扶贫扶志扶智并行手段。重点解决了扶贫过程中出现的"等、靠、要"现象，化解了"有体力、无能力"的问题。

第四，跨地区协作机制。我国区域发展不平衡问题一直存在。在扶贫攻坚行动中，深入实施东西部扶贫协作，重点攻克深度贫困地区脱贫任务。齐头并进，不断脱贫。确保在2020年实现全部贫困人口脱贫的目标。

我国当前的脱贫攻坚是一项重大的战略性行动。经过几年的努力，我国农村贫困人口已大幅度减少。到2019年年底，我国农村还剩下551万贫困人口。随着当前脱贫攻坚目标的实现，我国将历史性地在全国范围内消除现行标准下的农村贫困问题，这将标志着我国的反贫困行动和社会发展取得一个巨大的历史性成就，形成脱贫攻坚的中国模式，形成中国对世界的贡献。十八大以来，我国的脱贫攻坚行动在宏观战略层面上集中体现了党和政府坚持以人民为中心，统筹推动"五位一体"总体布局,高度重视保障和改善民生的重大战略,在具体行动方法上体现了精准扶贫策略及相关行动体系的有效性。脱贫攻坚行动的成功再次证明了我国集中力量办大事的体制优势,向全世界证明了在一个发展中国家可以通过党和政府的集中领导,动员全社会的力量,在相对较短的时间里消除生存性贫困,提高民生保障水平和促进社会和谐。脱贫攻坚行动的成功将不仅在我国历史性地消除生存性贫困,而且还为世界反贫困行动作出重要贡献。当然,现阶段脱贫攻坚任务的完成并不意味着在我国从此就没有贫困问题了。理论和经验都表明,当基本的生存型贫困问题基本解决后,生活型贫困和发展型贫困问题将会进一步突出。为此,中共十九届四中全会通过的《中共中央关于坚持和完善中国特色社会主义制度 推进国家治理体系和治理能力现代化若干重大问题的决定》中提出"坚决打赢脱贫攻坚战,巩固脱贫攻坚成果,建立解决相对贫困的长效机制"。在十九届五中全会上通过的《中共中央关于制定国民经济和社会发展第十四个五年规划和二〇三五年远景目标的建议》中进一步提出了"全面实施乡村振兴战略""实现巩固拓展脱贫攻坚成果同乡村振兴有效衔接"的要求。因此,反贫困行动会长期在路上。并且,未来的贫困问题将更加复杂,反贫困行动的要求会更高,难度会更大,对社会政策也将提出更高的要求。

思考题

1. 如何理解"贫困""绝对贫困"与"相对贫困"的含义?
2. 对贫困问题有哪些主要的理论解释?
3. 当代各国有哪些主要的反贫困措施?
4. 简述现阶段我国农村贫困问题特点以及农村反贫困政策的要点。
5. 简述我国城市贫困问题特点以及城市反贫困政策发展。
6. 党的十八大以来,我国大力加强了脱贫攻坚,在短短几年里取得重大成就。请结合我国脱贫攻坚的成就,分析脱贫攻坚行动的特点、成果及其对我国全面建成小康社会的重要意义,以及对世界反贫困行动的贡献。

第九章 国民健康政策

健康是人类全面发展的基础，是社会发展的重要前提。在现代社会中，健康被认为是一项社会权利，特别是进入21世纪以来，工业化、城镇化、人口老龄化、疾病谱变化和生态环境变化所带来的挑战，加上医学技术的快速发展和公众对健康越来越高的期望，促使世界各国政府都将保证国民健康作为其社会政策发展和改革的重点。中共十九大报告中强调了实施健康中国战略，并提出要完善国民健康政策。

第一节 国民健康政策概述

一、概念、分类、特点和发展趋势

（一）健康政策的概念

国民健康政策也可简称为"健康政策"（Health Policy）。布莱克默（K. Blakemore）认为，健康政策既可以狭义地定义为政府为提升国民健康而采用的医疗服务政策，也可以广义地定义为政府的任何一种影响健康的活动。希尔认为健康政策是以政府的参与为前提的。现代政府在医疗领域扮演着不可替代的积极角色。这些角色可以归纳为监督管理者、健康服务购买者和健康服务提供者或规划者三类。在不同国家、不同的医疗制度下，政府可以扮演其中一种角色，也可以扮演多种角色。

从中国的国情出发，健康政策可以定义为：通过建立以人民为中心的健康服务体系，为国民提供全方位全周期健康服务，不断满足国民健康方面"美好生活需要"的一种社会政策。

（二）健康政策的分类

健康政策是一个较宽泛的概念，可以根据不同的标准对健康政策进行分类。根据不同的人群将健康政策进行分类，主要有妇幼保健卫生政策、老年人医疗保健政策、残疾人医疗康复政策等；根据健康政策的具体目标和内容进行分类，主要有预防性的公共卫生政策和治疗性的医疗服务政策，同时还包括其他一些与促进健康有关的政策。

1. 公共卫生政策

从广义来讲，公共卫生政策不仅包括职业病、传染病等疾病的防治，还包括鼓励健康行为、改善饮食习惯、保证食物在不同人群中的均衡分配、提供健康生活环境等,是关系到一个地区、一个国家国民健康的综合性政策。狭义上的公共卫生政策只包括职业病、传染病的防治和食品安全与动植物检疫等内容。

2. 医疗服务政策

按人们对医疗卫生服务需求的不同情况,可分为门诊、住院、急救、保健(康复)医疗服务。其中以医院医疗服务体系和急救医疗服务体系为主线,形成一个完整的医疗服务体系。医疗服务政策是为满足国民对医疗卫生服务的多层次需求,在一定区域内设置各种医疗服务机构并提供各项医疗服务的相关政策。

3. 其他健康政策

其他健康政策包括医疗保障政策(即医疗保险和医疗救助政策)、药品供应保障政策、食品药品监督政策、促进全民健身运动政策、健康生育政策以及针对妇女、儿童、老年人、残疾人等专门群体的健康服务政策等。

(三)健康政策的特点

健康政策具有如下特点:

第一,基本健康服务具有公共产品属性,政府是健康政策的决策和执行的主体。基本健康服务具有明显的公共产品属性,其公共产品的特征必然会导致外部效应,外部效应不可能完全通过市场机制来解决。由于这种市场失灵,政府在由市场机制配置资源的同时,不仅承担着维持秩序的责任,而且被赋予了对社会成员之间的资源占有状况进行再分配的责任和对运行过程进行干预的责任和权力,健康政策是政府在健康服务领域发挥作用的主要手段。同时,由于医患双方的信息不对称和医疗市场的不完全竞争,医疗服务的消费者有时不得不支付高价,接受不必要或劣质的医疗服务,而通过政府干预可以降低医疗价格,规范医疗服务市场秩序,保证医疗服务质量,从而提高民众的福利水平。

第二,健康政策的目的是确保健康服务的可及性和公平性。商业化的医疗服务解决的是医疗资源配置的效率问题,它可以推动卫生水平和医疗服务质量的提高,但它却面临着资源配置的公平性问题。健康政策的基本目标是降低各种疾病的发生和危害,减轻疾病负担,提高全社会的健康水平,同时减少健康的不公平性,促进经济发展与社会进步。因此,健康政策不仅要解决社会成员的健康问题,更重要的是要关注弱势群体的健康问题。即不仅要提高医疗技术水平和医疗服务质量,更要提高健康服务的可及性和公平性。

(四)健康政策的发展趋势

随着疾病谱、致病因素的变化和工业化、城市化进程的加快,医疗卫生领域面临着十分严峻的挑战,各国的健康政策总体呈现出重视预防、重视政府宏观调控的发展趋势和特点。

第一，健康政策的基础性作用日趋凸显。健康政策在国家公共服务政策的战略性、先导性地位日益明确，健康政策的基础性作用也日益彰显。1990 年，美国颁布了《美国国民健康目标 2000 年》，该规划的愿景是"健康社区、健康公民"，旨在提高个人、社区和整个国家的健康水平。日本政府为提高国民的健康水平和生活质量，于 2000 年由厚生省提出了一个从 2000 年至 2010 年在全国开展的"21 世纪日本国民健康促进运动"，简称"健康日本 21"，是一项从预防保健入手的促进全面健康的公共卫生政策。目前，大多数国家把健康政策作为改善居民健康的重要战略措施。

第二，政府在健康政策领域的主导作用更加明显，更注重公平和效率的统一。20 世纪 70 年代以来，欧洲国家开始强调公平性在健康政策的核心地位，明确健康政策的公平性就是要努力降低社会各类人群在健康和医疗卫生服务利用上的不公正和不应有的社会差距，力求使每个社会成员均能达到基本生存标准。

目前，各国也注重提高医疗卫生服务效率，防止医疗资源浪费，使有限的资源发挥更大的作用。近年来，各国政府将控制成本确立为健康政策的重要目标。1989 年，联邦德国《医疗改革法案》的失败表明了传统的成本抑制政策的局限性，改变卫生系统结构的呼声日益高涨。1992 年德国实施《卫生结构法案》，引起了德国健康政策的转型，转型的核心就是要建立医疗服务的竞争性制度。2008 年，英国公布了《英国医疗改革纲要》，其宗旨是打破病人不可自由择医的辖区限制，将医生和医院引入自由竞争的市场机制，促使英国国民医疗服务体系中的医疗机构提高服务效率和质量。

从总体趋势来看，在实现公平和效率统一的过程中，各国都主张政府主导与引入市场机制相结合。各国政府对医疗卫生的参与范围日益扩大，干预程度日益增强，调控手段日益多样化。

二、我国国民健康政策的发展过程

健康政策作为社会政策的重要组成部分，是与经济社会同步发展的。20 世纪 50 年代，我国开始逐步建立了与计划经济体制相适应的医疗卫生体系，而随着 20 世纪 80 年代初开始的经济体制改革，我国健康政策发生了重要的变化。

（一）公共卫生政策的历史沿革

1. 第一阶段

新中国成立到 20 世纪 80 年代，公共卫生政策进入预防为主的阶段。1950 年 8

月,在第一届全国卫生会议中确定了全国卫生建设以预防为主,卫生工作的重点放在保证生产建设和国防建设方面,面向农村、工矿,依靠群众,开展卫生保健工作的工作方针。

在城市,为贯彻预防为主的公共卫生政策,建立了三级卫生防疫网为主的城市公共卫生防疫体系。1953年1月,全国各地开始建立卫生防疫站,负责疾病监测、控制、卫生监督和卫生宣传。省、地、县三级都建立了卫生防疫站,形成了三级卫生防疫网。其他各产业系统如铁路、交通和工矿企业根据实际需要建立卫生防疫站,所建立的卫生防疫站受本系统卫生行政部门领导,在业务上受所在地卫生防疫站指导。在工厂、机关和学校普遍设有医院、医务室或医疗保健站,居民委员会也设立了卫生防疫组等。此外,为加强对传染病、地方病和职业病等的防治工作,还建立了一些专科的防治所。

在农村,以县级医疗卫生机构为中心,由县级卫生机构(县医院、卫生防疫站和妇幼保健站)、公社卫生院和村卫生所组成了一个较完整的医疗预防网络。这种网络的特点在于,县、公社、村三级卫生组织具有不同的医疗、预防、保健功能定位,三级组织之间的医、防、保功能互补,相互协调配合。当时农村公共卫生政策的重点主要集中于两点:一是培养以赤脚医生、卫生员和接生员为主体的农村卫生人员队伍;二是实施控制传染病、寄生虫病和地方病等卫生计划。这一时期,我国农村初级卫生保健体系建设取得很大成就,解决了农村居民"缺医少药"的问题。

2. 第二阶段

20世纪80年代到20世纪末,公共卫生政策进入"市场化取向"阶段。20世纪80年代,随着经济体制的改革,城乡公共卫生服务体系也进行了以市场为导向的改革,一方面提高了公共卫生的效率,另一方面由于在改革过程中财政对公共卫生的支持不断减弱,公共卫生服务的社会效益出现了不同程度的滑坡,公共卫生资源配置也出现了重城市和重医疗,而轻农村和轻预防的倾向,公共卫生政策的公益性和公平性受到了不同程度的影响。

由于政府财政投入严重不足,原本享受全额补助的城市卫生机构面临经费短缺的困境。为了缓解公共卫生机构的经济困难,国家确定了医疗卫生机构可以开办其他产业的政策。同时,允许卫生防疫机构开展有偿服务。许多卫生防疫机构为了维持生存,出现了重有偿服务、轻无偿服务的倾向,不愿再从事疾病预防和公共卫生工作,社会公益服务功能严重弱化。一些经济不发达地区的卫生防疫机构更是面临生存危机。由于缺乏经费,许多卫生监督监测和公共卫生工作难以开展,对保健、防疫人员的专业培训停止,流行病的预防、监测和报告等机制完全缺失,一些传染病得不到有效的控制。

另外,在这一时期,由于国家对农村卫生事业的投入严重不足,政府在农村公共卫生领域的作用逐渐减弱。随着农村公共卫生领域也逐步走向市场化,农村的三级医疗预防保健网受到了极大削弱。县级卫生行政部门缺乏调控和监管手段;乡镇卫生院缺少财政支持、缺乏业务管理能力;村卫生室由于合作医疗解体缺少集体经济支持、疏于管理,农村三级预防保健网基本处于瘫痪状态。部分村级卫生所、乡镇卫生院被个人承包、出售或出租,成为营利机构并提供有偿服务,因此疾病监测、地方病预防、妇幼保健等公共卫生服务受到了严重的影响。

3. 第三阶段

21世纪初至今,公共卫生政策进入基本框架初步定型阶段。公共卫生政策是通过全面的疾病预防和健康促进,解决优先卫生问题的专门行动。我国公共卫生政策的基本目标是降低各种疾病的发生和危害,满足社会成员的卫生需求,提高全社会的健康水平,并促进经济发展和社会进步。我国现今公共卫生政策的主要框架为:

(1) 职业病防治政策。职业病不仅造成劳动者创造力、劳动能力的下降与丧失,导致劳动生产率降低,而且造成患者身心痛苦并影响其家庭生活。职业病防治是中国公共卫生政策的主要内容之一,《中华人民共和国职业病防治法》明确规定,职业病是指企业、事业单位和个体经济组织等用人单位的劳动者在职业活动中,因接触粉尘、放射性物质和其他有毒有害因素而引起的疾病。职业病防治工作坚持预防为主、防治结合的方针,建立用人单位负责、行政机关监管、行业自律、职工参与和社会监督的机制,实行分类管理、综合治理。

(2) 传染病防治政策。传染病是一类严重威胁人民群众生命安全的疾病,它在一定时期和一定地区内可集中爆发,在人群中具有传播性。传染病具有传染性、流行性、地方性、季节性等特点,具有传染源、传播途径、易感人群等三个流行环节。传染病蔓延速度快、影响范围广,容易危及正常的生活秩序,造成社会动荡、经济停滞的恶性后果。传染病防治是中国公共卫生政策的一项重要内容。1989年正式实行的《中华人民共和国传染病防治法》,于2004年进行修订。国家对传染病防治实行预防为主的方针,防治结合、分类管理、依靠科学、依靠群众。

(3) 食品卫生与动植物检疫政策。食品卫生是指控制食品生产和经营过程中可能存在的,包括物理、化学、微生物等方面的有害因素,采取对食用者安全无害的标准和措施,使食品有益于人体健康。食品中新的生物性和化学性污染物对健康的潜在威胁已经成为一个严重的食品安全问题，食品新技术、新资源如转基因食品、酶制剂和新的食品包装材料的应用带来新的食品安全管理问题。我国食品生产经营企业规模化、集约化程度不高，食品安全管理水平仍然偏低；食品安全监督管理的条件、手段和经费还不能完全适应实际工作的需要。动植物检疫工作也是公共卫生政策的一个重要环节。动植物检疫政策的主要目的是防止动物传染病、寄生虫病和植物危险性病、虫、杂草，以及其他有害生物传入、传出国境，保护农、林、牧、渔业生产和人体健康，促进对外经济贸易的发展。

自从2003年抗击"非典"以来，中国公共卫生政策发生了重大结构性转变，建立起了现代的公共卫生政策框架与完整的公共卫生服务体系。

（二）医疗服务政策的历史沿革

1. 第一阶段

新中国成立到20世纪80年代，医疗服务政策进入"三级网络"建设阶段。1950年，第一届全国卫生会议召开，明确了卫生事业属于人民福利性事业的性质，形成了由国家和集体独办的、按行政辖区以块为主的、由上到下进行业务指导的城、乡两个三级医疗服务网。城市三级医疗服务网的构成为：一级医疗机构由街道医院、诊所、门诊部、企业医疗机构组成；二级医疗机构由区级医院和相同规模的企业医疗机构组成；三级医疗机构由所在市的省（自治区、直辖市）、市综合医院、教学医院、专科医院组成。农村三级医疗服务网的构成为：一级医疗机构由村（生产队）卫生所及相近的企业医疗机构组成；二级医疗机构由公社（区、乡）卫生院组成；三级医疗机构由县级医院、防治中心组成。城市医疗服务网和农村医疗服务网之间，按行政区划级别层层对所属医疗机构实行业务指导。

针对当时农村"缺医少药"的状况，1965年6月26日，毛泽东同志提出要把医疗卫生工作的重点放到农村去。在这样的背景下，农村合作医疗试点于1966年应运而生。到1968年年底，农村合作医疗制度覆盖广大农村地区，农村"赤脚医生"制度和农村三级医疗服务网络形成，使中国的婴幼儿死亡率大幅下降，人均预期寿命大幅提高。

由于"文化大革命"动乱的影响，到1976年，已建立起的城、乡两个三级医疗服务网全部断裂，医疗服务资源向城市集中，农村再次呈现缺医少药的局面。同时城市有限的医疗资源也出现紧缺，导致看病难、住院难等诸多问题的出现。

2. 第二阶段

20世纪80年代到20世纪末，医疗服务政策进入"市场化取向"阶段。为缓解供需矛盾，弥补财政补贴的不足，20世纪80年代初，我国开始实施经济导向型卫生政策，采取"以药养医""承包制"和对除基本医疗服务外的医疗采用高于成本收费方式来增加医院的收入，扩大医疗服务的供给。

1985 年，国务院批转了卫生部的《关于卫生工作改革若干政策问题的报告》，其中提出必须进行改革，放宽政策，简政放权，多方集资，开阔发展卫生事业的路子，把卫生工作搞活。随着政府对医疗服务领域投入的逐渐减少，医疗服务的公益性淡化。1992 年，卫生部下发了《关于深化卫生改革的几点意见》，要求医院在以工助医、以副补主等方面取得进展。

2000 年，国务院办公厅转发国务院体改办等部门《关于城镇医药卫生体制改革的指导意见》中确定了实行医药分开等几项原则，提出鼓励各类医疗机构合作、合并，共建医疗服务集团；营利性医疗机构医疗服务价格放开，依法自主经营，照章纳税等。

3. 第三阶段

21 世纪初至今，医疗服务政策进入基本框架形成阶段。医疗卫生服务政策主要涉及医疗服务体系的建立、医疗资源的合理配置等核心问题。我国医疗服务政策的基本目标是通过政府干预，提高全社会医疗技术水平和医疗服务质量；提高医疗服务的可及性，以尽可能公平的方式使尽可能多的人享有基本的医疗服务，同时不断降低医疗服务的价格，满足国民不断提高的健康需求等。目前，我国医疗服务政策主要包括医疗机构管理体制改革政策、医疗机构服务能力建设政策、医疗服务体系建设政策、医疗费用控制政策等。

（1）医疗机构管理体制改革政策，旨在推进体制机制创新，调动医务人员积极性，提高公立医院运行效率。2000 年，卫生部、国家中医药管理局、财政部、国家计委联合制定了《关于城镇医疗机构分类管理的实施意见》，要求依据医疗机构的经营目的、服务任务，以及执行不同的财政、税收、价格政策和财政会计制度，将医疗机构划分为非营利性和营利性两类，实施分类管理。

2009 年，中共中央、国务院在《关于深化医药卫生体制改革的意见》中，要求坚持公立医院的公益性质，把维护人民健康权益放在第一位，实行政事分开、管办分开、医药分开、营利性和非营利性分开，按照适度规模、优化结构、合理布局、提高质量、持续发展的要求，坚持中西医并重方针，统筹配置城乡之间和区域之间医疗资源，促进公立医院健康发展，满足人民群众的基本医疗服务需求。

（2）医疗机构服务能力建设政策，重点提高基层医疗机构服务能力。目前普遍开展了以全科医生为重点的基层医疗卫生人才队伍建设。基层医疗卫生机构服务模式从坐堂行医逐渐转变为上门服务、签约服务和家庭医生式服务。中医药服务能力逐步提升，大部分基层医疗卫生机构积极推广中医药适宜技术。大力推进基层医疗卫生信息系统建设，有效提高信息化管理水平。

（3）医疗服务体系建设政策。促进医疗服务网络建设，重点包括三级医疗服务体系建设政策、双向转诊政策、医院集团化管理政策。

我国医疗服务体系分为城市医疗服务体系和农村医疗服务体系。城市医疗服务体系包括综合和专科医院及社区医疗服务机构；农村医疗服务体系，即为县、乡、村三级医疗卫生服务网络。农村三级卫生服务网是指以县级医疗卫生机构为龙头，乡镇卫生院为主体，村卫生室为基础的卫生服务体系。农村三级卫生服务网主要承担着预防保健、基本医疗、卫生监督、健康教育、计划生育技术指导等任务，为农民获得基本卫生服务提供保障，缓解看病难、看病贵的问题，实现农村医疗卫生发展目标，使农民小病不出村、一般疾病不出乡、大病基本不出县。

双向转诊政策是促进各级各类医院为服务对象提供安全、有效、满意、尽可能经济和全程医疗服务的合作政策，通过契约关系，使全科医生不能处理的问题得到相应专科医生的诊治，专科医生所反馈的处理意见能通过全科医生的协助得以贯彻执行。双向转诊政策提倡完善以社区卫生服务为基础的新型城市医疗卫生服务体系，大力发展社区卫生服务，加快建设以社区卫生服务中心为主体的城市社区卫生服务网络，完善社区卫生服务功能，以维护社区居民健康为中心，提供疾病预防控制等公共卫生服务和一般常见病、多发病、慢性病的初级诊疗服务。采取改善服务能力、降低收费标准、提高报销比例等综合措施，引导一般诊疗下沉到基层，逐步实现社区首诊、分级医疗和双向转诊。卫生服务体系建设的关键是要实行医疗的分级服务与双向转诊。

医院集团化管理政策是指通过集团化的改革，使集团各医疗机构成为一个利益共同体，促使集团内医疗资源的横向整合与纵向流动，既解决医疗机构之间资源配置的过剩与紧缺并存的结构性失衡问题，又推动大医院与基层卫生服务机构的分级诊疗，从而有效缓解看病难、看病贵的社会问题。

（4）医疗费用控制政策。从20世纪90年代中期开始，医疗费用迅猛增加的问题日益引起有关方面的关注，为此，国家陆续出台了一系列政策来规范医疗服务提供机构行为，调整费用结构，控制医疗费用增长。2000年国务院办公厅转发国务院体改办等部门《关于城镇医药卫生体制改革的指导意见》中指出，调整医疗服务价格，对非营利性医疗机构的收入实行总量控制，结构调整，即确定在一定时期和地区医疗费用增长的总量，规定在一定时期内药品费用在总收入中所占比例及其增长的幅度。针对医疗费用中药品费用占比居高不下问题，政府运用了医院药品收支两条线管理、药品采购招标、药品降价、基本药物政策等药品费用控制政策工具。2009年8月《关于建立国家基本药物制度的实施意见》的发布，标志着我国建立国家基本药物制度工作正式实施。同时发布了《国家基本药物目录管理办法（暂行）》和《国家基本药物目录（基层医疗卫生机构配备使用部分）》。2013年5月，我国施行《国家基本药物目录》。基本药物是适应我国基本医疗卫生需求，剂型适宜，价格合理，能够保障供应，公众可公平获得的药品。国家将基本药物全部纳入基本医疗保障药品目录，报销比例明显高于非基本药物，降低个人自付比例，用经济手段引导广大群众首先使用基本药物，并主要先由基层医疗机构开始执行。国家基本药物制度的建立有利于保证基本药物的足量供应和合理使用，有利于保障群众基本用药权益，转变"以药补医"机制，也有利于促进药品生产流通企业资源优化整合，有助于实现人人享有基本医疗卫生服务，维护人民健康，体现社会公平，减轻群众用药负担。

2009年，在《中共中央国务院关于深化医药卫生体制改革的意见》中，提出了有效减轻居民就医费用负担，切实缓解看病难、看病贵的近期目标，以及建立健全覆盖城乡居民的基本医疗卫生制度，为群众提供安全、有效、方便、价廉的医疗卫生服务的长远目标。在新医改中，医疗服务政策确定了公益性回归的改革目标。中共十七大报告进一步提出健康是人全面发展的基础，把人人享有基本医疗卫生服务作为全面建设小康社会的一项重要奋斗目标。

第二节 我国国民健康政策的改革

一、我国公共卫生政策改革

（一）现代疾病预防控制体系初步建立，相关政策逐步优化

改革开放以后，我国的卫生防疫体系也不断适应社会主义市场经济的变革，将卫生防疫工作纳入法制管理，诸如《中华人民共和国传染病防治法》《中华人民共和国国境卫生检疫法》《中华人民共和国职业病防治法》以及《中华人民共和国尘肺病防治条例》《突发公共事件应急条例》等法律法规正是在这一时期相继出台并付诸实施的。

20世纪90年代中期，由于公共卫生服务需求不仅仅局限于传染病，且世界卫生组织将慢性非传染性疾病作为公共卫生问题加以重视，我国也把传统的公共卫生单纯的应对传染性疾病的概念，扩展到慢性非传染性疾病领域（包括伤害和精

神卫生领域），并以"疾病预防控制"替代传统的"卫生防疫"概念。各地纷纷开始在实践中探索卫生监督和疾病预防控制机构设立的新模式。

2001年，卫生部下发了《关于疾病预防控制体制改革的指导意见》，明确了各级疾病预防控制机构的职能与任务，对各地进一步实施疾病预防控制体制改革起到了指导作用。该意见将原省、市、县卫生防疫站被赋予的卫生执法、监督功能整体划出，有关卫生事业单位中的疾病预防控制和公共卫生技术管理和服务职能集中，相应增加了预防控制慢性非传染性疾病等功能，更名为疾病预防控制中心。同时经国务院批准，2001年，中国疾病预防控制中心在原预防医学科学院的基础上组建成立。

2003年，"非典"疫情的发生和流行，是对我国的疾病预防控制体系的一次严峻的挑战，同时也使政府更加重视和关注疾病预防控制体系的建设工作。2004年，卫生部办公厅和国家发展改革委办公厅联合下发了《省、地、县级疾病预防控制中心实验室建设指导意见》，明确提出了实验室建设要求及其装备和检验人员能力要求，有力地推动了硬件建设和实验室规范化建设与发展。通过人员培训，疾病预防控制机构的能力和水平有了进一步的提高。2004年新修订的《中华人民共和国传染病防治法》以法律的形式对各级疾病预防控制机构在传染病工作中的职责做出了明确的分工。国务院发布的《疫苗流通和预防接种管理条例》对进一步完善预防接种工作的保障制度，严格规范接种单位的预防接种行为，改革疫苗流通体制等都做出了规定。2005年年初，卫生部发布了《关于疾病预防控制体系建设的若干规定》，提出了疾病预防控制体系建设的重点和具体实施措施。

目前，我国疾病预防控制体系与政策形成了如下主要特点：

第一，现代疾病预防控制体系初步建立。我国传染病与突发公共卫生事件报告管理信息系统的建立，实现了突发公共卫生事件和39种传染病疫情网络直报，日、周、月、季、年的疫情分析和定期信息发布已形成制度。我国已经建立了疾病预防控制基本信息管理系统和重点传染病流行病学调查个案管理系统，这些都对重点传染病的预测和控制提供了很好的支持。

第二，疾病预防控制政策逐步优化。2003年以来，全国人大重新修订的《中华人民共和国传染病防治法》，国务院相继颁布的《突发公共卫生事件应急条例》《艾滋病防治条例》，卫生部发布的《关于疾病预防控制体系建设的若干规定》等法律法规，为疾病预防控制体系的完善提供良好的政策依据。

2020年突如其来的新冠肺炎疫情，是新中国成立以来我国遭遇的传播速度最快、感染范围最广、防控难度最大的公共卫生事件。通过对新冠肺炎疫情防控工作取得重大战略成果的总结,党中央提出疾病预防控制体系是保护人民健康、保障公共卫生安全、维护经济社会稳定的重要保障。要坚持整体谋划、系统重塑、全面提升,改革疾病预防控制体系,提升疫情监测预警和应急响应能力,健全重大疫情救治体系,完善公共卫生应急法律法规。爱国卫生运动是我们党把群众路线运用于卫生防病工作的成功实践,通过丰富爱国卫生工作内涵,创新方式方法,推动从环境卫生治理向全面社会健康管理转变,解决好关系人民健康的全局性、长期性问题。

(二)卫生监督组织机构体系初步建成,相关政策框架逐步完善

随着我国社会主义市场经济体制的建立,原有的卫生监督体制的弊病也逐渐暴露出来,如卫生监督与有偿服务活动交杂、卫生监督队伍分散等。

2000年,卫生部在《关于卫生监督体制改革的意见》中提出,要按照依法行政、政事分开和综合管理的原则,调整卫生资源配置,理顺和完善现行卫生监督体制,建立结构合理、运转协调、行为规范、程序明晰、执法有力、办事高效的卫生监督新体制,之后,卫生监督体制改革正式全面推开。2001年,卫生部发布《关于卫生监督体制改革实施的若干意见》,对卫生监督执行机构设置、主要工作职责、卫生监督队伍、监督执法经费、监督执行机构的内部制度建设和卫生监督检验机构的管理等进行了规定,由此,卫生监督工作进入了一个新的发展时期。

2002年,卫生部卫生监督中心正式成立。2004年,为进一步加强卫生监管职能,卫生部成立卫生执法监督司,专门负责公共卫生和医疗服务监管工作。为加强卫生监督体系建设,2005年,卫生部发布了《关于卫生监督体系建设的若干规定》,明确了卫生监督工作的地位和作用,遵循属地化原则,明确划分了各级卫生监督机构的职责和任务,强调综合执法,加强行业管理,规范卫生监督机构设置和监督队伍管理,强调落实卫生监督工作保障措施等。卫生部继而出台了一系列文件,以指导卫生监督体制改革和体系建设,如《卫生监督机构建设指导意见》《卫生监督信息系统建设指导意见》《2005—2010年全国卫生监督员教育培训规划》《卫生行政执法责任制若干规定》以及《卫生监督稽查工作规范》等。

2006年,卫生部卫生执法监督司更名为卫生部卫生监督局,从组织机构上进一步加强卫生部的卫生监管职能,特别加强了医疗服务监督工作。2006年,卫生部发布了《关于卫生监督体系建设的实施意见》,要求逐步规范卫生监督机构设置和人员编制,加强人员管理,落实卫生监督经费,同时加强技术支持能力建设和农村卫生监督网络建设,提供多种保障措施,确保卫生监督体系建设的良性发展。

目前,我国卫生监督体系与政策形成如下主要特点:

第一,卫生监督组织机构体系初步建成。各级卫生监督机构已基本建立,卫生监督在整个卫生体系中的地位和作用基本明确。全国都已建立了省级卫生监督机构,部分省市监督机构实现了从事业单位向行政执法机构的转变,监督人员参照公务员管理,并且探索了设区的市以下实行垂直管理的模式和县级卫生监督机构在乡镇(街道)设立派出机构的模式,不断加强基层卫生监督机构、队伍的建设。一个从中央到省、市、县四级,并且逐渐覆盖农村地区的卫生监督组织机构体系基本形成,国家公共卫生和医疗服务监督职能的履行有了组织上的保障。

第二,卫生监督体系建设的政策框架逐步完善。2003年以来,总结抗击"非典"的经验教训,中央政府提出加强包括疾病预防控制、卫生监督和应急医疗救治在内的公共卫生体系建设的要求,卫生部又相继出台《关于卫生监督体系建设的若干规定》《卫生监督机构建设指导意见》《关于卫生监督体系建设的实施意见》和《卫生监督信息系统建设指导意见》等政策文件,进一步加强对全国卫生监督体系建设的指导。同时,为完善卫生监督运行机制、规范执法行为、加强队伍建设,卫生部还制定了《全国卫生监督机构工作规范》《卫生行政执法文书规范》《卫生行政执法责任制的若干规定》《卫生监督稽查工作规范》和《2005—2010年全国卫生监督员教育培训规划》等一系列文件,并修改了《卫生行政处罚程序》。这些文件的出台和修改,使卫生监督体系建设的政策框架逐步完善。

二、我国医疗服务政策改革

(一)城乡医疗服务体系一体化初步形成

经过长期发展,我国已经建立了由医院、基层医疗卫生机构、专业公共卫生机构等组成的覆盖城乡的医疗卫生服务体系(见图9-1)。

在城市中,初步形成了社区卫生服务机构与城市医院(包括省、市级综合医院和专科医院等)相衔接的医疗服务体系;在农村中,形成了县、乡、村三级医疗预防保健网。其中,公立医院是我国医疗卫生服务体系的骨干力量,在我国城乡医疗服务体系中具有基础性地位,在增进国民健康、保障社会稳定安全等方面发挥了重要作用。同时,民营医疗机构也已成为我国医疗服务体系的组成部分,发挥着积极作用。中外合资、合作医疗机构也得到了一定发展。

城乡医疗服务体系改变了过去城乡的两个三级医疗服务体系管理方式,转变为城乡一体化的两级医疗服务体系管理,即综合、专科医院和社区卫生服务两个层面。同时,这两个层面又通过四级设置成金字塔型医疗服务体系,即省级医院,市、县医院,社区卫生服务中心(社区医院),社区卫生服务站。其中,农村乡镇

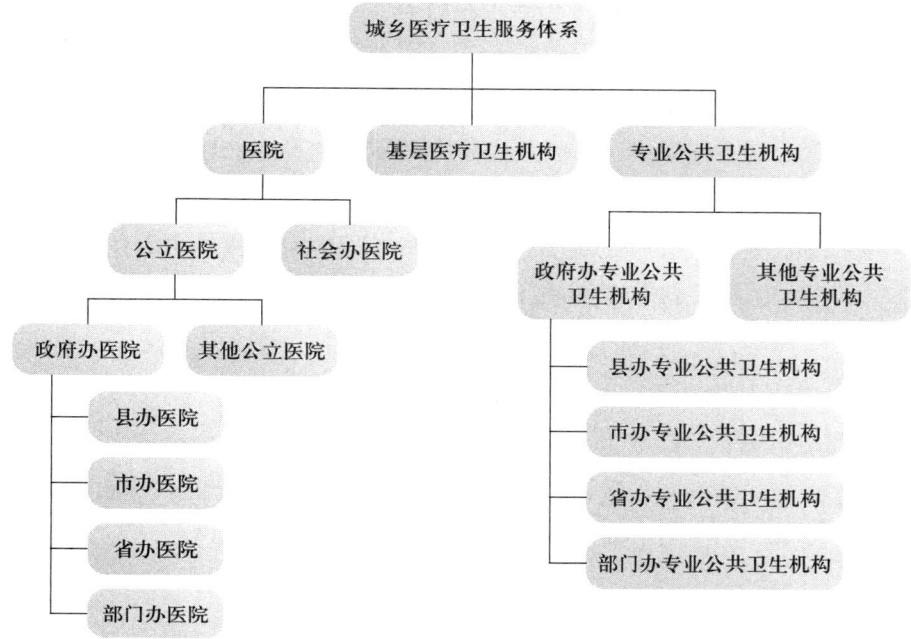

图 9-1 城乡医疗卫生服务体系

卫生院和村卫生室分别转为社区卫生服务中心及其下属的卫生服务站,城市社区卫生服务中心由街道卫生院和部分区医院转型而来,并下设卫生服务站。在这一体系中,医疗机构按照信息化发展的要求建立信息管理系统,包括医院信息管理系统、社区卫生机构信息管理系统和医院与社区卫生组织间的双向转诊信息系统三个部分。

(二) 医疗服务体系公益性开始呈现

近年来,通过明确医疗卫生服务的公益性,以政府财政投入为主,我国初步建立起了覆盖全民的医疗服务体系。

在医疗服务体系公益性的建设中,政府发挥了主导的作用:(1) 政府重点保证对绝大部分的常见病、多发病提供所需药品和诊疗手段的基本医疗服务,以满足全体公民的基本健康需要,并初步建立了由政府财政和社会医疗保险等多方共担的费用机制。(2) 政府通过核定承担基本医疗服务任务的公立医疗机构数量与规模,对承担基本医疗任务的医疗机构实行公共财政补偿制度,承担其人员费用。(3) 政府通过对医疗服务资源进行规划,合理配置卫生资源,增大对农村、社区医疗卫生费用的投入,增加对农村、社区基层医疗设施的投入;通过组织医疗服务的人才交流、挂钩帮带、专家下基层门诊等手段,提高基层医疗水平,在提供基本医疗保障的前提下，对低收入群众大病治疗给予补助，在一定程度上缓解了看病难的问题。

（三）医疗服务体系机构功能开始优化

在我国医疗服务体系中，医院分为公立医院和社会办医院。其中，公立医院分为政府办医院（根据功能定位主要划分为县办医院、市办医院、省办医院、部门办医院）和其他公立医院（主要包括军队医院、国有和集体企事业单位等举办的医院）。县级以下为基层医疗卫生机构，分为公立和社会办两类。

首先，多年来，多层级的公立医院通过功能定位，多元化、综合性的服务效果初步体现。公立医院是我国医疗服务体系机构的主体，在基本医疗服务提供、急危重症和疑难病症诊疗等方面起到骨干作用，承担医疗卫生机构人才培养、医学科研、医疗教学等任务，承担法定和政府指定的公共卫生服务、突发事件紧急医疗救援、援外、国防卫生动员、支农、支边和支援社区等任务。

第一，县办医院主要承担县级区域内居民的常见病、多发病诊疗，急危重症抢救与疑难病转诊，培训和指导基层医疗卫生机构人员，相应的公共卫生服务职能和突发事件紧急医疗救援等工作，是政府向县级区域内居民提供基本医疗卫生服务的重要载体。

第二，市办医院主要向地市级区域内居民提供代表本区域高水平的综合性或专科医疗服务，接受下级医院转诊，并承担人才培养和一定的科研任务与相应的公共卫生服务职能和突发事件紧急医疗救援任务。

第三，省办医院主要向省级区域内若干个地市提供急危重症、疑难病症诊疗和专科医疗服务，接受下级医院转诊，并承担人才培养、医学科研与相应的公共卫生服务职能和突发事件紧急医疗救援任务。

第四，部门办医院主要向跨省份区域提供疑难危重症诊疗和专科医疗服务，接受下级医院转诊，并承担人才培养、医学科研与相应的公共卫生服务职能和突发事件紧急医疗救援等任务及技术支撑，带动医疗服务的区域发展和整体水平提升。

此外，社会办医院提供基本医疗服务，与公立医院形成有序的竞争；还通过提供高端服务，满足非基本需求；通过提供康复、老年护理等紧缺服务，对公立医院服务形成了补充。

其次，近年来，各类基层医疗卫生机构建设获得重视，基层多元化的基本医疗服务正在实行全覆盖。基层医疗卫生机构的主要职责是提供预防、保健、健康教育、计划生育等基本公共卫生服务和常见病、多发病的诊疗服务以及部分疾病的康复、护理服务，向医院转诊超出自身服务能力的常见病、多发病与危急和疑难重症病人。基层医疗卫生机构主要包括乡镇卫生院、社区卫生服务中心（站）、村卫生室、医务室、门诊部（所）和军队基层卫生机构等。

第一，乡镇卫生院和社区卫生服务中心主要提供基本公共卫生服务和常见病、多发病的诊疗、护理、康复等综合服务，并受县级卫生计生行政部门委托，承担辖区内的公共卫生管理工作，负责对村卫生室、社区卫生服务站的综合管理、技术指导和乡村医生的培训等。乡镇卫生院分为中心乡镇卫生院和一般乡镇卫生院，中心乡镇卫生院除具备一般乡镇卫生院的服务功能外，还承担开展普通常见手术等和对周边区域内一般乡镇卫生院的技术指导工作。

第二，村卫生室、社区卫生服务站在乡镇卫生院和社区卫生服务中心的统一管理和指导下，承担行政村、居委会范围内人群的基本公共卫生服务和普通常见病、多发病的初级诊治、康复等工作。

第三节　我国国民健康政策的发展

随着改革与发展，我国逐渐确立了新的健康政策方向，逐渐实现了从过去较为单一的医疗卫生政策向更加全面的国民健康政策提升。在此过程中，党中央、国务院提出了"健康中国"建设和"健康中国战略"，并为此出台了重要的文件，逐步明确和细化了当前我国的国民健康政策。

一、"健康中国"提出的背景

健康是全人类的共同福祉，促进健康是各国政府的主要责任。世界卫生组织研究显示，健康受到遗传和心理等生物学、自然与社会环境、医疗卫生服务、生活与行为方式等因素的共同影响。随着经济社会发展，慢性病成为最常见的疾病负担；人的行为方式和环境因素对健康的影响越来越突出，"以疾病治疗为中心"难以解决人的健康问题，也不可持续。因此，从世界各国来看，健康国家建设是为解决当前和长远健康问题而形成的一种整体性思维方式，是一个由科学健康观、科学卫生观、科学医学观等构成的创新思想和观念体系，旨在解决各国健康存在的突出矛盾和问题，实质是要求政府、社会和个人都树立起健康优先的发展理念，目标是构建健康友好型社会。

"健康中国"是顺应全球社会政策发展的潮流而制定的国家战略，一方面是建立起以健康为中心的大健康视野，其内涵不仅是确保国民身体健康，更是涵盖国民健康环境、健康经济、健康社会在内的大健康；另一方面，树立起健康优先的发展观，实现健康与经济社会的协调发展。

（一）"健康中国"建设彰显了我国战略发展新理念

当前，健康已经位于人类发展的突出位置，既是国家软实力的重要组成部分，也是全球可持续发展的核心与动力。"健康中国"建设是转变发展观和政绩观的体现，摒弃了过去片面追求 GDP 增长、将健康单纯作为消耗性行业的发展观，将以人民为中心的发展思想落到实处，把增进人民健康福祉、促进人的全面发展作为经济社会发展的出发点和落脚点，把健康作为重要的战略性投资，以健康需求为牵引推动供给侧结构性改革，将技术、产品、服务与群众健康需求更好地对接，引导和推动全社会采取和形成有利于健康的生产方式、生活方式和消费方式，有利于培育新的经济增长点，打造"健康红利"，带动产业体系转型升级，促进经济社会发展模式的转型。

（二）"健康中国"建设是我国现阶段发展的必然要求

西方发达国家在 20 世纪 70 年代就启动实施了国民健康提升计划，作为提升综合国力的重要着力点。随着国民生活水平的提高以及人口老龄化的到来，人们对于就医、健身、养老、旅游、环保等与健康相关的需求越来越多，"健康中国"建设的提出正当其时。目前，我国的人口健康水平已达到中高收入国家平均水平，但人口老龄化、慢性病高发、人群健康素养偏低、食品药品安全事故频发、环境恶化等问题带来了极大的健康挑战。由于工业化、城镇化、人口老龄化不断推进，加之疾病谱、生态环境、生活方式不断变化，我国仍然面临着多重疾病威胁并存、多种健康影响因素交织的复杂局面，不断衍生出大量的健康问题。如果这些问题不能得到有效解决，必然会严重影响人民健康，制约经济发展，影响社会和谐稳定。

（三）"健康中国"建设是我国进一步深化医药卫生体制改革的必然选择

"健康中国"是一个问题导向型和需求牵引型的战略，从当前和未来面临的主要健康问题出发，综合考虑我国居民面临的主要健康问题、危害健康的主要因素、危害因素的可干预性、干预措施的成本效果、政府和社会的可承受力和相关的国际承诺，选择确定优先领域，之后针对重点和主要问题来选择干预的项目和计划。一方面，"健康中国"的实施将有利于提升全民健康素养，推动全民健身和全民健康深度融合，为进一步深化医药卫生体制改革打下坚实的基础；另一方面，当前我国医药卫生体制改革已进入深水区，通过大健康理念，强调个人承担健康主体责任，引导形成健康生活方式，推动跨部门协作，在医疗卫生领域形成多元化共建共治新格局，从而有利于在根本上推进医药卫生体制改革，从源头上解决群众看病就医问题。

二、《"健康中国2030"规划纲要》的主要内容

2016年10月中共中央、国务院印发的《"健康中国2030"规划纲要》是未来一段时期推进"健康中国"建设的行动纲领。该《纲要》坚持贯彻以人民为中心的发展思想，树立和贯彻落实创新、协调、绿色、开放、共享的发展理念，坚持健康优先、改革创新、科学发展、公平公正的原则，以提高人民健康水平为核心，以体制机制改革创新为动力，从广泛的健康影响因素入手，以普及健康生活、优化健康服务、完善健康保障、建设健康环境、发展健康产业为重点，把健康融入所有政策，全方位、全周期保障人民健康，大幅提高健康水平，显著改善健康公平。

《"健康中国2030"规划纲要》明确提出，到2020年，建立覆盖城乡居民的中国特色基本医疗卫生制度，健康素养水平持续提高，健康服务体系完善高效，人人享有基本医疗卫生服务和基本体育健身服务，基本形成内涵丰富、结构合理的健康产业体系，主要健康指标居于中高收入国家前列。

到2030年，促进全民健康的制度体系更加完善，健康领域发展更加协调，健康生活方式得到普及，健康服务质量和健康保障水平不断提高，健康产业繁荣发展，基本实现健康公平，主要健康指标进入高收入国家行列。到2050年，建成与社会主义现代化国家相适应的健康国家。

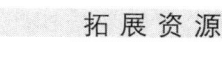

拓展资源

《"健康中国2030"规划纲要》

在《"健康中国2030"规划纲要》中，有关医疗卫生政策的主要内容是：

（一）强化覆盖全民的公共卫生服务

1. 防治重大疾病

实施慢性病综合防控战略，加强国家慢性病综合防控示范区建设。强化慢性病筛查和早期发现。实现全人群、全生命周期的慢性病健康管理。加强重大传染病防控。完善传染病监测预警机制。

2. 推进基本公共卫生服务均等化

继续实施完善国家基本公共卫生服务项目和重大公共卫生服务项目，加强疾病经济负担研究，适时调整项目经费标准，不断丰富和拓展服务内容，提高服务

质量，使城乡居民享有均等化的基本公共卫生服务，做好流动人口基本公共卫生计生服务均等化工作。

（二）提供优质高效的医疗服务

1. 完善医疗卫生服务体系

全面建成体系完整、分工明确、功能互补、密切协作、运行高效的整合型医疗卫生服务体系。加强康复、老年病、长期护理、慢性病管理、安宁疗护等接续性医疗机构建设。实施健康扶贫工程，加大对中西部贫困地区医疗卫生机构建设的支持力度，提升服务能力，保障贫困人口健康。

2. 创新医疗卫生服务供给模式

建立专业公共卫生机构、综合和专科医院、基层医疗卫生机构"三位一体"的重大疾病防控机制，建立信息共享、互联互通机制，推进慢性病防、治、管整体融合发展，实现医防结合。建立不同层级、不同类别、不同举办主体医疗卫生机构间目标明确、权责清晰的分工协作机制，不断完善服务网络、运行机制和激励机制，基层医疗卫生机构普遍具备居民健康"守门人"的能力。完善家庭医生签约服务，全面建立成熟完善的分级诊疗制度，形成基层首诊、双向转诊、上下联动、急慢分治的合理就医秩序，健全治疗—康复—长期护理服务链。引导三级公立医院逐步减少普通门诊，重点发展危急重症、疑难病症诊疗。完善医疗联合体、医院集团等多种分工协作模式，提高服务体系整体绩效。

3. 提升医疗服务水平和质量

建立与国际接轨、体现中国特色的医疗质量管理与控制体系，基本健全覆盖主要专业的国家、省、市三级医疗质量控制组织，推出一批国际化标准规范。建设医疗质量管理与控制信息化平台，实现全行业全方位精准、实时管理与控制，持续改进医疗质量和医疗安全，提升医疗服务同质化程度，再住院率、抗菌药物使用率等主要医疗服务质量指标达到或接近世界先进水平。全面实施临床路径管理，规范诊疗行为，优化诊疗流程，增强患者就医获得感。

（三）健全医疗保障体系

1. 完善全民医保体系

健全以基本医疗保障为主体、其他多种形式补充保险和商业健康保险为补充的多层次医疗保障体系。整合城乡居民基本医保制度和经办管理。健全基本医疗保险稳定可持续筹资和待遇水平调整机制，实现基金中长期精算平衡。完善医保缴费参保政策，均衡单位和个人缴费负担，合理确定政府与个人分担比例。改进职工医保个人账户，开展门诊统筹。进一步健全重特大疾病医疗保障机制，加强基本医保、城乡居民大病保险、商业健康保险与医疗救助等的有效衔接。到 2030 年，实现全民医保体系成熟定型。

2. 健全医保管理服务体系

严格落实医疗保险基金预算管理。全面推进医保支付方式改革，积极推进按病种付费、按人头付费，积极探索按疾病诊断相关分组付费、按服务绩效付费，形成总额预算管理下的复合式付费方式，健全医保经办机构与医疗机构的谈判协商与风险分担机制。加快推进基本医保异地就医结算，实现跨省异地安置退休人员住院医疗费用直接结算和符合转诊规定的异地就医住院费用直接结算。全面实现医保智能监控，将医保对医疗机构的监管延伸到医务人员。逐步引入社会力量参与医保经办。加强医疗保险基础标准建设和应用。到 2030 年，实现全民医保管理服务体系完善高效。

(四) 优化多元办医格局

进一步优化政策环境，优先支持社会力量举办非营利性医疗机构，推进和实现非营利性民营医院与公立医院同等待遇。鼓励医师利用业余时间、退休医师到基层医疗卫生机构执业或开设工作室。个体诊所设置不受规划布局限制。破除社会力量进入医疗领域的不合理限制和隐性壁垒。逐步扩大外资兴办医疗机构的范围。加大政府购买服务的力度，支持保险业投资、设立医疗机构，推动非公立医疗机构向高水平、规模化方向发展，鼓励发展专业性医院管理集团。加强政府监管、行业自律与社会监督，促进非公立医疗机构规范发展。

(五) 深化体制机制改革

1. 把健康融入所有政策

加强各部门各行业的沟通协作，形成促进健康的合力。全面建立健康影响评价评估制度，系统评估各项经济社会发展规划和政策、重大工程项目对健康的影响，健全监督机制。畅通公众参与渠道，加强社会监督。

2. 全面深化医药卫生体制改革

加快建立更加成熟定型的基本医疗卫生制度，维护公共医疗卫生的公益性，有效控制医药费用不合理增长，不断解决群众的看病就医问题。推进政事分开、管办分开，理顺公立医疗卫生机构与政府的关系，建立现代公立医院管理制度。清晰划分中央和地方以及地方各级政府医药卫生管理事权，实施属地化和全行业管理。推进军队医院参加城市公立医院改革、纳入国家分级诊疗体系工作。健全卫生计生全行业综合监管体系。

3. 完善健康筹资机制

健全政府健康领域相关投入机制，调整优化财政支出结构，加大健康领域投入力度，科学合理界定中央政府和地方政府支出责任，履行政府保障基本健康服务需求的责任。中央财政在安排相关转移支付时对经济欠发达地区予以倾斜，提高资金使用效益。建立结果导向的健康投入机制，开展健康投入绩效监测和评价。充分调动社会组织、企业等的积极性，形成多元筹资格局。鼓励金融等机构创新产品和服务，完善扶持措施。大力发展慈善事业，鼓励社会和个人捐赠与互助。

三、"健康中国战略"行动与政策的最新发展

（一）十九大报告中的新发展

鉴于"健康中国战略"的重要意义，中共十九大报告中将"健康中国"建设提升为"健康中国战略"，并对我国实施"健康中国战略"提出了更高的要求。十九大报告提出，要完善国民健康政策，为人民群众提供全方位全周期健康服务。深化医药卫生体制改革，全面建立中国特色基本医疗卫生制度、医疗保障制度和优质高效的医疗卫生服务体系，健全现代医院管理制度。加强基层医疗卫生服务体系和全科医生队伍建设。全面取消以药养医，健全药品供应保障制度。坚持预防为主，深入开展爱国卫生运动，倡导健康文明生活方式，预防控制重大疾病。实施食品安全战略，让人民吃得放心。坚持中西医并重，传承发展中医药事业。支持社会办医，发展健康产业。促进生育政策和相关经济社会政策配套衔接，加强人口发展战略研究。积极应对人口老龄化，构建养老、孝老、敬老政策体系和社会环境，推进医养结合，加快老龄事业和产业发展。十九大报告提出的这些要求将对我国未来一段时间里推动实施"健康中国战略"，树立大卫生、大健康理念，把以治病为中心转变到以人民健康为中心，预防控制重大疾病，积极应对人口老龄化，加快老龄事业和产业发展，为人民群众提供全方位全周期健康服务工作产生重大影响。

（二）十九大以来的新发展

十九大以后，党中央、国务院通过各种举措积极推动落实"健康中国战略"行动。

1. 组建国家卫生健康委员会

按照十九大报告的要求，并根据党的十九届三中全会决定，党中央印发的《深化党和国家机构改革方案》提出，"推动实施健康中国战略，树立大卫生、大健康理念，把以治病为中心转变到以人民健康为中心，预防控制重大疾病，积极应对人口老龄化，加快老龄事业和产业发展，为人民群众提供全方位全周期健康

服务"。按此要求，组建了国家卫生健康委员会。

2. 实施"健康中国"的行动要求

为具体推动"健康中国战略"的实施，加快推动从以治病为中心转变为以人民健康为中心，动员全社会落实预防为主方针，实施"健康中国"行动，提高全民健康水平，国务院于2019年7月发布了《国务院关于实施健康中国行动的意见》（以下简称《意见》），提出了一系列更新的目标部署和更细化的政策措施。

该《意见》指出，实施"健康中国"行动要以习近平新时代中国特色社会主义思想为指导，全面贯彻党的十九大和十九届二中、三中全会精神，坚持以人民为中心的发展思想，坚持改革创新，贯彻新时代卫生与健康工作方针，强化政府、社会、个人责任，加快推动卫生健康工作理念、服务方式从以治病为中心转变为以人民健康为中心，建立健全健康教育体系，普及健康知识，引导群众建立正确健康观，加强早期干预，形成有利于健康的生活方式、生态环境和社会环境，延长健康寿命，为全方位全周期保障人民健康、建设健康中国奠定坚实基础。

该《意见》明确了实施"健康中国"行动几个方面的基本原则：一是普及知识、提升素养；二是自主自律、健康生活；三是早期干预、完善服务；四是全民参与、共建共享。同时，该《意见》还提出了实施"健康中国"行动的近期（到2022年）目标和中期（到2030年）目标。

该《意见》重点规定了实施"健康中国"行动多方面的主要任务：一是全方位干预健康影响因素，其中包括实施健康知识普及行动，实施合理膳食行动，实施全民健身行动，实施控烟行动，实施心理健康促进行动和实施健康环境促进行动。二是维护全生命周期健康，其中包括实施妇幼健康促进行动，实施中小学健康促进行动，实施职业健康保护行动和实施老年健康促进行动。三是防控重大疾病，其中包括实施心脑血管疾病防治行动，实施癌症防治行动，实施慢性呼吸系统疾病防治行动，实施糖尿病防治行动，实施传染病及地方病防控行动。在上述主要任务的各个方面都规定了较为具体的行动要求及目标。

此外，该《意见》还从多个方面对"健康中国"行动的组织实施提出了具体意见：一是加强组织领导，二是动员各方广泛参与，三是健全支撑体系，四是注重宣传引导。

3. 十九届四中全会对健康政策的进一步要求

2019年10月党的十九届四中全会上通过的《中共中央关于坚持和完善中国特色社会主义制度 推进国家治理体系和治理能力现代化若干重大问题的决定》从加强制度建设的角度，提出了"强化提高人民健康水平的制度保障"，要求"坚持关注生命全周期、健康全过程，完善国民健康政策，让广大人民群众享有公平可及、系统连续的健康服务"；并再次强调了深化医药卫生体制改革，健全基本医疗卫生制度，提高公共卫生服务、医疗服务、医疗保障、药品供应保障水平；重申了加快现代医院管理制度改革，以及坚持以基层为重点、预防为主、防治结合、中西医并重的方针；要求加强公共卫生防疫和重大传染病防控，健全重特大疾病医疗保险和救助制度；同时还要求优化生育政策，提高人口质量；此外，还要求积极应对人口老龄化，加快建设居家社区机构相协调、医养康养相结合的养老服务体系；并且要求聚焦增强人民体质，健全促进全民健身制度性举措。

思考题

1. 为什么说政府是医疗卫生政策的决策和执行的主体？
2. 我国公共卫生政策的基本内容有哪些？
3. 如何评价我国医疗服务政策改革成果？
4. "健康中国 2030"提出的重要意义和主要内容是什么？
5. 结合实际分析实施"健康中国战略"行动计划在我国积极应对老龄化国家战略中的重要地位。

第十章　教育社会政策

　　教育在人类文明的发展进程中始终扮演着举足轻重的角色。随着信息时代、科技时代、知识经济时代的来临，发展教育越发显现出其无可替代的重要性。在当代中国，教育担负着传递知识、启蒙思想、探寻真理的历史使命，正如习近平同志在2018年9月10日召开的全国教育大会上所指出：教育是民族振兴、社会进步的重要基石，是功在当代、利在千秋的德政工程，对提高人民综合素质、促进人的全面发展、增强中华民族创新创造活力、实现中华民族伟大复兴具有决定性意义。党的十九大从新时代坚持和发展中国特色社会主义的战略高度，作出了优先发展教育事业、加快教育现代化、建设教育强国的重大战略部署。同时，教育也是个人和家庭的需要，属于民生领域。在党的十七大报告提出现阶段民生建设五大目标即"学有所教、劳有所得、病有所医、老有所养、住有所居"的基础上，党的十九大报告又增加了幼有所育、弱有所扶两大目标。借助社会政策手段保障人民群众幼有所育、学有所教、弱有所扶、公平受教的权利，已经成为当前中国社会建设的基本内容与核心任务之一。

第一节　教育社会政策概述

一、教育社会政策的界定

（一）教育政策与教育社会政策

　　对教育社会政策与教育政策进行区分，是准确认识教育社会政策的前提。如果将教育看成一个整体系统，那么从系统的内在和外在两个向度出发，可以区分出两种类型的教育政策。其一，从系统内在看教育，教育政策大体涵盖教育学制、教师管理、教学目标、课程设置、绩效考评、教育经费和教育行政等方面的政策、规章、制度等。这些政策共同构成教育系统运行发展的内在组件，是教育系统与其他系统相区别的核心标志。其二，从系统外在看教育，教育政策主要是对教育发展路线、教育资源分配、教育权利保障、教育社会福利等方面的规定。这些政策一般涉及教育发展的方向、原则、路径、理念等问题，也就是规定了国家和社会应当以什么样的理念来安排和开展教育活动。完整意义上的教育政策，应当同时包含教育系统的内在和外在两个向度的政策安排，它是指国家和社会针对教育事业发展所制定和实施的各方面政策内容的总和。

从教育系统内在和外在两个向度的对比来看，前者是教育系统运行和发展的内在规范和内在规定性，决定着一个国家教育发展的整体质量，后者则反映着教育系统运行和发展的外在要求和外在合法性，决定着一个国家教育发展的社会担当和持久生命力。需要强调的是，两个向度的教育政策并非彼此隔离，而是互有交叉、密不可分。在现实实践中，后一个向度的教育政策安排往往以促进教育公平、保障教育权利、增进教育福祉为基本导向，与社会政策所追求的价值目标最为契合，因此可以被视为国家或社会在教育领域的社会政策安排。当然，教育社会政策同样会涉及第一个向度的教育政策内容，教育理念、教育资源、教育路线的变革离不开对教学、教师、课程、经费、行政等方面的系统性调整。或许正因为如此，一些研究者将教育社会政策直接等同于教育政策。

综上所述，所谓教育社会政策，是指国家或社会以公平、福利和人权等理念为基础，以保障和推动人与社会的全面发展为目标，针对教育领域所制定和实施的一系列政策、法规和措施的总和。教育社会政策是教育政策的重要组成部分。本质上讲，教育社会政策是从社会福利、社会政策的视角出发来看待和回应教育问题的，它关注的重点不是教育活动与教育内容本身，而是教育的社会职能与社会效应。它将受教育权视为人的一项基本权利，旨在促进和维护整个社会的教育公平，保障和增进全体公民（特别是弱势群体）的教育福祉。

（二）教育社会政策的类型

教育社会政策是一个内涵十分丰富的政策领域。伴随着社会的不断进步，教育社会政策的领域也在逐步拓展。从不同的标准出发，可以将教育社会政策划分为不同的类型。

以教育的层级和类别作为分类标准，可以将教育社会政策划分为：学前教育社会政策、义务教育社会政策、特殊教育社会政策、普通高中教育社会政策、高等教育社会政策、职业教育和成人教育社会政策，以及我国的民族教育社会政策。

以政策的调节手段或作用途径为标准，教育社会政策大致可以划分为：（1）权利保障型教育社会政策，如农民工子女随迁入学政策等；（2）资源调节型教育社会政策，如针对西部地区开展的"两基"攻坚计划等；（3）经济资助型教育社会政策，如针对贫困学生的助学贷款政策、困难补助政策等；（4）特殊扶助型教育社会政策，如专门针对某些残障人士采取的照顾性政策、针对突发性灾难致困学生的救助政策等。

此外，还有其他一些分类标准，如依据政策制定主体可以划分为中央的教育社会政策、地方的教育社会政策和部门的教育社会政策；依据政策实施的范围可以划分为全国性的教育社会政策、地区性的教育社会政策和学区性的教育社会政策；依据政策层次可以划分为宏观性的教育社会政策和具体性的教育社会政策，也可划分为教育的总社会政策、基本社会政策和具体社会政策等。

二、教育社会政策的特征、功能与地位

（一）教育社会政策的特征

教育社会政策是社会政策的一个重要分支，它将受教育权视为人的一项基本权利，其宗旨在于促进和维护社会的教育公平，推动人与社会自由而全面的发展。这一独特定位决定了教育社会政策的两大内在特征。

1. 明确的价值导向

教育社会政策是有着明确价值导向的制度实践与学科领域。早在20世纪20年代，西方社会科学研究中就出现了一种排除价值干扰的呼声，认为研究者的价值观念会影响对客观现象的观察和分析，从而影响研究结果的客观性和公正性，这种观点在马克斯·韦伯那里有着最为清晰的表达。此后，价值中立或非价值倾向的研究在西方社会科学中差不多成了一条基本原则。然而，社会政策（包括教育社会政策）的制度实践与学术研究从根本上不应也无法排斥价值倾向，相反，它必须要有明确的价值态度和价值倾向。正如蒂特马斯所强调的，我们有责任清楚说明自己的价值，当我们讨论像社会政策一类科目的时候，我们更有这么做的特别义务。以中立的价值立场讨论社会政策是没有意义的事情。教育社会政策实践的核心价值就是实现教育公平，教育社会政策的研究也离不开这一价值的指引。世界范围内，不同国家之间教育发展水平差距巨大，推动实现教育公平仍任重道远。我国《教育法》明确规定了公民不分民族、种族、性别、职业、财产状况、宗教信仰等，依法享有平等的受教育机会，但由于各种原因，目前地区之间、城乡之间在教育资源分配和教育质量等方面仍存在一定的差距，由此而导致享受优质教育，尤其是优质高等教育的机会不均等。在此背景下，关注弱势群体、促进教育公平、推动社会发展仍然是当前中国教育社会政策的重要使命。

2. 显著的福利特性

无论是在西方发达国家，还是在绝大多数发展中国家，受教育权普遍被视为政府应予保障的基本公民权利。作为一种公共产品和公共资源，教育的供给也逐渐成为现代社会的一项基本福利。因此，教育资源的分配状况直接体现着一个社会的权利状况和福利水平。在西方福利国家，教育福利事业是将基础教育视为政

府必须予以保障的社会福利的重要组成部分，须为所有适龄儿童与青少年平等地享有，政府在确保所有儿童与青少年的平等受教育权方面具有不可推卸的法定责任。时至今日，教育福利的对象已经逐渐突破适龄儿童与青少年的界限，进而扩展到所有有需要的社会公民。与西方福利国家所不同，当前阶段我国的教育福利供给仍带有一定的补缺型特征。以义务教育阶段的"两免一补"政策和非义务教育阶段的家庭经济困难学生资助政策等为重点，教育福利的政策对象主要聚焦于弱势群体，保障其基本的受教育权利。

（二）教育社会政策的功能

1. 保障教育权利，促进社会公平

当今世界中，受教育权已经被视为公民的一项基本人权。教育社会政策即以维护公民的基本人权为宗旨，通过保障公民的教育权利，促进整个社会的公平公正。在罗尔斯看来，人类社会总是充满了不均等，但不均等并不意味着不公平，而达至公平则需要符合两个正义原则：第一个原则是每个人对最广泛的基本自由均应拥有与其他人相应的均等权利；第二个原则是社会和经济的不均等应适合于每一个人的利益，并且依系于地位和职务向所有人开放。[①] 这两大正义原则后来被具体转化为"平等自由原则""差别原则""机会的公平均等原则"三个操作原则。

与当前中国的教育政策安排对应，罗尔斯的平等自由原则正是义务教育阶段的主要分配原则。人们视接受义务教育为基本的公民权利和福祉，因此所有人在接受义务教育方面都应当被平等地对待。对于义务教育之后的教育阶段，情况则有所不同。更高层次的教育资源分配更多体现为机会的公平均等原则和差别原则。在这里，罗尔斯所主张的差别原则并不等同于补偿原则，而是强调教育资源的分配应当对最不利者的长期期望有所回应，即强调对弱者的特别关照。由此可见，教育社会政策是保障教育权利、促进社会公平的重要手段。

2. 提升人力资本，助力经济发展

经合组织在1996年发表的《以知识为基础的经济》报告中指出，人类社会已经进入一个建立在知识和信息的生产、分配和使用之上的经济时代。在这一时代，国与国之间的竞争，说到底是人才的竞争和教育的竞争。教育社会政策的制定和实施能够赋予更多的人以平等接受教育的权利和机会。在市场经济条件下，通过制定和落实教育社会政策，尤其是借助各种途径对教育资源进行调节和再分配，为贫困学生、残障学生、流动人口、女性群体等常常处于教育困境的人们提供必

---

① ［美］约翰·罗尔斯：《正义论》，何怀忠等译，中国社会科学出版社1988年版，第56页。

要的补贴，不仅能够有效地维系和保障公民的受教育权利，而且可以增加整个社会的人力资本总量。

教育社会政策的制定和实施在经济学意义上是对人力资本的投资。20 世纪 60 年代，美国经济学家舒尔茨和贝克尔在论述其人力资本理论时认为，在经济增长中，人力资本的作用大于物质资本的作用，并且在大多数时候，人力资本投资与国民收入成正比，比物质资本增长的速度更快。舒尔茨还特别强调，人力资本的核心是提高人口质量，教育则是人力资本投资的最主要部分。到了 21 世纪的今天，国际社会已经普遍认识到，教育政策特别是教育社会政策的制定和实施能够有效改变整个社会的人力资本结构，增加人力资本总量，促进经济的持续增长。

3. 促进社会流动，维护社会和谐

按照帕累托的逻辑，一个良性的社会必然是流动的、动态的，其社会阶层结构也是富有弹性的。与之相对，一个静止的、固化的社会，其社会结构中往往隐藏着巨大的社会危机。在现代社会中，教育已经成为最重要的社会流动机制和阶层流动渠道。教育社会政策强调公平、人权，将教育视为具有普惠性质的社会福利，同时更加关注社会中的底层群体、边缘群体、弱势群体。现代社会中，这三类群体已经成为社会问题、矛盾的最主要来源。由于在社会阶层结构中处于被剥夺地位，这些群体有着强烈的上升愿望，即迫切渴望突破阶层壁垒，实现阶层流动。教育社会政策以再分配、投资等形式，推动有限的教育资源公平地分配至社会各个阶层，并且给社会中下阶层以更多的资源倾斜。这无疑有助于打破阶层界限，促进阶层流动，从源头上减少社会矛盾的发生，进而维护社会的和谐稳定。

4. 提升国家认同，维护政治稳定

正如亚里士多德所言，邦国如果忽视教育，其政治必将毁损。[1] 现代社会中，国家是社会政策设置的核心主体，教育社会政策也承载了国家的政治意志。国家通过制定教育发展规划，规定教育的性质，指明教育的任务，确保教育向社会公民传递统治阶级的意识形态和价值观念，使其逐渐认同和接受现存的政治制度和国家体制。在教育社会政策实施的过程中，一方面，社会公民自身的素质和能力得到提升，教育权利得到保障，对于国家的认同度也大大提升；另一方面，国家通过对教育的主导，发挥出自身对社会、政治、经济和文化等方面的控制作用，进而巩固其赖以存在和运行的合法性基础。这是教育社会政策作为国家政治工具的具体体现。

---

[1] ［古希腊］亚里士多德：《政治学》，吴寿彭译，商务印书馆 1965 年版，第 400 页。

（三）教育社会政策的地位

在社会系统当中，某一结构设置的地位高低，从根本上说是由其所发挥的功能及其所扮演的角色决定的。在经济全球化背景下，教育社会政策作为关注教育公平发展的产物，越来越受到世界各国的关注和重视。

教育社会政策的地位一方面是由教育的重要性所决定。随着信息时代、科技时代、知识经济时代的来临，教育在整个社会中的基础性、重要性地位不言而喻。对于个人而言，人们为了接受良好的教育而投入越来越多的时间和金钱，而个人的职业选择、工作成就和社会经济地位等都与其教育背景密切相关。对于社会而言，教育不仅是文化传承和社会教化的重要途径，而且也对一个国家的经济与社会发展起到重要的促进作用。当代社会中，国与国之间的竞争根本上是人才的竞争，而人才的培育则依托于健全、完善的现代教育体系。因此，教育越来越成为一个庞大的、基础性的行业体系，并且成为各个国家财政投入的重要政策领域。

教育社会政策的地位也与社会政策的重要性提升直接相关。近年来，西方福利国家虽然普遍启动了福利改革，但是社会政策的地位不仅没有降低，反而在一定程度上有所提升，世界各国也相继进入社会政策时代。在中国，政府正在努力构建普惠型（或曰适度普惠型）的社会福利制度体系。特别是随着中国经济发展进入新常态，社会政策的重要性地位更是被提升到了一个新的高度。作为社会政策的一个重要分支，教育社会政策在促进教育公平、提升教育福祉的同时，也对整个社会的经济、政治、文化、生活产生着深远的影响。从发展型社会政策的角度来看，教育社会政策的实施能够将社会政策与经济政策有效融合，产生出兼顾经济与社会的双重效益。

鉴于教育在当代社会中对个人和社会发展都具有巨大的功能，各国都将教育放到优先发展的位置。在我国，教育事业也是国家发展中的重中之重。正如中共十九大报告中所提出，"建设教育强国是中华民族伟大复兴的基础工程"。对教育的这一定位将成为我国大力发展教育事业和制定与实施教育社会政策的重要基础。

第二节　我国教育社会政策的发展与现状

一、我国教育社会政策的历史变迁

新中国成立以来，党和国家积极推动教育社会政策，努力扩大受教育机会和教育公平。新中国成立初期就开始了大规模的扫盲运动、工农教育、普及教育、举办职工夜校、盲聋哑教育，并积极普及九年义务教育，还积极促进民办教育、中外合作办学、女童教育、教育援藏，举办内地西藏班、内地新疆班、高校为少数民族举办预科班教育等，这些政策和措施有力扩大了民众受教育机会和促进了国家教育公平。

我国教育社会政策经历了多次改革变迁的浪潮。依据不同标准可将这一变迁历程划分为不同阶段。比较具有代表性的划分有：两阶段论，如前三十年和后四十年的划分；三阶段论，如政府包办、政府缺位、政府归位的划分；四阶段论，如以社会主义改造完成、"文化大革命"的开始、改革开放实施等为界进行的划分等。教育社会政策的发展变迁与国家的建设需求、体制变革、福利理念密切相关，在此意义上，三阶段论更具代表性。

（一）计划经济体制阶段：服务于政治需要并且与生产劳动相结合的教育社会政策（1949—1976年）

自新中国成立至中共十一届三中全会召开，是我国计划经济体制逐步确立和发展的时期。计划体制时期我国教育社会政策的设置主要表现出以下基本特征：

1. 优先保障工农群众的受教育权利

新中国成立初期，国家采取了一系列措施，优先保障工农群众的受教育权利。1949年12月教育部召开第一次全国教育工作会议，会议提出教育必须为国家建设服务，学校必须向工农开门。1950年4月3日，北京实验工农速成中学开学，这是全国第一所工农速成中学。此后全国各地相继举办工农速成中学。1950年9月，教育部、全国总工会联合召开第一次全国工农教育工作会议，讨论工农教育的实施方针、领导关系等问题。1951年10月1日，政务院公布实施《关于改革学制的决定》。这是新中国第一个学制政策，它以法令形式确立和充分保障工农干部和劳动群众受教育的机会。这一系列政策的实施为新中国的教育事业奠定了坚实的基础。"文化大革命"期间，虽然教育系统遭受了极大的破坏和损失，但是优先保障工农群众受教育权利的方向基本没有发生太大变化。

2. 注重团结和改造各大社会阶层、社会群体

1951年9月20—28日，教育部召开了第一次全国民族教育会议，讨论制定新中国民族教育方针。会议提出要以培养少数民族干部为主要任务，同时加强少数民族地区的小学教育和成人业余教育。1951年9月29日，周恩来总理在京津高校教师学习报告会上作《关于知识分子改造问题》的报告。1951年11月30日，中共中央发出《关于在学校进行思想改造和组织清理工作的指示》。1957年3月12日，毛泽东在中共全国宣传工作会议上讲话，指出没有知识分子，我们的事情就

不能做好，所以我们要好好地团结他们。知识分子也是劳动者。虽然后来"大跃进"运动与"文化大革命"期间的教育工作偏离了这些教育方针，但是"文化大革命"结束后，团结一切可以团结的社会力量建设社会主义，仍然是我国教育社会政策设置的重心。

3. 强调教育为工业建设和无产阶级政治服务

计划经济体制下，教育被划为上层建筑，教育机构是国家的附属机构，教育活动成为阶级斗争的工具。从1952年开始，教育部以培养工业建设人才和师资为重点，对全国高校院系进行调整，调整方针为以培养工业建设人才和学校师资为重点，发展专门学院，整顿和加强综合大学，相继新设了钢铁、地质、航空、矿业、水利等专门学院和专业，并把私立大学全部改为公立。1956年年初，中共中央召开知识分子问题会议，周恩来作《关于知识分子问题的报告》，发出"向现代科学进军"的号召。

新中国的百废待兴赋予教育太多的政治使命。正因为如此，1957年反右斗争开始，教育领域首当其冲遭受破坏。1958年9月，为配合国家全面进行的"大跃进"运动，中共中央发布了《关于教育工作的指示》，提出了教育为无产阶级政治服务，教育同生产劳动相结合的教育工作方针。1964年，毛泽东在一次谈话中指出，阶级斗争是学生的一门主课。"文化大革命"运动全盘否定了新中国成立后十几年里的教育工作，教育领域在十年动乱中成为重灾区，各级学校受到全面冲击，教育事业遭到严重破坏。

（二）经济体制转轨时期：服务于经济建设的教育社会政策（1977—2000年）

中共十一届三中全会拉开了中国改革开放的大幕，政府的工作重心也开始由"以阶级斗争为纲"转向"以经济建设为中心"，通过大力推进经济体制改革，逐步确立市场机制在资源配置和经济发展中的基础地位。我国教育体系随即被纳入国家市场经济体制改革的序列。这一时期的教育社会政策主要为经济建设保驾护航，其功能体现在以下几个方面：

1. 引导教育秩序的恢复与重建

1977年10月，高等学校统一招生制度重新恢复。1978年3月，邓小平在全国科学大会开幕式上讲话指出，四个现代化的关键是科学技术的现代化。科学技术人才的培养，基础在教育。1978年4月，教育部在北京召开全国教育工作会议，邓小平强调要提高教育质量，提高科学文化的教学水平，更好地为社会主义建设服务；教育事业必须同国民经济发展的要求相适应，培养社会主义建设需要的合格人才；同时要尊重教师的劳动，提高教师的质量。自此开始，教育秩序的恢复与重建序幕正式拉开。根据国家统计局的统计数据计算，1978年至2000年，全国高校在校学生人数由85.6万人增长到556.1万人,短短的二十多年间翻了近三番;全国高校教师人数也由1978年的20.6万人增长到2000年的46.3万人,翻了一番多。① 可见,我国教育体系的恢复与重建在短时间内就已取得显著成绩。

2. 服务教育改革与全面发展

在全国教育秩序快速恢复重建的基础上,为了适应社会主义经济建设的需求,教育改革的大幕随即拉开。中共十二大把农业、能源、交通、教育和科学作为经济发展的战略重点,确立了教育在整个社会主义现代化建设中的战略地位。1985年5月29日,中共中央发布《中共中央关于教育体制改革的决定》,成为我国教育体制改革的纲领性文件。《决定》明确强调,教育必须为社会主义建设服务,教育要面向现代化、面向世界、面向未来。教育体制改革的根本目的,是提高民族素质,多出人才、出好人才。《决定》要求,经过改革,开创教育工作的新局面,使基础教育得到切实的加强,职业技术教育得到广泛的发展,高等学校的潜力和活力得到充分的发挥,学校教育和学校外、学校后的教育并举,各级各类教育能够主动适应经济和社会发展的多方面需要。1986年《中华人民共和国义务教育法》颁布实施,国家开始实行九年义务教育。在以义务教育为代表的正规教育启动改革的同时,各种社会力量办学也开始快速兴起。1987年国务院批转了《国家教育委员会关于改革和发展成人教育的决定》,国家教委发布了《关于社会力量办学的若干暂行规定》,对发展成人教育和社会力量办学给予鼓励和支持。

到了20世纪90年代,农村教育、职业教育、民族教育、残疾人教育等改革先后推进。1993年,国家发布《中国教育改革和发展纲要》,制定了我国教育90年代发展的目标、战略和指导方针。这是我国改革开放时期最有指导意义的教育改革与发展政策文件。1994年9月

拓展资源

《中华人民共和国义务教育法》（2015年修正）

1日,国家教委发布《关于在九十年代基本普及九年义务教育和基本扫除青壮年文盲的实施意见》（即"两基"工程）,这项工程也一直延续到了今天。1995年,《中华人民共和国教育法》正式颁布实施,规定了我国教育的基本性质、地位、任务、基本法律原则和基本教育制度等,成为我国教育事业发展史上新的里程碑。

(三) 21世纪以来:服务于社会建设的教育社会政策（2001年至今）

随着社会主义市场经济体制的逐步确立,因社会公平问题引发的深层次社会矛盾和社会冲突日益加剧,从而推动政府职能从经济建设向社会建设的方向延伸。

---

① 国家统计局:《中国统计年鉴—2015》,见国家统计局网站。

以中共十六大和十六届四中全会为开端，我国逐渐进入建设社会主义和谐社会的新时期，教育社会政策随之被纳入社会建设的重要任务序列。中共十八大以来，党中央将促进教育公平提到前所未有的高度。2012年11月，新一届中央政治局常委首次集体亮相，习近平以"十个更好"回应人民关切，"更好的教育"排在首位。2013年9月25日，在纽约联合国总部，习近平在联合国"教育第一"全球倡议行动一周年纪念活动视频讲话中向全球庄严宣告"努力让13亿人民享有更好更公平的教育"。2019年初，中共中央、国务院印发《中国教育现代化2035》，提出到2035年教育现代化的主要发展目标是：建成服务全民终身学习的现代教育体系、普及有质量的学前教育、实现优质均衡的义务教育、全面普及高中阶段教育、职业教育服务能力显著提升、高等教育竞争力明显提升、残疾儿童少年享有适合的教育、形成全社会共同参与的教育治理新格局。中国推进教育公平事业从此步入一个新的历史阶段。

这一时期我国教育社会政策的变革有如下特征：

1. 促进教育资源在社会主体间的公平分配

教育改革大大推动了教育事业的发展，普遍扩大了民众的受教育机会，但区域、城乡、民族、性别等不同社会主体之间在教育发展上仍存在差异，基于教育资源分配不均衡之上的各种社会问题也逐渐显现出来。21世纪初以来，我国教育社会政策的制定和实施越来越注重协调各大社会主体间的关系，统筹教育机会、教育资源在整个社会中的均衡分配。仅以义务教育为例，2002年初，教育部发出《关于加强基础教育办学管理若干问题的通知》，明确提出积极推进义务教育阶段学校均衡发展，实行就近、免试入学。2003年以后，在科学发展观指导下，教育资源均衡分配的思想得以逐步落实。2005年教育部颁布《关于进一步推进义务教育均衡发展的若干意见》，中央对农村义务教育的财政转移支付力度明显加大，地方则按均衡发展要求调整经费、招生、师资管理和学校、学生发展政策，加大对农村和薄弱学校的经费和师资支持。国家教育督导团也将义务教育均衡发展列为对政府督导检查的内容。中央政府对加快民族地区教育事业发展给予了特殊的强调和重视。2015年8月，国务院发出《关于加快发展民族教育的决定》，针对由于历史、自然等原因，民族教育发展仍面临一些特殊困难和突出问题，整体发展水平与全国平均水平相比差距仍然较大，提出了加快发展民族教育的指导思想、基本原则、发展目标和切实举措，指出要夯实发展基础，缩小发展差距，促进教育公平，决不让一个少数民族，一个地区掉队，推进民族教育全面发展。并规定到2020年，民族地区教育整体发展水平及重要指标接近或达到全国平均水平，逐步实现基本公共教育服务均等化。这一时期，国家在均衡配置城乡、区域、学区等主体间的教育资源方面取得了显著成效。

2. 构建起具有普惠性质的教育福利体系

自 20 世纪末开始，国家相继实施了贫困地区义务教育工程、国家西部地区"两基"攻坚计划、农村中小学危房改造工程、农村中小学现代远程教育工程和"两免一补"等一系列国家教育工程，并积极推动希望工程、春蕾计划等民间教育行动。2005 年 12 月，国务院发布《国务院关于深化农村义务教育经费保障机制改革的通知》，提出从 2006 年开始，全部免除西部地区农村义务教育阶段学生学杂费，2007 年扩大到中部和东部地区，并明确了各级政府对义务教育投入的责任；逐步将农村义务教育全面纳入公共财政保障范围，建立中央和地方分项目、按比例分担的农村义务教育经费保障机制，彻底解决了农村义务教育经费的短缺问题。与此同时，学生资助政策体系日趋完善，2007 年 5 月，国务院审议通过《国务院关于建立健全普通本科高校、高等职业学校和中等职业学校家庭经济困难学生资助政策体系的意见》，基本形成贷、奖、助、勤、补、减（免）等多种形式的混合资助体系。该意见一方面明确了中央和地方政府的职责，另一方面将中等职业学校和民办学校也纳入国家教育资助体系当中。至此，我国逐步构建起具有普惠性质的教育福利体系。

3. 突出关注弱势群体的受教育权利

经济体制转轨使社会福利的供给模式发生了变化，国家不再、也无力对教育福利统包统揽。在这种情况下，国家通过教育社会政策协调社会力量对弱势群体实施帮助就变得非常重要。2003 年 9 月 13 日，国务院办公厅转发教育部等部门《关于进一步做好进城务工就业农民子女义务教育工作的意见》，将政策焦点直接对准农民工子女义务教育。该政策有四项要求：一是农民工子女上学以流入地公办中小学为主；二是农民工子女上学与当地学生一视同仁；三是建立进城务工就业农民子女接受义务教育经费保障机制；四是设立民办"民工学校"条件酌情放宽。2006 年修订的《中华人民共和国义务教育法》特别强调要保障家庭经济困难的和残疾的适龄儿童、少年接受义务教育，特殊教育学校（班）学生人均公用经费标准应当高于普通学校学生人均公用经费标准。2016 年 2 月 4 日，国务院发布《关于加强农村留守儿童关爱保护工作的意见》，要求加大教育部门和学校对留守儿童关爱保护的力度，县级人民政府要完善控辍保学部门协调机制，督促监护人送适龄儿童、少年入学并完成义务教育。教育行政部门要落实免费义务教育和教育资助政策，确保农村留守儿童不因贫困而辍学。此外，各级政府积极动员社会力量参与教育事业和学生资助，逐步形成了以政府为主导、学校和社会积极参与的，覆盖学前教育至研究生教育的学生资助政策体系。在 2019 年，政府财政之外的各类社会力量资金投入占全部学生资助资金量的近三分之一。

二、当前我国教育社会政策的主要类型和特点

（一）我国教育社会政策的主要类型

近年来，我国已经基本构建起覆盖全面、内容多样的教育社会政策体系。依据政策设置的不同功能，可将我国教育社会政策划分为以下几种类型：

1. 权利保障型教育社会政策

教育社会政策将人的受教育权利视为一项基本人权。为了保障人人享有平等的受教育权利，国家先后颁布、实施了一系列政策措施，基本涵盖了农民工随迁子女教育、留守儿童教育、成人教育、职业技能培训、残障群体教育、扫盲教育等多个方面。经过十多年的发展，这些政策措施的成效已经初步显现出来。以农民工随迁子女教育为例，2019 年，全国义务教育阶段在校生中，进城务工人员随迁子女共 1 426.96 万人。其中，在小学就读 1 042.03 万人，在初中就读 384.93 万人。①

2. 资源调节型教育社会政策

这种类型的教育社会政策注重调节教育资源、教育机会在各大社会主体间的公平分配，以消减不同民族之间、区域之间、城乡之间的教育发展差距。这决定了资源调节型教育社会政策必然特别注重保障落后地区、落后主体的教育权利。自 20 世纪末开始，国家相继实施了"国家教育扶贫工程""国家贫困地区义务教育工程""全国中小学危房改造工程"、西部地区"两基"攻坚计划、《教育脱贫攻坚"十三五"规划》、"农村中小学现代远程教育工程""农村寄宿制学校建设工程"等工程计划。《教育脱贫攻坚"十三五"规划》以国家扶贫开发重点县、集中连片特困地区县及建档立卡等贫困人口为重点，采取超常规政策举措，精准瞄准教育最薄弱领域和最贫困群体，实现"人人有学上、个个有技能、家家有希望、县县有帮扶"，促进教育强民、技能富民、就业安民，坚决打赢教育脱贫攻坚战。自 20 世纪末开始的以上各项国家行动引导教育资源、教育机会的配置向西部地区、民族地区、农村地区等老、少、边、穷地区倾斜，极大提升了这些地区的教育发展水平，一定程度上促进了教育（特别是基础教育）在全国范围内的均衡发展。

由于各种原因，教育资源、教育机会在民族之间、城乡之间、区域之间等的公平分配还存在不少突出问题。以民族教育为例，尽管中央及地方政府做出了极

---

① 教育部：《2017 年全国教育事业发展统计公报》。

大的努力，民族地区教育事业仍存在着突出问题。第一，教育发展环境特殊，教育保障条件薄弱。大多数民族地区自然环境恶劣，地广人稀，居住分散，交通不便，办学成本较高，编制需求较大，布局调整困难，办学管理难度加大，需要更多的投入和更特殊的办法。第二，教育普及水平低、办学质量差。由于民族地区许多处在山区，学校布点少，寄宿制学校不足，加上学习困难，初中毕业生升学渠道狭窄，受到社会不良因素影响，不少地方中小学生流失严重。第三，中小学教师留不住，进不来，队伍很不稳定。一些地方县以下乡镇农村多年没有补充新教师，教师老龄化问题严重。第四，人才培养质量不高，难以适应当地经济社会发展和脱贫致富需要。一些边远村落迄今还没有一名大学生。第五，双语教育薄弱，制约教育质量提高和学生终身发展。①

解决教育资源、教育机会在民族、城乡、区域之间的公平配置问题，需要各级政府进一步加强倾斜的财政政策及其他配套政策。

3. 经济资助型教育社会政策

近些年，国家积极采取费用减免、奖励、补贴、赠予、贷款、勤工助学等多种形式，为有需要的学生提供经济资助。最具代表性的如各种类型的奖学金、助学金、贷学金、困难补助金等。2007年农村义务教育为1.5亿学生全部免除学杂费和教材费，对其中780万贫困寄宿生提供生活补助；2008年免除全国城市义务教育阶段学生学杂费。在义务教育全面纳入财政保障范围的基础上，非义务教育以财政投入为主、成本分担和多渠道筹资制度不断健全。在此基础上，近年来我国国家助学贷款政策趋于完善，高中教育阶段国家助学金标准不断提高，普通高中免学费政策稳步推进，中职免学费范围不断扩大，义务教育寄宿生生活补助政策更加完善。2015年，我国学生资助资金首次突破1500亿元，免费教科书、营养膳食补助等资金达到450亿元。我国学生资助政策体系在制度上已经实现了除学前教育之外的所有学段全覆盖，公办与民办学校全覆盖，家庭经济困难学生全覆盖。②

4. 特殊扶助型教育社会政策

这类政策主要针对的是因先天或后天原因而造成的残障类群体的教育问题。近些年，残疾人的教育问题越来越受到国家和社会的重视。为此，国家相继颁布出台了《中华人民共和国教育法》《中华人民共和国义务教育法》《中华人民共和国残疾人保障法》《残疾人教育条例》《特殊教育学校暂行规程》等法律法规，通

---

① 王延中主编：《中国社会保障发展报告（2017）No.8：社会保障及贫困》，社会科学文献出版社2017年版，第240—243页。
② 教育部：《2015年中国学生资助发展报告》。

过政策指导、法律约束、资源配置、经费保障、社会支持等手段为残疾人的教育提供扶助。截至 2019 年,全国共有特殊教育学校 2 192 所;特殊教育学校共有专任教师 6.24 万人。招收各种形式的特殊教育学生 14.42 万人;在校生 79.46 万人。其中,附设特教班在校生 3 845 人,占特殊教育在校生 0.48%;随班就读在校生 39.05 万人,占特殊教育在校生 49.15%;送教上门在校生 17.08 万人,占特殊教育在校生 21.50%。①

（二）我国教育社会政策的特点

1. 服务于国家需要

通过教育社会政策发展的三个阶段可以看出,我国教育社会政策始终服从、服务于国家需要,作为国家建设事业的重要工具而出现。中共十八大以来,从全面建成小康社会的总体要求出发,深化教育领域综合改革成为制定、调整和转变教育社会政策的重要指引。十八届三中全会明确提出要大力促进教育公平,健全家庭经济困难学生资助体系,构建利用信息化手段扩大优质教育资源覆盖面的有效机制,逐步缩小区域、城乡、校际差距。十八届五中全会再一次强调要深化教育改革,提高教育质量,促进教育公平,并对"十三五"规划期间的教育改革做出了全面部署。中共十九大将建设教育强国作为实现中华民族伟大复兴的基础工程。在 2018 年 9 月 10 日召开的全国教育大会上,习近平强调,面对新时代、新形势,要以更高远的历史站位、更宽广的国际视野、更深邃的战略眼光,对加快推进教育现代化、建设教育强国作出总体部署和战略设计,坚持把优先发展教育事业作为推动党和国家各项事业发展的重要先手棋,不断使教育同党和国家事业发展要求相适应,同人民群众期待相契合、同我国综合国力和国际地位相匹配。就此可见,教育社会政策与国家建设的总体目标阶段性任务密切相关,依附于国家政权体系并成为国家建设的基础力量。

2. 突出关注基础教育公平

中共十六届五中全会最早提出"基本公共服务均等化"的目标要求,基本公共服务是对社会公众的生存和发展具有基础性作用的服务,所满足的是一定经济社会条件下公众基本的需要,关系到个人的最基本的生存权与发展权。基本公共服务均等化的实质,在于政府发挥保障全体社会成员基本权利的职能,建立与完善各领域内的制度体系。在这些制度中,以具有普遍可接受性或可容忍性的基本公共服务结果和机会均等,来抑制社会的不平等,使社会的权利与义务分配尽可

---

① 教育部:《2017 年全国教育事业发展统计公报》。

能地达到公正与合理。当前阶段，以义务教育为代表的基础教育已经被视为政府必须履行的一项基本公共服务职能。在全面实现城乡免费义务教育的基础上，中共十八届三中全会又进一步做出了缩小区域、城乡、校际差距，统筹城乡义务教育资源均衡配置的明确要求，为实现更高水平的基础教育公平指明了方向。2015年11月29日，中共中央、国务院做出《关于打赢脱贫攻坚战的决定》，要求着力加强教育脱贫，加快实施教育扶贫工程，让贫困家庭子女都能接受公平而有质量的教育，阻断贫困代际传递。国家教育经费向贫困地区、基础教育倾斜。党的十九大提出推动城乡义务教育一体化发展、普及高中阶段教育、努力让每个孩子都能享有公平而有质量的教育的目标和任务。

3. 促进教育全方位发展

在全力保障基础教育均衡发展的同时，促进教育全方位发展、满足不同群体的教育需求，也是当前我国教育社会政策的着力点。时至目前，我国已建立起全方位、系统化的教育政策体系，内容涵盖学前教育、义务教育、高中教育、高等教育、继续教育、职业教育、网络教育、民族教育、特殊教育等各个方面。学历教育和非学历教育、职业教育和普通教育、职前教育和职后教育同步发展，教育发展的多元格局已经初步形成。在利益主体多元化、发展形势日益复杂化的今天，通过制定和实施惠及全民的教育社会政策，促进教育全方位、多层次发展，已经成为国家化解社会矛盾、满足社会需求、促进社会公正的有效手段。

三、我国教育社会政策的发展趋势

国务院发布的《国家中长期教育改革和发展规划纲要（2010—2020年）》中明确提出"到2020年，基本实现教育现代化，基本形成学习型社会，进入人力资源强国行列"的目标要求，中共十八届三中全会进一步强调要通过深化教育领域综合改革，推进实现发展成果更多更公平惠及全体人民。中共十八届五中全会提出创新、协调、绿色、开放、共享的新发展理念，其中共享发展就是要解决发展过程中的公平正义问题，强调良好的发展需要全社会共同参与，发展成果由全社会共同分享，教育公平是共享发展题中应有之义。

中共十九大报告中进一步强化了优先发展教育事业的战略目标，提出了必须把教育事业放在优先位置，加快教育现代化，办好人民满意的教育的总体要求。在教育社会政策的有关方面具体提出了要推动城乡义务教育一体化发展，高度重视农村义务教育，办好学前教育、特殊教育和网络教育，普及高中阶段教育，努力让每个孩子都能享有公平而有质量的教育。同时还提出了要完善职业教育和培训体系，实现高等教育内涵式发展的要求。并且特别强调了要健全学生资助制度，使绝大多数城乡新增劳动力接受高中阶段教育、更多接受高等教育。此外，还要支持和规范社会力量兴办教育，办好继续教育，加快建设学习型社会，大力提高国民素质。中共十九届四中全会通过的《中共中央关于坚持和完善中国特色社会主义制度 推进国家治理体系和治理能力现代化若干重大问题的决定》中进一步强调"构建服务全民终身学习的教育体系"，要求"聚焦办好人民满意的教育"，并提出"构建覆盖城乡的家庭教育指导服务体系。发挥网络教育和人工智能优势，创新教育和学习方式，加快发展面向每个人、适合每个人、更加开放灵活的教育体系，建设学习型社会"。这一系列要求对于我国教育社会政策发展而言，不仅设定了任务，更是指明了方向。

拓展资源
《国家中长期教育改革和发展规划纲要（2010—2020年）》

（一）教育公平：从数量迈向质量

联合国教科文组织曾在《2005年全民教育全球监测报告：提高质量势在必行》中指出，在扩大教育规模与促进教育公平之后，实行优质教育已经势在必行；提高教育质量是实现全民教育的必由之路，应该改变长期以来忽视质量的现象。长期以来，我国在促进教育公平的政策实践中，始终将校舍、教师、教材、办公用品等资源在不同区域、城乡、民族之间的均衡分配作为工作的重心，以期通过数量的均衡来实现社会整体的教育公平。然而这种公平目前还是较低水平的、较低质量的教育公平，城乡之间、地区之间、民族之间在教育环境、师资力量、教学水平、教学理念、资金投入、管理制度等方面实现更高水平，更高质量的公平还需假以时日。

在此背景下，中共十八大以来，国家以深化教育领域综合改革为总体目标，将推进教育公平的工作重心由数量向质量进一步深化，先后出台实施了一系列重大政策措施，切实提升中西部农村地区、民族地区、偏远落后地区群众获得优质教育资源的机会和能力。通过政策引导，一方面，国家教育财政投入和相关资源进一步向教育落后地区倾斜；另一方面，切实创造条件为落后地区学子进入发达地区接受优质教育资源提供便利。以高等教育招生为例，自2012年起，教育部会同有关部门先后组织实施贫困地区定向招生专项计划、地方重点高校招收农村学生专项计划、高校单独招收农村学生专项计划，面向农村和贫困地区学生定向招生，招生学校覆盖中央部门高校和各省所属本科一批招生学校。通过实施专项计划，到2016年重点高校招收农村贫困地区学生人数已经上升到9万余人。[①] 可以说，未来的教育改革在追求数量公平

---

① 教育部：《2016年重点高校招收农村和贫困地区学生专项计划成效显著》。

的同时，必将更加注重有质量的教育公平。

（二）福利对象：从选择性转向普惠性

长期以来，我国的教育社会政策安排，始终将投入的重点集中于某些特定的领域或者特殊的群体。特定的领域如以义务教育为代表的基础教育领域，特殊的群体如农民工及其随迁子女群体、残障儿童群体、留守儿童群体等。教育福利对象的选择性色彩比较明显。然而，随着市场经济的快速发展，提高国民总体素质、增加人力资本、建设人力资源强国已经成为整个教育系统所面临的新的时代使命。近些年来，教育福利的普惠性趋势日益明显，并且在某种程度上实现了精英化向大众化的定位转型。

我国普通高校和普通高中的毕业生人数已经连续多年保持上升趋势。国家统计局发布的统计数据显示，2004 年我国普通高校本专科毕业生数为 239.1 万人，普通高中毕业生数为 546.9 万人，此后连续多年保持快速增长。到了 2019 年，普通高校本专科毕业生数已经达到 758.5 万人，普通高中毕业生数则达到 789.2 万人。[1] 按照教育部等四部门 2017 年印发的《高中阶段教育普及攻坚计划（2017—2020 年）》，到 2020 年，全国普及高中阶段教育，适应初中毕业生接受良好高中阶段教育的需求；全国、各省（区、市）高中阶段毛入学率均达到 90% 以上。此外，按照《国家中长期教育改革和发展规划纲要（2010—2020 年）》的部署，到 2020 年我国主要劳动年龄人口平均受教育年限提高到 11.2 年，其中受过高等教育的比例达到 20%，具有高等教育文化程度的人数比 2009 年翻一番。可以判断，教育福利的对象正在逐渐由特定领域、特定群体，转向整个社会的所有群体，即从选择性转向普惠性。

（三）政策主体：从单一走向多元

教育既具有公益性、普惠性，又具有多样性、选择性。在基础的、基本的教育层次领域，政府应当承担责任，履行义务，发挥主导作用，体现教育的公共服务性质。同时，在非基础的、非基本的教育层次领域，单纯依靠政府力量难以满足社会公众日益多样化的教育需求，这就需要调动社会力量，发挥多元主体的共同作用。

在社会多元共治的理念指引下，教育社会政策的发展逐步由单一主体向多元主体转变：一是政策制定主体的多元化；二是福利提供主体的多元化。长期以来，教育福利的供给主要由政府一方承担，市场和社会的力量尚未充分地调动起来。

---

[1] 国家统计局：《中国统计年鉴—2005》和《中国统计年鉴—2018》，见国家统计局网站。

拓展资源
《让十三亿人民享有更好更公平的教育——十八大以来党中央推进教育事业改革发展纪实》

中共十八大以来，新一轮教育改革的序幕已经拉开，在推进国家治理体系与治理能力现代化的背景下，今后的教育社会政策发展将会更加强调多元主体参与，鼓励企业、个人和社会力量兴办或资助教育事业，营造公立教育与民办（私立）教育并存、正规机构与非正规机构互补的多元教育格局。

第三节　当前我国教育社会政策的主要领域

一、学前教育阶段的社会政策

（一）学前教育的发展

新中国成立之初，我国学前教育作为基础教育的重要组成部分开始起步。1949年国家教育部成立，设初等教育司幼儿教育处专门负责全国学前教育事务。1951年政务院公布实施《关于改革学制的决定》，规定实施幼儿教育的组织为幼儿园。1952年《幼儿园暂行规程》颁布，对幼儿园的性质、任务、目标、教学等做了详细规定。1958年在"大跃进"口号下，全国掀起大办幼儿园的热潮。"文化大革命"期间，学前教育遭到严重破坏，出现一派混乱的局面，直到1970年前后学前教育才有所恢复和发展。

中共十一届三中全会以后，国家积极恢复和开办学前教育机构，出现了全日制、寄宿制、幼儿学前班、混合班等多种形式的学前教育。国家在政策层面先后制定了《城市幼儿园工作条例》《幼儿园管理条例》《幼儿园教育指导纲要》等制度条例，对幼儿园的性质、目标、方针、保教原则、课程设置、师资建设、管理等方面做了明确规定。1996年国家教委发布《幼儿园工作规程》，明确幼儿园是基础教育的重要组成部分，是学校教育制度的基础阶段。2003年国务院办公厅转发《关于幼儿教育改革与发展的指导意见》，迈开了新时期学前教育改革的步伐。

进入21世纪以来，我国学前教育在学校数量、师资力量、在校生人数等几个方面已经具备一定规模，并且呈现出快速发展的趋势。《国家中长期教育改革和发展规划纲要（2010—2020年）》中针对学前教育的发展提出了一系列具体而详尽的目标：到2020年幼儿园在园人数达到4 000万，学前一年毛入园率达到95%，学前两年毛入园率达到80%，学前三年毛入园率达到70%。事实上，仅在颁布的翌年，即在 2011 年我国学前三年毛入园率就达到了 62.3%，提前实现部分预期目标。

（二）学前教育社会政策面临的挑战

长期以来，国家对于学前教育的公共财政投入不足、资源短缺，"入园难"和"入园贵"成为阻碍学前教育公平发展的最大障碍。在《国家中长期教育改革和发展规划纲要（2010—2020 年）》的整体部署下，围绕"基本普及学前教育""明确政府职责""重点发展农村学前教育"三大主题，中央和地方各级政府加大了对学前教育的财政投入，学前教育在规模、结构、质量等方面都发生了明显变化。目前中央财政对学前教育的投入主要有两个专项：一是"中央财政支持学前教育发展专项项目"，由财政部和教育部主导，主要包含"校舍改建类""综合奖补类""幼师培训类""幼儿资助类"四大类七大项；二是"农村学前教育推进工程"，由国家发改委和教育部负责，主要支持乡镇建设中心幼儿园，发挥辐射带动作用，同时支持人口较多的行政村建设幼儿园和人口较少的村联建幼儿园。

过去较长时期里，我国学前教育发展面临着诸多问题，学前教育的公益性和普惠性不突出，构建覆盖城乡、布局合理的学前教育公共体系，保障适龄儿童接受基本的、有质量的学前教育的政策目标任重而道远。其中，公平性是教育社会政策所面临的首要挑战。首先，公办幼儿园与民办幼儿园的质量差异较大。公办幼儿园由于有公共财政投入支持，质量一般有所保证，而民办幼儿园缺乏政府投入，民间投入又有限，导致整体上民办幼儿园的质量低于公办幼儿园。其次，相对于全国庞大的学前教育需求而言，公办幼儿园较长时期里一直属于稀缺资源。"入园难""入园贵"问题长期难以解决。特别是农民工随迁子女等很难挤进数量有限的公办幼儿园；民办幼儿园的费用对于低收入家庭而言仍然偏高。最后，区域之间、城乡之间幼儿园的质量与水平仍存在差距。这不仅体现在资金投入、硬件设施、师资力量方面，更体现在教育理念、教育服务等方面。

为了进一步推动学前教育事业的发展，中共中央、国务院于 2018 年 11 月 7 日发布了《中共中央 国务院关于学前教育深化改革规范发展的若干意见》，指出学前教育是国民教育体系的重要组成部分，是重要的社会公益事业。办好学前教育、实现幼有所育是党和政府为老百姓办实事的重大民生工程。《意见》明确提出了到 2020 年，要基本建成广覆盖、保基本、有质量的学前教育公共服务体系，并且全国学前三年毛入园率达到 85%，公办园和普惠性民办园在园幼儿占比达到 80% 的具体目标。同时，该文件还提出了国家进一步加大学前教育投入力度，并重点向中西部农村地区和贫困地区倾斜的要求。这一重要文件发布后，各级党委政府和主管部门积极推动落实，推动着我国的学前教育服务供给、教育质量和公平性的不断提高。

二、义务教育阶段的社会政策

（一）义务教育政策的提出

我国目前实行九年制义务教育，包括小学与初中两个阶段。1985年中共中央《关于教育体制改革的决定》首次对我国发展义务教育进行了规划：（1）指出义务教育是依法律规定适龄儿童和青少年都必须接受，国家、社会、家庭必须予以保证的国民教育，为现代生产发展和现代社会生活所必需，是现代文明的一个标志；（2）将全国划分为三类地区，强调因地制宜，分阶段推进义务教育；（3）强调国家要帮助少数民族地区发展义务教育；（4）强调地方责任；（5）实行九年制义务教育的同时，还要努力发展幼儿教育，发展盲、聋、哑、残和弱智儿童的特殊教育。1986年《中华人民共和国义务教育法》颁布，首次以法律形式规定了开展义务教育的基本原则和要求，强调义务教育中国家的责任，突出义务教育的公益性质、福利性质。

（二）义务教育政策的推进

1993年《中国教育改革和发展纲要》提出到20世纪末，我国要实现基本普及九年义务教育的目标。1994年国家教委发布《关于在九十年代基本普及九年义务教育和基本扫除青壮年文盲的实施意见》，"两基"工程随即展开。这一时期，国家对贫困地区和少数民族地区加大了扶持力度，实施"国家贫困地区义务教育工程"，加强发达地区对少数民族贫困地区的教育对口支援工作，同时采取措施解决农村中小学辍学问题，大力提高义务教育阶段残疾儿童的入学率。到2000年年底，我国已经基本普及了九年义务教育。随着"两基"目标的实现，我国义务教育发展的重点转为在巩固"两基"成果的基础上，向困难地区攻坚。国家进一步增加了对义务教育的财政投入，中央财政对贫困地区的转移支付力度不断增强。2001年国家针对农村义务教育阶段贫困家庭学生开始实施"免杂费、书本费，逐步补助寄宿生生活费"的"两免一补"政策，由中央财政和地方财政共同承担经费责任。到2006年，国家已经全部免除了西部地区农村义务教育阶段学生的学杂费，并对贫困家庭学生免费提供教科书并补助寄宿生生活费。

（三）义务教育政策的完善

2004年，国务院批转教育部《2003—2007年教育振兴行动计划》中提出要"努力提高普及九年义务教育的水平和质量，为2010年全面普及九年义务教育和全面提高义务教育质量打好基础"的要求。以推进农村义务教育为重点，国家启动西部地区"两基"攻坚计划。与此同时，"农村寄宿制学校建设工程""国家贫困地区义务教育工程"和"中小学危房改造工程"等大范围展开。2006年、2015年、2018年国家对《中华人民共和国义务教育法》进行了修订和修正，以适应新形势下我国义务教育发展的需求，标志着我国义务教育发展进入了新的阶段。到2008年，全国城乡普遍实行免费义务教育，至此中国真正实现了全覆盖的九年制免费义务教育。城乡全覆盖的免费义务教育政策的实现是一项具有伟大历史意义的成就，它真正赋予了我国每个家庭的子女都能平等享有基础教育的权利。2019年，全国共有2 025.70万家庭经济困难学生享受生活费补助政策。

三、高中教育与职业教育方面的社会政策

（一）高中教育社会政策

九年义务教育政策的全面实施，使得高中入学考试成为教育阶段的初次分流。近些年，国家逐渐开始调整普通高中教育和中等职业教育的比例，初中的升学率逐年提高，2010年以来基本稳定在90%左右。与此同时，随着高等教育的大众化转型，高考升学率也始终保持较高水平，2019年全国各类高等教育在学总规模达到3 833万人，高等教育毛入学率达到48.1%。初中升学率与高中升学率的稳步提高，既是国家提高人口素质，建设人力资源强国的重要举措，也是国家充分保障整个社会受教育权利的根本体现。

高中教育在整个教育谱系当中处于承上启下的位置，但是长期以来为了满足社会建设的迫切需求，国家将教育投入的重点优先集中于义务教育和高等教育领域，使得高中教育阶段的政策投入在一定程度上被忽视。在我国的教育制度安排中，高中教育被视为基础教育的重要组成部分，但是在基础教育投入体系中，高中教育显然并未获得与学前教育、义务教育同等的待遇。在教育国际化竞争日趋激烈的背景下，国家和社会逐渐认识到高中阶段教育发展与教育公平的重要性。近些年来，为了保障普通高中和中等职业学校的在校贫困学生能够顺利完成学业，国家在政策设置中参照高等教育的学生资助体系，提出了高中阶段学生资助政策。2010年财政部、教育部发布《关于建立普通高中家庭经济困难学生国家资助制度的意见》，提出建立以政府为主导，国家助学金为主体，学校减免学费等为补充，社会力量积极参与的普通高中家庭经济困难学生资助政策体系，从制度上基本解决普通高中家庭经济困难学生的就学问题。从2010年秋季学期起，中央与地方共同设立国家助学金，资助面约占全国普通高中在校生总数的20%。

（二）职业教育社会政策

1. 职业教育社会政策的发展

职业教育是现代教育的有机组成部分，包括职业学校教育和各种职业培训。

我国职业教育体系按照教育层次可以分为三级，即初等职业教育、中等职业教育和高等职业教育。新中国成立之初，基于工业化建设需求，职业教育受到重视，1952年政务院发布《关于整顿和发展中等技术教育的指示》，明确指出大量训练与培养中级和初级技术人才尤为当务之急。随后，一大批中等专业学校和技工学校建立起来。但是在随后的"大跃进"运动和"文化大革命"当中，职业教育遭遇严重破坏。直到改革开放之后，职业教育才逐渐得以恢复、发展。

职业教育以培养能够适应社会需要的、服务于生产一线的、具有操作性专门技能的人才为目标，其发展很容易受到社会、市场等因素的影响。自20世纪90年代开始，经济体制转轨、产业结构调整对我国职业教育政策设置提出了新的要求。国家加大了对职业教育的政策引导和资金投入力度，要求大力发展职业教育、促进我国经济建设和社会发展。1996年《中华人民共和国职业教育法》颁布，规定要建立、健全职业学校教育与职业培训并举，并与其他教育相互沟通、协调发展的职业教育体系。《中华人民共和国职业教育法》的颁布实施标志着我国职业教育发展进入依法治教的新阶段。

为了保障更多社会群体的职业培训权利，2002年国务院发布《关于大力推进职业教育改革与发展的决定》，提出不仅要为初、高中毕业生，而且要为城乡新增劳动者、下岗人员、在职人员、农村劳动者及其他社会成员提供多种形式、多种层次的职业学校教育和职业培训。2007年国务院发布《关于建立健全普通本科高校高等职业学校和中等职业学校家庭经济困难学生资助政策体系的意见》，将职业教育学生纳入国家困难资助的序列。2019年全国共资助中等职业学校学生1 592.86万人次，资助金额达305亿元。[①] 2010年《国家中长期教育改革和发展规划纲要（2010—2020年）》提出，"到2020年，形成适应经济发展方式转变和产业结构调整要求、体现终身教育理念、中等和高等职业教育协调发展的现代职业教育体系"，进一步强调政府在发展职业教育中的职责，并把提高质量和促进公平作为未来职业教育发展的重点。

2019年1月24日《国家职业教育改革实施方案》发布，提出中国特色社会主义新时代职业教育发展的总体要求与目标：坚持以习近平新时代中国特色社会主义思想为指导，把职业教育摆在教育改革创新和经济社会发展中更加突出的位置。牢固树立新发展理念，服务建设现代化经济体系和实现更高质量更充分就业需要，对接科技发展趋势和市场需求，完善职业教育和培训体系，优化学校、专业布局，

---

① 教育部：《2015年中国学生资助发展报告》。

深化办学体制改革和育人机制改革，以促进就业和适应产业发展需求为导向，鼓励和支持社会各界特别是企业积极支持职业教育，着力培养高素质劳动者和技术技能人才。经过5—10年的时间，职业教育基本完成由政府举办为主向政府统筹管理、社会多元办学的格局转变，由追求规模扩张向提高质量转变，由参照普通教育办学模式向企业社会参与、专业特色鲜明的类型教育转变，大幅提升新时代职业教育现代化水平，为促进经济社会发展和提高国家竞争力提供优质人才资源支撑。

2. 职业教育发展中的公平问题

当前我国职业教育所面临的公平问题，从根本上说是由职业教育学生大部分来自中低收入家庭这一实际状况所决定的。如果这些处境不利家庭的子女在教育机会、教育资源的获得上依然不能有公平的待遇，就会造成弱势地位的代际传递。而反过来讲，如果这种代际传递的情况能够得到制度性的改变，则是对教育社会公平的最大贡献之一。

职业教育阶段发展所涉及的公平问题，不仅是一种制度性社会分工问题，更体现为一种被人们称为"职业教育次等化"的问题：一是职业教育被整个社会视为低于普通教育的次等教育。表现在办学条件上，就是在数量、质量、财政投入、师资力量、生源质量、师生比等各个方面，职业教育都不及普通教育。二是职业院校的学生被普遍置于次等学生的境地。职业学校与普通教育学校之间客观存在的差距，使得原本应该基于学生能力、特长和兴趣的正常的教育分流，逐渐演变为与学生的家庭社会地位、父母的职业和经济收入等密切相关的社会差异。"职业教育的次等化"问题不仅是一个社会价值观念的问题，更是国家在社会资源分配等方面的制度性差异问题，这成为未来很长一段时期内我国教育社会政策所亟待解决的问题。

职业教育发展中的公平问题引起我国政府的高度重视并采取切实措施加以解决。2019年国务院发布的《国家职业教育改革实施方案》特别强调，职业教育与普通教育是两种不同教育类型，具有同等重要地位。没有职业教育现代化就没有教育现代化。《方案》就如何办好新时代的职业教育提出了具体的实施办法。《方案》针对经济落后地区、特殊人群等的职业教育发展、质量提升等明确提出了支持政策：重点支持集中连片特困地区每个地（市、州、盟）原则上至少建设一所符合当地经济社会发展和技术技能人才培养需要的中等职业学校。加大对民族地区、贫困地区和残疾人职业教育的政策、金融支持力度，落实职业教育东西协作行动计划，办好内地少数民族中职班。积极招收初高中毕业未升学学生、退役军人、退役运动员、下岗职工、返乡农民工等接受中等职业教育；服务乡村振兴战略，为广大农村培养以新型职业农民为主体的农村实用人才。发挥中等职业学校作用，帮助部分学业困难学生按规定在职业学校完成义务教育，并接受部分职业技能学习。

四、高等教育阶段的社会政策

(一) 改革开放初期的高等教育社会政策

高等教育社会政策是国家教育政策的重要组成部分，集中体现了国家对高等教育发展的高度重视。1980年全国人大常委会审议通过《中华人民共和国学位条例》，1981年国务院批准了《中华人民共和国学位条例暂行实施办法》，我国正式建立起较为完善的学历、学位制度，形成专科、本科、硕士研究生和博士研究生相结合的高等教育学历体系和学士、硕士、博士相衔接的学位制度。1977年我国恢复高考制度，同年，研究生教育也得到恢复。到20世纪末，我国高等教育为国家培养了大批经济社会建设急需的精英人才。从20世纪末起，高等院校开始扩招，精英教育开始向大众教育转变。高校的扩招客观上为更多的人提供了平等接受高等教育的机会和权利，成为整个社会所普遍享有的教育福利。

伴随着改革开放步伐的加快，教育的社会化和市场化使得高等教育的费用不断提高，越来越多的经济困难家庭子女因为难以承担高额的学费而被阻隔在高等教育之外，严重制约了高等教育的公平发展。为了解决这一问题，1987年国家教委、财政部发布《普通高等学校本、专科学生实行奖学金制度的办法》和《普通高等学校本、专科学生实行贷款制度的办法》，规定在1987年入学的本科普通高等院校的新生中全面实行奖学金制度和学生贷款制度。1999年教育部发布《国家助学贷款管理操作规程（试行）》，通过银行贷款帮助高等学校经济困难学生支付在校期间的学费和日常生活费。

(二) 21世纪以来的高等教育社会政策

2002年财政部、教育部联合发布《国家奖学金管理办法》，2005年又颁布实施《国家助学奖学金管理办法》，确定面向家庭经济困难、品学兼优的普通高校在校本专科学生设立国家助学金、国家奖学金，资助他们顺利完成学业，保障公平的受教育权利。2007年国家制定《普通本科高校、高等职业学校国家奖学金管理暂行办法》，进一步扩大了国家奖学金的覆盖范围，提高了奖励标准。同年，国家出台"生源地助学贷款"政策，先由国家开发银行在湖北、江苏、陕西、甘肃和重庆这5个省市开展试点，进而逐步扩大到全国。2012年研究生国家奖学金制度开始实施，自此国家奖学金制度在高等教育层次实现全覆盖。

其他形式的助学政策也在同步展开，2005年共青团中央和教育部联合发布《关于进一步做好大学生勤工助学工作的意见》，勤工助学逐渐成为高等教育当中一项重要的学生资助政策。时至今日，我国已经建立起相对完善的高等教育社会政策体系，仅各项资助项目就包括奖学金、助学金、国家助学贷款、应征入伍服义务兵役国家资助、基层就业学费补偿贷款代偿、师范生免费与补助、退役士兵学费资助、大学新生入学资助以及特殊困难补助、伙食补贴、"绿色通道"入学等政策内容。2019年，政府、高校及社会设立的各类政策措施共资助全国普通高等学校学生4 817.59万人次，资助总金额达1 316.89亿元。

五、继续教育方面的社会政策

（一）继续教育政策的产生与发展

受终身学习、终身教育理念影响，我国教育社会政策体系越来越关注继续教育问题。1987年《关于改革和发展成人教育的决定》和1992年《关于进一步改革和发展成人高等教育的意见》中将继续教育定义为对具有大学专科以上学历和中级以上职称的专业技术人员和管理人员的再教育。可见，继续教育是学历教育的延伸和发展，目的是使受教育者不断更新知识和提高创新能力，以适应社会发展和科学技术不断进步的需要。

在市场转型背景下，我国继续教育起步虽晚但发展较快。1980年8月，中国科协通过了《关于积极开展在职科技人员专业培训工作的意见》，从教育方针、对象、内容、经费来源、组织领导等多个方面对我国科技人员的专业培训做出规定。同年9月，国务院批转教育部《关于大力发展高等学校函授教育和夜大学的意见》，指出发展高等教育应贯彻两条腿走路的方针，采取多种形式办学。1984年11月，中国继续工程教育协会成立。1987年《关于改革和发展成人教育的决定》，提出积极开展大学后继续教育，强调要从根本上改变成人教育基础薄弱状况，把开展岗位培训作为成人教育的重点。同年12月，国家教委等六部委联合发布《关于开展大学后继续教育的暂行规定》，对继续教育进行了进一步规范。1995年《全国专业技术人员继续教育暂行规定》发布，成为指导全国继续教育工作的重要文件。

（二）终身教育理念下的继续教育政策

1993年《中国教育改革和发展纲要》首次将继续教育纳入终身教育的范畴。随后，1995年的《中华人民共和国教育法》第一次以法律形式确立了终身教育的地位。2002年中共十六大报告中强调要加强职业教育和培训，发展继续教育，构建终身教育体系。2004年教育部发布的《2003—2007年教育振兴行动计划》中，再一次强调要大力发展多样化的成人教育和继续教育，鼓励人们通过多种形式和渠道参与终身学习，加强学校教育和继续教育相互结合，进一步改革和发展成人教育，完善广覆盖、多层次的教育培训网络，逐步确立以学习者个人为主体、用人单位支持、政府予以必要资助的继续教育保障机制。2010年国务院发布《国家中长期教育改革和发展规划纲要（2010—2020年）》，设专章阐述未来十年的继续教育发展问题，强调加快发展继续教育、建立健全继续教育体制机制、构建灵活开放的终身教育体系，满足个人多样化的学习和发展需要。中共十九届四中全会作出的《中共中央关于坚持和完善中国特色社会主义制度 推进国家治理体系和治理能力现代化若干重大问题的决定》强调要发挥网络教育和人工智能优势，创新教育和学习方式，加快发展面向每个人、适合每个人、更加开放灵活的教育体系，建设学习型社会。这是对信息时代教育提出的全面要求，对终身教育理念下的继续教育政策改革创新具有重要指导意义。

六、民族教育社会政策

（一）民族教育社会政策的主要目标与原则

民族教育社会政策是面对民族地区教育发展及经济与社会发展各方面的实际困难，向其教育发展提供专门的、有针对性的支持性教育政策。由于历史、自然等原因，民族教育发展仍面临一些特殊困难和突出问题，整体发展水平与全国平均水平相比差距仍然较大。为了加快推进少数民族和民族地区教育发展，实现国家长治久安和中华民族繁荣昌盛，国家制定和实施了民族教育政策。

我国民族教育社会政策的基本目标是要保障少数民族和民族地区群众的受教育权利，提高各民族群众科学文化素质，传承中华民族优秀传统文化，大力培育和弘扬社会主义核心价值观，维护民族团结和社会稳定。当前我国的民族教育政策致力于坚持缩小民族地区教育发展与全国平均水平的差距，坚持教育结构与质量并重，普通教育政策与特殊教育政策并举，并且坚持依法治教。同时，我国的民族教育政策强调在各民族学生中积极培育和践行社会主义核心价值观，建立民族团结教育常态化机制，促进各族学生交往交流交融和促进各民族文化交融创新。

（二）我国民族教育社会政策的主要内容

当前我国的民族教育社会政策是一套包括多方面内容的政策体系。按照国务院2015年发布的《关于加快发展民族教育的决定》，当前我国民族教育政策的主要内容包括以下五个方面。

一是支持民族地区全面提升各级各类教育办学水平的政策体系，包括支持民族地区加快普及学前教育，均衡发展义务教育，提高普通高中教学质量，加快发展中等职业教育，优化高等教育布局和结构，积极发展继续教育和重视支持特殊教育。

二是提高少数民族人才培养质量的政策体系，包括制定和实施少数民族高层次骨干人才计划，通过各种方式加强少数民族人才培养工作；实施并进一步完善边疆、山区、牧区、少数民族聚居地区少数民族考生高考加分优惠等方面的政策；发展内地民族班教育的政策；促进民族地区普通高校、职业院校毕业生就业创业的政策。

三是针对民族教育薄弱环节和困难地区的政策投入，具体包括加强寄宿制学校建设的政策，重点支持边疆民族地区教育发展的特殊政策，以及科学稳妥推行国家通用语言与民族语言教育等方面的政策。

四是民族地区教师队伍建设的政策，包括教师培养制度，教师培训机制，教师激励政策等方面的具体内容，其主要目标是加快提高民族地区教师队伍的数量和质量。

五是民族教育发展的保障政策，包括民族教育的经费投入政策，民族地区学生资助政策，以及推动民族地区教育信息化发展的政策。

思考题

1. 什么是教育社会政策？教育社会政策与教育政策的关系是怎样的？
2. 简述教育社会政策的功能与地位。
3. 我国教育社会政策的发展经历了哪几个阶段？其改革的趋向是怎样的？
4. 从我国教育社会政策主要领域的发展现状概述教育公平建设取得的进展及面临的挑战。
5. 阅读梳理有关近年各地实施包括高中阶段在内的12年义务教育的新闻报道。从新闻报道看，已经实施12年义务教育的既有东部经济发达地区，也有中西部经济欠发达地区。思考并简答社会政策与经济发展之间究竟是何关系？政府在推进教育公平上的职责何在？应当如何作为？

第十一章　住房社会政策

住房需求是每一个人和家庭最基本的需求之一，获得一处可以遮风挡雨的安居之地是每个人和家庭的渴望。随着工业化和城市化的发展，人口不断向城市聚集，住房供给的增长往往不能满足人们住房需求的增长，房价高、房租贵、住房供不应求使很多家庭，特别是中低收入家庭住房需求不能得到有效满足，住房难、住房贵、众多中低收入家庭住房困难也成为很多国家和社会必须面对的社会问题。通过实施各种社会政策来满足人们，特别是中低收入家庭的住房需求成为世界很多国家和地区政府的行动选择。为此，中共十九大报告中提出了在"住有所居"方面不断取得进展的要求。作为对此需求的回应，我国近年来逐渐形成了一套以满足人们基本住房需要为目标的住房社会政策。

第一节　住房社会政策概述

由于历史和现实的不同，世界各国和地区发展出了独特的适合自身状况的住房社会政策模式，不仅有效地满足了本国或本地区人民的住房需求，也为其他国家和地区提供了有益的借鉴。中国政府历来重视人民的住房需求，在不同时期采取了不同的社会政策，逐渐形成了适合中国国情的、有中国特色的社会主义住房社会政策体系。

一、住房社会政策的概念和基本原理

（一）住房社会政策的概念

住房社会政策是政府为满足民众的住房需要而制定和实施的各项政策的总和，包括在住房建设、维修、分配和租金补贴等方面制定的政策。

住房政策有以下几个方面的特征：第一，住房政策的主体主要是政府，政府全面负责住房政策的制定和实施。但在政府制定和实施住房政策的同时，企事业单位、社区、社会组织等各类组织也以各种方式参与其中。他们或者参与政府住房政策的实施，或者自行向有需要的个人或家庭提供住房或相关服务。第二，政府在住房政策方面的具体行动内容比较广泛，既包括制定相关的规则体系、计划和实施方案，也包括投入必要的资金和采取具体的行动。在具体的行动中，既包

括政府直接向有需要的个人或家庭提供住房,也包括以减免税收、租金补贴、房屋维修改造补贴等方式向有需要的民众提供住房方面的帮助。第三,从广义上看,住房政策的对象可以包括全体民众,但一般以中低收入家庭为主要对象。

(二)住房社会政策的基本原理

在实施市场经济制度的国家和地区,住房也是一种商品,由房地产企业负责住房的生产和销售,个人和家庭在市场中自由选择购买住房或租赁住房,满足自己的住房需要。根据马克思商品价值是凝结在商品中的无差别的人类劳动,商品价值决定商品价格的理论,住房的价格由住房的价值所决定,而住房的价值则是在建造住房的过程中凝结在住房商品中的无差别的人类劳动。

但是在现实的住房市场中,受住房供求关系的影响,住房的价格并不会完全与住房价值相一致,而是围绕着住房价值上下波动。也就是说,在现实的住房市场中,住房价格是由供求双方共同决定的,而住房价格又调节着住房的供求。当住房需求大于供给的时候,受供求关系的影响,住房价格就上升,超过住房的价值,住房价格上升一方面会抑制住房的需求和消费,另一方面会刺激住房的生产和供给,使住房的供给和需求趋于平衡,住房价格向住房价值回归。当住房供给大于需求的时候,受供求关系的影响,住房的价格就会下降,低于住房的价值,住房价格的下降一方面会抑制住房的生产和供给,另一方面会刺激住房的需求和消费,使住房的供给和需求趋于平衡,住房价格向住房价值回归。

正是通过市场这只"看不见的手"的调节作用,市场经济制度在配置资源,促进住房的生产和销售,满足人们的住房需求方面发挥着重要的作用,因为当社会有着巨大的住房需求的时候,住房价格就会上升,超过住房的价值,住房企业可以赚取更多的利润,进而刺激住房的投资和生产,去满足人们日益增长的住房需求。但是仅凭市场机制并不能确保满足每个人和家庭,特别是中低收入家庭的住房需求,因为住房市场仅仅会满足能够承担其价格的个人和家庭的住房需求,只有这些个人和家庭的住房需求才能成为住房市场中的有效需求,那些承担不起市场所决定的住房价格而买不起或租不起住房的人的住房需求将不能够通过住房市场而得到满足。

不仅在住房需求大于供给的情况下,住房价格会在供求关系的作用下不断上涨,超越许多中低收入家庭的承受能力,而且在住房供大于求,住房价格下降的情况下,仍然会有许多中低收入家庭由于不能承受市场所确定的房价和房租水平而陷入住房困难,即居住面积小、居住环境和条件差的境地,况且受价值规律的影响,住房价格不会长时间处于低于其价值的状态。现实的状况是,在工业化、现代化和城市化的过程中，由于大量的劳动力和人口流动到城市，城市的土地供应又受到严格的限制，城市的住房生产和供给远远不能够满足人们日益增长的住房需求，在一定时期内，城市中住房需求大于供给，价格不断上涨的状况将长期存在。尤其是当房地产市场中"炒房"投机行为盛行时，房价可能快速上升。城市中低收入家庭和大量的城市新移民合理的住房需求因为不能够承受高房价和高房租而不能得到有效满足的状况也会长期存在。

因此仅仅凭借市场机制并不能满足所有城市居民，特别是中低收入居民家庭的住房需求，很多居民家庭因为不能支付市场确定的住房价格和房租水平而陷入住房困难的境地，形成了引发社会广泛关注的住房社会问题。住房社会问题不仅直接影响住房困难居民家庭的生活水平和生存状态，而且是引发社会矛盾冲突，影响社会稳定和谐的重要因素，特别需要国家和政府采取政策行动，通过各种方式帮助中低收入家庭解决住房困难问题，满足其基本的住房需要，实现居者有其屋的社会目标。

正是在这一点上，住房社会政策区别于房地产政策。房地产政策是通过完善住房市场机制，提高市场机制在房屋生产、销售、购买和使用等环节的调节作用，促进与房屋相关的生产资料的优化合理配置，提高房地产业的生产效率，为社会提供更好的房屋产品的政策，其追求的是通过市场机制调节房屋产品的生产与销售，实现资源的合理和优化配置，而住房社会政策则是国家和政府为了弥补住房市场在满足中低收入居民家庭住房需求方面的不足而采取的行动，包括提供公共住房、提供住房补贴以及为中低收入家庭买房或租房提供金融和税收优惠等，具有社会福利的性质，其追求的是通过政府承担责任，用非市场的方式满足社会成员基本的住房需求，确保所有公民住房社会权利的实现。

二、住房政策的国际和地区间比较

世界各国和各地区在其工业化、城市化和现代化发展过程中，在应对居民住房困难问题时，发展了各具特色的适应其历史和社会状况的住房社会政策，了解这些政策可以对发展中国特色社会主义住房社会政策提供有益的借鉴。本目将重点介绍新加坡、英国、美国和中国香港特别行政区的住房政策。

（一）新加坡的住房政策

新加坡实施的是政府建造公共组屋（HDB Flats）为主，私人房地产开发商建造中高档住宅为辅的住房政策。公共组屋属于保障性住房，占新加坡住房总量的大部分，私人开发商建造的中高档住宅属于商品住房，仅占住房总量的一小部分。

公共组屋又分为租赁组屋和售卖组屋，前者比例很低，后者占了绝大部分，这充分显示新加坡实施的居者有其屋计划是成功的。

新加坡的居者有其屋政策开始于1964年，由1960年成立的独立非营利机构建屋发展局，它同时也是新加坡最大的房地产公司，代表政府负责公共组屋的总体规划、设计和建造，其预算纳入国家计划，建设用地由政府无偿划拨。新加坡与住房相关的另一项政策是设立于1955年的中央公积金制度，由中央公积金局负责经营管理。中央公积金是一项强制储蓄制度，所有雇员在新加坡工作时就自动成为公积金会的成员，雇主和雇员必须依法向雇员的中央公积金个人账户缴纳公积金。职工的公积金账户又分为普通账户、特别账户和医疗账户三种，其中的普通账户资金，可以用来购买政府组屋。公积金储户还可以以低于市场利率申请公积金抵押贷款用于购房。中央公积金制度一方面为组屋建造提供了稳定的资金来源，另一方面也为职工家庭购买住房提供了支持和帮助。

新加坡实施的另一项住房保障政策是为中低收入家庭提供购房和租房补贴，使其能够承受购买或租住公共组屋的费用。补贴额度根据其购买组屋的类型不同而不同。对于无力购买组屋的低收入家庭，政府容许其租住组屋或先租后买。

当然，在新加坡，组屋的购买、使用、租住，购房补贴的获得都要经过申请和严格的审查程序，遵循严格的规定。严禁利用组屋进行投机和谋利活动，一经发现就会受到严厉的制裁。

(二) 英国的住房政策

从"二战"结束至今，英国的住房政策经历了由以政府建造公共住房为主到由市场提供商品住房为主的转变。自20世纪40年代后期起，英国政府开展了大规模的建造公共住房的运动，一直持续到20世纪80年代初，此后受撒切尔夫人新自由主义改革的影响，政府建造住房的数量迅速减少。

政府停止建造公有住房并不意味着英国不再实施住房保障政策，因为英国仍然存在着大量政府建造的公有住房和由公有住房转化而来的社会房东①出租房，英国政府仍然通过各种住房保障政策来满足国民的住房需要。英国的住房类型按所有权形式主要分为私有住房和租住房两种，其中私有住房占大多数，但租住房也占一定比例。租住房又分为私有出租住房、社会房东出租住房和地方政府出租住房三种。

---

① 登记的社会房东是一些志愿者联合起来独立注册的非营利的住房供应组织，主要为低收入家庭和其他有住房需要的家庭提供出租住房，收取的房租一般比私人出租房屋的房租要低。

英国目前采用的是在注重发挥市场机制配置资源的同时注重政府住房保障作用的住房政策。政府的住房保障政策主要体现在以下三个方面：一是房租控制。租住公有住房的居民家庭可以根据其收入水平不同享受不同程度的房租优惠，做法是根据租房市场供给与需求平衡法评估确定每一套公有住房的"公平"的房租，根据确定的住房福利标准，不同收入水平的租房家庭可以获得不同程度的房租折扣，儿童和残疾人家庭还可以获得比标准折扣更高的折扣，租住公共住房家庭的房租一般都不会超过家庭收入的10%。二是租金补贴。因为私人住房的房租不能像公共住房一样打折扣，因此政府根据经过审核的家庭收入的不同水平为租住私人住房的低收入家庭提供不同数额的房租津贴来帮助其支付房租，满足其住房需求。三是购房优惠和贷款支持。通过为购买第一套住房的居民家庭在限额之内的抵押贷款减免税收的方式鼓励中低收入家庭购买属于自己的私有住房。地方政府还为年轻的第一次购房者和其他不能得到建筑协会贷款的购房者提供固定利率的贷款以帮助其购房。另外，扣除自付房租后收入低于贫困线的家庭还可以得到更多的住房补助，住在自有住房的贫困家庭每年也可以从政府得到固定数额的房屋修缮费和保险费，以维持住房的状况。

（三）美国的住房政策

作为信奉经济自由主义的国家，尽管1949年的《住房法》确立了政府向全体美国人民提供体面、安全和可负担的住房的责任，但是在实际的运作中，美国采取的一直是市场为主、适度保障的住房政策，其公共住房只覆盖占总人口比例15%以下的低收入家庭。美国政府主要通过以下两种方式帮助美国家庭实现居者有其屋的目标：一是控制房租或提供房租补贴帮助低收入家庭租住私人出租房屋，二是采取提供税收优惠和信贷支持的方式帮助美国家庭，包括中低收入家庭通过市场获得住房来满足他们的住房需求。很多中低收入家庭通过购房税收优惠和信贷政策的支持贷款购买了自己的住房，使美国的私人住房拥有率达到68.7%，租房住的家庭约占30%，只有剩下比例很小的家庭住在政府提供的公共住房里。

美国的住房政策主要包括以下三个方面：一是建造公共住房。美国的公共住房的建造始于1937年颁布的住房法案，中间有起伏但是一直延续至今，主要有政府直接建房和补贴开发商建房两种方式。公共住房只占美国住房总量的很小比例。二是控制租金和租金补贴。控制租金是通过立法对政府拥有的公共住房和政府补贴私人开发商建造的公共住房的租金加以控制，长期以来一直将其控制在低收入家庭收入的25%，后来才增长到30%，其绝对数额比同类商品住房的租金要低20%。符合条件的低收入家庭租住符合标准的私人房屋，房租不足部分由政府补贴。三是通过优惠政策鼓励中低收入家庭购买住房。首先是购房税收减免，第一次购房者可以获得联邦政府的个人所得税减免，可以从个人所得税的税基中扣除购房首付款和每年的贷款偿还额，其房屋的不动产税也可以减免若干年。其次是抵押贷款政策，第一次购房者可以获得低息贷款或抵押贷款担保以减轻购房者的购房负担。

另外，美国政府还通过低息贷款、税收优惠和运营补贴等方式支持以为居民提供住房为宗旨的非营利组织住房合作社建设和运营合作住房，作为保障住房的一种形式，来满足中低收入居民家庭的住房需求。2010 年，合作住房占美国存量住房的 1%，占公共住房的 6%。

（四）中国香港特别行政区的住房政策

香港特别行政区实施的是政府建造公共住房（租屋、居屋）与私人房地产开发商建造商品住房并行的住房政策。公共房屋属于保障性住房，约占住房总量的 45.9%，私人开发商建造的商品住房约占住房总量的 53.5%，另外 0.6% 的是临时房屋（此为 2015 年的数据）。[①] 公共住房又分为租赁房屋（租屋）和出售房屋（居屋），前者共有 149 个屋村，后者有 120 个屋村，约有 50% 的香港居民居住在公共房屋里，这充分显示香港公共住房在满足居民住房需要方面发挥的巨大作用。

香港的公共房屋政策开始于 20 世纪 50 年代，1953 年香港屋宇建设委员会，即现在的香港房屋委员会（简称房委会）成立，开始实施建造公屋计划，用于安置住房困难居民家庭。在此后的 60 多年里，香港政府通过公营住房供应体系建造了大量的公共房屋。

香港房委会负责制订和推行香港的公营房屋计划和公共房屋的管理，是香港住房政策决策者，拥有独立的财政支配权，其下属的房屋署具体负责建造、经营、公有房地产管理和政策的实施工作。香港的公共房屋建设由房委会根据政府免费划拨的土地数量统一规划和设计，确定建筑面积和兴建标准，由房委会下属机构统一建造，或由房委会交私营机构建造，建成后由房委会按规定价格收回。

香港所有公屋管理都由房屋署屋村管理处负责，根据公屋的不同档次制定有不同的资格标准，申请人必须向房委会提出公屋申请和提交所需材料，经审查符合标准后进入排号轮候程序，按号入住或者抽签挑选购买居屋。为确保公屋能够提供给真正有需要的人，香港租住公屋具有严格的进入和退出机制，进入时要经过严格的资格审查，达到退出条件时必须退出，采取不当手段获得公屋或者占有

---

① 香港房屋委员会：《房屋统计数字 2016》。

政府出租公屋,一经发现就会面临严重的处罚。由于政府提供建设资金和免费提供土地,出租公屋的租金非常低廉,只有同面积、同档次私有住房租金的 1/4,并且经济困难家庭、残疾、老年人等特殊群体在审查合格后还可以获得租金减免;而居屋的出售价格比同档次的商品住房低 30%~40%,并且所有权为购房者所有,在住满 10 年并按照市值给政府补偿地价后可拥有全部产权,可以在市场上出售。

尽管有相对完备的公共住房政策,由于住宅用地长期供应不足和房地产市场的挤压,公屋和居屋的新建数量逐年减少,造成香港公共住房数量和质量都不能满足中低收入居民家庭的住房需求。香港中低收入家庭,特别是香港青年人蜗居现象日渐突出,青年人安居难问题引起了人们日益广泛的关注,成为香港政府和社会面对的一个重大挑战。

三、我国住房社会政策的发展历程

自新中国成立之初,党和政府就开始探索中国特色社会主义住房政策,以满足人们的住房需求。在七十多年的发展历程中,中国的住房社会政策大致经过了以下几个方面的探索和发展。

(一)住房供给制的探索与发展

新中国成立以后,为适应社会主义公有制和计划经济体制的建立,中国政府对城镇住房制度进行了社会主义改造,逐步形成了以公有制为基础、以单位制为特征、等级化的福利住房供给分配制度。

早在 1948 年 12 月 20 日,中共中央就发布了《关于城市中的公共房产问题的决定》,规定所有在城市中工作的党政军民各系统的工作人员,在房屋具备的条件下须分别设立寄宿舍,集中居住,除其家庭原在城市并有充足理由,经本机关负责首长批准者外,不得离开寄宿舍居住;所有公共机关和个人被允许居住公共房屋办公者,均须向房产管理处付出必要的房租,作为修理房屋与水电设备、添置家具及管理人员的经费与建造新房之用。在这些规定的基础上逐渐形成了中国计划经济时代的以住房实物分配和低租金为特征的国家公务人员住房供给制,即住房由国家提供,产权归国家所有,实行实物分配,居住人要向国家交相对比较低的租金。

为切实解决职工中普遍存在的住房困难问题,1957 年 1 月 11 日,国务院发布《关于职工生活方面若干问题的指示》规定,中央各部门和各省、自治区、直辖市人民委员会在根据国家核定的基本建设计划分配基本建设投资的时候,应该适当地注意建筑住宅的投资,逐年为缺房的职工增建一部分住宅。企业中历年积存下来的奖励基金和今后每年提取的奖励基金，都可以拨出一部分用来建筑职工住宅。这可以被看成是产权公有、实物分配、低租金使用的中国计划经济时代特有的住房保障制度确立的标志，这种制度在实际运作过程中演变为工作单位住房供给制，成为企业办社会、单位办社会的一个重要方面。

在整个计划经济时代，由于经济社会发展水平很低，再加上重生产、轻消费的政策导向，作为消费行业的住房建设预算资金严重不足，制约了住房建设的数量和质量，城镇居民住房面积小、条件差、住房短缺的状况一直难以得到有效的改善，全国城镇居民人均住房面积甚至由新中国成立初期的4.5平方米下降到1978年的3.6平方米。

（二）住房商品化改革的开展与深化

中共十一届三中全会以后，伴随着经济社会全面的改革开放，住房商品化改革也逐步开展并不断深化。

针对建筑业发展缓慢，居民住房困难的状况，1980年4月2日，邓小平发表了著名的关于建筑业和住宅问题的谈话，提出了出售公房，调整租金，提倡个人建房买房的改革总体设想，开启了中国住房商品化改革的大幕。

1980年6月，中共中央批转《全国基本建设工作会议汇报提纲》，正式提出住房商品化政策，规定准许私人建房、私人买房、准许私人拥有自己的住宅。1982年，国家决定在郑州、常州、四平和沙市四个城市试行公有住房的补贴出售，即政府、单位、个人各负担房价的1/3，也就是说个人只要支付房价的1/3就可以拥有产权属于自己的住房。试点取得了很好的效果，职工购买住宅非常踊跃。在此基础上国家决定将城市公有住宅补贴出售试点工作扩大到北京、上海、天津等直辖市和其他省属市县，各省、自治区扩大试点的城市，由省、自治区人民政府确定。

为激励城镇职工，特别是低价承租大面积公有住房的国家干部参与房改，推动住房商品化改革的进一步推广，1986年2月国家成立国务院住房制度改革领导小组，提出调整公有住房租金、发放住房补贴，逐步推动出售公有住房等新的住房改革思路，同年3月确定烟台、唐山、蚌埠、常州、江门等五城市为全国房改试点城市，开展了以提租补贴为主要内容的住房改革，以此来推动公有住房出售工作。

1988年2月，在总结住房改革试点经验的基础上，国务院发布《关于在全国城镇分期分批推行住房制度改革的实施方案》《关于鼓励职工购买公有旧住房的意见》，提出从1988年起，用三到五年时间，在全国城镇分期分批把住房制度改革推开，目标是按照社会主义有计划的商品经济的要求，实现住房商品化，从改革公房低租金制度着手，将住房实物分配逐步改变为货币分配，具体的做法是调整提高公房租金，将建房、修房基金由暗补变明补，逐步纳入职工工资，多住房多交租和少住房可得益，抑制不合理的住房需求，促进职工个人买房；确定住房作为商品生产的指导性计划管理体制，理顺住房资金渠道，建立住房基金，改革金融体制，调整信贷结构，建立住房信贷，促进商品住房的生产和销售。

为克服住房制度改革中的阻力，解决改革中出现的问题，国务院在1991年6月发布了《关于继续积极稳妥地进行城镇住房制度改革的通知》，提出继续合理调整现有公有住房的租金，有计划有步骤地提高到成本租金；继续稳妥开展出售公有住房工作。

1994年7月，为推进改革，实现住房商品化、社会化，以此促进住房建设，改善居住条件，满足城镇居民不断增长的住房需求，国务院下发了《关于深化城镇住房制度改革的决定》，提出改革的内容是把住房建设投资由国家、单位统包的体制改变为国家、单位、个人三者合理负担的体制；把各单位建设、分配、维修、管理住房的体制改变为社会化、专业化运行的体制；把住房实物福利分配的方式改变为以按劳分配为主的货币工资分配方式；建立以中低收入家庭为对象、具有社会保障性质的经济适用住房供应体系和以高收入家庭为对象的商品房供应体系；建立住房公积金制度；发展住房金融和住房保险，建立政策性和商业性并存的住房信贷体系；建立规范化的房地产交易市场和发展社会化的房屋维修、管理市场。

1998年7月，国务院发布《关于进一步深化城镇住房制度改革加快住房建设的通知》，明确提出停止住房实物分配，逐步实行住房分配货币化；建立和完善包括面向最低收入家庭的廉租住房、面向中低收入家庭的经济适用房、面向高收入家庭的商品住房在内的，以经济适用住房为主的多层次城镇住房供应体系；全面推行和不断完善住房公积金制度，发展住房金融，培育和规范住房交易市场，要求各地在国家统一政策目标指导下，因地制宜，量力而行；坚持国家、单位和个人合理负担；坚持新房新制度、老房老办法，平稳过渡，综合配套，推进住房制度改革。

随着城镇住房制度改革深入推进，出现了住房市场发展不平衡、结构不合理、房价过高、投资增长过快，住房开发和交易不规范等问题，为此，2003年8月，国务院发布《关于促进房地产市场持续健康发展的通知》，提出了调整住房供应结构、健全住房市场体系、发展住房信贷、调控土地供应、加强市场监管等促进房地产市场持续健康发展的措施。该文件的出台一方面标志着住房商品化改革初步完成，另一方面也表明住房市场制度仍然需要进一步完善。

(三) 保障性住房制度的建立与完善

为配合住房制度改革的顺利进行，解决住房商品化改革所造成的最低收入和中低收入家庭住房难问题，我国在住房商品化改革过程中逐步开展了保障性住房建设。早在 1990 年 9 月，建设部和全国总工会就发布了《解决城镇居住特别困难户住房问题的若干意见》，提出多种渠道筹集住房建设资金，多种方式解决房源，有计划地兴建一批能满足基本生活需要、用地省、造价低、并在居住水平提高时易于改造的中、小套型住宅，以优惠价格出售、出租给居住特困户等具体的解困措施，为以后的经济适用住房、廉租住房和公共租赁住房的发展提供了经验。

1. 经济适用住房制度

在 1991 年 6 月发出的《关于继续积极稳妥地进行城镇住房制度改革的通知》中，政府就提出了大力发展经济实用的商品住房，优先解决无房户和住房困难户住房问题的思路。这里提出的"经济适用的商品住房"虽然还不是"经济适用住房"，但是已经包含了"经济适用住房"的思路。

1994 年 7 月国务院颁布的《关于深化城镇住房制度改革的决定》不仅明确提出了建立以中低收入家庭为对象、具有社会保障性质的经济适用住房供应体系的政策思路，而且提出了加快经济适用住房开发建设的具体政策措施。

为推动经济适用住房建设，国务院住房制度改革领导小组和建设部分别发布《国家安居工程实施方案》和《实施国家安居工程的意见》，对经济适用住房建设做出了具体的部署。

1998 年 7 月国务院发布的《关于进一步深化城镇住房制度改革加快住房建设的通知》明确提出了建立和完善以经济适用住房为主的多层次城镇住房供应体系、中低收入家庭购买经济适用住房的政策，经济适用住房成为政府倡导的主要住房供应类型，同时也被确定为解决城镇居民住房困难的主要途径。

为改进和规范经济适用住房制度，国家先后制定和发布了《关于解决城市低收入家庭住房困难的若干意见》《城镇经济适用住房建设管理办法》《关于进一步规范经济适用住房建设和销售行为的通知》《关于印发经济适用住房价格管理办法的通知》《经济适用住房管理办法（2004）》《经济适用住房管理办法（2007）》《关于加强经济适用住房管理有关问题的通知》等一系列政策文件，对经济适用住房的建设、管理、申请、审核、公示、轮候、使用和退出等工作做出了明确的规定。

2. 廉租住房和公共租赁住房制度

1998 年 7 月国务院发布的《关于进一步深化城镇住房制度改革加快住房建设

的通知》提出了最低收入家庭租赁由政府或单位提供的廉租住房的政策，并规定廉租住房可以从腾退的旧公有住房中调剂解决，也可以由政府或单位出资兴建；廉租住房的租金实行政府定价，承租廉租住房实行申请、审批制度；具体办法由市（县）人民政府制定，不仅明确了政府或单位在满足最低收入家庭住房需求方面的责任，也指出了廉租住房管理运行的原则。1999年5月，建设部施行《城镇廉租住房管理办法》，对廉租住房的性质、来源、建设、租金水平、申请、审批、违约处罚、运行管理做出了明确的规定。

由于缺乏必要的扶持、激励和惩罚措施，廉租住房建设并没有很好地开展。为此，2003年12月，建设部等部门联合颁布了新的《城镇最低收入家庭廉租住房管理办法》，明确规定了地方政府在建立城镇最低收入家庭廉租住房制度方面的责任，提出了以发放租赁住房补贴为主，实物配租、租金核减为辅的城镇最低收入家庭廉租住房保障模式，具体规定了廉租住房资金的来源，实行财政预算安排为主、多种渠道筹措的原则，细化了廉租住房运行管理办法。为规范廉租住房租金管理，2005年3月和7月建设部等部门又分别印发了《城镇廉租住房租金管理办法》《城镇最低收入家庭廉租住房申请、审核及退出管理办法》。为进一步促进廉租住房制度建设，2007年12月，国家又颁布了新版的《廉租住房保障办法》，规定实行货币补贴和实物配租等相结合的廉租住房保障方式，并对廉租住房保障的保障对象、保障方式、责任主体、资金和房源、建设标准、申请与审批、协议合同签署、退出机制、监督管理进行了详尽的规定。为加强廉租住房管理，确保廉租住房公平配租和有效使用，2010年4月，建设部等部门又发布《关于加强廉租住房管理有关问题的通知》。这些规范性文件的出台在一定程度上促进了廉租住房的建设，规范了廉租住房的管理。

国务院办公厅2008年12月发布的《关于促进房地产市场健康发展的若干意见》提出加大保障性住房建设力度，多渠道筹集建设资金，开展住房公积金用于住房建设的试点，到2011年底基本解决747万户现有城市低收入住房困难家庭的住房问题的目标。为此住建部、发改委、财政部专门制定了《2009—2011年廉租住房保障规划》，将747万户的任务分解到每一个省、市、自治区和每一年。

为解决很多中低收入家庭因为既不能享受廉租住房，又买不起商品房而造成的住房困难，国家连续下发《关于促进房地产市场平稳健康发展的通知》和《关于坚决遏制部分城市房价过快上涨的通知》，提出要加快建设公共租赁住房，解决中等偏下收入家庭的住房困难，尤其是房价过高、上涨过快的地区，要大幅度增加公共租赁住房供应的要求，并颁布了《关于加快发展公共租赁住房的指导意见》

《关于保障性安居工程建设和管理的指导意见》，全面论述了发展公共租赁住房的意义、建设目标、基本原则，明确规定了公共租赁住房供应对象主要是城市中等偏下收入住房困难家庭，有条件的地区，可以将新就业职工和有稳定职业并在城市居住一定年限的外来务工人员纳入供应对象范围。

为加强对公共租赁住房的管理，保障公平分配，规范运营与使用，健全退出机制，2012年国家颁布了《公共租赁住房管理办法》，对公共租赁住房的性质、保障对象、来源、分配、运营、使用、退出和管理做出了明确的规定。

由于廉租住房、公共租赁住房都属于保障性住房，除了面向的对象有所区别之外，在性质和管理方式上几乎完全一样，因此国务院批转发展改革委《关于2013年深化经济体制改革重点工作意见的通知》，提出了健全保障性住房分配制度，有序推进公租房、廉租房并轨的决定。2013年12月，住房和城乡建设部等三部门联合下发了《关于公共租赁住房和廉租住房并轨运行的通知》，进行了具体安排。住房和城乡建设部随后又于2014年6月发布了《关于并轨后公共租赁住房有关运行管理工作的意见》，对并轨后的公共租赁房的保障对象、年度建设规划、审核机制、轮候制度、配租管理、使用退出管理、信息公开工作提出了明确的要求，做出了具体的规定。至此，公租房和廉租房实现了并轨，中国特色的公共租赁住房制度初步形成了。

针对公租房需求量大、覆盖面窄、保障门槛较高等问题，2019年5月，住房和城乡建设部等四部委共同印发了《关于进一步规范发展公租房的意见》，提出了进一步规范发展公租房，切实解决城镇中低收入居民和新市民住房困难的具体措施，推动了公租房政策完善和发展。《意见》要求以政府为主提供基本住房保障，因地制宜加大公租房发展力度，不断增强困难群众对住房保障的获得感、幸福感和安全感。《意见》具体指出，要分类合理确定准入门槛，针对不同困难群体，合理设置准入条件，采取适当的保障方式和保障标准。对城镇低保、低收入住房困难家庭要实现应保尽保；要坚持实物保障与租赁补贴并举；要加强公租房建设管理，切实保证公租房建设质量安全；对列入市县年度计划的公租房项目，要落实好土地、资金、税费等各项支持政策。

（四）住房公积金制度的建立与完善

为解决住房改革过程中建房资金缺乏和职工购房资金不足的问题，借鉴新加坡公积金制度，1991年上海颁布《上海市公积金暂行办法》，开始率先实施住房公积金制度。该办法规定：公积金是一种义务性的长期储金，职工个人按月缴交占工资一定比例的公积金；单位亦按月提供占职工工资一定比例的公积金，两者均归职工个人所有；1991年职工个人和所在单位的公积金缴费率都是5%；公积金专款专用，只能支付职工家庭购买自住住房、自建自住住房、私房翻建和大修等费用。

上海的公积金制度建设积累了宝贵的经验。1998年国务院发布了《关于进一步深化城镇住房制度改革加快住房建设的通知》，提出全面推行和不断完善住房公积金制度，并于1999年3月颁布《住房公积金管理条例》，对住房公积金的性质、适用对象、缴存、提取、使用、管理和监督等做出了明确的规定。《住房公积金管理条例》的颁布标志着住房公积金制度在全国范围内确立。

针对住房公积金制度运行中的问题，国务院2002年3月颁布了修订完善后的新的《住房公积金管理条例》，2002年5月发布了《关于进一步加强住房公积金管理的通知》，对调整和完善住房公积金决策体系、规范住房公积金管理机构设置、规范住房公积金银行专户和个人账户管理、强化住房公积金归集、加大个人公积金贷款发放力度、健全和完善住房公积金监督体系做出了更具体明确的规定和要求。2004年，建设部等四部委又颁布了《住房公积金行政监督办法》，对住房公积金的行政监督的监督部门、监督原则、监督内容、监督方式、监督程序、监督责任与义务等做出了明确的规定，对住房公积金政策实施的规范性和安全性起到了很好的促进作用。

为促进港澳台同胞更好地融入内地（大陆）的经济社会发展，住房和城乡建设部等五部门2017年11月联合发布《关于在内地（大陆）就业的港澳台同胞享有住房公积金待遇有关问题的意见》，确立了在内地（大陆）就业的港澳台同胞同等享有住房公积金待遇的权利，为港澳台同胞在内地（大陆）就业、生活提供了极大的便利。

四、当前中国的住房政策体系

经过改革开放以来40多年的改革和发展，中国已经初步形成了以政府为主提供基本保障、以市场为主满足多层次需求，包括针对中高收入家庭的商品住房、针对中等收入家庭的经济适用住房和限价商品住房、针对中低和低收入家庭的公共租赁住房（包括廉租住房）和住房公积金制度在内的中国特色社会主义住房政策体系。

（一）商品住房

商品住房是指由具有经营资格的房地产开发公司或其他组织在经过政府有关部门批准，并通过出让方式取得土地使用权后自主开发建造的，可以自由地在市场上出售或出租的住房，可以分新建商品住房和二手商品住房。商品住房价格完全由市场自主决定，购房者在购买住房后可以办理房产证，完全拥有住房的产权。

(二) 经济适用住房

经济适用房是指政府制订计划，提供政策优惠，组织房地产开发企业或者集资建房单位建造，限定套型面积和销售价格，按照合理标准建设，以微利价面向城市低收入住房困难家庭供应的住房。经济适用房兼具经济性和适用性，经济性是指相对于商品住房来讲其价格是适中的，能够为中低收入的住房困难家庭所承受，适用性是指住房的面积、质量和功能达到了一定的标准，能够满足购房家庭的基本住房需要。

经济适用住房是面向城市中低收入住房困难家庭的具有保障性质的政策性住房，实施严格的准入和退出机制，其供应实行申请、审核、公示和轮候制度。为了确保其经济性，经济适用住房建设用地由政府以划拨方式供应，其建设项目免收城市基础设施配套费等各种行政事业性收费和政府性基金，其项目外基础设施建设费用由政府负担，因此经济适用住房购房人只拥有有限产权，不能像商品住房一样在住房市场上自由交易，而必须按照《经济适用住房管理办法》的规定由政府按约定方式回购。购买经济适用住房年满五年的，购房人可以在按照政府所定的标准向政府交纳土地收益等相关价款后，取得完全产权，转成普通商品住房，或者可在按规定向政府缴纳一定比例的经济适用住房和同地段普通商品住房差价的土地收益等相关价款后转让。

《经济适用住房管理办法》规定，已经购买经济适用住房的家庭又购买其他住房的，原经济适用住房由政府按规定及合同约定回购；已参加福利分房的家庭在退回所分房屋前不得购买经济适用住房，已购买经济适用住房的家庭不得再购买经济适用住房；个人购买的经济适用住房在取得完全产权以前不得用于出租经营。

拓展资源

建设部等七部门发布《经济适用住房管理办法》

经济适用住房制度是中国解决城市低收入家庭住房困难政策体系的组成部分，在解决低收入住房困难家庭的住房问题，满足他们的基本住房需要方面发挥了重要作用，是中国特色住房保障制度的创新成果。但是随着公共租赁住房政策的推出，经济适用住房的功能和作用将逐渐被公共租赁住房所取代，经济适用住房以及与之有相似功能的限价房的概念和政策本身也将完成其历史使命，并随着公共租赁住房的发展而退出历史舞台。

（三）公共租赁住房

公共租赁住房是由国家提供政策支持，由政府或社会力量投资，通过新建、改建、收购、长期租赁等多种方式筹集房源，限定建设标准和租金水平，面向符合规定条件的城镇低收入和中等偏下收入住房困难家庭、新就业无房职工和在城镇稳定就业的外来务工人员出租的保障性住房。

公共租赁住房在中国是一个相对较新的概念，本来是为了解决廉租住房保障对象之外的买不起商品住房的"夹心层"居民家庭的住房困难而设计的保障性住房政策，其与廉租住房的不同仅仅在于保障对象不同，其目标对象是中低收入住房困难家庭，而廉租住房的保障对象是最低收入住房困难家庭，因此随着住房保证政策的发展和国家住房保障力度的加大，廉租住房政策最终与公共租赁住房政策并轨运行，成为统一的公共租赁住房政策，其保障对象涵盖最低收入和中低收入住房困难居民家庭，具体标准由各地直辖市和市、县级人民政府住房保障主管部门根据本地区实际情况确定。公共租赁住房政策详情将在本章第三节介绍。

（四）住房公积金

住房公积金是用人单位及其在职职工缴存的长期住房储金。住房公积金是改革住房实物分配，实施住房分配货币化、社会化和法制化的主要方式之一。

住房公积金由职工所在单位和职工个人按照职工工资的一定比例缴存，存入职工个人住房公积金专用账户，归职工个人所有。住房公积金具有专用性，职工只有在购买、建造、翻建、大修自住住房时才可以使用；缴存住房公积金的职工，在购买、建造、翻建、大修自住住房时，可以向住房公积金管理中心申请住房公积金贷款。住房公积金制度的详情将在本章第二节加以介绍。

（五）住房租赁补贴

目前各个城市政府都向住房和收入均存在严重困难的城镇"双困户"提供住房补贴，帮助他们到公租房系统或租房市场中去租赁住房，以满足他们基本的住房需要。这项政策的基本做法是，有需要的家庭提出申请，经审查符合条件的，由地方政府的相关部门向其发放住房租赁补贴金。获得住房租赁补贴金的困难家庭可以向公租房管理部门申请公租房，并用获得的住房租赁补贴金支付房租；也可以直接到租房市场中去租赁住房并用补贴金支付房租。

（六）城市棚户区和城乡危房改造

此项政策主要用于解决部分城乡居民住房质量严重低下的问题，以保障所有城乡居民住房都能达到住房安全的标准，并逐步改善住房条件。其中，棚户区改造主要在城市当中，通过政府的投入和其他各种途径筹集资金，改造集中连片棚户区及其中的住房。城乡危房改造则主要针对所有达到危房条件的住房，帮助业主或使用者以修缮加固等方式改造危房，并对经济条件较差的家庭提供危房改造资金。

（七）农村宅基地制度及危房改造补贴

我国农村主要采用宅基地制度保障村民的住房需要。宅基地是农村村民用于建造住宅及其附属设施的集体建设用地，包括住房、附属用房和庭院等用地。按照现行规定，农村村民一户只能拥有一处宅基地，宅基地面积标准由省、自治区、直辖市规定。农村村民可以在批准的宅基地上按批准面积和建房标准建造住宅。人均土地少、不能保障一户拥有一处宅基地的地区，县级人民政府在充分尊重农民意愿的基础上，可以采取措施，按照省、自治区、直辖市规定的标准保障农村村民实现户有所居。对于因家庭经济困难而无力维修房屋，居住在危房中的困难家庭，地方政府给予危房改造补贴，以确保其基本的居住条件。

第二节　我国的住房公积金政策

中国的住房公积金政策起步于1991年上海的住房公积金实验，1999年开始在全国推广，经过20多年的发展，已经成为中国特色社会主义住房保障政策的重要组成部分，有力地促进了中国住房制度的市场化改革和城市居民家庭住房状况的改善。

一、住房公积金政策概述

（一）住房公积金的概念和性质

根据《住房公积金管理条例》，住房公积金是指国家机关、国有企业、城镇集体企业、外商投资企业、城镇私营企业及其他城镇企业、事业单位、民办非企业单位、社会团体（以下统称单位）及其在职职工缴存的长期住房储金。住房公积金具有以下性质：

1. 强制性

住房公积金制度是依法设立的，是中国特色社会主义住房保障政策的重要组成部分，具有强制性。单位不办理住房公积金缴存登记或者不为本单位职工办理住房公积金账户设立手续的，单位逾期不缴或者少缴住房公

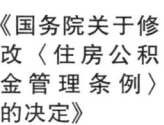

拓展资源

《国务院关于修改〈住房公积金管理条例〉的决定》

积金的，由住房公积金管理中心责令限期设立和缴存，逾期仍不办的，可以申请人民法院强制执行。

2. 职工个人所有

住房公积金虽然是用人单位及其职工共同缴存的，但是在所有权性质上是属于职工个人所有，《住房公积金管理条例》明确规定，职工个人缴存的住房公积金和职工所在单位为职工缴存的住房公积金，属于职工个人所有。职工离休、退休、完全丧失劳动能力并与单位终止劳动关系、出境定居的，住房公积金将返还职工；职工死亡或者被宣告死亡的，职工的继承人、受遗赠人可以提取职工住房公积金账户内的存储余额。

3. 住房专款专用

住房公积金在性质上虽然属于职工个人所有，但是职工并没有自由支配权，只能在其购买、建造、翻建、大修自住住房时使用，任何单位和个人，包括公积金所有人，即职工本人，都不得挪作他用。

(二) 住房公积金的功能

1. 汇集住房资金

任何单位和在职职工，无论其是否有住房，是否已购买住房或计划要购买住房，都必须按规定缴存其工资一定比例的住房公积金，所以住房公积金具有很强的汇集资金功能。住房公积金的设立持续不断地为国家和政府汇集了大量的住房建设资金，极大地支持了住房的建设和住房制度改革的开展，推动了住房产业的发展。

2. 住房保障功能

住房公积金的保障功能表现在两个方面：一方面，住房公积金存入职工个人公积金账户，为职工个人所有，因此具有一定的福利性和保障性。另一方面，职工不仅可以用自己的住房公积金支付个人和家庭购买、建造、翻建、大修自住住房的费用，而且可以申请公积金贷款购买、建造、翻建、大修自住住房，并可提取个人的住房公积金用于偿还住房贷款，而公积金贷款的利率比一般商业住房贷款要低。住房公积金增强了职工家庭购买住房和改善住房条件以满足其住房需求的能力，体现了其所具有的保障性。

二、住房公积金的运行方式

《住房公积金管理条例》规定，住房公积金的管理实行住房公积金管理委员会决策、住房公积金管理中心运作、银行专户存储、财政监督的原则。住房公积金的存、贷利率由中国人民银行提出，经征求国务院建设行政主管部门的意见后，报国务院批准。国务院建设行政主管部门会同国务院财政部门、中国人民银行拟定住房公积金政策，并监督执行。省、自治区人民政府建设行政主管部门会同同级财政部门以及中国人民银行分支机构，负责本行政区域内住房公积金管理法规、政策执行情况的监督。

（一）机构及其职责

1. 住房公积金管理委员会

住房公积金管理委员会是住房公积金管理的决策机构。直辖市和省、自治区人民政府所在地的市以及其他设区的市（地、州、盟），应当设立住房公积金管理委员会。住房公积金管理委员会在住房公积金管理方面履行下列职责：（1）依据有关法律、法规和政策，制定和调整住房公积金的具体管理措施，并监督实施；（2）根据《住房公积金管理条例》的规定，拟订住房公积金的具体缴存比例；（3）确定住房公积金的最高贷款额度；（4）审批住房公积金归集、使用计划；（5）审议住房公积金增值收益分配方案；（6）审批住房公积金归集、使用计划执行情况的报告。

2. 住房公积金管理中心

住房公积金管理中心是住房公积金的管理运作机构。直辖市和省、自治区人民政府所在地的市以及其他设区的市（地、州、盟）按照精简、效能的原则，设立一个住房公积金管理中心。

住房公积金管理中心履行下列职责：（1）编制、执行住房公积金的归集、使用计划；（2）负责记载职工住房公积金的缴存、提取、使用等情况；（3）负责住房公积金的核算；（4）审批住房公积金的提取、使用；（5）负责住房公积金的保值和归还；（6）编制住房公积金归集、使用计划执行情况的报告；（7）承办住房公积金管理委员会决定的其他事项。

（二）缴存

1. 账户的设立与管理

住房公积金管理中心应当在受委托银行设立住房公积金专户。单位应当向住房公积金管理中心办理住房公积金缴存登记，经住房公积金管理中心审核后，为本单位职工办理住房公积金账户设立手续，每个职工只能有一个住房公积金账户。住房公积金管理中心应当建立职工住房公积金明细账，记载职工个人住房公积金的缴存、提取等情况。

2. 缴存规定

职工住房公积金的月缴存额为职工本人上一年度月平均工资乘以职工住房公

积金缴存比例。单位为职工缴存的住房公积金的月缴存额为职工本人上一年度月平均工资乘以单位住房公积金缴存比例。

职工和单位住房公积金的缴存比例均不得低于职工上一年度月平均工资的5%；有条件的城市，可以适当提高缴存比例。具体缴存比例由住房公积金管理委员会拟订，经本级人民政府审核后，报省、自治区、直辖市人民政府批准。单位为职工缴存的住房公积金，按照下列规定列支：（1）机关在预算中列支；（2）事业单位由财政部门核定收支后，在预算或者费用中列支；（3）企业在成本中列支。

住房公积金自存入职工住房公积金账户之日起按照国家规定的利率计息。住房公积金管理中心应当为缴存住房公积金的职工发放缴存住房公积金的有效凭证。

（三）提取和使用

1. 提取条件

职工有下列情形之一的，可以提取职工住房公积金账户内的存储余额：（1）购买、建造、翻建、大修自住住房的；（2）离休、退休的；（3）完全丧失劳动能力，并与单位终止劳动关系的；（4）出境定居的；（5）偿还购房贷款本息的；（6）房租超出家庭工资收入的规定比例的。

2. 公积金贷款

缴存住房公积金的职工，在购买、建造、翻建、大修自住住房时，可以向住房公积金管理中心申请住房公积金贷款。住房公积金管理中心应当自受理申请之日起15日内做出准予贷款或者不准贷款的决定，并通知申请人；准予贷款的，由受委托银行办理贷款手续。住房公积金贷款的风险，由住房公积金管理中心承担。申请人申请住房公积金贷款的，应当提供担保。

3. 保值增值

住房公积金管理中心在保证住房公积金提取和贷款的前提下，经住房公积金管理委员会批准，可以将住房公积金用于购买国债。住房公积金管理中心不得向他人提供担保。住房公积金的增值收益应当存入住房公积金管理中心在受委托银行开立的住房公积金增值收益专户，用于建立住房公积金贷款风险准备金、住房公积金管理中心的管理费用和建设城市廉租住房的补充资金。

三、住房公积金政策的运行绩效与发展趋势

（一）住房公积金政策的运行绩效

住房公积金政策确立了国家、集体和个人筹资建设住房的机制，推动了中国住房商品化、市场化改革，在为国家汇集住房建设资金、提高职工家庭购买住房

能力、推动保障房建设方面取得了显著的绩效。

1. 汇集住房建设资金

数据显示，自住房公积金政策实施以来，其每年的缴存额一直在持续稳定增加当中。2018 年全国住房公积金缴存额为 21 054.65 亿元，比上年增长 12.43%。截至 2018 年末，全国住房公积金缴存总额为 145 899.77 亿元，扣除提取后的缴存余额为 57 934.88 亿元，分别比上年末增长 16.86% 和 12.23%。[①] 这是一笔十分巨大的资金，正是这些住房公积金逐步改变了住房资金全部由国家筹集所造成的住房资金匮乏的局面，为经济适用住房、公共租赁住房、廉租住房、棚户区改造安置用房和普通商品住房的建设提供了稳定的资金来源，推动了中国住房建设，使中国居民家庭拥有满足自身住房需要的住房成为可能。

2. 提升职工购买住房能力

住房公积金政策通过两种方式提升了职工购买住房的能力：一是通过住房公积金贷款买房，可以享受比普通商业贷款低的贷款利息；二是通过提取自己的住房公积金用于支付购房款和偿还购房贷款，直接减轻了购房的压力和购房对职工家庭日常生活的影响。数据显示，截至 2018 年年末，住房公积金累计发放个人住房贷款 3 334.82 万笔、85 821.32 亿元，其中 2018 年当年全国共发放住房公积金个人贷款 252.58 万笔、10 218.53 亿元，占当年缴存额的 48.53%。截至 2018 年年末，全国住房公积金提取总额为 87 964.89 亿元，占缴存总额的 60.29%，其中 2018 年，全国住房公积金提取额为 14 740.51 亿元，比上年增长 15.80%；占全年缴存额的 70.01%，比上年提高 2.03 个百分点。[②] 这说明截至 2018 年年底，全国三千三百多万职工家庭通过住房公积金贷款和供款提高或改善了住房条件。

3. 促进了保障性住房建设

依照《住房公积金管理条例》，住房公积金的增值收益的一部分可用于建设城市廉租住房的补充资金。2009 年住房和城乡建设部等七部委印发了《关于利用住房公积金贷款支持保障性住房建设试点工作的实施意见》，据此确定了利用公积金进行保障性住房建设项目贷款试点城市 93 个，试点项目 439 个，贷款额度 1 248.03 亿元。[③] 截至 2018 年年末，全国累计发放利用公积金进行保障性住房（其中包括经济适用住房、棚户区改造安置用房、公共租赁住房）建设试点项目贷款 872.15 亿元，累计收回项目贷款本金 826.04 亿元，项目贷款余额 46.11 亿元，

---

① 住房和城乡建设部：《全国住房公积金 2018 年年度报告》。
② 住房和城乡建设部：《全国住房公积金 2018 年年度报告》。
③ 住房和城乡建设部：《全国住房公积金 2014 年年度报告》。

有力地促进了国家保障性住房建设。①

（二）住房公积金政策运行中的问题

尽管住房公积金政策如上所述发挥了重要的功能，但是其运行过程中仍然存在一些不够完善的地方，需要在发展过程中逐步改进，从而能够更好地发挥其应有的功能。

1. 覆盖人群小

虽然根据《住房公积金管理条例》，所有机关和企事业单位及其职工都应当缴纳住房公积金，但是它同时又规定了豁免条款，即对缴存住房公积金确有困难的单位，经批准可以降低缴存比例或者缓缴，待单位经济效益好转后，再提高缴存比例或者补缴缓缴的公积金，这导致在实际执行过程中，很多企业和组织选择不为职工缴存住房公积金，住房公积金覆盖人群相对较小，参与率不高。根据《中国统计年鉴 2020》的数据，2019 年中国城镇就业人员数量为 44 247 万人，但是住建部等部门发布的《全国住房公积金 2019 年年度报告》的数据显示，2019 年实际缴存住房公积金职工人数只有 14 881.38 万人，城镇就业人员住房公积金缴存的覆盖率只有 33.6%，也就是说，在城镇就业人员中三分之二的人没有参与住房公积金计划，不能够享受住房公积金相关政策。

2. 使用效率有待提高

数据显示，尽管公积金的使用效率不断提高，2018 年末，住房公积金使用率（个人提取总额、个人贷款余额、支持保障性住房建设项目贷款余额与购买国债余额之和占缴存总额的比例）达到 94.5%，住房公积金运用率（个人贷款余额、支持保障性住房建设项目贷款余额与购买国债余额之和占缴存余额的比例）达到 86.2%。但是由于《住房公积金管理条例》规定住房公积金只能用于公积金提取、公积金贷款和购买国债，并规定了相对比较高的公积金贷款门槛，导致了汇集的住房公积金相当比例的闲置，难于保值增值，使用效率有待进一步提高。

3. 缴存比例差别大

由于《住房公积金管理条例》并没有规定统一的住房公积金缴存比例，各地可以自主决定不同单位和职工的缴存比例，这导致不同地区、不同单位住房公积金缴存比例有很大的差异，缴存比例比较高的多是机关事业单位、国有企业，为 12%~20%，缴存比例相对较低的民企普遍为 5%~8%，这不仅导致分配不公，有时也是产生偷税漏税、变相侵吞公共资产等腐败现象的一个因素。尽管住房和城

---

① 住房和城乡建设部：《全国住房公积金 2018 年年度报告》。

乡建设部等部委2016年发布了《关于规范和阶段性适当降低住房公积金缴存比例的通知》，提出了公积金缴存比例不得高于12%的原则要求，但是不同地区、不同单位住房公积金缴存比例差异过大的现状并没有根本性的改变。

4. 保障效应有限

《住房公积金管理条例》规定，只有在购买、建造、翻建、大修自住住房时，住房公积金才能提取或申请公积金贷款，尽管国家在一定程度上放宽了提取住房公积金的条件，但是随着房价的不断上涨，低收入和中低收入职工，有时候甚至包括中等收入职工都或者因买不起住房因此不能提取住房公积金，或者因为不能支付公积金贷款所规定的首付房款而不能申请公积金贷款，反而是中高收入或高收入职工更容易提取住房公积金和使用住房公积金贷款买房，制约了住房公积金对低收入和中低收入家庭的住房保障作用。

5. 资金管理分散

由于住房公积金管理委员会和相对应的管理中心设在直辖市和省、自治区人民政府所在地的市以及其他设区的市（地、州、盟），负责住房公积金的管理运作，目前全国342个住房公积金管理中心各自为政，相互之间缺乏沟通和协调，缺乏统一的管理机构和制度，导致各地住房公积金的缴存、使用和运作效率差别很大，增加了管理和监督的困难和复杂程度，也增加了公积金管理风险，影响了公积金的使用效率。

（三）住房公积金政策的发展趋势

住房公积金政策的绩效不容置疑，其运行中存在的问题也引起了研究者和政策决策部门的注意，《住房公积金管理条例》的修订完善工作也正在开展。根据现有的研究，住房公积金政策应进一步扩大缴存范围、放宽提取条件、支持住房消费、调整存款利率和收益分配、完善管理体制及运行机制、严格监管机制等，以便使这项政策更好地发挥住房保障的作用。

第三节　当前我国的城镇住房保障政策

城镇住房保障政策是指通过配租、配售保障性住房或者发放租赁补贴等方式，为住房困难且收入、财产等符合规定条件的城镇家庭和在城镇稳定就业的外来务工人员提供支持和帮助，满足其基本住房需求的政策。自1994年开始，我国的城镇住房保障政策经过20多年的探索发展，已基本形成以公共租赁住房为主体，包括经济适用住房、限价商品住房、棚改房在内的相对比较完备的多层次保障体系，在解决低收入和中低收入城镇居民家庭住房困难、满足他们的基本住房需要方面发挥了越来越重要的作用。

一、我国城镇保障性住房建设

保障性住房是指纳入政府城镇住房保障规划和年度计划，限定面积标准、租售价格等，向符合条件的保障对象，即中低收入和低收入住房困难家庭所提供的住房。保障性住房一般由廉租住房、经济适用住房、公共租赁住房、限价商品住房以及棚改房构成。自1994年至今，中国城镇保障性住房建设大致经历了经济适用房建设为主阶段、廉租住房建设为主阶段和公共租赁住房为主阶段三个阶段。

（一）经济适用住房为主阶段（1994—2006年）

如果说1994年国务院《关于深化城镇住房制度改革的决定》提出建立以城镇中低收入家庭为对象、具有社会保障性质的经济适用住房供应体系，开启了中国城镇保障性住房建设的序幕，那么1995年《国家安居工程实施方案》的出台则标志着以经济适用房为主的保障性住房建设的全面起步。该方案计划在原有住房建设规模的基础上用五年时间增加安居工程建筑面积1.5亿平方米，主要面向中低收入家庭以成本价出售，优先出售给无房户、危房户和住房困难户，在同等条件下优先出售给离退休职工、教师中的住房困难户，不售给高收入家庭。

1998年国务院出台《关于进一步深化城镇住房制度改革加快住房建设的通知》确立了以经济适用住房为主，以廉租住房为辅的城镇住房保障体系，经济适用住房建设进入了相对快速发展阶段。1998—2001年，经济适用住房建设投资占整个住宅建设投资的比例达到了16%。但是随着政府对土地财政依赖的加剧，经济适用住房建设资金受到了挤压，其投资占房地产投资的比例不断下降，2005年降到了不足3%，经济适用房建设进入了停滞萎缩阶段。在此期间，商品住房价格迅速增长，城镇低收入家庭住房困难加剧。

（二）廉租住房为主阶段（2007—2010年）

2007年国务院出台《关于解决城市低收入家庭住房困难的若干意见》（以下简称《意见》）确立了以城市低收入家庭为对象，进一步建立健全城市廉租住房制度，改进和规范经济适用住房制度，加大棚户区、旧住宅区改造力度，为实现到"十一五"规划期末，使低收入家庭住房条件得到明显改善，农民工等其他城市住房困难群体的居住条件得到逐步改善的总体要求，提出将廉租住房作为解决低收入家庭住房困难的主要途径，逐步扩大廉租住房制度的保障范围。保障性住房建设进入了以廉租住房为主阶段。

为推动保障性住房建设,《意见》要求:城市新审批、新开工的住房建设,套型建筑面积90平方米以下住房面积所占比重,必须达到开发建设总面积的70%以上。廉租住房、经济适用住房和中低价位、中小套型普通商品住房建设用地的年度供应量不得低于居住用地供应总量的70%。

2009年,住房和城乡建设部等部委印发了《2009—2011年廉租住房保障规划》,提出用三年时间解决当时存在的747万户城市低收入住房困难家庭的住房问题,并制订了具体的年度计划,其中包括2008年已开工建设廉租住房38万户;2009年新增廉租住房房源177万套,新增发放租赁补贴83万户;2010年新增廉租住房房源180万套,新增发放租赁补贴65万户;2011年新增廉租住房房源161万套,新增发放租赁补贴43万户。

(三)公共租赁住房为主阶段(2011年至今)

国务院办公厅2008年发布的《关于促进房地产市场健康发展的若干意见》首次提出采取发展公共租赁住房等方式解决不符合廉租住房和经济适用住房供应条件,又无力购买普通商品住房家庭的住房困难问题,公共租赁住房建设开始起步。

根据国务院《关于坚决遏制部分城市房价过快上涨的通知》和国务院办公厅《关于促进房地产市场平稳健康发展的通知》提出的加快包括公共租赁住房、廉租住房、经济适用住房、限价商品住房在内的保障性住房建设,解决城市低收入和中等偏下收入家庭的住房困难,确保完成2010年建设保障性住房300万套、各类棚户区改造住房280万套的工作任务,住房和城乡建设部等七部委联合发布《关于加快发展公共租赁住房的指导意见》,提出要大力发展公共租赁住房,各地区要制订公共租赁住房发展规划和年度计划,并纳入2010—2012年保障性住房建设规划和"十二五"住房保障规划,分年度组织实施。2011年发布的《中华人民共和国国民经济和社会发展第十二个五年规划纲要》和《国务院办公厅关于保障性安居工程建设和管理的指导意见》明确提出重点发展公共租赁住房,逐步使其成为保障性住房的主体,要大力推进以公共租赁住房为重点的保障性安居工程建设,保障性住房建设开始进入了以公共租赁住房为主的阶段。在此基础上,国家确立了"十二五"规划期间建设3 600万套保障性住房,其中2011年1 000万套,2012年1 000万套,此后三年1 600万套,使保障性住房的覆盖率达到20%的计划目标。

根据国务院批转发展改革委《关于2013年深化经济体制改革重点工作意见的通知》提出的健全保障性住房分配制度,有序推进公租房、廉租房并轨的改革思路,住房和城乡建设部 财政部 国家发展改革委发布了《关于公共租赁住房和廉租住房并轨运行的通知》，住房和城乡建设部发布了《关于并轨后公共租赁住房有关运行管理工作的意见》，对公共租赁住房和廉租住房并轨工作和并轨后的公共租赁住房运行管理工作做出了部署。至此中国城镇保障性住房建设全面进入了以公共租赁住房为主体，以经济适用住房、限价商品住房和棚户区改造工程为辅的阶段。

二、我国公共租赁房政策

（一）公共租赁住房的概念

根据《公共租赁住房管理办法》，公共租赁住房是由国家提供政策支持，由政府或社会力量投资，通过新建、改建、收购、长期租赁等多种方式筹集房源，限定建设标准和租金水平，面向符合规定条件的城镇低收入和中等偏下收入住房困难家庭、新就业无房职工和在城镇稳定就业的外来务工人员出租的保障性住房，可以是成套住房，也可以是宿舍型住房。

拓展资源

《公共租赁住房管理办法》

（二）公共租赁住房的性质

根据上述定义可以看出公共租赁住房具有以下性质：

第一，公共性。与私人租赁住房不同，公共租赁住房是由政府提供包括建设用地、财政、金融、税收等各方面政策支持，并且由政府或社会力量投资，通过新建、改建、收购、长期租赁等多种方式筹集的住房资源，产权属于政府和社会，因此具有公共性。公共租赁住房不能在住房租赁市场上公开出租，只能通过政府规定的申请、审核、轮候和配租的程序才能获得。

第二，租赁性。不同于经济适用房和限价商品住房是出售型保障性住房，公共租赁住房只租不售，符合标准的居民家庭只能通过支付租金获得住房的使用权，不能通过购买获得住房产权。

第三，保障性。公共租赁住房限定建设标准和租金水平，租金水平一般低于同地段住房市场租金水平，因此具有较强的保障性。

第四，对象的选择性。公共租赁住房是面向城镇低收入和中等偏下收入住房困难家庭、新就业无房职工和在城镇稳定就业的外来务工人员的，目的是要解决他们的住房困难，满足他们的基本住房需求，要获得公共租赁住房，承租人必须提出申请并经审查符合政府规定的条件。

（三）我国公共租赁住房政策的运行绩效

公共租赁住房政策的提出、发展、与廉租住房政策并轨确立了中国特色住房保障政策体系，标志着中国市场供给与政府保障相结合、以市场供给为主的城镇住房政策框架和以公共租赁住房为主体的保障性住房政策体系的最终确立。

从运行绩效来看，自2010年住房和城乡建设部发布《关于加快发展公共租赁住房的指导意见》以来，各级政府加快了以公共租赁住房为主体的保障性住房建设，在"十一五"（2006—2010年）成功解决全国1 140万户城镇低收入家庭和360万户中等偏下收入家庭住房困难问题的基础上，确立了"十二五"（2011—2015年）时期开工建设各类保障性住房和棚户区改造住房3 600万套（户）、2013—2017年改造各类棚户区1 000万户的目标。2011—2015年，全国城镇累计开工建设各类城镇保障性住房4 013万套，基本建成2 860万套，超额完成了"十二五"提出的保障性住房建设的目标任务，很多城镇中低收入住房困难家庭的住房需求得到了有效的满足。①

公共租赁住房政策的运行绩效不仅反映在保障性住房建设的快速推进上，更重要的是它为中国住房保障政策确立了正确的方向：实现了中国保障性住房政策由购置型为主向租赁型为主的模式性转换；理顺了保障性住房建设和商品住房建设之间的关系，明确了政府在保障性住房建设方面应当承担的责任；纠正了经济适用房和限价商品住房政策运行过程中异化成为一部分优势群体牟利工具的问题；扩大了租赁型保障住房的覆盖人群，使其由原来的仅仅覆盖城镇低收入住房困难家庭，扩大到覆盖所有符合规定条件的城镇低收入住房困难家庭、中等偏下收入住房困难家庭，及符合规定条件的新就业无房职工、稳定就业的外来务工人员，破解了住房困难的"夹心层"城镇居民家庭、外来务工人员家庭、新入职无房职工的住房困难问题。

（四）我国公共租赁住房政策的发展趋势

公共租赁住房和廉租住房正在并轨运行过程之中，公共租赁住房政策本身也需要在实践中不断发展和完善，根据住房和城乡建设部《关于并轨后公共租赁住房有关运行管理工作的意见》，公共租赁住房建设应着重做好以下几项工作：

1. 明确保障对象

并轨后公共租赁住房的保障对象，包括原廉租住房保障对象和原公共租赁住房保障对象，即符合规定条件的城镇低收入住房困难家庭、中等偏下收入住房困

---

① 住房与城乡建设部：《住房城乡建设事业"十三五"规划纲要》。

难家庭，及符合规定条件的新就业无房职工、稳定就业的外来务工人员。

2. 科学制订年度建设计划

各地应根据城镇低收入和中等偏下收入住房困难家庭对公共租赁住房需求，考虑符合当地住房保障条件的新就业无房职工、进城落户农民和外来务工人员的需要，结合当地经济社会发展水平和政府财政能力，科学制订公共租赁住房年度建设计划。要创新融资机制，多方筹集资金，做好公共租赁住房及其配套基础设施和公共服务设施规划建设，方便群众生产生活。落实民间资本参与公共租赁住房建设的各项支持政策。

3. 健全申请审核机制

各地要整合原廉租住房和公共租赁住房受理窗口，方便群众申请。要明确并轨后公共租赁住房保障对象收入审核部门的职责及协调机制。落实申请人对申请材料真实性负责的承诺和授权审核制度。社会投资建设公共租赁住房的分配要纳入政府监管。符合规定条件的住房保障对象，到市场承租住房的，可按各地原政策规定，继续领取或申请领取租赁住房补贴。

4. 完善轮候制度

各地应当根据本地实际情况，合理确定公共租赁住房轮候期，对登记为轮候对象的申请人，应当在轮候期内给予安排。要优化轮候规则，坚持分层实施，梯度保障，优先满足符合规定条件的城镇低收入住房困难家庭的需求，对城镇住房救助对象，即符合规定标准的住房困难的最低生活保障家庭、分散供养的特困人员，依申请做到应保尽保。

5. 强化配租管理

省级住房城乡建设部门要制定公共租赁住房合同示范文本，明确租赁双方权利义务。公共租赁住房租金原则上按照适当低于市场租金的水平确定。已建成并分配入住的廉租住房统一纳入公共租赁住房管理，对已入住的城镇低收入住房困难家庭，其租金水平仍按原合同约定执行。对于新增城镇低收入住房困难家庭，租赁政府投资建设的公共租赁住房，应采取租金减免方式予以保障，不宜按公共租赁住房租金水平先收后返。

6. 加强使用退出管理

公共租赁住房的所有权人及其委托的运营单位应当依合同约定，切实履行对公共租赁住房及其配套设施的维修养护责任，确保公共租赁住房的正常使用。经公共租赁住房所有权人或其委托的运营单位同意，承租人之间可以互换所承租的公共租赁住房。完善城镇低收入住房困难家庭资格复核制度，不再符合城镇低收入住房困难家庭条件但符合公共租赁住房保障对象条件的，可继续承租原住房，同时应调整租金。承租人违反有关规定或经审核不再符合公共租赁住房保障条件的，应退出公共租赁住房保障。

7. 推进信息公开工作

各地要全面公开公共租赁住房的年度建设计划、完成情况、分配政策、分配对象、分配房源、分配程序、分配过程、分配结果及退出情况等信息，畅通投诉监督渠道，接受社会监督。

三、我国住房租赁补贴与棚户区和危房改造政策

（一）城市住房困难家庭住房租赁补贴政策

当前，城市中的住房价格普遍较高，尤其是在大城市中的住房价格很高，贫困和低收入家庭一般很难支付高昂的住房费用。许多没有住房的低收入家庭即使对价格相对偏低的经济适用房一般也很难支付购房费用；并且他们也很难负担租房的费用，即使对公租房的费用也会感到非常吃力。对于城市中最贫困的家庭来说，只能靠政府的补贴才能获得基本的住房条件。为此，世界许多国家都对城市贫困家庭提供住房租赁补贴。

我国目前的城市住房困难家庭的住房租赁补贴发源于20世纪90年代设立的廉租房制度。最初的廉租房制度是由租金补贴（包括市场租房补贴和租住公房租金减免）和实物配租两大类型构成。廉租房与公租房并轨后，城市贫困者可以通过公租房制度申请租用公共租赁房。与此同时，在各个城市中都制定和实施了困难家庭住房租赁补贴的政策，以帮助困难家庭支付住房租金。住房和城乡建设部与财政部于2016年联合发布了《关于做好城镇住房保障家庭租赁补贴工作的指导意见》。对全国各地的城镇住房保障家庭租赁补贴工作提出了较为详细的政策指导。按照该文件的要求，这项政策的基本原则一是因地制宜，因城施策，各地要根据经济发展水平、房地产市场状况、政府财政承受能力、住房保障对象需求等因素，合理确定租赁补贴的发放规模和发放对象；二是市场导向，动态调整，各地要结合当地住房市场租金水平、人均住房面积等情况，合理确定租赁补贴标准和补贴面积等，建立健全租赁补贴制度，并动态调整；三是分类保障，差别补贴，即根据住房保障家庭的住房困难程度和支付能力，可分类别、分层次对在市场租房居住的住房保障家庭予以差别化的租赁补贴，保障其基本居住需求。

该文件还要求各地结合本地情况，明确租赁补贴具体政策。一是要研究制定准入条件，原则上租赁补贴申请家庭的人均可支配收入应低于当地城镇人均可支

配收入的一定比例;二是要分档确定补贴标准,结合当地住房租赁市场的租金水平、补贴申请家庭支付能力以及财力水平等因素,分档确定租赁补贴的标准;三是要合理确定租赁补贴面积,即结合租赁补贴申请家庭的成员数量和本地区人均住房面积等情况,合理确定租赁补贴面积标准,原则上住房保障家庭应租住中小户型住房,户均租赁补贴面积不超过60平方米,超出部分由住房保障家庭自行承担;四是要加大政策支持力度,各地发放租赁补贴的户数列入全国城镇保障性安居工程年度计划。市、县财政要安排专项资金发放租赁补贴,省级财政要继续支持市、县租赁补贴工作,中央财政城镇保障性安居工程专项资金可统筹用于发放租赁补贴。

迄今为止,此项政策主要是地方性的政策。中央政府主管部门虽然给予了政策指导,但在准入条件、补贴标准等多项关键性的具体政策上仍是由地方政府根据本地的实际情况研究制定。因此各地在准入条件、补贴标准、实际受益者规模等方面还存在着差距。并且,此项政策在管理上也还需要进一步优化。尽管还不够完善,但此项政策的实施给城镇困难家庭提供了基本的住房保障,满足了他们基本的住房需要,已经产生了积极的社会效益。

(二) 城市棚户区和城乡危房改造政策

人们的基本住房需要不仅仅是要有一套住房,而且还要是达到基本安全标准的住房。住房质量低下是另一类住房困难现象。在现实生活中,不仅无房户的住房困难需要解决,而且还有许多人居住在质量不达标的住房中,如城市棚户区和城乡危房,他们的困难也需要解决。满足人民群众的住房需要,不仅要使群众有房住,而且还要使每家每户的住房都达到基本的质量标准。进入工业化时代以后,由于发展不均衡等方面的问题,长期以来在世界各国的城市中,尤其是在大城市中均不同程度存在着棚户区和危房现象。在棚户区中集聚着大批的穷人,他们的住房困难与生活各方面的困难交织在一起,并且往往引发许多其他的社会问题,难以解决。在许多农村中也还存在着危房现象。

改革开放以后,随着经济的发展和人民生活水平的提高,绝大部分人的住房条件都在逐步改善。但是仍然存在一定的城市棚户区和城乡危房现象,部分困难家庭的住房质量还相当低下,达不到基本的质量要求。为此,我国各级政府长期以来一直以公共行动的方式推动城市棚户区和城乡危房改造,其目标是让所有的家庭都能够住进符合基本质量要求的住房。经过多年的努力,城镇棚户区和城乡危房改造取得了较好的成就。截至2014年年底,全国共改造各类棚户区住房2 080万套、农村危房1 565万户。但是,这与党中央、国务院确定的改造约1亿人居住的城镇棚户区和城中村的目标相比还有很大的差距。下一步的任务仍然十分艰巨。

为了推动城镇棚户区和城乡危房改造，国务院于2015年6月25日发布了《关于进一步做好城镇棚户区和城乡危房改造及配套基础设施建设有关工作的意见》。该文件提出，在2015—2017年要改造包括城市危房、城中村在内的各类棚户区住房1 800万套（其中2015年580万套），农村危房1 060万户。并且要加大棚改配套基础设施建设力度，使城市基础设施更加完备，布局合理、运行安全、服务便捷。农村危房改造中要严格按照标准执行，确保改造后的住房符合建设及安全标准。要以推动政府购买棚改服务、推广政府与社会资本合作模式、构建多元化棚改实施主体和发挥开发性金融支持作用等方式调动资源，确保现阶段棚改和危改任务的顺利完成。

在2016年7月，住房和城乡建设部等三部门又联合发布了《住房和城乡建设部　财政部　国土资源部关于进一步做好棚户区改造工作有关问题的通知》，要求各地加速推进棚改、依法依规控制棚改成本、科学规划棚改腾空的土地、注重配套和环境建设、优先安排出让棚改腾空的土地，并且同步推进产业发展。

思考题

1. 当前中国的住房社会政策的主要内容是什么？
2. 新加坡、英国、美国和中国香港的住房社会政策可以为我国提供哪些借鉴？
3. 新中国成立以来，中国住房政策经历了怎样的发展历程？
4. 我国住房公积金政策的主要内容是什么？如何改进其实施效果？
5. 我国公共租赁住房政策的主要内容是什么？如何提升其运行绩效？
6. 结合实际分析当前我国城乡各项住房社会政策在保障民生和促进社会公平方面的积极意义。

第十二章　社会福利服务政策

增进城乡居民福祉的手段除了社会保险、社会救助等提供现金或实物的保障项目外，还有社会福利服务这种无形的形式。在我国，社会福利服务主要分为两种：一是面向儿童、老年人、残疾人、女性等特殊人群的服务；二是面向社区居民的社区服务。这些福利服务在满足服务对象的基本需要、提升服务对象的生活质量、促进社会和谐等方面，发挥着不可或缺的作用。

本章重点介绍社会福利服务政策。首先简要介绍社会福利政策的基本原理、主要内容；然后分析社会福利机构和社区服务；最后讨论针对儿童、老年人、残疾人、妇女和流动人口等特殊人群的社会福利服务。

第一节　社会福利服务政策概述

在全面建成小康社会的背景下，社会福利服务具有哪些功能？与其他社会政策领域相比，社会福利服务有何特质？本节首先回答这些问题。

一、社会福利服务政策的基本原理和主要内容

"大道之行也，天下为公。选贤与能，讲信修睦，故人不独亲其亲，不独子其子，使老有所终，壮有所用，幼有所长，矜寡孤独废疾者，皆有所养。"（《礼记·礼运》）这段话，体现了古人的社会理想，更揭示了几个基本的社会事实。第一，作为一个生命个体，人在老年、壮年和幼年等生命周期的不同阶段，有不同的需要，这些需要的满足有赖于国家的正式制度安排。第二，在社会生活中，难免有一些特殊的社会群体，比如鳏寡孤独和残障人士等，需要社会的关照。第三，对有需要的人士的关照，是"大道"，体现了社会的文明进步。诚如美国总统富兰克林·罗斯福在其第二届任期的就职演说中所言，对社会进步的考验，关键看该社会有没有给穷人雪中送炭，而非给有钱人锦上添花。

当然，随着社会的发展和社会福利服务的扩张，社会福利服务的对象和内容也发生了巨大的变化。从服务对象上说，社会福利服务从面向残疾人、老年人、儿童等特殊人群，逐渐扩展到流动人口、女性和广大城乡居民。从服务内容上说，除了机构照料、日间照料等针对有特殊需求的特殊人群的社会服务以外，还包括

上门服务、社区便民利民服务等面向一般居民的福利服务。换句话说，随着社会福利服务的发展，现代社会福利服务的对象已经大大超出了老、弱、病、残等脆弱人群的范围，越来越多的社会成员分享着社会福利服务带来的便利。

（一）社会福利服务的特征

社会福利服务具有以下基本特征。

一是福利性。社会福利服务的对象中，有相当部分是儿童、老人、残疾人等具有特殊需求的脆弱人群，而这些人群中的相当多数往往又因缺乏劳动能力等原因收入较低甚至没有收入，这些人群或其所在的家庭通常并不具备购买这些服务的经济能力。这意味着，要满足这些人群的需要，不能单纯靠商业化的服务，而需要公共财政资金的投入，由政府提供不同程度的补贴，以免费或优惠的价格向这些人群提供服务，这使得社会福利服务具有了福利性。

二是社会性。社会福利服务是嵌入一定的社会环境中的，受到社会价值、规范的影响。它满足的是人的基本服务需要，关注的是人的社会角色，提供的是服务，而不是生产、分配物品，它强调服务提供者与服务对象之间的直接互动，这种互动既反映了社会的价值规范，更体现了人作为社会成员的社会属性。在美国，社会福利服务通常被称为"人类服务"（Human Services）。同时，社会福利服务强调对弱者的关怀，积极促进脆弱人群充分参与社会生活中，体现了社会团结互助、同舟共济的一面。

三是社会投资性。人是最可宝贵的财富，社会福利服务以服务的形式，满足特殊人群的健康、照护、教育等需求，这既有利于提升服务对象的人力资本，又有助于将家庭主妇等原来的照料者从家庭照护中解放出来进入劳动力市场，从而促进社会的经济发展。

四是公共性。社会福利服务强调包括政府在内的公共部门承担积极的角色。一方面，在许多情况下，服务对象所在的家庭往往缺乏足够的服务能力，有时甚至是造成服务对象需要社会服务的原因（比如虐待儿童的父母），这使得服务对象的需求难以靠家庭获得满足，而需要有公共部门的介入，并根据服务需求的轻重缓急分配服务资源，确保那些有需求的人能获得最有效的服务。另一方面，公共部门在服务组织方面发挥着重大作用。政府可以直接提供服务，也可以将服务外包给社会组织或私营部门，还可以设定相关服务标准，规范私营部门的服务提供。这些都表明，社会福利服务的发展离不开政府的积极介入、主动担责。

（二）社会福利服务的分类

根据分类标准的不同，社会福利服务可分为不同的类别。从受益面看，可分为普惠型和选择型；从责任分摊机制看，可分为补缺型和制度型；从满足的需要看，又可分为满足社会共同生活需要的服务、满足社会成员基本生活需求的服务和针对特殊困难者的社会福利服务等三类；从提供主体看，可分为企事业单位提供的福利服务、社会服务机构提供的福利服务和社区福利服务等。

就我国现阶段的发展情况而言，最重要的是两类服务：一类是面向脆弱人群提供的社会福利服务，旨在帮助其摆脱贫困和社会排斥、使其过上幸福充实的生活。这里所说的脆弱人群，通常包括残疾人，年老体衰的老年人，遭受虐待的人，生父母因疾病等原因无力抚养、被父母遗弃或虐待的儿童等。在实际中，这类服务主要包括孤儿抚育、老年人照护、残疾人康复等。第二类是面向普通居民及其家庭的各种便民利民服务，比如社区中的环境卫生、治安维序、娱乐健身、纠纷调解、心理辅导、交往活动等。"就近"是该类服务的一大基本特征。由于这个原因，有些人用"邻里服务"来凸显此类服务在塑造社区居民之间和谐关系方面的重要作用。不论是面向脆弱人群的服务还是社区便民利民服务，都应关注服务对象的需要，并以恰当的形式、在恰当的环境中提供恰当的服务。

(三) 社会福利服务的功能

社会福利服务的功能可以从个体和社会两个角度来理解。

从个体的角度而言，社会福利服务有助于服务对象的增能。给脆弱人群及其家庭提供的专门化服务有利于增进服务对象的福祉，比如促进儿童的成长，帮助残疾人的治疗康复，解决服务对象的问题，预防社会剥夺等，从而促进服务对象的能力发展，减轻家庭的压力，提升其生活质量。

从社会整体的角度而言，社会福利服务具有预防性和社会整合功能，有助于促进社会融入和经济发展。一方面，社会福利服务体现了社会关爱，避免"各亲其亲，各子其子，货力为已"（《礼记·礼运》）的局面。孟子认为，如果能做到"老吾老，以及人之老；幼吾幼，以及人之幼"，那么"天下可运于掌"（《孟子·梁惠王上》），生动形象地说明了办好社会福利服务对于社会和谐稳定的重要价值。另一方面，发展社会福利服务还有助于推动社会经济发展，可以创造就业机会从而带动就业，有助于促进家庭与就业之间的平衡，特别是职场与家庭生活之间的平衡。比如，托幼机构、日间照料等服务，使得女性可以从抚育子女、照顾老人等家务劳动中解放出来安心就业。在欧美国家中，社会福利服务的发展是女性劳动力市场参与率提升的一个重要因素，而在新成长劳动力因生育率下降而渐趋减少的情况下，女性就业率的提升无疑是保证劳动力供给、稳定经济增长的重要条件。

二、社会福利服务的输送

社会福利服务要实现其社会功能，需要有良好的服务输送机制。从操作层面上说，社会福利服务的输送应坚持以下一些原则：第一，在服务提供方面，强调公私之间的伙伴关系，积极调动各种资源，充分发挥家庭、社区、社会网络等"自然的支持系统"的作用，避免由公共部门单干；第二，注重服务对象的增能，有能力的服务对象及所在的家庭应承担其相应的责任，自食其力，获得社会的尊重；第三，设法提高服务的可及性和可得性，促进服务资源整合，提升服务效率；第四，注重服务的有效性，将服务资源用于行之有效的服务，同时积极探索新的服务方式和方法。除此以外，从近年来各国社会福利服务改革的趋势看，社会福利输送还需积极应对一些现实的重大议题。

（一）政府购买服务

社会福利服务的提供者包括家庭、国家、市场（营利部门）和非营利部门等。由于社会福利服务的福利性，国家在社会福利服务的输送中无疑起着不可或缺的作用。从国家的角度看，有以下一些服务输送方式可供选择。一是将服务外包，通过服务提供者之间的竞标，降低服务成本，提高服务效率。这种由政府筹资但由其他机构来提供服务的做法，现在变得越来越普遍。二是向社区组织、志愿者团体等社会服务机构提供拨款，由这些机构来提供成本更低、效率更高的服务。三是给有某种服务需要的人群发放票券，由其自行选择服务提供者，服务提供者再凭服务券找政府报销。四是组织志愿服务，比如助老服务队等。五是鼓励有需要的人群、社区互帮互助，降低服务成本。六是以资金、税收优惠等手段促进社会组织的发展，比如鼓励社会力量投资兴办养老机构，参与社会福利服务的提供。

从各国社会服务改革的情况看，社会福利服务的输送有两大发展趋势：一是强调使用组合拳，充分借助各种方式来提供社会福利服务；二是政府购买服务，政府作为服务的筹资者和购买者，而由非营利组织、私营部门等来提供服务，实现服务购买者与服务提供者之间的分离。

与政府包办等传统的社会服务提供方式相比，政府购买服务的最大优势是可以有效利用社会服务机构、志愿团体、社会组织等其他主体的专业技能，促成服务创新，从而提高服务效率和服务效果，降低服务成本。具体而言，政府购买服务有如下几方面的优势：第一，需求评估、筹资等与服务提供过程分离，从而使得需求评估更客观，使服务更有针对性；第二，服务对象的需求能更及时地传递给服务提供者，从而改进服务提供的效率；第三，服务提供者竞争政府的服务合同，从而通过竞争提高服务质量。这样，服务机构可以安心提供服务，而政府除了筹集服务资金外，可以专心做好对服务的监管，包括做好需求评估，认真起草服务购买合同、确定服务输送的条件和质量要求，完善与招投标相关的平台和制度机制，加强对服务过程的质量监控等。

当然，政府购买服务要取得效果，需要妥善解决以下几方面的问题。第一，设法让服务对象积极参与服务决策过程，以准确评估服务对象的需求，确保决策者做出的购买选择契合服务对象的真实需要。第二，以合理的机制选择服务对象，确保政府购买的服务面向的是真正有需要的人群。第三，适当缩减原有的公办服务机构的规模，以培育服务提供者市场。第四，增强服务的稳定性。承接政府购买服务的机构需要有稳定的购买合同，服务对象也需要有稳定的服务提供者。为此，服务合同期不宜太短，而应采用一次签订长期合同的办法。比如，合同为期两年，若评估合格则自动延续，这样，合同结束后服务提供者仍能承接合同，从而降低了服务机构的风险。第五，合理确定购买服务的价格。政府购买服务的价格应不低于长期平均成本，服务提供者才能正常运营下去并不断提高服务质量。

（二）中央和地方的福利服务供给责任

如何划分中央政府和地方政府的福利服务供给责任？研究表明，划分中央和地方的福利服务供给责任时，须综合考虑以下四个因素：一是规模经济，在一定数量水平下，服务数量的提高有助于降低单位服务的成本；二是外部性，外部性越大，负责提供福利服务的政府级别应越高；三是环境和居民偏好的差异性，当各地居民的需求差异很大时，就需要因地制宜，由各地根据当地的实际情况提供相应的服务；四是地区之间的竞赛，即是否需要塑造不同地方之间你追我赶的氛围，以提高总体的福利服务水平。从我国的政策实际看，这更多涉及的是事权与财权的平衡问题。

从事权的角度看，从20世纪90年代以来，包括社会福利服务在内的事权与财权脱节，即事权下移、财权上移是一个广受争议的问题。不过，这种脱节导致的种种问题，并不等于社会福利服务就不能下移或必须上移。从福利供给责任的划分看，究竟由地方还是中央来办，首先应根据事权本身的性质来定。由于我国幅员辽阔，各地差异很大，而社会福利服务往往具有个体性，需要契合当地居民的需要，因此社会福利服务往往采取由地方负责供给的办法。从理论上说，事权下移的好处是有助于提升社会服务的运行效率，因为地方政府更了解当地居民的需要，信息更充分，从而能有针对性地提供适合其需求的服务，让居民更满意。然而，为了提升居民福利，在事权下移的情况下，必须"钱随人走"，保证地方上有足够的资金来提供服务。当然，"钱随人走"并不一定需要财权的下放，因为中央政府可以通过政府间转移支付的方式将社会福利服务资金转移到负责提供服务的地方政府手中。退一步而言，由于各地的经济发展水平不一样，即使财权下放，欠发达地区仍然会财政吃紧，越穷的地方服务供给能力越弱。这种情况下，社会福利服务的开展无疑需要中央政府转移支付。

政府间转移支付可分为两类：一种是有条件的转移支付，上级政府规定资金的用途（比如教育、卫生服务等），即专项转移支付；另一种是无条件的转移支付，下级政府可以根据当地实际情况，用于当地所需要的地方，即我们通常所说的一般性转移支付。研究表明，就缩小地区差距而言，无条件的转移支付有积极的作用，它通过向财力不足的地区提供转移支付，从而有效实现各地财力的均等化。然而，对于教育、卫生及其他一些面向穷人的福利项目而言，各国一般都用有条件的转移支付，以督促地方政府根据上级政府的目标行事。有条件的转移支付，有助于确保地方提供的某种基本公共服务不低于全国的底线（即托底），也能促使地方政府出资提供这些基本公共服务，防止地方懒政，从而确保每个公民都能在自己的居住地获得最起码的公共服务。考虑到社会福利服务的特殊性，特别是社会福利服务本身就具有托底性，满足的往往是老、弱、病、残等脆弱人群最起码的基本需要，因此，附加条件的转移支付或许是更合适的选择。当然，在实施政府间转移支付时，需要根据地方政府的财力来确定转移支付的比例，以促使地方政府承担起责任，同时有动力去做事，从而确保社会福利服务的充分供给，增进居民的福利水平。

（三）服务资源整合

随着社会福利服务的扩张，各种各样的社会福利服务项目越来越多，社会福利服务体系也变得越来越复杂，有可能出现日渐严重的碎片化问题。一方面，不同部门、机构往往有多种项目，从而导致服务对象、服务内容等的重叠，针对同一个服务对象，不同部门可能各有政策，政出多门，服务项目重叠，服务对象重复受益或重复服务，导致服务资金的浪费。另一方面，一些服务对象的需求往往是多方面的，靠单一项目往往并不能解决服务对象面临的问题。比如，针对零就业家庭的就业救助服务，可能会发现该劳动力存在家庭暴力、心理健康等方面的问题，只有这些问题解决了，才能维持稳定的就业。对服务对象来说，为了满足家庭的各种需要，需要去不同的机构，面对不同的规则和不同的工作人员，而工作人员之间难免会出现分歧，由此导致服务对象的需求落空。更重要的是，这些得不到所需服务的家庭往往是最需要帮助的家庭，他们往往不知道该如何在迷宫般、碎片化的体系中穿梭。在此背景下，不少国家在推进服务资源的整合，力图建立一个无缝对接的服务体系。

为了提高社会福利服务的运行效率和服务效果，避免项目重叠、重复服务，有必要对社会福利服务资源进行整合。整合又称一体化（integration），指的是采取各种方法增强不同服务项目之间的协作，以改进服务质量，提高服务效率，提升服务效果，以更好地增进服务对象的福祉。一般认为，服务资源整合对服务对象是有利的。一方面，从社会福利服务本身的角度说，整合有助于优化服务决策过程，充分利用资源，从而更及时地回应服务对象的需要，提高服务满意度。另一方面，对于服务对象而言，不同服务项目各自为政，不仅加重了服务对象获得服务的成本，更使其难以获得及时有效的服务。相反，服务资源整合后，这些服务将可以通过统一的入口获得一站式服务。服务对象无须向不同的服务项目一个个单独提出申请，只需进一次门，就可以在一个地方获得其所需的各种服务，或者转介到相关的服务机构接受服务。

整合服务资源须遵循五条原则。第一，整合应有所为，有所不为，不能不分青红皂白把所有服务都一股脑儿地整合在一起。第二，勇于承受整合的成本，牢记"受益之前，先要花钱"的道理。第三，避免激化矛盾，防止出现"人家整合，我们分家"的局面。第四，尊重整合方的意愿，强扭的瓜不甜。第五，让服务对象做主，力避"谁整合，谁做主"的情形。在实际中，常见的整合形式有部门联动、一站式服务、签订正式或非正式的合作协议、组成服务联盟、合并服务机构等。这些整合可分为两类：一类是垂直整合，将不同层次的项目，比如国家、省级、市级、县级、乡镇及社区层面的同一类项目进行整合；另一类是水平整合，即将不同类的项目，比如卫生、教育、救助、扶贫等项目整合起来。不过，需要指出的是，不论哪种整合，都应以服务对象为中心，以服务对象的福祉为本位，以向服务对象提供无缝对接的服务为出发点。从服务对象的角度说，整合的对象应当是需求复杂的服务，整合之后的系统应该让服务对象一目了然，因为从根本上说，正是个体需求的复杂程度决定了整合的必要性和整合的环境。

三、我国社会福利服务政策的历史发展和现状

新中国成立后逐步建立了两大福利服务体系，即面向城镇职工的集体福利体系和面向特殊人群的机构福利体系。前者具有普惠性，后者具有选择性的特点。

改革开放以来,单位福利渐趋式微,社区服务兴起,而机构福利逐渐从单一的公办机构到多元化的社会福利体系转变。

(一)计划经济时期的社会福利服务体系

计划经济时期的社会福利服务体系主要包括两类,一是选择型的社会福利服务,面向城乡无劳动能力、无生活来源、无法定赡养人、抚养人、扶养人或法定赡养人、抚养人、扶养人无扶养能力的老年人、儿童和残疾人,其形式是机构照料,在城市建立养老院、福利院,在农村乡镇建立敬老院等。二是依托国营企业、机关事业单位等"单位社会"建立的集体福利体系,其对象是本单位职工及其家属,内容广泛、形式多样,包括生活困难补助、卫生洗理费等福利津贴、子女福利(如托儿所、幼儿园、职工子弟学校),以及各种福利服务设施,比如职工食堂、卫生室(所)、集体宿舍、浴室、理发室、图书室、健身室等。在计划经济时期,这个以高福利为特征的职工福利体系较好地满足了低工资条件下职工的基本需求。然而,在向市场经济转型过程中,这种"企业办社会"的模式一方面给企业带来了沉重的负担,影响了企业的活力,不利于国有企业与新兴的民营企业、外资企业等公平竞争;另一方面,由于国企职工及家属有较好的职业福利,而其他所有制企业的职工鲜有像样的职业福利,由此造成不同所有制企业职工之间的不公平。

(二)改革探索时期社会福利服务体系的演变

改革开放以来,我国的社会福利体系也发生了较大的变化。这种变化主要表现为三个方面。首先,在机构福利方面,推进"社会福利社会化",公办社会福利机构向社会开放,而民办社会服务机构也迅速发展壮大。其次,在社区服务方面,政府大力推动社区建设,发展社区便民利民服务,在城市社区建立了相对完整的社区服务体系。再次,是依托企事业单位的集体福利体系逐渐转型。在国企改制、转轨过程中,原有的集体福利逐渐向接轨、转轨与并轨三个方向发展。一是与市场接轨,引入承包机制,通过使用者付费的方式补偿服务成本,原来面向单位职工的福利服务逐步向商业服务转变;二是向社区服务转轨,做法是向社会,特别是社区居民开放,扩大受益面,使原来的单位福利变成社区服务;三是与基本公共服务并轨,将子弟学校、医院等具有基本公共服务属性的服务项目纳入基本公共服务体系,比如,子弟学校并入国民教育系统,单位供暖并入当地集中供热系统,单位医院并入医保体系等。当然,改革的进度和力度因企业所在的行业而异。总体上来说,规模大、效益好的企业和机关事业单位的职工集体福利仍然较好,计划经济时期留下来的福利也较多。相反,市场化改制较彻底的企业和效益差的企业的福利就很少。

（三）全面建成小康社会关键阶段的社会福利服务发展

进入21世纪以来，尤其是中共十八大以来，我国进入了全面建成小康社会的关键阶段。为了更好地推动社会福利服务的发展，党和政府出台了一系列重大举措，包括培育社会组织、发展壮大社会工作专业人才队伍和推进政府购买社会工作服务等。有关社会组织的发展情况将在第二节介绍，这里重点介绍社会工作专业人才队伍建设和政府购买社会工作服务。

在专业人才队伍建设方面，主要有两项举措：一是开展社会工作者职业水平考试，提高社会福利服务人员的专业技能水平。2006年，人事部、民政部颁布了《助理社工师、社会工作师职业水平考试实施办法》。二是出台了加强社会工作专业人才队伍建设的一系列政策。中共中央组织部、民政部等部委联合发布了《关于加强社会工作专业人才队伍建设的意见》《社会工作专业人才队伍建设中长期规划（2011—2020年）》《关于加强社会工作专业岗位开发与人才激励保障的意见》，这些文件提出的各项关键性、基础性政策措施，为建立一支高素质的社会工作专业人才队伍提供了助力和推力。

在政府购买社会工作方面，先后出台了《民政部 财政部关于政府购买社会工作服务的指导意见》和《国务院办公厅关于政府向社会力量购买服务的指导意见》等文件。这些文件提出，要扩大政府购买社会工作服务的范围、规模。根据"受益广泛、群众急需、服务专业"原则，政府购买社会工作服务的重点是城市流动人口、农村留守人员、困难群体、特殊人群和受灾群众等人群的个性化、多样化的社会服务需求。第一，针对城市流动人口，提供生活扶助、就业援助、生计发展、权益维护等服务，帮助其尽快融入城市生活。第二，针对农村留守人员，实施社会保护、构建支持网络，帮助农村留守儿童、妇女和老人缓解生活困难。第三，针对老年人、残疾人，构建系统化、人性化、专业化的养老助残服务机制，提供生活照料、精神慰藉、社会参与、代际沟通等服务。第四，对吸毒人员、有不良行为的青少年、艾滋病患者、精神病患者、流浪乞讨人员、社区矫正人员、服刑人员、刑释解教人员等特殊群体，实施社会关爱计划，帮助其纠正行为偏差、缓解生活困难、疏导心理情绪、改善家庭和社区关系、恢复和发展社会功能。第五，针对受灾群众，实施生活重建计划，围绕各类受灾群众的经济、社会、心理需要，开展生活救助、心理疏

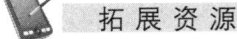
拓展资源

《国务院办公厅关于政府向社会力量购买服务的指导意见》

导、社区重建、资源链接、生计项目开发等社会工作服务，帮助受灾群众重塑生活信心，修复社会关系，恢复生产生活。

第二节　社会福利机构

在社会福利服务发展过程中，社会福利机构曾经发挥了极为重要的作用，为儿童、老人、残疾人等有需要的人群提供了最基本的生存保障。然而，20世纪七八十年代，机构照料中暴露出来的种种问题促使西方福利国家对机构照料这种福利服务形式进行了彻底的反思，去机构化、回归社区等渐成主流。在这种背景下，过去三四十年里，居家养老、家庭寄养、社区康复等让有需要的人回归社区的新型服务形式成为政策主流。尽管如此，各类社会福利机构仍在社会服务提供中发挥着重要作用。

在我国现阶段，社会福利机构主要包括三类：以儿童福利院、养老院、敬老院等为主体的公办福利机构，主要面向三无人员提供机构照料等福利服务；以民办养老院为主体的民办服务机构，主要面向有需要的普通居民提供机构照料；以社会团体、民办非企业单位和基金会等为主体的社会组织，主要面向有需要的人群提供各类专门服务。

一、我国社会福利机构及相关社会政策的演变

党和政府一直高度重视社会福利机构建设。新中国成立初期，一方面通过改造利用救济院、习艺所、慈善堂等原有的福利设施，另一方面新建养老院、儿童福利院、乡镇敬老院等机构，给因长期战乱而无依无靠的三无老人、孤儿或残疾人等提供了最基本的保障。从管理体制上，这些社会福利服务机构通常由地方民政部门负责管理，运行经费来自地方政府的财政预算或农村乡镇提留。从总体上看，当时的社会福利机构主要面向失去依靠的人员，呈现浓厚的补缺型福利的色彩。

改革开放以来，我国的社会经济状况发生了极大的变化。随着人口老龄化、人口流动和家庭小型化，社会上对儿童照料、老年人照护、残疾人照护等照护需求急剧上升。然而，公办社会福利机构能力有限，难以及时回应这些需求。再加上20世纪八九十年代，政府财力一直较为紧张，导致一些基本公共服务的供给出现困难，公办社会福利机构的资金不足、发展滞后，其服务能力极为有限。在这

种情况下，社会福利社会化就提上了议事日程。从20世纪90年代初开始，政府出台种种政策，以动员社会力量参与社会福利服务机构建设，满足社会成员对福利服务的需求。1993年，民政部颁布的《社会福利事业发展规划》就明确提出要"采取国家、集体、个人一起上"的方针，促进我国社会福利事业发展。2000年2月，国务院办公厅转发民政部等部委《关于加快实现社会福利社会化的意见》，提出要建立一套国家倡导资助、社会力量共同兴办的社会福利事业。

社会福利社会化主要涉及以下几个维度：一是投资主体多元化，鼓励社会力量参与兴办社会福利事业，多渠道筹集社会福利服务资金；二是服务对象公众化，社会福利服务除了覆盖三无人员外，还覆盖更多有需要的社会成员；三是运行机制市场化，使社会福利机构成为独立的法人实体，自主经营、自负盈亏；四是服务方式多样化，除了机构服务外，还发展居家服务、社区服务等；五是服务队伍专业化，提高社会服务人员的专业化水平。在这些措施中，最重要的转变就是允许、鼓励社会力量兴办社会福利机构。此后，民办社会福利机构有了较大的发展，从而改变了公办社会福利机构一统天下的局面，逐步形成了福利混合经济格局，社会服务机构的服务能力也有了大幅提升。比如，根据《中国统计年鉴——2018》的数据，提供住宿的社会服务床位数已达419.6万张，每千老年人口养老床位数也上升到30.9张。

二、当前我国社会福利服务机构的特点、类型与管理模式

社会福利服务机构具有以下特点。一是公益性，不以营利为目的。政府提供包括税收优惠等在内的各种优惠，鼓励、支持社会福利服务机构提供优质服务。二是补缺性，社会福利服务机构提供的服务，主要着眼于满足家庭无力提供的照护和养护等基本需求。三是开放性，社会福利服务机构面向社会公众。这些特点，尤其是公益性这一点，使其与以营利为目的的商业服务机构形成鲜明的反差。也因为这个原因，人们常常把各类社会福利服务机构视为非营利组织或非营利部门。这里需要注意的是，有些论者认为，非营利组织还需具备民间性（组织机构上与政府分离）、自治性（自我控制、自我管理）等特点，强调非营利部门相对于政府的独立性。我们认为，对非营利组织的认定，应主要取决于社会福利服务机构的宗旨是否以公益为目的，而不是其组织形态是否完全独立于政府。

从类型上看，我国的社会福利服务机构主要有两类：一是公办社会福利服务机构，包括公办养老院、儿童福利院、光荣院、敬老院、疗养院等，主要面向三无老人、孤儿、残疾人等提供综合服务；二是各种民办社会服务机构，包括营利

性和非营利性机构,主要是各种民办养老服务机构,这些机构主要面向具有养老、康复需求的老人。除了这两类正式的社会福利机构外,家庭也是一个重要的非正式服务主体。比如,在"去机构化"的浪潮中,家庭寄养成了欧美国家扶助孤残儿童的主导形式。在我国,享受特困人员供养的老人、孤儿和残疾人以及一至四级残疾军人,既可以在服务机构集中供养(安置),也可以在家分散供养。各种正式或非正式的服务机构面向不同的人群,其所提供的各种服务构成了我国的社会福利服务体系。

从管理模式上看,我国的社会福利服务机构并无统一的管理架构。公办社会福利服务机构作为事业单位来管理,这些机构中有编制的工作人员待遇参照机关事业单位人员的标准执行。社会团体、社会服务机构和基金会举办的非营利性机构则分别按照其属性进行分类管理,其工作人员的待遇少数参照公务员的标准执行,大部分按《中华人民共和国劳动法》《中华人民共和国劳动合同法》的规定由双方协商确定。与此类似,营利性服务机构则参照企业法人进行管理,同时接受民政部门的业务指导,其工作人员的待遇按《中华人民共和国劳动法》《中华人民共和国劳动合同法》的规定办理。

此外,就参与社会福利服务提供的方式而言,国家与不同机构的合作模式也有所不同,公办社会福利服务机构的建设和运行经费一般纳入地方政府的财政预算。民办社会福利服务机构自负盈亏、自主经营,可获得政府的财政补贴(如养老床位补贴)及税费减免。同样,社会组织是独立的法人,在符合条件的情况下可以获得税费减免,接受社会捐赠,参与政府购买服务的竞标从而获得服务资金。从类型上说,公办社会福利服务机构与政府之间具有行政隶属关系,而民办机构、社会组织与政府之间则属于"合作的伙伴关系"。就整体而言,传统的政府主导模式渐趋式微,而合作模式特别是合作的伙伴关系模式日益兴盛。

三、我国社会福利机构的改革与发展

为促进我国社会福利服务的发展,在社会福利服务机构发展方面,主要有以下几方面的改革举措:

一是加大对民办社会工作服务机构的扶持力度。在这方面,《民政部关于促进民办社会工作服务机构发展的通知》和《民政部关于进一步加快推进民办社会工作服务机构发展的意见》规定的主要措施有如下几方面。第一,改进民办社会工作服务机构登记制度,民办社会工作机构可以依法直接登记。第二,推动民办社工服务机构孵化基地建设,优先孵化以老年人、残疾人、青少年、城市流动人口、

农村留守人员、特殊困难人群、受灾群众等为重点服务对象和以婚姻家庭、教育辅导、就业援助、职工帮扶、犯罪预防、矫治帮教、卫生医疗、人口服务、应急处置等为重点服务领域的民办社会工作服务机构。第三，通过公益创投、补贴奖励、提供场所、减免费用等多种形式，支持民办社工机构以社区为平台开展社会工作服务。当然，对现阶段民办社会工作服务机构的发展而言，加大政府购买社会工作服务的力度乃是关键之所在。由于社会工作服务的福利性和专业性，政府购买社会工作服务的力度足够大，民办社会工作服务机构才有足够的资金去吸纳社工专业人才、提供优质的专业社工服务，赢得发展空间。值得注意的是，发展民办社会工作服务机构，不等于发展机构照料。恰恰相反，民办社工服务机构可以充分借助社区的平台，提供上门服务、居家服务等，从而在相当程度上替代机构照料。

二是规范社会福利服务机构内部治理，促进机构规范化发展。在社会福利服务机构的专业化方面，1999年《社会福利机构管理暂行办法》对社会福利机构的开办条件和内部管理做出了明确的规定。然而，我国社会福利服务机构的内部治理和外部监管仍存在一定的漏洞。相关法律体系的不健全导致的合法化困境和主体性地位的缺失，使许多社会福利服务机构陷入"志愿失灵"的困境之中，公信力差、场所和设施短缺、财务困难、专业人才匮乏、服务定位不清、决策管理和服务技术落后，这些都在一定程度上限制了我国社会福利服务机构的发展。因此，在全面深化改革的关键时期，随着社会建设的不断推进，要求明确社会服务机构的权利与责任，实现管办分离，完善社会服务机构内部治理，推动社会服务机构健康发展。打铁还需自身硬，要解决"志愿失灵"问题，还是得靠社会福利服务机构完善自身的内部治理，提升社会公信力，增强服务能力，提高服务的质量。

三是加强养老机构和儿童福利机构设施建设。在儿童福利机构方面，近些年的重点是流浪儿童救助中心和面向孤儿的福利院建设。"十一五"规划期间，我国实施了"儿童福利机构建设蓝天计划"，在县市层面设置儿童福利机构，或者依托社会福利机构建设相对独立的儿童福利设施。在养老机构方面，《国务院关于加快发展养老服务业的若干意见》以及民政部、国土资源部、财政部、住房和城乡建设部《关于推进城镇养老服务设施建设工作的通知》等文件，提出要降低社会力量举办养老机构在资金、场地、人员等方面的门槛，鼓励个人举办家庭化、小型化的养老机构，鼓励社会力量举

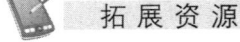
拓展资源

《国务院关于加快发展养老服务业的若干意见》

办规模化、连锁化的养老机构，鼓励民间资本对企业厂房、商业设施及其他可利用的社会资源进行整合和改造，用于养老服务。

需要注意的是，对于加强养老、儿童福利机构建设的做法，需要辩证分析。一方面，鉴于我国当前社会服务机构，尤其是优质养老机构供不应求的现实，仍应适当发展优质的社会福利服务机构，给偏好选择机构照料或者无法在社区或居家接受服务的个体提供机构照料。我国幅员辽阔，各地经济社会发展水平差异甚大，在社会福利服务机构严重短缺的地区，自然需加强社会福利服务机构建设。因为这些地区往往是贫困地区，家庭提供的支持有限，社区的服务能力同样严重不足，民办的社会工作服务机构也极为稀缺，只能依靠社会福利服务机构给急需照护的三无老人、孤儿和残疾人等提供最起码的服务。相反，在社会福利服务机构空置率较高的地区，不宜盲目扩建社会福利服务机构，而应将政策重点转向提高已有机构的服务能力、服务质量上来。因此，《国务院关于加快发展养老服务业的若干意见》提出的办好公办保障性养老机构，充分发挥托底作用，重点为三无老人、低收入老人、经济困难的失能半失能老人提供无偿或低收费的供养、护理服务具有重要的指导意义。

另一方面，如前所述，西方福利国家对有特殊需要的人士的服务供给呈现"去机构化"的趋势，其主要原因有以下几个方面。首先，机构服务成本较高。与居家照料的方式相比，机构照料需要把服务对象送入机构从而脱离家庭和社区。这使得机构照料不能充分利用服务对象原有的资源，导致机构照料的单位服务成本远远高于居家照料。根据一些学者的研究，以占人均国内生产总值的比值计算，机构照料的单位成本是165%~209%，而居家照料仅为51%~55%，只相当于前者的1/3~1/4。换句话说，将服务对象安置在机构中，花费的成本要高得多。其次，机构照料的效果，无论是在包容性（inclusive）、功能性（functionality）还是在福祉（well-being）方面，往往并不理想。再次，机构照料具有非人性的一面。把老年人、残疾人等安置在机构接受照料，被认为是一个非人性的社会过程，它使服务对象失去了对生活方式的选择权，而机构相对封闭的环境使得服务对象跟家人、朋友很少见面，失去了正常的社会角色和社会身份。换句话说，机构照料只是最后的手段，是迫不得已的办法。因此，对政府而言，首先应优先考虑尽可能让服务对象回归社区，通过政府购买服务、提供补贴等方式，尽量发展各种包容性的居家服务，设法让那些能够回归社区且愿意回归社区的服务对象，在他们的家庭和社区中获取他们所需要的服务，便于其充分融入社区生活。比如，提供日间照料、家庭支持、专门培训服务等，支持家庭自己照料儿童、老人和残疾人等有照护需求的人。简言之,要尽量把服务带给服务对象而不是把服务对象送到机构接受服务。但另一方面,总会有少数人(主要是失能失智老人)需要机构照料,因此也应该加强服务机构建设,大力提高其服务质量。

第三节 社区服务

过去三四十年来,让服务对象回归社区,在所在的社区接受社会福利服务,以促成人们充分参与社区生活,是社会福利服务发展的一大趋势。除了上一节提到的机构照料成本高、效果不好这一原因外,回归社区的动力还源于人口老龄化、家庭生活模式的变迁等社会经济因素。

一、福利服务回归社区

从普通居民的角度而言,福利服务回归社区主要有以下几方面的因素。一是人口老龄化。老年人口越来越多,需要由家人或专业服务人员提供照料,而绝大部分老人都倾向于在家里而不是在机构接受照料。同样,由于人口的老龄化,行动不便的老人越来越多,这些老人需要更多的上门服务,或者是缩小服务半径,便利其获得必要的服务。二是就业模式的变化,越来越多的女性走出家庭进入劳动力市场,双职工家庭越来越多,女性能用来做家务的时间越来越少,意味着传统上由女性承担的照料孩子和老人等家务劳动需要由社会来承接。三是家庭核心化,老人与子女分开居住,导致对儿童照料的需要普遍上升,而子女照顾老人的机会成本则大大上升。四是城市的扩张,工作场所离家庭越来越远,职工上下班距离拉长,要求包括儿童照料、便民利民等在内的服务尽量不脱离社区,具有可及性和便利性,以节省时间。上述这些因素,导致居民对社区服务的需求日渐上升。

为充分发挥社区服务的功能,发展社区服务尤其是社区便民利民服务时,应遵循以下一些原则:第一,社区服务应覆盖每个社区,以确保社区服务都普遍可及;第二,社区服务应覆盖所有居民,对所有居民都具有可及性,能够就近获得服务;第三,社区服务的内容应足以回应不同个体、不同类家庭(如单亲家庭、双职工家庭、老年人家庭)的需要;第四,社区服务设施应靠近交通要道且分布合理,便于服务对象就近获得服务;第五,应注意社区服务资源的整合,促进不同服务机构之间的合作,比如,可以发展一站式服务,建设多功能的社区服务设施，一室多用，提高资源的使用效率。

特别地，对于面向老年人、儿童、残疾人的照料服务而言，发展社区服务的关键，一是如何提升服务质量；二是如何避免加重其负担。从服务质量的角度说，发展社区服务，不只是把服务对象从机构带回社区，而是要改变照料的文化以及一线服务人员的态度和技能。这就要求，第一，把服务对象当成负责任的个体，尊重其表达出来的需求及其决定；第二，根据服务对象的需要提供有针对性的服务；第三，就近提供服务；第四，注重调动亲友等非正规支持，使非正式支持体系充分参与服务输送过程中。从经济的角度看，发展社区服务面临的最大问题是筹资的问题。这就要求政府加大购买服务，从而保证照料服务有足够的资金来源，避免加重脆弱人群的负担。对我国而言，这就需要大力发展居家照料、社区照护，这既可以节省大量的固定资产建设费用，更可以避免老年人在机构中集中居住带来的各种问题（孤立隔离、安全风险等），还能充分利用家庭和社区的正式、非正式资源，降低家庭利用服务的成本，提升服务对象对服务的满意度。

二、我国城乡社区建设与社区服务的历史发展

党和政府一直高度重视社区建设和社区服务。从20世纪50年代起，在城镇建立了街道—居委会的组织体系。当时，街道、居委会也有一些社会福利项目，但其水平与企事业单位的集体福利相差甚远。改革开放以来，社区服务获得了长足的发展。这种发展得益于两大因素：一是随着国企改革的深化，企业逐渐剥离了办社会的福利功能，原先依托于企业的单位社区弱化了。二是大量居住型小区兴起，这就导致越来越多的社区居民需求无法靠自己所在的单位来满足。为回应这种需要，1989年的《中华人民共和国城市居民委员会组织法》明确规定，居委会应开展便民利民的社区服务活动。可见，在当时，居委会是社区服务的提供者。

进入21世纪以来，社区服务的发展出现了新的特点。一是考虑到居委会作为基层群众自治组织的特殊性，居委会不宜直接提供便民利民服务。二是基本公共服务下沉到社区，充实社区服务的内容。2006年4月国务院《关于加强和改进社区服务工作的意见》就体现了这种思路。该文件提出，一方面，要大力推进公共服务体系建设，使政府公共服务覆盖到社区；另一方面，要培育社区服务机构，强化社区服务监管等。也就是说，由社区服务机构来而不是居委会来提供各类社区服务，居委会则成为社区治理、社区服务和建设的综合管理平台，比如城乡居民基本养老保险、城镇居民基本医疗保险、城乡居民最低生活保障制度的经办、管理等。

就整体而言，我国的城乡社区建设与社会服务发展，呈现以下一些特点：

一是突出党的领导和政府主导、社会广泛参与。我国的社区建设，既不是单纯的政府行为，又不是单纯的民间行动，而是在党的领导和政府的主导下各类社区力量共同参与、共同建设社区的过程，具有浓厚的行政主导色彩。特别值得一提的是，进入21世纪以来，党中央把党员参与社区建设和社会服务作为新形势下坚持党的群众路线的重要方面，大力推动党员进社区，主张广大党员、社区党组织参与社区服务。中共中央办公厅印发《关于加强基层服务型党组织建设的意见》，要求基层党组织要带动村（居）委会、社会组织开展服务，协调面向基层的公共服务和社会服务，做到有群众的地方就有党组织提供服务。同时，建立各级党代会代表联系党员群众制度，开展以党员为骨干的各类志愿服务。这些都为新时期社区建设和社区服务的发展提供了强有力的组织支持。

二是注重服务机构建设。社区服务机构包括社区服务站、服务中心等。为了保障社区服务设施的供给，社区居民委员会工作用房和居民公益性服务设施建设已纳入城市规划和社区发展相关专项规划，并与社区卫生、警务、文化、体育、养老等服务设施统筹规划建设，使每百户居民拥有的社区综合性服务设施面积不低于20平方米。经过多年的努力，根据《城乡社区服务体系建设规划（2016—2020年）》的数据，截至2015年年底，全国共建成城乡社区综合服务设施15.3万个，社区便民利民服务网点24.9万个，社区服务志愿者组织9.6万个，社区专职工作人员127.6万人，城市社区综合服务设施覆盖率达到82%。

拓展资源

《城乡社区服务体系建设规划（2016—2020年）》

三是越来越重视农村社区建设。长期以来，我国的社区建设重心都在城市。进入21世纪以后，随着社会主义新农村建设的推进，农村社区建设逐步纳入了议事日程。中共十六届六中全会和中共十七大做出了"积极推进农村社区建设"的战略部署。从2007年起，民政部开始牵头启动农村社区建设试点工作，力图推动农村社区管理体制和工作机制创新，探索农村社区建设的主要内容，推进公共服务向农村延伸，加快建设社区综合服务设施和包括社区基本公共服务、志愿服务和互助服务、社区服务业等在内的农村社区服务体系。

四是完善社区服务机制，积极构建社区治理新格局。通过优质的社区服务，提升居民的凝聚力，提高社区治理的质量，是新时期社会建设的新要求。十九届四中全会通过的《中共中央关于坚持和完善中国特色社会主义制度　推进国家治理体系和治理能力现代化若干重大问题的决定》指出，要构建基层社会治理新格局,健全社区管理和服务机制,推动社会治理和服务重心向基层下移,把更多资源下沉到基层,发挥群团组织、社会组织的作用,更好地提供精准化、精细化服务,夯实基层社会治理基础。为了实现这个目标,需要在人才队伍建设、服务经费投入等方面加大对社区服务的支持力度,健全社区服务的机制,充实社区服务的内容,提高社区服务的水平,进而实现社区治理现代化,更好地应对新时期社会经济发展过程中出现的各种挑战。

三、当前我国社区服务的内容与存在的问题

社区服务的模式大体可分为两类。一是上门入户模式,由服务人员上门给服务对象提供相关服务。这种模式的特点是可及性强,但缺点是占用服务人员较多时间。另一种是服务中心模式,即服务对象去社区服务中心接受服务。这种模式能充分发挥专业人员的优势,节省专业人员的时间成本。

就我国现阶段而言,社区服务包括给居民和家庭提供支持和保护的各种服务,涉及餐饮、住宿、就业和培训、卫生保健、儿童照料、老人照护、人民调解、社区矫正、教育服务、理财服务、健身休闲以及其他便民利民服务。从类型上说,大体可分为社区公共服务、社区社会工作服务、社区志愿服务和社区商业性便民服务四种类别。

(一)当前我国社区服务的主要内容

1. 社区公共服务

社区公共服务是政府的基本公共服务下沉到社区的产物。这类服务包括以下一些领域。一是社区就业服务,对就业困难人员提供就业再就业咨询、再就业培训、就业岗位信息服务和社区公益性岗位开发等服务。二是社会救助和社会保险服务,主要是提供城乡居民最低生活保障等社会救助项目的申请受理和管理、协助城乡居民办理城乡居民基本养老保险、城乡居民基本医疗保险等。三是社区居家养老服务,面向有需要的老人提供社区为依托的养老服务。四是社区慈善,主要是社区捐助接收站点、"慈善超市"等的建设和管理。五是社区卫生服务,以妇女、儿童、老年人、慢性病人、残疾人、贫困居民等为重点,为社区居民提供预防保健、健康教育、康复等服务和一般常见病、多发病、慢性病的诊疗服务。六是社区文化、教育、体育、安全服务,开展面向社区居民的科普活动,配置相应的健身器材等。

2. 社区社会工作服务

社区社会工作服务是机构服务回归社区的结果。民政部、财政部 2013 年《关

于加快推进社区社会工作服务的意见》，要求广泛深入开展社区社会工作服务。在城市社区，社会工作服务的重点是针对老年人、未成年人、外来务工人员、残疾人和低收入家庭的社区照顾、社区融入、社区矫正、社区康复、就业辅导、精神减压与心理疏导服务。在农村社区，社会工作服务的重点是空心村落、空巢家庭、留守人群，为留守儿童提供生活、学习、心理和安全等方面的服务，为留守老人提供生活照料、代际沟通、精神慰藉、文化娱乐等方面服务，为留守妇女提供安全教育、技能培训、能力提升等方面服务。

3. 社区志愿服务

社区志愿服务是社区服务的重要组成部分。中央精神文明建设指导委员会2014年2月印发的《关于推进志愿服务制度化的意见》提出，要发展社区志愿服务组织，优化志愿者结构，动员党员、团员、公务员、专业技术人员、教师、青少年学生、离退休人员等加入志愿服务队伍。当前，社区志愿服务的重点人群是空巢老人、留守儿童、残疾人等，服务的内容主要是社会救助、优抚、助残、老年人服务、再就业服务、家政服务、文体活动、医疗保健、法律服务等。

4. 社区商业性便民服务

社区商业性便民服务是以社区为平台的商业服务，在现阶段，主要包括两类：一是社区便民利民服务，重点包括社区居民购物、餐饮、维修、美容美发、洗衣、家庭服务、物流配送、快递派送和再生资源回收等服务，服务形式有便民超市、便利店、菜店、餐馆、储蓄所、ATM机等便民利民网点，满足居民多样化生活需求。二是家庭服务业，其服务对象是有需要的家庭，由家庭服务机构指派或介绍家庭服务员进入家庭成员住所提供烹饪、保洁、搬家、家庭教育、儿童看护以及孕产妇、婴幼儿、老人和病人的护理等有偿服务，满足家庭生活需求。

(二) 当前我国社区服务存在的主要问题

我国当前的社区服务发展，仍存在以下两方面的突出问题需要解决。

一是农村社区服务机构的覆盖率偏低。《社区服务体系建设规划（2011—2015）》提出，力争"十二五"期末，社区服务设施综合覆盖率应达到90%，基本建成以社区综合服务设施为主体，各类专项服务设施相配套的综合性、多功能的社区服务设施。然而，根据《城乡社区服务体系建设规划（2016—2020年）》的数据，截至2015年年底，城市社区综合服务设施覆盖率达到82%，农村社区综合服务设施覆盖率仅达到12.3%。

二是社区服务人员的专业技能水平不够高。社区服务是对人的服务，单纯靠硬件是不能实现社区服务的目标的，而需要专业人员以专业的方法和技能帮助服务对象解决问题。要帮助服务对象，社区工作人员须具备一系列素质，比如，了解社区居民的需要，具有资源链接、评估服务对象的需求并制订服务计划、开展各种活动的能力等。但是，目前社区服务人员的专业技能水平普遍偏低，影响了社区服务质量和水平的提升。为了提高社区服务人员的技能水平，国家先后出台了一系列政策措施，比如中共中央办公厅、国务院办公厅《关于加强和改进城市社区居民委员会建设工作的意见》、国务院《关于加强和改进社区服务工作的意见》，以及国务院办公厅《关于印发社区服务体系建设规划（2011—2015）的通知》等。2016年10月，民政部、中央组织部等部委《关于印发〈城乡社区服务体系建设规划（2016—2020年）〉的通知》提出两方面的措施：一是拓宽城乡社区服务人才的来源渠道，把城乡社区服务人才队伍建设纳入当地人才发展规划，引导优秀人才向城乡社区服务领域流动，鼓励高校毕业生、退役军人、返乡农民工等优秀人才到城乡社区工作，加大社会工作者等专业人才使用力度；二是健全城乡社区服务人才的培养使用制度，做好城乡社区服务人员任职培训、在职培训和专门培训，支持和鼓励城乡社区服务人员参加社会工作等各种职业资格考试和学历教育考试，提高社区工作者专业化水平。

第四节　特定人群的权益保护及社会服务

由于历史、文化和现实的因素，有些人群由于这方面或那方面的原因而容易遭受社会排斥、社会剥夺。为了保障这些特殊人群的权益，国家出台了一系列法律法规，并成立了相关的机构给这些人群提供其所需要的服务。在我国现阶段，这些人群主要包括女性、儿童、老年人、残疾人、流动人口和军人及其家属等。限于篇幅，本节将简要介绍我国在保护这些特殊人群方面出台的主要政策法规及实施的主要社会服务项目。

一、妇女权益保护和社会服务

"在任何社会中，妇女解放的程度是衡量普遍解放的天然尺度。"[①] 在现代社会，如何有效保护女性的权益，更是社会文明进步的一个重要标尺。

为了保护女性的权益，我国颁布了《中华人民共和国妇女权益保障法》《中华

---

① 《马克思恩格斯文集》第9卷，人民出版社2009年版，第276页。

人民共和国母婴保健法》《女职工保护规定》等专门性的法律法规，在《中华人民共和国婚姻法》《中华人民共和国劳动法》《中华人民共和国教育法》等法律中，也有保护女性的相关条款。这些法律法规的核心，是禁止针对女性的性别歧视。

（一）禁止性别歧视

国家法律禁止在入学、就业、婚姻家庭、财产权益、人身权利、婚姻家庭等方面对女性的歧视。学校在录取学生、用人单位招聘职工时，除国家规定的特殊专业、不适合女性的工种或岗位外，不得以性别为由拒绝录取（录用）女性或者提高女性的录取（录用）标准。劳动合同中不得规定限制女职工结婚、生育的内容。

（二）保障贫困女童的教育机会

《中华人民共和国妇女权益保障法》规定，政府、社会、学校应当采取有效措施，解决适龄女性儿童少年就学存在的实际困难，并创造条件，保证贫困、残疾和流动人口中的适龄女性儿童少年完成义务教育。在社会服务方面，成功范例有"春蕾计划"，该计划是中国儿童少年基金会由1989年发起并组织实施的一项救助贫困地区女童的公益项目。截至2019年9月，"春蕾计划"已资助女童369万人次，捐建春蕾学校1811所，对52.7万人次女童进行职业教育培训。①

（三）促进农村妇女健康

在促进农村妇女健康方面影响较大的项目，一是农村妇女"两癌"筛查。2009年，农村妇女"两癌"（宫颈癌、乳腺癌）免费检查项目纳入国家重大公共卫生服务项目。同时，为解决贫困患病农村妇女救治困难，全国妇联设立了"贫困母亲'两癌'救助专项基金"，财政部每年从中央彩票公益金中拨付5000万元，对患病贫困农村妇女进行救治。二是全国妇联、北京市政府、中央电视台在2000年联合发起的一个大型公益项目——"母亲水窖"。该项目以解决安全饮水为龙头，将贫困、环境卫生、健康教育和妇女权益等问题统筹考虑，项目现已发展为"1+N"（"1"指多种饮水工程设施，"N"涵盖一个太阳灶或沼气池、一个卫生厕所、一棚蔬菜瓜果、一圈家禽家畜、一个美化的庭院等）扶助模式。

（四）提供小额贷款扶持妇女创业

2009年，为帮助妇女解决在创业就业中遇到的资金瓶颈问题，全国妇联积极推动财政部、人力资源和社会保障部、中国人民银行共同制定下发了《关于完善小额担保贷款财政贴息政策　推动妇女创业就业工作的通知》，开展妇女小额担保贷款财政贴息工作，帮助城乡妇女解决创业启动资金难问题。2011—2016年，中

---

① 参见中国儿童少年基金会网站的"春蕾计划"项目介绍。

央财政五年累计发放妇女小额贷款 2 336.51 亿元，中央及地方落实财政贴息资金 246.52 亿元，① 极大地激发了妇女参与经济发展的活力。

二、儿童权益保护和社会服务

在我国，通常用"未成年人"一词来表达儿童的概念。未成年人这一词强调了儿童相对于成年人而言的脆弱性。《中华人民共和国未成年人保护法》明确规定了未成年人的生存权、发展权、受保护权、参与权和受教育权。就服务项目而言，当前的政策重点有以下几个方面。

（一）婴幼儿早期发展干预

《中国儿童发展纲要（2011—2020年）》提出，在医疗卫生服务方面，开展新生儿保健生长发育监测、营养与喂养指导、早期综合发展、心理行为发育评估与指导等；完善出生缺陷防治体系，落实出生缺陷三级防治措施，扩大国家免疫规划范围；在教育方面，发展公益普惠型的儿童综合发展指导机构，加快发展3~6岁儿童学前教育；努力解决流动儿童入园问题，建立学前教育资助体系。

（二）孤儿保护

孤儿是指失去父母、查找不到生父母的未满18周岁的未成年人。《国务院办公厅关于加强孤儿保障工作的意见》规定，孤儿安置采取亲属扶养、机构养育、家庭寄养和依法收养四种形式。孤儿基本生活最低养育标准由省、直辖市、自治区等按照不低于当地平均生活水平的原则确定，且机构抚养孤儿养育标准应高于散居孤儿养育标准。孤儿成年后就业困难的，优先安排其到公益性岗位就业。儿童福利机构应为抚养、寄养孤儿的亲属、家庭提供适当的指导、服务。此外，对受艾滋病影响儿童和服刑人员未成年子女等事实孤儿建立替代养护制度，为其提供生活、教育、医疗、公平就业等保障。

（三）流浪儿童保护

《国务院办公厅关于加强和改进流浪未成年人救助保护工作的意见》，对流浪乞讨等生活无着未成年人实施救助。第一，及时发现。公安机关发现流浪乞讨的未成年人，应当护送到救助保护机构接受救助。由成年人携带流浪乞讨的，要进行调查、甄别，对由父母或乞讨监护携带流浪乞讨的，应当批评教育并引导护送到救助保护机构接受救助；对来历不明的流浪乞讨和被强迫从事违法犯罪活动的

---

① 中华全国妇女联合会：《我国妇女儿童事业迈上新台阶——五年来妇女儿童事业发展综述（上）》。

未成年人，一律采集生物检材，检验后录入全国打拐 DNA 信息比对，及时发现、解救失踪被拐未成年人。第二，打击拐卖行为。实行未成年人失踪快速查找机制，涉及未成年人失踪被拐报警的，公安机关须立即出警处置，认真核查甄别。第三，及时将流动儿童接送返乡。对查找到父母或其他监护人的流浪未成年人，无力自行返乡的由救助保护机构接送返乡。第四，返乡后的监护、帮扶。救助保护机构对流浪未成年人的家庭监护情况进行调查评估，对确无监护能力的，由救助保护机构协助监护人及时委托其他人员代为监护；对拒不履行监护责任、经反复教育不改的，由救助保护机构人向人民法院提出申请撤销其监护人资格，另行指定监护人。村（居）委会要建立随访制度，对父母或其他监护人不履行监护责任的，要予以劝诫、制止。

（四）贫困儿童救助

童年期的贫困将极大限制贫困儿童及其家庭未来的发展机会，然而贫困儿童，特别是集中连片特殊困难地区的 4 000 万儿童，在健康和教育等方面的发展水平明显低于全国平均水平。为此，《国家贫困地区儿童发展规划（2014—2020 年）》提出，面向集中连片特殊困难地区 680 个县从出生到义务教育阶段结束的农村儿童，从新生儿出生健康、儿童营养改善、儿童健康保健、儿童教育保障、特殊困难儿童教育和关爱等方面入手，力争到 2020 年，集中连片特殊困难地区儿童发展整体水平基本达到或接近全国平均水平。在健康方面，孕产妇死亡率下降到 30/10 万，婴儿和 5 岁以下儿童死亡率分别下降到 12‰和 15‰。5 岁以下儿童生长迟缓率降低到 10%以下，低体重率降低到 5%以下，贫血患病率降低到 12%以下。以乡镇为单位适龄儿童国家免疫规划疫苗接种率达到并保持在 90%以上。中小学生体质基本达到《国家学生体质健康标准》。在教育方面，学前三年毛入园率达到 75%。义务教育巩固率达到 93%，

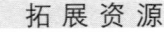

拓展资源

《国家贫困地区儿童发展规划（2014—2020 年）》

教育总体质量、均衡发展水平显著提高。视力、听力、智力残疾儿童少年义务教育入学率达到 90%。

（五）留守儿童保护

根据全国妇联 2013 年发布的《我国农村留守儿童、城乡流动儿童状况研究报告》，2010 年，父母双方或一方流动到其他地区，孩子留在户籍地，不与父母共同生活的农村留守儿童全国共有 6 102.55 万名，占农村儿童 37.7%，占全国儿童 21.88%。其中，46.74%农村留守儿童的父母都外出，单独居住的留守儿童高达 205.7 万名。2016 年，民政部等部门对农村留守儿童进行了全面摸排，按父母双方

都外出计算，共有 902 万余名留守儿童。由于与父母长期分离，亲情缺失，家庭教育弱化，留守儿童的生活质量、生理和心理健康状况、成长环境均劣于受父母监护的儿童。因此，必须大力加强留守儿童关爱服务，健全农村留守儿童服务机制，加强对留守儿童心理、情感和行为的指导，提高留守儿童家长的监护意识和责任。2016 年 2 月 4 日，《国务院关于加强农村留守儿童关爱保护工作的意见》提出要完善农村留守儿童关爱服务体系，建立健全农村留守儿童救助保护机制，措施有：强化家庭监护主体责任，落实县、乡镇人民政府和村（居）民委员会职责，加大教育部门和学校关爱保护力度，建立强制报告制度、完善应急处置机制、健全评估帮扶机制、强化监护干预机制等。2019 年 4 月，根据民政部等部门颁布的《关于进一步健全农村留守儿童和困境儿童关爱服务体系的意见》要求，明确未成年人救助保护机构和儿童福利机构的职能定位，推进未成年人救助保护机构转型升级，拓展儿童福利机构社会服务功能，积极对留守儿童开展临时照料、精神慰藉、定期探访等工作。

三、老年人权益保护和社会服务

2012 年修订的《中华人民共和国老年人权益保障法》规定了老年人的基本权益，包括家庭赡养与扶养、社会保障、社会服务、社会优待、宜居环境、参与社会发展等方面的权益。对老年人来说，最重要的问题无疑是养老的问题。尤其是在人口老龄化快速发展的情况下，推动老龄事业发展和养老体系建设是我国面临的一项重大战略任务。为此，国务院在 2013 年出台了《国务院关于加快发展养老服务业的若干意见》之后，又于 2017 年发布了《"十三五"国家老龄事业发展和养老体系建设规划》。该文件提出要建立居家为基础，社区为依托、机构为补充，医养相结合的养老服务体系。

（一）居家养老服务

老年人养老以居家为基础，保障居家养老的措施有以下几个方面。一是明确了子女的照料责任。对生活不能自理的老年人，赡养人应当承担照料责任；不能亲自照料的，可以按照老年人的意愿委托他人或者养老机构等照料。二是实行护理补贴。对生活长期不能自理、经济困难的老年人，地方各级人民政府应当根据其失能程度等情况给予护理补贴。三是建设居家服务网络平台，发展以社区为依托的居家养老服务，通过上门服务等形式为居家老人提供助餐、助浴、助洁、助急、助医等养老服务。对身体健康状况、生活基本能自理的老年人，主要提供家庭服务、老年食堂、法律服务等服务；对生活不能自理的高龄、独居、失能等老年人，提供家务劳动、家庭保健、辅具配置、送饭上门、紧急呼叫和安全援助等服务。

（二）社区养老服务

社区养老服务是在社区开展的，主要面向家庭日间暂时无人或无力照护的社区老年人提供的养老服务。在服务设施方面，在城市社区，日间照料中心、星光老年之家等纳入小区配套建设规划，按照人均用地不少于0.1平方米的标准，分区分级规划设置养老服务设施，开展全托、日托、临托等多种形式的老年社区照料服务。在农村，乡镇敬老院向社会开放，充分利用农家大院，建设日间照料中心、托老所、老年活动站等互助性养老服务设施，大力发展社区照料服务，向留守老年人及其他有需要的老年人提供日间照料、短期托养、配餐等服务。《国务院关于加快发展养老服务业的若干意见》明确提出，到2020年，符合标准的日间照料中心、老年人活动中心等服务设施覆盖所有城市社区，90%以上的乡镇和60%以上的农村社区建立包括养老服务在内的社区综合服务设施和站点。全国社会养老床位数达到每千名老年人35~40张。兴办或运营老年供餐、社区日间照料、老年活动中心等形式多样的养老服务项目。

（三）发展养老服务业

民政部本级的彩票公益金和地方各级政府用于社会福利事业的彩票公益金，要将50%以上的资金用于支持发展养老服务业，并随老年人口的增加逐步提高比例。养护型和医护型养老机构主要为失能、半失能的老年人提供专门服务，包括生活照料、医疗护理、康复护理服务和紧急救援服务；供养型养老机构则主要为普通老年人提供集中生活照料等服务。

四、残疾人权益保护和社会服务

《中华人民共和国残疾人保障法》《残疾人教育条例》《残疾人就业条例》《农村残疾人扶贫开发纲要（2011—2020年）》规定了残疾人有康复、教育、劳动就业、文化生活、社会保障、无障碍环境等权益。关于残疾人的教育、劳动就业和社会保障等权益在相关章节中已有介绍，这里主要介绍其他几个方面。

一是康复权，即恢复或部分恢复生理、心理和社会活动功能的各种服务，帮助残疾人恢复或者补偿功能，增强其参与社会生活的能力。康复的形式，有医疗康复、教育康复、职业康复、社会康复等。残疾人康复的机构，包括专门的康复中心、社区康复中心、特殊学校和家庭等。康复的方式有提供技能训练、辅助器具适配、心理辅导、康复转介、残疾预防、知识普及和咨询等康复服务。党的十九大报告强调，要加强残疾康复服务。《"十三五"加快残疾人小康进程规划纲要》

提出，以残疾儿童和持证残疾人为重点，采取多种形式、实施精准康复。《中国儿童发展纲要（2011—2020年）》确定，优先开展残疾儿童抢救性治疗和康复，对贫困家庭残疾儿童基本康复需求按规定给予补贴，优先开展残疾儿童抢救性治疗和康复。

二是残疾人托养，为有需要的残疾人提供生活照料、康复护理、生活和职业能力培训、精神慰藉、安全保护等方面的服务。《"十三五"加快残疾人小康进程规划纲要》要求，建立健全以家庭为基础、社区为依托、机构为支撑的残疾人托养服务体系，实现与儿童、老年人护理照料服务体系的衔接和资源共享。根据《关于加快发展残疾人托养服务的意见》的规定，残疾人托养服务的重点对象是智力、精神和重度残疾人，托养服务体系以乡镇（街道）和社区日间照料为主体、居家托养服务为基础。

三是生活保障权。对无劳动能力、无生活来源、无赡养抚养扶养人或者赡养抚养扶养人无赡养抚养扶养能力的残疾人，可以享受特困人员供养。符合条件的残疾人，全部纳入城乡最低生活保障制度的保障范围。成年重度残疾人可以单独立户申请低保，参加基本医疗保险、城乡居民基本养老保险可以享受补贴。住房困难的城乡低收入残疾人优先纳入住房保障、医疗救助的范围。《国务院关于全面建立困难残疾人生活补贴和重度残疾人护理补贴制度的意见》决定全面建立困难残疾人生活补贴和重度残疾人护理补贴制度，解决残疾人特殊生活困难和长期照护困难。根据《农村残疾人扶贫开发纲要（2011—2020年）》，到2020年，全面保障农村残疾人平等享受基本医疗、基本养老、教育、住房和康复服务，不愁吃、不愁穿。在具体服务项目方面，有"阳光助残扶贫基地建设工程"，扶持创建农村残疾人扶贫基地和国家彩票公益金支持的"阳光安居工程"，针对中西部地区农村贫困残疾人家庭的危房改造工作。

五、流动人口权益保护和社会服务

中共十八届三中全会通过的《中共中央关于全面深化改革若干重大问题的决定》提出，要推进农业转移人口市民化，逐步把符合条件的农业人口转为城镇居民。如何使流动人口尤其是农民工平等享有城镇居民的待遇，是流动人口权益保护的核心。2006年3月27日，《国务院关于解决农民工问题的若干意见》提出农民工工作的基本原则是公平对待，一视同仁，尊重和维护农民工的合法权益，消除对农民工的歧视性规定。2014年9月，《国务院关于进一步做好为农民工服务工作的意见》明确提出了"农民工市民化"的目标，提出到2020年，要引导约1亿人在中西部地区就近城镇化，努力实现 1 亿左右农业转移人口和其他常住人口在城镇落户等涉及农民工权益保护的问题。这份文件将农民工权益保护提升到了一个全新的高度。在现阶段，对流动人口而言，最核心的权利是就业与劳动保障权益和子女的教育权利。

（一）就业与劳动保障权益

在就业方面，《国务院关于进一步做好为农民工服务工作的意见》提出，完善和落实促进农民工就业创业的政策，实施农民工职业技能提升计划，加快发展农村新成长劳动力职业教育。在劳动权益保障方面，着力维护农民工的劳动保障权益，规范农民工的劳动用工管理，落实农民工与城镇职工同工同酬原则，保障农民工工资报酬权益。在社会保险方面，扩大农民工参加城镇社会保险覆盖面，实施"全民参保登记计划"，推进农民工依法全面持续参加城镇职工基本养老保险和基本医疗保险、工伤保险、失业保险和生育保险并平等享受待遇。同时，逐步推动农民工平等享受城镇基本公共服务，积极推进城镇基本公共服务由主要对本地户籍人口提供向对常住人口提供转变，努力实现城镇基本公共服务覆盖在城镇常住的农民工及其随迁家属，使其逐步平等享受市民权利。农民工及其随迁家属在输入地城镇未落户的，依法申领居住证，持居住证享受规定的基本公共服务。

（二）子女的教育权益

2001 年《国务院关于基础教育改革与发展的决定》，提出要重视解决流动人口子女接受义务教育的问题，依法保障流动人口子女接受义务教育的权利。2006 年《国务院关于解决农民工问题的若干意见》提出，输入地政府要承担起农民工同住子女义务教育的责任，将农民工子女义务教育纳入当地教育发展规划，列入教育经费预算，以全日制公办中小学为主接受农民工子女入学。同年修订的《中华人民共和国义务教育法》规定，父母或者其他监护人在非户籍所在地工作或者居住的适龄儿童、少年，在其父母或者其他法定监护人工作或者居住地接受义务教育的，当地人民政府应当为其提供平等接受义务教育的条件。《国务院关于进一步做好为农民工服务工作的意见》进一步明确要保障农民工随迁子女平等接受教育的权利，输入地政府要将符合规定条件的农民工随迁子女教育纳入教育发展规划，合理规划学校布局，科学核定公办学校教师编制，加大公办学校教育经费投入，保障农民工随迁子女平等接受义务教育权利，并进一步完善和落实好符合条件的农民工随迁子女接受义务教育后在输入地参加中考、高考的政策。同时，公办义务教育学校要普遍对农民工随迁子女开放，与城镇户籍学生混合编班，统一管理。此外，对学龄前儿童，输入地政府应积极创造条件着力满足农民工随迁子女接受普惠性学前教育的需求，对在公益性民办学校、普惠性民办幼儿园接受义务教育、学前教育的，采取政府购买服务等方式落实支持经费，指导和帮助学校、幼儿园提高教育质量。

六、军人抚恤优待政策

优抚安置是对中国革命和建设做出牺牲、贡献的军人及其家属为主要对象进行的抚恤、优待、保养和退役安置工作。其中，军人抚恤优待是党和国家的一项长期政策，《中华人民共和国国防法》《中华人民共和国兵役法》《军人抚恤优待条例》等确定了军人抚恤优待的基本内容。为更好地保障军人的合法权益，我国于2018年设立了退役军人事务部，建立了集中统一、职责清晰的退役军人管理保障体制，我国军人的抚恤优待工作进入了新的发展阶段。

（一）死亡抚恤

抚恤指国家对残疾军人、烈士遗属、因公牺牲军人遗属、病故军人遗属按照规定的标准给予抚恤金，分为死亡抚恤和残疾抚恤两类。根据规定，现役军人死亡被批准为烈士、被确认为因公牺牲或者病故的，其遗属依照规定享受抚恤金。抚恤金分为两类，一次性抚恤金和定期抚恤金。其中，一次性抚恤金的标准为：烈士和因公牺牲的，为上一年度全国城镇居民人均可支配收入的20倍加本人生前40个月的基本工资；病故的，为上一年度全国城镇居民人均可支配收入的2倍加本人生前40个月的基本工资。定期抚恤金的标准参照全国城乡居民家庭人均收入水平确定，领取定期抚恤金需要满足一定的条件，即其父母、配偶须是无劳动能力、无生活费来源或者收入水平低于当地居民平均生活水平，或子女未满18周岁或者已满18周岁但因上学或者残疾无生活费来源，或兄弟姐妹未满18周岁或者已满18周岁但因上学无生活费来源且由该军人生前供养。此外，烈士遗属还可按规定享受烈士褒扬金，其标准为上一年度全国城镇居民人均可支配收入的30倍。

（二）残疾抚恤

现役军人残疾分为因战致残、因公致残和因病致残三种，残疾的性质直接关系残疾抚恤待遇。按现行规定，因战、因公致残的，均可享受抚恤；因病致残的，残疾等级在一级至六级之间的可享受抚恤。残疾军人抚恤金的标准参照全国职工平均工资水平确定。特别地，对于退出现役的一级至四级残疾军人，由国家供养终身。供养分为集中供养和分散安置两种，其中，对分散安置的，根据残疾性质和残疾等级，发给当地职工平均工资30%~50%不等的护理费。

(三) 优待

优待是指按国家规定对优抚对象从经济上给予高于普通社会成员的优先、优惠待遇。按规定，主要的优待措施一是义务兵服现役期间，其家庭由当地人民政府发给不低于当地平均生活水平的优待金或者给予其他优待。二是残疾军人医疗费用保障。一级至六级残疾军人的医疗费用按照规定予以保障，七级至十级残疾军人旧伤复发的医疗费用，有工伤保险的由工伤保险解决，无工伤保险但有工作单位的，由单位解决；没有工作的，由当地县级以上地方人民政府负责解决。三是交通优待。残疾军人乘坐火车、轮船、长途公共汽车和民航班机，享受减收正常票价50%的优待。四是退役后的生活保障。复员军人生活困难的，由当地人民政府给予定期定量补助，逐步改善其生活条件。

根据《关于加强困难退役军人帮扶援助工作的意见》，对符合条件的困难退役军人、领取定期抚恤补助的"三属"（军人父母、配偶、未成年子女），按照"普惠加优待"的原则，根据困难程度和现实表现，提供资金援助、实物援助和社会化服务援助，做到应帮尽帮、应援尽援、帮援及时。

拓展资源
《关于加强困难退役军人帮扶援助工作的意见》

(四) 退役安置

现行的退役士兵安置制度，特点是以扶持就业为主，自主就业、安排工作、退休、供养等多种方式相结合。其中，符合下列条件之一的，由人民政府安排工作：士官服现役满12年；服现役期间荣获二等功以上奖励或者战时荣获三等功以上奖励；因战致残被评定为五级至八级残疾；烈士子女。不具备安排工作条件的退役士兵，需要自主就业。对自主就业的退役士兵，由部队发给一次性退役金。若入伍前是国家机关、社会团体、企事业单位工作人员，退出现役后可以选择复职复工，其工资福利待遇不低于本单位同等条件人员的平均水平，且其服现役年限计算为工龄，视同职工基本养老保险、基本医疗保险、失业保险等缴费年限，并与实际缴费年限合并计算；若入伍前已考上大学或者正在上大学的退役士兵，退出现役后2年内允许入学或者复学，并按照国家有关规定享受奖学金、助学金和减免学费等优待。

思考题

1. 与商业化的服务相比，社会福利服务有何特点？
2. 社会福利服务有哪些功能？

3. 设计社会福利服务的输送机制时，该考虑哪些因素？
4. 社会福利服务为何要回归社区？
5. 结合某项具体的社会服务项目，分析影响社会福利服务成效的因素。
6. 结合实际分析针对残疾人的两项补贴制度在健全我国基本民生保障体系、促进残疾人事业发展和推动人权保障事业发展方面的积极意义。

第十三章 我国社会政策发展的趋势

经过多年的发展，我国社会政策已经形成较为完整的行动体系，在保障和改善民生、促进经济与社会协调发展、维护社会公平和社会稳定方面发挥了重要的作用。目前，中国特色社会主义进入新时代，各种条件都在发生新的变化。我国社会主要矛盾已经转化为人民日益增长的美好生活需要和不平衡不充分的发展之间的矛盾。人民对美好生活的需要日益广泛，不仅对物质文化生活提出了更高要求，而且在民主、法治、公平、正义、安全、环境等方面的要求也日益增长。但我国的发展中仍然存在不平衡不充分，这已经成为满足人民日益增长的美好生活需要的主要制约因素。为此，中央提出了实现社会主义现代化和中华民族伟大复兴，在21世纪中叶建成富强民主文明和谐美丽的社会主义现代化强国的总任务，具体提出了包括"共享发展"在内的新的发展理念。外部条件的变化和发展目标的提升给我国的社会政策提出了新的要求，社会政策的决策者和研究者正在认真研究这些新的变化和新的要求，力图通过新的改革和发展来进一步完善我国的社会政策体系，为我国未来的发展和满足民众的需要做出更大的贡献。

第一节 我国社会政策发展新的背景

在经过四十年的改革和发展后，我国经济与社会又进入了一个新的发展时期，社会政策的经济与社会背景也随之发生着变化。要理解当前和未来社会政策发展的方向及相关要求，首先应该对目前社会政策发展的新背景做出较为全面的分析。

一、中国特色社会主义新时代对社会政策的新要求

（一）新时代发展中国特色社会主义的总任务及其对社会政策提出的新要求

十九大报告中提出了坚持和发展中国特色社会主义，总任务是实现社会主义现代化和中华民族伟大复兴，在全面建成小康社会的基础上，分两步走，在21世纪中叶建成富强民主文明和谐美丽的社会主义现代化强国。这一总任务的提出，为我国未来几十年发展中国特色社会主义指明了方向，也对未来几十年我国社会政策的发展提出了新的要求。按照总任务的要求，我国在2020年要全面建成小康

社会。在决胜全面建成小康社会之后，将开启全面建设社会主义现代化国家新征程，并分两个阶段完成这一总任务。第一个阶段，从 2020 年到 2035 年，在全面建成小康社会的基础上，再奋斗十五年，基本实现社会主义现代化。第二个阶段，从 2035 年到 21 世纪中叶，在基本实现现代化的基础上，再奋斗十五年，把我国建成富强民主文明和谐美丽的社会主义现代化强国。

新时代发展中国特色社会主义的总任务对社会政策提出了新要求。为了完成总任务的目标，不仅要大力发展社会主义市场经济，不断增强国家的经济实力，提高财富水平，而且还要通过社会政策去保障全体国民都能够随着国家的发展一起从小康走向富强文明和谐美丽。因此，对于我国社会政策的研究者和决策者来说，应该按照新时代发展中国特色社会主义的总任务去设计未来几十年我国社会政策的发展目标及战略，为完成新时代发展中国特色社会主义的总任务做出贡献。

（二）社会主要矛盾的变化及其对社会政策的新要求

十九大报告中提出，新时代我国社会主要矛盾是人民日益增长的美好生活需要和不平衡不充分的发展之间的矛盾。这一重要论断充分反映了经过几十年改革开放之后，我国在经济与社会发展方面已经取得的成绩以及目前还存在的不足。十九大报告指出，我国社会主要矛盾的变化是关系全局的历史性变化，对党和国家工作提出了许多新要求。我们要在继续推动发展的基础上，着力解决好发展不平衡不充分的问题，必须坚持以人民为中心的发展思想，不断促进人的全面发展、全体人民共同富裕。这些对未来我国社会政策的发展提出了新的要求。未来社会政策的发展必须要针对新时代我国社会的主要矛盾，重点通过提高保障和改善民生水平、更加公平的社会政策而为解决发展中不平衡不充分的主要矛盾做出贡献。

（三）中国特色社会主义事业总体布局对社会政策的要求

十九大报告中明确提出中国特色社会主义事业"五位一体"的总体布局，并要求党和国家的工作中要统筹推进"五位一体"总体布局。其中，社会建设是总体布局的一个重要方面，包括保障和改善民生以及加强和创新社会治理两个重要方面的任务。十九大报告专门强调了要坚持在发展中保障和改善民生，提出了必须多谋民生之利、多解民生之忧，在发展中补齐民生短板、促进社会公平正义，在幼有所育、学有所教、劳有所得、病有所医、老有所养、住有所居、弱有所扶上不断取得新进展，深入开展脱贫攻坚，保证全体人民在共建共享发展中有更多获得感，不断促进人的全面发展、全体人民共同富裕。该报告还提出了要建设平安中国，加强和创新社会治理，维护社会和谐稳定，确保国家长治久安、人民安居乐业。十九大报告对保障和改善民生及加强和创新社会治理的要求为我国社会政策的发展设定了具体的目标和基础。

十九届四中、五中全会进一步强调了保障和改善民生及加强和创新社会治理。十九届四中全会通过的《中共中央关于坚持和完善中国特色社会主义制度 推进国家治理体系和治理能力现代化若干重大问题的决定》再次强调了要坚持和完善统筹城乡的民生保障制度，满足人民日益增长的美好生活需要，增进人民福祉、促进人的全面发展是我们党立党为公、执政为民的本质要求，提出了必须健全幼有所育、学有所教、劳有所得、病有所医、老有所养、住有所居、弱有所扶等方面的国家基本公共服务制度体系，尽力而为，量力而行，注重加强普惠性、基础性、兜底性民生建设，保障群众基本生活。创新公共服务提供方式，鼓励支持社会力量兴办公益事业，满足人民多层次多样化需求，使改革发展成果更多更公平惠及全体人民等重要的要求。《决定》还强调要坚持和完善共建共治共享的社会治理制度，保持社会稳定、维护国家安全，提出必须加强和创新社会治理，完善党委领导、政府负责、民主协商、社会协同、公众参与、法治保障、科技支撑的社会治理体系，建设人人有责、人人尽责、人人享有的社会治理共同体，确保人民安居乐业、社会安定有序，建设更高水平的平安中国。同时，《决定》在完善正确处理新形势下人民内部矛盾有效机制、完善社会治安防控体系、健全公共安全体制机制、构建基层社会治理新格局、完善国家安全体系方面提出了具体要求，其中多方面的要求与社会政策密切相关。

十九届五中全会通过的《中共中央关于制定国民经济和社会发展第十四个五年规划和二〇三五年远景目标的建议》再次重点强调了改善人民生活品质，提高社会建设水平。《建议》要求坚持把实现好、维护好、发展好最广大人民根本利益作为发展的出发点和落脚点，尽力而为、量力而行，健全基本公共服务体系，完善共建共治共享的社会治理制度，扎实推动共同富裕，不断增强人民群众获得感、幸福感、安全感，促进人的全面发展和社会全面进步。并且，《建议》在提高人民收入水平、强化就业优先政策、建设高质量教育体系、健全多层次社会保障体系、全面推进"健康中国"建设、实施积极应对人口老龄化国家战略等方面做出了详细的部署和要求。此外，《建议》还对加强和创新社会治理提出了要求：完善社会治理体系，健全党组织领导的自治、法治、德治相结合的城乡基层治理体系，完善基层民主协商制度，实现政府治理同社会调节、居民自治良性互动，建设人人有责、人人尽责、人人享有的社会治理共同体；发挥群团组织和社会组织在社会治理中的作用，畅通和规范市场主体、新社会阶层、社会工作者和志愿者等参与社会治理的途径；推动社会治理重心向基层下移，向基层放权赋能，加强城乡社区治理和服务体系建设，减轻基层特别是村级组织负担，加强基层社会治理队伍建设，构建网格化管理、精细化服务、信息化支撑、开放共享的基层管理服务平台；加强和创新市域社会治理，推进市域社会治理现代化。

二、经济全球化进程中的社会政策国际发展趋势

（一）经济全球化的挑战和社会政策的应对

"二战"以后，在西方国家中形成了一套"福利国家"的社会政策体系。但在20世纪70年代后，随着经济全球化的发展，西方福利国家的社会政策体系遇到强力挑战，导致西方国家出现"福利国家危机"，为此西方国家不得不在80年代后开始对社会政策进行改革与调整。西方国家的社会政策改革最初受新自由主义价值理念影响较大，但在后来实际的改革实践中并没有完全按照新自由主义的理论展开，而主要是走向了"第三条道路"的改革与发展方向，即社会政策既要坚持社会保护和社会公平的基本目标，同时也要引入一定的市场机制，以提高社会政策的运行效率，并有利于经济发展。在这一理论的指导下，西方主要国家的社会政策一方面继续提高政府的社会支出水平，另一方面努力提高其运行效率；一方面通过社会政策加强对民众的社会保护，另一方面也通过社会政策加强全社会的人力资本投资，促进经济的转型升级，在更高科技水平的层次恢复和提高经济竞争力。从实际效果上看，主要西方国家在社会政策方面的应对性行动取得了较为明显的成功，其福利国家的基本体制得以保留和发展，并且其社会政策与经济发展之间达成了较好的协调发展。时至今日，社会福利水平较高的西方国家仍具有很高的经济竞争力。

（二）当前国际社会政策发展中的新问题与新趋势

当前国际经济与社会发展进入一个较为复杂的局面。随着经济全球化的不断加深，各国都在不同程度上面临着不同的挑战和问题。在发达国家中，2008年的国际金融危机和此后发生的欧洲债务危机对其经济发展和社会政策带来较大的挑战。国际金融危机的发生给西方国家经济带来了很大的冲击，使人们进一步看到全球化背景下经济领域存在的各种风险以及新自由主义经济理论的缺陷。但此后发生的"欧债危机"则从另一个方面显现出在经济全球化和区域经济一体化的背景下，单个国家政府财政制度与区域性金融体系之间的不协调可能带来的风险。有些研究者认为相关国家政府的社会支出太大是导致"欧债危机"的原因之一。

这种观点并不完全符合事实，因为"欧债危机"并没有发生在欧洲社会支出最大的国家。但这种观点的提出也从一个侧面提醒各国，社会支出水平应该与经济发展、税收能力和政府财力相一致。

当前发展中国家的情况与发达国家有很大的不同。从总体上看，发展中国家的社会政策发展水平和社会支出水平与发达国家相比还有较大差距，大多数发展中国家并没有遇到发达国家的问题。但是，发展中国家的情况也是千差万别。对于资源出口型经济体来说，社会政策发展的主要议题是如何使社会政策和政府的社会支出更加具有弹性，既能够在经济波动中更加有效地保护普通劳动者，同时又不被经济波动所严重拖累。对于以劳动密集型制造业为基础的外向型经济体来说，如何在促进经济发展的同时构建基本的社会政策体系，随着经济的发展而不断地提高社会保护水平，是其社会政策发展的主要议题。对于通过持续的经济发展已经摆脱了过去落后的局面，进入了中等收入水平的国家来说，其社会政策发展的主要议题是如何通过更加完善的社会政策体系去化解各种社会矛盾和促进经济转型，从而避免陷入"中等收入陷阱"。

三、我国经济与社会环境的新特点

当前我国经济与社会各个方面都在发生着重要的变化，这些变化对我国的社会政策将带来新的机遇和挑战。

（一）转变经济发展方式

在经过了长达30多年的高速经济发展后，我国传统的经济发展模式遇到了很大的问题，难以继续支撑我国经济的持续发展，因此我国必须加快转变经济发展方式。转变经济发展方式的主要内容一是从过去的劳动密集型为主要动力的经济增长方式转变为以科技和创新为主要动力的经济发展方式；二是从过去主要依赖外向型经济的增长方式转变为内外较为均衡的发展方式；三是将过去主要以投资拉动的增长方式转变为投资和消费更加均衡的发展方式；四是将过去以破坏环境和大量消耗资源为代价的增长方式转变为以环境保护和资源节约为基础的经济发展方式。毫无疑问，转变经济发展方式是我国经济发展中的又一次革命性的转型，它将对社会、政治、文化等各个方面都产生全面的影响。转变经济发展方式并不仅仅靠经济政策就能完成，而且需要社会政策等各个方面的大力协助才能完成。

（二）人口老龄化加速

目前，我国进入了人口老龄化加速的时期。在未来一二十年里我国人口老龄化程度将迅猛提高，将快速进入"老龄社会"。人口老龄化对我国经济与社会发展将带来深远的影响。一方面，人口老龄化将导致劳动年龄人口比例降低，即所谓"人口红利"的消失；另一方面，它也将导致全社会养老负担和政府相关的社会支出的增大，给政府的社会政策带来更大压力。人口老龄化是我国不可避免的现实问题，但我们能够通过进一步的经济与社会体制改革和更加合理的经济与社会政策去化解其压力，并将其压力变为促进进一步发展的动力。

（三）快速城市化

20世纪80年代以来，我国经历了快速城市化的过程。2019年的城市化率已经达到60.6%。在未来一二十年里，城市化的进程还将维持较高的速度。城市化的进程对我国过去30多年的经济发展起到了很大的促进作用，并正在改变着过去长期存在的"城乡二元结构"，缩小传统的城乡差距。但同时，城市化也导致了新的社会问题，如流动人口的问题、失地农民的问题等，给我国的社会政策提出了新的挑战。在快速城市化的过程中如何改革社会政策，扩大社会政策的覆盖面和包容性，不断提高公共服务均等化程度，以便更好地满足广大民众的需要，是摆在我国社会政策发展面前的一项重大议题。

（四）民众思想观念的变化

随着经济和社会的发展，民众的思想观念也在发生着深刻的变化。一方面，民众的权利意识不断提升，这将促使我国的社会政策更加注重人权保护，通过更完善的社会政策去回应民众对各项社会经济权利的诉求；另一方面，我国民众比过去更加重视社会公平，这要求社会政策在资源分配中更加重视公共服务均等化，并不断提高社会政策在资源分配中的公平性；再一方面，民众对政治和社会生活参与的积极性比过去更高，这要求政府各项政策的决策和实施过程更加开放、民主和包容，在社会政策方面尤其是如此，因为相比经济政策而言，社会政策与民众利益的关联更加密切、更加直接。

（五）转变社会发展方式

在转变经济发展方式的同时，我国也面临着转变社会发展方式的要求。第一，我国未来的发展将更加重视经济与社会的协调发展，而不再是单纯强调经济发展；第二，我国社会发展中将更加重视以人为本，满足人的各种需要；第三，我国的社会发展方式将更多地强调民众的主动参与，形成多元化发展主体的模式，而不仅仅是在政府和单位的组织下被动地参与；第四，我国的社会发展方式要求转变资源调动机制，建立政府财政与民间慈善相结合的社会发展资源调动模式；第五，我国转变社会发展方式还要求克服过去公共资源分配不合理的做法，使公共服务资源更加公平地分配。

四、我国社会政策面临的新机遇和新挑战

（一）我国社会政策发展的新机遇和新要求

在转变经济发展方式的背景下，我国社会政策将面临新的发展机遇。一方面，在改革开放后的最初20年里，尤其是在20世纪90年代，我国社会政策发展缓慢，主要原因之一是当时的经济发展方式较为严重地依赖低成本劳动力，因而对社会政策的发展具有较强的约束。而当前，我国劳动力成本大幅度提高，已经无法再靠低成本劳动力去促进经济发展，因而劳动力成本对社会政策的约束自然就会降低，这给我国社会政策的发展提供了新的机遇。另一方面，在转变经济发展方式的背景下，我国需要通过更加广泛地制定和实施社会政策来降低民众所面临的社会风险，从而降低个人储蓄，促进当期消费，为刺激内需做出贡献。再一方面，未来支撑我国经济发展的是更高的人力资本，即具有更高技术水平和创新能力的知识型劳动力，而要大幅度提高人力资本，实现从劳动力大国向人力资本大国转变，需要社会政策发挥更大的作用，这无疑向社会政策发展提出了更高的要求。

（二）我国社会政策面临的新挑战

当前经济与社会新的转型在为社会政策发展提供新的机遇的同时，也提出了许多新的挑战。

首先，国内外经验告诉我们，大规模的经济体制或经济结构转型往往都会伴随着较大的社会风险，当前我国转变经济发展方式也会带来新的社会风险，包括因产业转型而导致在传统产业出现较大规模的失业下岗，新旧产业发展不均衡而导致结构性收入差距扩大等。如果转型较快，还可能在较短的时间里出现较为严重的问题，而解决这些问题需要通过社会政策来加以托底。反过来看，如果社会政策不够健全，将会拖转变经济发展方式的后腿，进而可能使我国陷入"中等收入陷阱"，带来更严重的社会问题。因此，我国是否能够有效地超越"中等收入陷阱"将在很大程度上取决于我国社会政策是否能够应对挑战，解决问题。

其次，转变经济发展方式在一定程度上会导致各个群体利益关系的重构，将带来新的社会矛盾，严重时还可能是明显的社会冲突。在这种情况下，需要通过社会政策去实施再分配，提高民生保障水平，并调节各群体之间的利益关系，达到维护社会公平的目标，使经济转型更加平稳。

最后，我国当前面临的人口老龄化和城市化转型也会给社会政策带来很大的挑战，既要求在社会政策领域扩大公共服务，同时也要求在社会政策领域更加公平地分配资源，进一步提高公共服务均等化的水平。

第二节　我国社会政策新的发展方向

在新的经济与社会条件下，我国社会政策面临新的发展方向。中共十九大报告中提出的"以人民为中心"的发展思想为我国社会政策的发展指明了总体的方向。十九大报告中还提出了"提高保障和改善民生水平"，"让改革和发展的成果更多更公平惠及全体人民，朝着实现全体人民共同富裕不断迈进"的要求。中共十九届四中全会通过的《中共中央关于坚持和完善中国特色社会主义制度　推进国家治理体系和治理能力现代化若干重大问题的决定》中强调指出，坚持以人民为中心的发展思想，不断保障和改善民生、增进人民福祉，走共同富裕道路，是我国国家制度和国家治理体系具有的多方面的显著优势之一，也是我们坚定中国特色社会主义道路自信、理论自信、制度自信、文化自信的基本依据。同时，《决定》再次强调"坚持和完善统筹城乡的民生保障制度，满足人民日益增长的美好生活需要"。为此，我国一方面需要在过去十多年发展的基础上继续扩大社会政策行动，让社会政策在经济与社会生活中发挥更大的作用；另一方面也要面对新的挑战，制定新的政策和采取新的行动；再一方面还要解决过去遗留的一些理论和实践方面的问题，进一步优化社会政策的理论和实践。

一、加强社会政策行动，积极应对各种挑战

（一）更加重视社会政策

为了使社会政策在新时期能够发挥更大的作用，各级党委政府及其领导人应更加重视发展社会政策。应该清楚地看到，尽管在过去十几年里我国社会政策有了较大的发展，但迄今为止与经济发展水平相比，我国社会政策还存在较大差距。中共十九大报告中指出，"民生领域还有不少短板，脱贫攻坚任务艰巨，城乡区域发展和收入分配差距依然较大，群众在就业、教育、医疗、居住、养老等方面面临不少难题"。按照保障和改善民生、维护社会公平、支持转变经济发展方式和促进经济发展的要求，我国的社会政策仍需要大力发展。为此，在国家和地区发展的顶层制度和政策设计中，应该将社会政策放到重要位置上，不断完善和优化相

关的制度，制定和实施社会政策领域的发展规划。各级党政干部应该认真学习领会中央关于加强社会建设、保障和改善民生以及"社会政策要托底"的要求，增强制定和实施社会政策的自觉意识。

（二）提升社会政策的目标

应该基于当前和未来一段时期的基本条件，并依据国家经济、政治和社会发展的大目标确定我国社会政策发展在各个方面的具体目标。当前我国新的经济、政治和社会条件与全面建成小康社会的发展目标既为进一步提升社会政策的具体目标提出了要求，也为之提供了新的条件。为了达到全面建成小康社会和共享发展的目标，应该按照中央提出的"社会政策要托底"的要求，进一步提升和优化社会政策目标，既要切实托住保障和改善民生的底，也要托住促进公平和共享发展的底，还要托住转变经济发展方式和促进经济发展的底。为此，当前我国社会政策应该以进一步提高居民生活质量和提升总体社会质量为基本目标，不断改善民生保障水平、提高各项社会服务的质量；社会政策要发挥更大的再分配功能，为降低收入差距、促进社会公平和实现共享发展做出更大的贡献；并且要通过更高水平的社会服务来促进我国总体人力资本的大幅度提升，有效释放消费内需，从供给和需求两侧去增强经济发展的活力。

（三）提升社会政策的水平、公平与效率

为了使社会政策更好地发挥其作用，有效地达到上述目标，应该从以下几个方面展开努力：一是继续提高总体社会福利水平；二是更加公平地分配公共资源；三是进一步优化社会政策的运行机制。

首先，我国社会政策应该遵循中共十九大报告中提出的"既尽力而为，又量力而行"的原则，一方面应该进一步提高其总体福利水平，以增强社会政策达到目标的能力。其重要的衡量标准是继续提高政府和社会在保障和改善民生方面的投入水平。如前所述，目前我国政府的社会支出总体水平与发达国家相比还有很大差距，民间的公益慈善投入水平更低，而民众对福利水平的提升还有很大的期待。因此，在未来的发展中应该继续维持进入21世纪以来我国政府社会支出水平扩大的趋势，并且更加积极地鼓励和支持民间社会福利投入，以实质性地提高社会政策的作用，更好地满足民众的需要。另一方面，也要根据经济发展和政府财力增加的实际情况安排社会支出，更加稳妥地推动社会政策的发展，避免出现较大的波动。

其次，在增大社会支出的情况下，应更加重视社会政策的公平性，不断提升公共服务均等化程度。应通过制度改革、结构调整和政策倾斜等途径继续缩小城乡之间、地区之间和各类人群之间在获得公共服务方面的差距。在城乡都普及了基础教育、基本医疗卫生服务和建立了基本的社会保障制度的基础上，要进一步将基本公共服务均等化提升到较高质量和水平的层次，逐步缩小城乡之间、区域之间在社会保障水平和各项社会服务质量方面的差距。

最后，在扩大社会政策行动范围、力度和提高服务质量的同时，还应该进一步注重社会政策行动的效率。一方面，从宏观层面上应该更加重视社会政策行动在保障和改善民生，在维护社会公平和促进经济发展方面所带来的实际收益。另一方面，从微观的层面上应该更加注重每个社会政策项目的运行效率，通过不断地优化微观运行机制而达到更高的投入产出比。为此，应该更加重视社会政策领域的管理、考核和评估与社会政策领域管理人才的培养。

二、坚持以民生为基础、公平为导向，积极解决社会问题，促进社会治理现代化，维护社会长治久安

在任何一个国家中，社会政策都具有一定的解决社会问题、维护社会稳定的作用，在我国也是如此。尤其是在未来的经济与社会转型和发展中，我国还会遇到较为复杂的社会问题，在社会中也还可能出现一定的不稳定因素，这些都需要通过包括社会政策在内的综合性的政策体系去加以解决。但是，社会政策不能只是采用"安抚性福利"的方式去被动地应对社会问题和维护一时的稳定，而应该从充分满足民众需要，建构一个良好社会的基础性行动上去解决社会问题。为此，中共十九大报告指出："保障和改善民生要抓住人民最关心最直接最现实的利益问题"，"不断满足人民日益增长的美好生活需要，不断促进社会公平正义，形成有效的社会治理，良好的社会秩序，使人民获得感、幸福感、安全感更加充实、更有保障、更可持续。"我国未来社会政策的发展应该遵循十九大报告指出的这些目标和原则，坚持以民生为基础、公平为导向，以积极主动的方式去解决社会问题，大力促进社会治理的现代化，维护社会的长治久安。

（一）坚持以民生为基础的社会政策

我国社会政策的发展始终应该将民生和公平两个维度作为最主要的考量，其中，保障和改善民生是基础，维护社会稳定是导向。社会政策的制定和实施要确保以保障和改善民生为基础，要通过社会政策去增大民众实实在在的"获得感"，从而增强对社会主义制度的认同和对国家发展的信心。为此，要认真研究民众生活中存在哪些没有得到有效满足的需要，市场经济在满足民众需要方面存在哪些不足，在此基础上明确"社会政策要托底"的基本内容和基本标准。要按照十九

届四中全会的要求，加强普惠性、基础性、兜底性建设。在这一过程中，应该克服将社会政策的"托底"理解为只是提供低水平保障的看法。相反，应该根据民众的需要和经济社会发展所提供的条件，不断扩大"托底"的内容，提升"托底"的水平，不断满足民众日益提高的需要。

（二）坚持以公平为导向的社会政策

社会政策的制定要非常关心公平地分配公共资源，要使社会政策确确实实地发挥增强全社会公平程度的作用，真正提高民众的"公平感"，并让民众真正感受到党和政府为维护社会公平所做出的努力，在促进社会公平方面所取得的巨大成就。为此，应该认真分析目前社会政策的公共资源分配中有哪些不公平的地方。应该看到，目前社会政策在过去多年中积累了一些不公平的公共服务分配模式，要扭转这些不公平的制度和公共服务模式不是一件容易的事情，它会涉及较为复杂的利益调整过程，因此，公共服务均等化的过程难以一蹴而就，需要通过一段时间的逐步调整。社会政策的决策者和实施者应该做的一是要明确公共服务均等化的方向和目标；二是高度重视朝向这一目标的具体行动；三是要坚持长期不懈的努力；四是在此过程中注意各个群体之间的利益协调，在总体福利水平的提升中不断提高公共服务的均等化水平，力争达成全体民众的"福利共赢"。

（三）坚持积极解决社会问题的社会政策

当代社会政策具有解决社会问题的功能，我国未来的经济与社会发展中也应该重视社会政策在解决社会问题中的作用。发挥社会政策在解决社会问题中的作用要注意克服短期眼光、被动性和过分功利性，而应该着眼于长期性、主动性和预防性，即要通过全面制定和实施社会政策而构建一个良好的社会，从而降低社会问题发生的概率和强度，并形成主动应对问题的社会修复、协商协调机制。同时，社会政策在积极解决社会问题的过程中应该重点针对关键和基础性的问题。在现阶段，民生保障水平较低与收入差距、阶层分化和社会不平等的扩大是我国社会中较为关键和基础性的社会问题，其他许多社会问题在较大程度上都是由这些关键性和基础性社会问题所导致的。因此，在当前和今后一段时间里，社会政策应该重点解决这些社会问题。当然，社会政策在解决社会问题中往往并不是"神丹妙药"，许多社会问题的解决都不能仅靠社会政策。为此，应该将社会政策与市场经济、法治手段和社会治理过程相结合，形成综合性的社会问题治理体系，并在其中让社会政策发挥更加积极的作用。

（四）坚持有利于社会长治久安的社会政策

任何一个国家的社会政策都具有维护社会稳定的作用。在我国当前的经济与社会发展中，也应该发挥社会政策在维护社会稳定中的作用。通过社会政策去维护社会稳定要注意长远性、全局性，防止本末倒置。为此，应注意克服某些地方发生过的"安抚性福利"，为了压住眼前某些群体或个人的"闹事"而向其不合理地提供某些福利待遇。这种无原则的安抚尽管可能收到眼前的"维稳"效果，但从长期的眼光看，这些行为破坏稳定的副作用可能更大。正确的做法是制定和实施社会政策要始终坚持以保障和改善民生、增大社会公平为目标；坚持通过社会政策去更好地维护全局的稳定和长远的稳定。

三、坚持积极的社会政策，促进经济与社会协调发展

面向未来经济与社会发展的需要，我国制定和实施社会政策不仅要提升社会政策的基本目标和提高总体社会福利水平，而且要有更加积极的社会政策，这包括提高社会政策的全面性、主动性和发展性。

（一）全面制定和实施社会政策

面对未来发展的需要，我国积极的社会政策首先需要全面制定和实施社会政策，这包括通过社会政策提供全方位的社会保护托底、高质量的社会服务，实现社会政策对全民的覆盖和鼓励全民的参与。首先，社会政策需要构建全方位的社会保护托底制度。按照中央提出的"社会政策要托底"的要求，并参考国际上普遍提倡的"社会保护底线"的原则，我国社会政策体系应该根据公民的基本权利，构建全面的社会保护托底制度体系，在个人和家庭基本生活、就业、教育、健康、住房等各个方面都建构起社会保护托底的安全网。其次，我国社会政策未来发展的一个重点方向是要不断提高服务质量。要根据民众对公共服务质量需求不断提高的情况，克服过去轻视公共服务质量，认为公共服务质量当然应该低于商业化服务的错误观念，不断加大对提高服务质量的投入，在社会保障、公共教育、公共医疗卫生、公共就业服务、住房保障等方面根据实际情况而不断提高水平和质量。再次，要重视社会政策对全民的覆盖，要让全体民众都能享受到必要的公共服务。当然，社会政策对全民的覆盖并不意味着社会政策领域所有的项目都必须是普惠型的，而是要根据个人和群体所面临的风险和具有的实际需要去构建项目体系，使所有人的风险都能得到有效的防范，所有人的基本需要都能得到满足。最后，在社会政策领域应该按照十九大报告中强调的共建共享发展的要求，更广泛地动员全民的参与。所谓全民的参与，是指全体公民都有权利参与社会政策的制定和实施过程，都有义务积极支持政府的社会政策，并且都应该为社会政策的运行和发展做出贡献。为此，应该建立相关的制度体系，保障公民的制度化参与、

有组织参与和科学地参与。

(二) 提高社会政策的主动性

未来我国社会政策的发展还应注重不断提高社会政策行动的主动性。首先，社会政策的制定和实施应该强调主动预见经济与社会的变化。例如在当前，我国转变经济发展方式、人口老龄化、快速城市化等变化过程给我国经济与社会带来了深远的影响，需要通过社会政策加以应对，而社会政策的研究者和决策者应该及时预见到这些经济与社会变迁及其所带来的新的社会需要，以便及时对社会政策做出必要的调整。其次，社会政策的制定和实施要更加注重主动发现民众需要的变化。应该更多地采用科学的调查与评估方法，并通过各种途径发现民众各个方面需要的变化，尤其是弱势群体各个方面尚未满足的需要情况，以便使社会政策的制定和实施具有更好的针对性。最后，社会政策应该主动预防社会问题，而不应总是等社会问题已经出现并比较严重了才去被动地应对。所有这一切都要求未来的社会政策发展应该得到更大的重视，应该建立在更加科学和更具规划性的基础之上。

(三) 重视社会政策的发展性

未来我国社会政策发展还应该更加重视其发展性。在过去30年里，国际社会政策理论发展的主流观点之一就是发展型社会政策，其要义就是要使社会政策与发展相关联，要通过社会政策去促进经济与社会发展。过去我国的社会政策理论在一定程度上忽视了社会政策的价值和经济与社会发展目标的结合，或者认为社会政策天生就是不利于经济发展的，或者在社会政策的制定和实施中只考虑民生和公平，而不考虑经济发展。这两个方面的偏误都不利于社会政策的发展。

近年来我国社会政策研究者也越来越重视社会政策和经济社会发展的结合，但还需要在社会政策实践中进一步落实这些理论主张。首先，社会政策的决策者和实施者应该更加清楚地认识到社会政策和经济发展相互协调、相互促进的重要性。其次，要重视社会政策与市场经济在体制和机制上的协调，防止因制度设计不合理而导致体制机制矛盾。再次，社会政策的制定和实施应该根据转变经济发展方式的要求，积极地为经济发展提供更好的条件，如增大人力资本，释放消费需求等。此外，社会政策应该更加重视促进个人和组织更加积极地参与经济与社会发展，注重通过更好的教育培训、健康服务和社会保障等消除民众经济参与中的各种障碍。最后，社会政策应该通过更加合理的体制机制防止不合理的福利依赖，更加注重激发民众经济社会参与的动机，激发各类社会组织的活力，进而增强全社会发展的活力。

第三节 我国社会政策发展的主要任务

面向未来我国经济与社会发展的需要,我国社会政策承担着很大的责任。但目前我国的社会政策仍存在不足,未来的发展仍面临着艰巨的任务。

一、加强社会政策体系建构,完善项目体系

一套健全的社会政策体系需要有完整的制度和行动体系。社会政策的完整性首先体现在其项目的完整性,其次体现在其对象覆盖机制的完整性上。当前我国应该按照十九届四中全会精神的要求,注重加强普惠性、基础性、兜底性民生建设。

(一)以需要和权利为基础,进一步完善社会政策项目体系

经过多年的发展,我国的社会政策已经形成较为广泛的民生保障和社会服务项目体系。但在未来的发展中还应该根据实际需要进一步完善和扩大社会政策的项目体系。在社会政策项目体系建构中,我们没有必要重复"二战"后欧洲"福利国家"社会政策模式下"从摇篮到坟墓"的全面广泛性制度模式,也不应该退缩到新自由主义所主张的"补缺型"模式,而是应该根据人民群众的实际需要,并依据公民权利的要求而设立必要的制度化模式,以切实加强基础性民生建设。必要的制度化模式包括几个方面的要素:一是要根据宪法和法律对公民经济与社会权利的规定承担起社会政策的责任;二是要根据人民群众的实际需要去制定政策、确定项目和编制计划;三是要认真研究市场机制的作用及其不足,不替代和排斥市场机制的有效作用,但要在市场机制不足的地方,尤其是在保障民生和维护公平方面的不足的地方建立社会政策项目;四是在社会政策体系建构中要有主动性、预见性和对问题的预防性,而不能总是等到出现严重社会问题以后才来应对性地解决。

(二)合理建构社会政策的对象覆盖机制

社会政策项目应针对不同的需要而采取不同的对象覆盖机制。过去许多国家都经历了"普惠型"与"选择型"模式的争论。我国改革开放以后也经历了普惠型水平大幅度降低,选择型项目有所加强的过程。近年来,随着总体福利水平的提高,我国社会政策的普惠型水平有所提升,但总体上看仍然处于偏低的局面。

社会政策中的普惠型项目和选择型项目各有其优缺点，不能一概而论。但从目前的情况看，我国当前和未来一段时间中社会政策发展的重点仍应该加强普惠性民生建设，继续提升社会福利的总体普惠性程度，但在具体的项目建设中应该根据具体的需要对各种普惠型和选择型项目加以合理的安排。

二、加强政府责任，积极推动广泛的社会参与

优化社会政策体制，落实社会政策主体责任是社会政策得以健康发展，并更好发挥作用的关键性因素。为此，一方面应该落实政府责任，加强兜底性民生建设，另一方面应该积极推动社会力量的广泛参与。

（一）加强和优化社会政策方面的政府责任

从主体角度看，制定和实施社会政策首先是政府的职责。当代社会政策是一项重要的公共服务，而政府作为社会公共利益的代表，首先应该在社会政策方面承担主导的责任。在我国，各级政府对其管辖区域内的经济、政治、文化、社会和生态环境建设负有全面的责任，而制定和实施社会政策则是其负担社会建设责任的重要体现，各级政府应该切实承担起这方面的责任。各级政府在社会政策方面的责任包括制定社会政策相关的法规与政策，编制社会政策及其各个领域的发展规划，依照相关法律法规和政策规定将社会政策各个领域所需要的资金纳入公共财政预算，监督落实各项社会政策，对社会政策项目开展评估，鼓励社会力量参与各项社会服务并向其提供必要的条件，积极推动社会政策领域的研究和人才培养等。

在落实政府责任的时候还需要注意建构合理的政府间责任关系，即各级政府的责任分担关系和政府各部门之间的分工合作关系。社会政策方面的政府间关系在世界各国都是一个较复杂的问题。而我国作为一个大国，政府层级较多，政府事务繁杂，各级政府的部门也较多，这一问题就更为复杂。在这一问题上，我国已经建立了相关的制度体系去规范各级政府和政府各个部门的责任关系，但是社会政策要随时对新出现的需要做出反应，因此具有较大的变动性，仅靠现有的制度规范往往很难满足社会政策灵活发展和变动的需要。为此，在社会政策的政府间关系方面应该既有严格的制度规范，又有灵活的行动机制；既要充分发挥各级政府的积极性，又要充分发挥中央政府的支持、规范和调节作用；既要让政府各个职能部门充分承担其部门的责任，又要加强各级政府各部门之间的协作，让各级政府领导和综合部门充分发挥指导和协调作用。

（二）积极推动社会政策领域广泛的社会参与

最近几十年来，世界各国社会政策发展的经验之一是在政府承担主导责任的同时，积极推动民间社会力量广泛投入社会服务和参与社会公益事业。许多国家，尤其是发达国家在此领域已取得长足的进展，民间社会力量投入社会服务和参与社会公益事业已达到较高的水平。但相比之下，我国在此领域的发展水平还很低下。尽管我国在此方面已有多年的宣传，但实际效果仍然很不理想，民间社会力量对社会服务的投入（慈善捐赠）和直接提供的公益性服务（民办社会服务）价值总量占国内生产总值的比例都非常低，不仅远低于发达国家的平均水平，而且也远低于我国民营经济对经济发展的贡献。因此，应该高度重视社会力量在社会政策领域的参与，按照党的十九届四中全会精神要求，鼓励支持社会力量兴办公益事业。各级政府应该更加重视通过实质性的行动推动社会力量的参与，要充分认识到社会力量的广泛参与不仅仅是为政府节省资源投入，而且还能够提升全社会的利他主义精神，促进社会团结和降低各群体之间的矛盾冲突，是一类既有经济效益又有社会效益的社会事业。我国《慈善法》的出台大大促进和规范了这一领域的发展，但在具体实践中还需要进一步完善制度规范，并采取实质性的行动去促进社会力量的参与。

三、优化社会服务提供方式，合理配置公共资源

社会政策利用公共资源来向民众提供各种社会服务。在制定和实施各项社会政策时，应该注重合理配置公共资源，使各项社会服务在保障和改善民生、维护社会公平方面发挥更大的社会效益。

（一）区分不同类型的社会服务，合理采用有效的资源配置和服务提供方式

社会政策的基本目标是为了满足民众的基本需要。但民众的需要是多样化的，不仅内容多样化，而且需要的强度也是多样化的。有些是必须得到满足的基本需要，有些又是较高层次的非基本需要。因此，政府通过社会政策来满足民众的各种需要时，也应该根据实际情况对公共资源和市场机制加以组合，采用不同的服务提供方式和资源配置方式。其中重点是要区分基本公共服务、非基本公共服务和非公共服务三个层级社会服务的不同功能、不同的服务提供方式及不同的资源配置方式。在公共服务领域，应该按照党的十九届三中全会通过的《中共中央关于深化党和国家机构改革的决定》的要求，对基本公共服务和非基本公共服务有不同的资源配置和服务提供方式。在基本公共服务层面推进基本公共服务均等化、普惠化、便捷化，推进城乡区域基本公共服务制度统一。在非基本公共服务层面

推进非基本公共服务市场化改革，引入竞争机制，扩大购买服务。而对于非公共服务则可以完全由市场机制配置资源，在必要时可由政府加以一定的支持。在今后社会政策的理论与实践中，应该更加具体地明确在社会服务领域中政府基本公共服务和非基本公共服务的责任边界，根据实际需要来确定政府基本公共服务和非基本公共服务的内容、对象、水平和服务提供方式等方面的要求和细则，并按照党的十九大报告提出的"坚持在发展中保障和改善民生"的原则，以及在党的十九届四中全会通过的《中共中央关于坚持和完善中国特色社会主义制度 推进国家治理体系和治理能力现代化若干重大问题的决定》中再次强调的"尽力而为，量力而行"的原则，根据经济与社会的发展情况及人民群众基本需要的提升而扩大基本公共服务的内容。

（二）积极探索政府向社会力量购买服务和与社会资本合作的有效方式

社会政策的基本目标是满足人民群众基本需要的公共性目标，但社会政策在其运行过程中需要通过与社会力量的有效结合来高效率地达到其公共目标。在此方面，应该按照党的十八届五中全会通过的《中共中央关于制定国民经济和社会发展第十三个五年规划的建议》的要求，创新公共服务提供方式，能由政府购买服务提供的，政府不再直接承办；能由政府和社会资本合作提供的，广泛吸引社会资本参与。按照这一要求，制定和实施社会政策应该从以下几个方面积极探索如何使社会政策公共目标与社会力量和市场机制更加有效地结合，从而使社会政策达到更高的社会效益和运行效率。一是在包括基本公共服务在内的所有公共服务领域中，如何更好地实行政府向社会力量购买服务的方式，以提高公共服务的运行效率。二是在非基本公共服务领域应该如何更好地实行政府与社会资本的合作，既利用社会资本来扩大公共服务规模，也利用市场机制来提高公共服务运行效率。三是在非公共服务领域中，政府应该如何根据公共目标而对市场主体的行为加以激励和引导，以使市场主体的行为更加符合社会公共目标。

四、加强法制建设，优化社会政策体制机制

（一）加强社会政策的法制建设

经过多年的发展，目前我国在社会政策领域的法制化建设已经达到了一定水平，已经出台了一系列的法律、行政法规、部门规章和地方法规。但是总体上看目前我国社会政策领域的法制化水平还不够高：一方面是各种法律法规还不够齐全，有些领域（尤其是一些新的社会政策领域）还没有必要的法规；另一方面是我国社会政策法规的层级普遍不够高，以法律形式出台的规范性文件还不够多，

这使得社会政策法规体系的代表性和权威性总体上还不高；再一方面是社会政策领域一些法律法规的内容不够详尽，在实践中可操作性还不够强。为了进一步发挥社会政策的作用，规范社会政策的运行，应该加快社会政策法制化建设，从上述三个方面尽快弥补现有的不足，切实提高社会政策的法制化水平。

(二) 优化社会政策的体制机制

社会政策领域需要进一步完善相关的体制机制。在社会政策体制方面，一是应该进一步优化政府管理体制，根据项目的实际需要优化条块责任、统筹层次和部门分工。二是应该进一步改革和优化社会服务机构的体制建设，一方面要通过改革来优化事业单位体制并促进其效率的提高，另一方面也要创新和发展民办社会服务机构的合理体制，使其能够更好地承接各项公共社会服务。三是要积极探索优化政府行政管理与社会服务机构之间的体制性关系，包括政府购买服务、政府与慈善组织和社会服务机构有效合作、政府对社会服务机构实施有效监管等方面的体制。

在社会政策运行机制方面，应积极落实十九届四中全会关于"创新公共服务提供方式"的要求。一是应该积极探索在社会政策的行动过程中，尤其是在其服务传递过程中引入市场机制，以提高社会政策行动的效率和社会服务的社会效益。二是应该积极探索多元主体下的合作机制、监督机制和相互促进机制。三是要积极探索社会政策行动中社会保护机制与社会促进机制的结合，使社会政策既能为有需要的人提供必要的社会保护，又能够避免不合理的福利依赖；在提高民生保障水平的同时也能够真正起到扩大机会、提升能力和激励动机的作用；在提升全社会总体福利水平的同时也能提升全社会运行的活力。

(三) 加强和优化社会政策管理

当代各国的社会政策已经是一个相当庞大的制度和行动体系，每年通过社会政策行动而调动和分配的资源占国内生产总值和政府财政相当大的比例。因此各国（尤其是发达国家）都非常重视通过加强和优化管理来提升社会政策的运行效率。在我国，当前政府在社会政策各个领域的财政支出已占到政府整个财政支出总额的1/3以上。因此，加强和优化社会政策的管理对于财政资源的高效率运行具有非常重要的意义。加强和优化社会政策的管理包括各个环节的管理：一是社会政策资源分配的管理，包括社会政策制定、立项和资源分配中的需求评估、项目设计、预算管理等方面的管理；二是社会服务传递中管理，包括社会服务机构管理和社会服务项目的管理；三是社会服务受益者管理，主要是选择型项目中合理确定受益对象，对服务对象受益行为的管理等。在各个环节的管理中都包括管理机构与管理人员队伍建设，管理的制度规范建设，管理行动的科学化、规范化和合理化和各个管理环节的效果评估。

五、坚持新时代中国特色社会主义，积极推动本土社会政策研究和学科发展

在当今世界各国，社会政策不仅是一套实践行动体系，而且也是一套理论研究和学科体系。为了使社会政策实践更好地发展，我国应该更加重视社会政策理论研究学科体系建设。

（一）坚持马克思主义基本原理和习近平新时代中国特色社会主义思想指导，大力发展我国社会政策研究

从国际上看，自20世纪中期以来，已经形成了一套社会政策的理论体系，对许多国家的社会政策发展都起到了积极的推动作用。但在我国，迄今为止社会政策的理论研究和学科发展还相当落后。理论研究水平的相对低下将会对我国社会政策的发展造成严重阻碍。因此，大力推动社会政策研究是当前和未来一段时间里我国社会政策发展的重要任务之一。社会政策研究是一个价值性和科学性相结合的学术领域，我们应该在坚持马克思主义基本原理的基础上，以习近平新时代中国特色社会主义思想为指导，通过科学的调查研究和借鉴国际上有用的理论与实践，基于中国的实际，大力发展中国特色社会主义的社会政策研究体系，包括基于中国实践的中国特色社会主义的社会政策基础理论研究、对中国社会政策实践有直接指导作用的社会政策应用性理论研究和直接针对社会政策领域各种具体问题的对策性研究。发展中国特色社会主义的社会政策研究不仅可以为中国社会政策实践提供指导，为解决中国社会政策实践中的问题做出贡献，而且也要着眼于将中国的理论与实践推向世界，为全世界的社会政策理论和实践发展做出贡献。

（二）加强对社会政策实践的理论总结，发展中国特色的社会政策理论

在我国过去长期的发展过程中有大量的社会政策实践，其中不乏具有重要经验价值的行动，值得我们认真研究总结。尤其是最近十多年以来，我国的社会政策有了长足的发展，从中央到地方各级政府，以及基层群众性自治组织和各类社会组织在保障和改善民生方面有大量的具体行动，取得了许多的实践经验。认真总结我国在社会政策方面的实践及经验，对于发展我国的社会政策理论具有重要意义。为此，我们在将来对社会政策的研究中，应该重视对本国经验的系统性总结和梳理。通过对本国经验的总结，一方面可以更好地服务于当前和未来社会政策的发展；另一方面也可以更好地体现出对我国发展道路的自信；再一方面也可

以向世界展示我国社会政策方面的特点，对世界社会政策理论研究和实践发展作出贡献。

（三）根据实践与理论发展的需要，促进社会政策学科的发展

社会政策研究的发展需要基于成熟的学科。目前在国际上，社会政策已经是一个较为成熟的学科，在许多国家的大学里都有社会政策的院、系、所，形成了从本科、硕士到博士在内的完整的教学与人才培养体系和学术研究体系。在我国，对社会政策各个领域分门别类的研究和教学目前分散在各个学科中，如就业与社会保障、教育学、卫生政策等领域，作为整体的社会政策学科发展还很薄弱。目前，社会政策已经作为社会学一级学科下的二级学科（重点方向）进入研究生培养的专业目录中，但迄今为止还只是很小的专业领域，专门从事社会政策研究的人员还不够多。为了更好地促进社会政策理论与实践的发展，应该更加重视社会政策学科建设，加快培养社会政策专业研究和教学人员，不断扩大社会政策学科的学术力量，促进这一学科更快更好地发展。

思考题

1. 简述当前我国社会政策发展面临的新背景。
2. 试析在新的形势下我国社会政策发展的新方向。
3. 试析当前我国促进社会政策发展的基本原则和主要任务。

阅读文献

- 马克思：《哥达纲领批判》，《马克思恩格斯文集》第3卷，人民出版社2009年版。

- 恩格斯：《英国工人阶级状况》，《马克思恩格斯文集》第1卷，人民出版社2009年版。

- 恩格斯：《论住宅问题》，《马克思恩格斯文集》第3卷，人民出版社2009年版。

- 毛泽东：《论十大关系》，《毛泽东文集》第7卷，人民出版社1999年版。

- 习近平：《决胜全面建成小康社会 夺取新时代中国特色社会主义伟大胜利——在中国共产党第十九次全国代表大会上的报告》，人民出版社2017年版。

- 中央文献研究室编：《习近平关于社会主义社会建设论述摘编》，中央文献出版社2017年版。

- 徐月宾：《社会政策理论与实践》，中国劳动社会保障出版社2007年版。

- 林卡、陈梦雅：《社会政策的理论和研究范式》，中国劳动社会保障出版社2008年版。

- 徐道稳：《迈向发展型社会政策——中国社会政策转型研究》，中国社会科学出版社2008年版。

- 彭华民等：《西方社会福利理论前沿：论国家、社会、体制与政策》，中国社会出版社2009年版。

- 王思斌主编：《社会政策》，中央广播电视大学出版社2010年版。

- 郑功成主编：《中国社会保障改革与发展战略》，人民出版社2011年版。

- 林闽钢：《中国社会政策》，武汉大学出版社2011年版。

- 贡森、葛延风等：《福利体制和社会政策的国际比较》，中国发展出版社2012年版。

- 李迎生等：《当代中国社会政策》，复旦大学出版社 2012 年版。
- 关信平主编：《社会工作政策法规》，中国社会出版社 2015 年版。
- 顾昕主编：《社会政策与福利国家建设》，南京大学出版社 2018 年版。
- 林闽钢：《走向社会服务国家：全球视野与中国改革》，中国社会科学出版社 2020 年版。
- [美] 约翰·罗尔斯：《正义论》，何怀忠等译，中国社会科学出版社 1988 年版。
- [英] 安东尼·吉登斯：《第三条道路：社会民主主义的复兴》，郑戈译，北京大学出版社 2000 年版。
- [印度] 阿马蒂亚·森：《以自由看待发展》，任赜、于真译，中国人民大学出版社 2002 年版。
- [英] 肯·布莱克默：《社会政策导论》，王宏亮等译，中国人民大学出版社 2009 年版。
- [英] 理查德·蒂特马斯：《蒂特马斯社会政策十讲》，江绍康译，吉林出版集团有限责任公司 2011 年版。
- [英] 鲍勃·迪肯、米歇尔·赫尔斯、保罗·斯塔布斯：《全球社会政策》，苗正民译，商务印书馆 2013 年版。
- [英] Pete Alcock, Margaret May, Karen Rowlingson 主编：《解析社会政策》（上、下），彭华民等译，华东理工大学出版社 2017 年版。
- James Midgley and Michelle Livermore, *The Handbook of Social Policy*, Thousand Oaks, Calif.: Sage Publications, Inc., 2008.
- Joel Blau and Mimi Abramovitz, *The Dynamics of Social Welfare Policy*, Oxford: Oxford University Press, 2014.

人名译名对照表

[丹麦]	安德森，艾斯平	Esping Anderson
[法]	布迪厄，皮埃尔	Pierre Bourdieu
[英]	布拉德肖，乔纳森	Jonathan Bradshaw
[英]	布莱克默，肯	Ken Blakemore
[英]	布思，查尔斯	Charles Booth
[英]	蒂特马斯，理查德	Richard Titmuss
[美]	多林格，彼得	Peter B. Doeringer
[英]	吉登斯，安东尼	Antony Giddens
[美]	金登，约翰	John W. Kingdon
[英]	朗特里，本杰明·西伯姆	Benjamin Seebohm Rowntree
[美]	刘易斯，奥斯卡	Oscar Lewis
[美]	罗尔斯，约翰·博德利	John Bordley Rawls
[英]	马歇尔，托马斯·汉弗莱	Thomas Humphrey Marshall
[美]	皮奥雷，迈克尔	Michael J. Piore
[印度]	森，阿马蒂亚	Amartya Sen
[美]	舒尔茨，西奥多	Theodore Schultz
[英]	斯密，亚当	Adam Smith
[英]	汤森，彼得·布里尔顿	Peter Brereton Townsend
[德]	韦伯，马克斯	Max Weber
[古希腊]	亚里士多德	Aristotle

后 记

《社会政策概论》是马克思主义理论研究和建设工程重点教材，由教育部组织编写，经国家教材委员会审核通过。

在教材编写过程中，得到了国家教材委员会高校哲学社会科学（马工程）专家委员会、思想政治审议专家委员会以及教育部原马工程重点教材审议委员会的指导。同时，广泛听取了高校教师和学生的意见建议。

本教材由关信平主持编写，彭华民、徐月宾任副主编。绪论、第三章、第五章、第十三章，关信平撰写；第一章，林卡撰写；第二章，顾东辉撰写；第四章，徐月宾撰写；第六章，徐道稳撰写；第七章，丁建定撰写；第八章，彭华民撰写；第九章，林闽钢撰写；第十章，李迎生撰写；第十一章，程胜利撰写；第十二章，郑飞北撰写。

2021 年 6 月

郑重声明

高等教育出版社依法对本书享有专有出版权。任何未经许可的复制、销售行为均违反《中华人民共和国著作权法》,其行为人将承担相应的民事责任和行政责任;构成犯罪的,将被依法追究刑事责任。为了维护市场秩序,保护读者的合法权益,避免读者误用盗版书造成不良后果,我社将配合行政执法部门和司法机关对违法犯罪的单位和个人进行严厉打击。社会各界人士如发现上述侵权行为,希望及时举报,我社将奖励举报有功人员。

反盗版举报电话　　(010)58581999　58582371
反盗版举报邮箱　　dd@hep.com.cn
通信地址　　北京市西城区德外大街4号
　　　　　　高等教育出版社法律事务部
邮政编码　　100120

读者意见反馈

为收集对教材的意见建议,进一步完善教材编写并做好服务工作,读者可将对本教材的意见建议通过如下渠道反馈至我社。

咨询电话　　400-810-0598
读者服务邮箱　　gjdzfwb@pub.hep.cn
通信地址　　北京市朝阳区惠新东街4号富盛大厦1座
　　　　　　高等教育出版社总编辑办公室
邮政编码　　100029

防伪查询说明

用户购书后刮开封底防伪涂层,使用手机微信等软件扫描二维码,会跳转至防伪查询网页,获得所购图书详细信息。

防伪客服电话　　(010)58582300